【한국신화와 스토리텔링】

김의숙 | 이창식 공저

북스힐

머 리 말

우리의 젊은이들에게 제우스, 헤라클레스, 아폴론, 에로스, 비너스 등의 이름을 대고 누구냐고 물으면 유치한 질문이 된다. 왜냐하면 누구나 잘 아는 그리스·로마신화에 등장하는 신들의 이름이기 때문이다. 이번에는 천지왕, 당금애기, 소별왕과 대별왕, 황우양씨, 강림 도령, 오늘이, 할락궁이, 바리공주 등을 대고 누구냐고 물으면 아마도 고개를 갸우뚱할 것이다. 이들은 바로 우리 한국의 신들이다. 이들은 수천 년 동안 볕들 날을 기다리며 수줍게 생명을 연명하여 온 질긴 한국인의 의식이며 꿈이다.

우리에게도 신화가 있다는 것은 안다. 그것도 아주 조금 있는 것으로 안다. 단군신화를 비롯하여 동명왕, 박혁거세, 김수로왕 등 건국신화 몇 개 그리고 도깨비, 몽달귀신, 처녀귀신 등 잡귀들이 스토리 체계도 없이 우리의 주변에서 어슬렁거리는 것으로 안다. 우리의 신화는 고작 그런 정도로 존재하는 것으로 알기에 서구의 신화를 보고서 왜소해진다.

그러나 그렇지 않다. 우리에게는 서구의 신들을 능가할 만한 신계보(神系譜)와 스토리가 있는 신화가 존재한다. 바로 무속신화들이 그것이다. 굿판에서 불러지는 서사무가인 무속신화는 무속(巫俗)이라는 이름 때문에 움츠리며 살아온 전승물이다. 남의 신과 신화가 이 땅에서 설쳐대도 아무 소리 못하고 자리를 내어주고 숨어 살았다. 서구의 신화도 모두 원시의 신전에서 제사지낼 때 신녀들이 부르던 '제의의 구술상관물(口述相關物)'이라는 사실도 모르고 우리의 무속신화를 외면하여 왔다. 우리의 굿이 한민족의 일상생활이었고, 흥겨운 놀이이며, 신령과 동일성을 회복하는 신성한 축제였음을 알지 못하고 천대하여 왔다.

그러나 이제는 볕이 들고 있다. 문화 감성의 시대가 온 것이다. "우리의 것이 가장 세계적인 것"으로 각광을 받는 문화콘텐츠의 시대가 온 것이다. 용이 되지 못하고 움츠리면서 세월을 기다리던 '이무기'가 영화 〈디 워〉에서 포효하며 서양의 도시를 휘젓듯이 이제 우리의 '스토리'가 세계를 휘저을 차례이다.

서구의 신화들은 수많은 비극작가와 신화작가들이 부풀리고 늘이고 갈고 닦아서 지금처럼 세련되게 만들어 놓았다. 한마디로 가공의 예술미로 덧칠해진 것이다. 그것에 비해 우리의 신화들은 원석(原石)에 해당한다. 레비스트로스는 신화의 생명력은 '야생적 원형성'에 있다고 하였다. 그 야생적 원형성을 그대로 갖추고 있는 원석으로서의 신화가 노다지처럼 널려 있다. 한국의 스토리를 세계의 무대에 세우기 위해 우리는 이들 원석의 성질을 오롯이 보존한 채 세련되고 아름답게 그리고 감동적으로 스토리텔링하여야 한다.

우리는 최근에 신화적인 가상세계의 이야기인 〈반지의 제왕〉과 아이들이 빗자루를 타고 날아다니면서 벌이는 마법이야기인 〈해리 포터〉가 지구촌 최고의 읽을거리, 볼거리로 자리 잡은 것을 본다. 이들이 인류에게 끼친 정서적 감동과 재미는 차치하고 굴뚝 없는 문화상품의 가치로 따져도 얼마나 엄청난 효력을 발생하였는지는 이미 알려진 바이다.

앞서 언급한 대로 우리에게는 연마를 기다리는 원석으로서의 이야기들이 무진장 흩어져 있다. 이제 이들의 빛나는 가치를 드러낼 책임이 우리에게 있다. 이른바 "꿰어야 보배가 된다." 우리의 원석을 연마한 스토리를 문학으로 미술로 연극으로 애니메이션으로 만화로 영화로 뮤지컬로 그리고 게임으로 드러냄은 우리의 잠재적 정체성을 확인하는 길이고, 한국을 세계에 알리는 방도이며, 나아가 문화상품으로서의 고부가 가치를 확보하는 수단이다.

이러한 시대적 상황이 이 책을 쓰게 된 동기가 되었다. 곧, 구비전승인 신화의 가치와 본질을 밝혀서 그 중요성을 이해하도록 하고, 원자료를 다시 연마하는 스토리텔링의 방법, 나아가 문화콘텐츠화하는 실례를 보여줌으로써 이 분야의 공부에 도움을 주고자 한 것이다. 따라서 제1부는 신화와 스토리텔링에 대한 이론의 집합이고, 제2부는 한국의 신화 중에서 기본이 될 만한 신화자료를 분류하여 실었다.

"세상살이에 만족이란 없는 법이다." 따져보면 이 책에 실린 신화가 아주 적은 일부를 소개한 것에 지나지 않고, 여건상 다양한 이론적 방법론을 열거하지 못했기에 하는 소리다.

선학들의 노력으로 채록되고 정리된 다량의 신화자료들이 볕들 날을 기다리고 있다. 뜻만 낸다면 누구나 쉬 만날 수 있다. 여기서 공부하려는 후학에게 당부하기로는 가능하면 실제로 현장에 나가 발품을 팔아 이야기를 찾아보라는 것이다. 신화를 포함한 이야기의 세계는 그 이야기가 구연되고 전승된 현장이 주요한 요소이기 때문이다. 그렇게 했을 때 그 이야기는 진정한 자기 것이 된다.

그 뒤에는 상상력을 발동해야 한다. 그래서 예술적 가치를 높여야 한다. 원자료를 바탕으로 상상력을 동원해서 끈질기게 스토리텔링하면 거기서 작품의 다양한 가치가 창출되고 감동의 문화상품이 된다.

필자가 이러한 뜻을 드러낼 수 있게끔 이야기를 남기신 이 땅의 조상님, 자료를 제공한 선학과 동학 제위, 열성으로 원고를 살펴준 이학주 · 최명환 박사와 원환섭 군을 비롯한 제자들에게 감사를 표한다. 아울러 거친 원고를 보듬어 안은 북스힐 식구들께도 고마운 정을 드리고, 필자에게 돌아오는 저술의 공덕은 모두 공부하는 후학에게 돌리는 바이다.

2008. 정월

군옥재에서 필자 識

제1부 신화와 스토리텔링

제2부 네버 엔딩 스토리의 한국신화

제1부
신화와 스토리텔링

1 신화(神話)란 무엇인가

옛날부터 사람이 있는 곳에 이야기가 있다. 이들 이야기는 본래 문자가 아니라 입을 통한 말이나 노래로 전해주고 이어받음으로 '구비전승(口碑傳承)'이라고 한다. 구비전승에는 이야기로서의 설화 외에도 민요, 무가, 판소리, 민속극, 속담, 수수께끼, 속신어 등이 있다.

이들 구비전승은 가장 한국적인 정서와 사유를 담고 있어서 스토리텔링의 원천소스로서 등장하고 나아가 OSMU(One-Source-Multi-Use)로 작용하여 민족문화의 높이와 폭을 확장함으로써 그 존재가치가 확연히 드러나고 있다.

구비전승하는 이야기로서의 서사체계를 다잡아 '설화(說話)'라고 한다. 이 설화의 범주 안에 전설과 민담 그리고 여기서 주목하고자 하는 신화가 있다.

신화란 신(神)들의 이야기 또는 신이한 영웅이야기로서의 신이담(神異譚)을 말한다. 이 신화 또는 신이담은 신들에 대한 이야기 또는 신령과 연관된 이야기이지만 결론적으로는 인간에 대한, 인간의, 인간을 위한 신비감의 이야기이다. 따라서 다양하고 풍부한 한국신화는 특히 문화와 정보의 시대를 맞아 문화콘텐츠의 씨앗 또는 모태로서 주목을 받고 있으며, 또 받아야 한다.

1) 신화는 구비전승물(口碑傳承物)이다

(1) 구비전승의 뜻과 갈래

예로부터 우리 민족은 세계의 어느 민족보다도 흥(興)이 많았다. 그래서 항간에 노래와 춤이 항상 끊이지 않았다. 일연스님의 기록인

《삼국유사》의 우사절유택(又四節遊宅)조를 보면 다음과 같다.

『제49대 헌강대왕 때에는 성안에 초가집은 하나도 없고 집은 이웃과 서로 처마와 담이 붙어있었고, 노래 소리와 피리 소리가 길거리에 가득 넘쳐 밤낮으로 끊이지 않았다. (第四十九代憲康大王代 城中無一草屋 接角連墻 歌吹滿路 晝夜不絕)』

또 중국 측의 기록인 《삼국지(三國志)》〈동이전(東夷傳)〉의 한전(韓傳)조에도 가무와 음주를 즐기는 민족임을 밝히고 있다.

『오월에 파종을 마치고 귀신에게 제사하였다. (그때는) 함께 모여 노래하고 춤추며 술 마시기를 밤낮으로 그치지 않았다. 그 춤은 수십 인이 일어나 서로 따르고 땅을 밟되 굽혔다 폈다하는 데 손발이 서로 맞고 율동과 박자가 탁무와 같았다. 시월에 농사를 마치고도 역시 그렇게 하였다. 신령을 믿었으며, 국읍에 한 사람을 세워 하느님께 드리는 제사를 주관하게 하였는데 '천군'이라 하였다. 또 나라에는 별도의 장소가 있었으니 '소도'라고 하였다.(五月下種訖 祭鬼神 群聚歌舞飮酒 晝夜無休 其舞數十人 俱起相隨 踏地低昂 手足相應 節奏有似鐸舞 十月農功畢 亦復如之...이하 생략)』

위에서 사람들이 "노래하고 춤추며 술 마시기를 밤낮으로 그치지 않았다"에서 노래하고 춤추는 '가무'야말로 우리 구비전승의 원초적인 모습이다.

예전에 시골의 사랑방에서는 땅에 어둠이 깔리고 하늘에 뭇 별이 하나 둘 나타나기 시작하면 화롯가에 둘러앉아 과거의 시공(時空)으로 자취를 감추어 버린 옛날이야기를 하나하나 불러내어 재생시키었다. 그리고 먼동이 트면 예스러운 노랫가락들이 지겟다리를 두드리면서 구성지게 불러대는 농부의 쉰 목소리로 되살아났다. 또 그 예스러운 것들은 베를 짜거나 물레를 돌리면서 맵디매운 시집살이를 달래느라 읊조리는 여인들의 넋두리로, 혹은 신들린 무당이 제의의 마당에서 읊조리는 창(唱)으로, 판에서 놀고 부르는 광대들의 놀이와 소리로, 그뿐만 아니라 즐거움과 지혜를 얻으려는 아이들의 말놀이로 되살아났다. 이처럼 흘러간 옛말과 소리들은 한(恨)과 흥(興)을 주면서 민간전승(民間傳承)하는데, 그것에는 이야기인 설화를 비롯하여 민요, 무가, 판소리, 민속극, 속담, 수수께끼, 속신어 등이 있다.

이들 구비전승(口碑傳承)을 민속학 쪽에서는 민속문학(民俗文學)이라 하고, 국문학 쪽에서는 구전문학(口傳文學) 또는 구비문학(口碑文學, oral literature)이라 한다. 이를 달리 민속문예, 민간문학, 적층(積層)문학, 표박(漂泊)문학이라고도 한다.

구비전승은 문자가 아닌 말로써 표현하고 전승하기 때문에 생긴 명칭이다. 말로써 전승하되 그 생명의 영구성에 가치를 두고 붙여진 명칭이며, 애초부터 문자로 기록하는 창작문학과 대비되는 명칭이다.

(2) 구비전승의 특질

구비전승은 교훈과 감동을 준다는 두 가지의 큰 기능을 지니고 있다. 사람들은 구비전승을 통해서 지혜와 지식을 넓히는 교육적 효과를 얻을 수 있을 뿐 아니라 즐거움을 통해 정서의 순화를 도모할 수 있다.

그런데 구비전승은 문헌에 기록되어 전하는, 상층계층이나 당대의 지식인들에 의해 창작된 문학과는 달리 다음과 같은 몇 가지의 특별한 성질을 지니고 있다.

첫째, 구비문학은 말로써 전승(傳承)한다.

구비전승은 어디까지나 말로 존재하며 말로 전승하기에 일회기적(一回起的)이다. 그러므로 그 상태로 존속될 수 없고 오직 전승이 가능할 뿐이며, 말로 전승하기 때문에 내용의 변질과 구성의 변화를 수반한다.

한편, 구비전승은 '채록'하여 문헌에 기재하는 방법이 있다. 《삼국유사》나 《대동야승》과 같은 문헌에는 다량의 구비전승 자료가 기재(記載)되어 있음으로 해서 귀중한 과거의 구비전승을 살펴볼 수 있다. 이렇게 채록된 구비자료는 구연성이나 현장감은 없으나 구비전승의 본질은 갖추고 있으므로 구비전승으로 본다.

둘째, 구비전승은 구연성(口演性)을 지닌다.

구연(oral presentation)이란 어떤 상황 속에서 음성의 변화, 표정, 몸짓 등을 사용하여 말로 나타내므로 거기에는 구체적인 상황이 있다. 구연은 일상적인 말을 그대로 하는 차원이 아니라 거기에는 말로 하되 억양의 고저나 음색이 다를 수 있고, 또 창으로 하는 구연방식도 있으며, 대화체로 하는 것도 있다. 같은 장르라 하더라도 구연자에 따라 구연방식과 구연상황이 달라서 작품의 감흥이나 내용까지도 다르게 된다. 이런 면에서 일단 문자로 기재된 문헌자료는 구연성이 사라지므로 구비전승으로서의 가치는 줄어든다.

한편, 구비전승의 구연자들 곧 스토리텔러(storyteller)는 들어서 기억하고 있는 것을 말로 드러내고자 하는데, 기억력의 한계나 의도에 따라 구성이 달리 나타나게 마련이다. 실제로 구연자는 자기가 들은 대로의 윤곽에 보태기도 하고 또 새로 고쳐서 끼워 넣기도 한다. 이때 보태고 고치는 것은 구연자의 개성이나 생각에 따라 결정되는 것이니 일단은 창작으로서의 성격도 지닌다. 그렇더라도 그 구비전승의 최대공약수적인 기본적인 틀은 여전히 유지된다.

셋째, 구비전승은 현장의 산물이다.

구비전승의 이해와 연구는 현장(現場)을 감안하지 않고서는 성과를 얻을 수 없다. 특히 구비전승은 화자나 창자 그리고 시청자가 일체가 되는 현장에서 생성되는 문예이므로 같은 작품이라도 현장이

다르면 상황이 다르듯이 대사나 감흥도 달리 나타난다. 따라서 구비전승의 현장성은 구연성과 상호 결합하여 효과를 증대시키는 요소로 작용한다.

넷째, 구비전승은 형식이 간결하고 내용이 단순하다.

구비전승은 기억을 통하여 구두로 전승되기 때문에 우선 그 형식이 간결하다. 간결하지 않고서는 기억의 한계 때문에 전승하는 데에 변형이 나타난다. 여러 이형태(異形態)의 출현은 복잡한 형식이나 기억력의 한계에서 생긴다.

그렇다고 구비전승의 형식이 모두 간결하지는 않다. 속담이나 수수께끼 그리고 민요와 보통의 설화는 대체로 간단하지만 서사무가인 무속신화나 판소리 등은 분량이 길어서 한 번에 완창(完唱)하여 내기가 벅찰 정도로 복잡하다.

이렇게 간결한 구조를 지니고 있기에 내용 또한 대체로 단순하다. 내용이 복잡하면 전승하기가 어려우므로 단순성은 필연적이다. 그렇다고 해서 내용이나 주제가 수준이 낮고 철학성이 없다는 것은 아니다. 그 중에는 세태를 비유적으로 포장하고 있어서 숨겨진 진실을 찾아내기가 어려운 것도 있다.

다섯째, 구비전승은 민중의 역사인 민속(民俗)이다.

대개 구비전승은 진실성이나 현실성이 부족한 허구로 알고 있거나 또 그렇게 보인다. 그러나 사실은 그 이야기들을 형성시키고 변이시킨 사회적 · 역사적 배경과 밀접한 관계를 맺고 있으므로 역사 자체이거나 역사적 창조물이다. 다시 말해서 '이야기'라는 허구적 틀 속에 존재하는 것이지만 애당초 그 이야기의 어딘가에는 현실적 · 현장적 사건이 끼어들기 일쑤이므로 사실성과 역사성이 짙다. 따라서 그 사건이란 것이 당대인들에게 관심의 소재로 기능할 수 있는 것이므로 비록 끊임없는 변이를 거치기는 하나 생명을 유지하면서 후대에까지 길이 전승한다.

이런 의미에서 역사와 더불어 전개되어 온 구비전승은 단순히 과거 사실에 대한 흥미위주만의 이야기가 아니라 역사적 사실에 대한 민중의 복합적인 반응이고, 민중의식이 진보적으로 변화하여 온 자취이며, 봉건사회가 근대사회로 변모하는 과정을 드러낸 드라마이기도 하다. 따라서 구비전승은 문예사적으로 의의가 있을 뿐 아니라 한국의 역사를 깊이 있게 이해하는 데 있어서 적지 않게 기여하며, 문헌자료 위주의 역사학이 간과하기 쉬운 측면을 보강하는 자료가 된다.

여섯째, 구비전승은 민중의 공동작(共同作)이다.

서포 김만중(金萬重, 1637~1692)은 《서포만필(西浦漫筆)》에서 "나무하는 아이와 물 긷는 아낙네의 소리 질러 화답하는 노래는 비록 속되다고는 할지언정 그 어느 편이 진(眞)이고, 어느 편이 가(假)인 것을 논한다면 소위 학사와 대부의 시(詩)니 부(賦)니 하는 것들은 한자리에서 논의할 바가 되지 못한다"고 하였다.

속담 수집 사업에 앞서 선구자적 역할을 한 홍만종(洪萬宗, 1643~1725)은 그의 저작인 《순오지(旬五誌)》에서 "속담은 아이들과 아낙네들도 다 잘 아는 항간의 방언으로 만들어졌으면서도 현상의 본질을 꿰뚫고 있기 때문에 사회생활의 이모저모에 대해서 보편적인 타당성을 지닌다"고 하면서, 속담은 깊은 철학적 내용을 가지고 있는 만큼 그것이 통속적인 조선말로 만들어졌다고 해서 소홀히 여겨서는 안 된다는 결론을 내렸다.

민중이라는 주체는 삶의 현장에서 민요를 부르고, 설화를 이야기하며, 민속극을 즐겨왔다. 양반 지식층의 기록문학은 생활 자체와는 구별되는 지식이고 품위가 있는 교양이기에 문학한다는 의식과 함께 창작되나, 구비전승은 이처럼 생활과 구별되지 않을 뿐 아니라 문학한다는 의식이 없이 민중에 의해 창작된다. 물론 어느 이야기나 노래가 최초로 만들어졌을 때는 개인의 독창성이 전적으로 개입하였을 것이다. 그러나 그것이 보편적인 작품으로 형성되기까지에는 숱한 사람들의 의견이 첨삭되는 과정을 거쳤을 것이고, 또 이런 과정이 반복되면서 기본 틀이 형성되는 것이다.

따라서 구비전승은 다수의 민중들이 참여하기 때문에 지배계층이나 상류층의 의식이 아닌 민간인들 곧 민중의 한(恨)과 흥(興)이 자연스레 용해되어 있어서 그것을 통하여 민중의 삶의 실태를 볼 수 있음은 물론이고 그들이 지녀온 의식이나 진보된 생각들과도 만날 수가 있다.

일곱째, 구비전승은 가장 한국적(韓國的)이기에 가장 세계적이다.

구비전승은 한민족의 주체인 다수 민중의 공동작이기에 우리 민족의 삶이 충실히 표출되어 있다. 그것에는 또한 민중의 정서가 그대로 함축되어 있기에 가장 한국적이라고 말할 수 있다. 연암(燕岩) 박지원(朴趾源, 1737～1805)의 이른바 〈조선지풍론(朝鮮之風論)〉과 다산(茶山) 정약용(丁若鏞, 1762～1836)의 〈조선시론(朝鮮詩論)〉도 결국은 이러한 자각의 일환이다.

박지원은 "우리나라가 비록 변두리이기는 하나 그래도 나라가 작지 않고, 신라 · 고려가 소박하나 좋은 풍속이 많았다. 그런 만큼 방언을 문자로 옮기고 민요를 운율에 맞추기만 하면 문장이 이루어지고 진기(眞機)가 발현된다. 중국 것을 답습하지 않고 남의 것을 차용하지 않아도 현재 조선에 있는 그대로를 가지고 온갖 것들을 표현할 수가 있다"고 하였다.

정약용은, 시문에서 중국의 것만을 용사(用事)하는 사대적 누속(陋俗)을 버리고 선인들의 저서와 우리의 문자에서 사실을 채취하여 지방의 일을 고구하여 이를 용사할 것을 주장하였고, 중국식이 아닌 오로지 우리의 입맛에 맞는 시작(詩作)을 하면서 "나는 조선사람이기에 기꺼이 조선시를 쓴다(我是朝鮮人 甘作朝鮮詩)"라고 '조선시 선언'을 하였던 것이다.

양반층의 기록문학이 민족적 성격을 도외시하고 중국의 문학양식과 취향을 추종할 때에도 초동급부(樵童汲婦)들은 시(詩)나 부(賦)에 대해 아는 바 없이 자신의 생활과 정감을 진솔하게 노래하고 이야기하였으니, 이러한 민족적인 성격은 외래양식을 향한 추종과 예속을 극복할 수 있는 동력이 되었다.

여덟째, 구비전승은 문예 중에서 생명이 가장 길다.

한국문학을 표현수단에 따라 분류할 때 셋으로 구분하는데 한글로 된 한글문학, 한문으로 된 한문학(漢文學), 말로 된 구비문학이 그것이다.

종래의 문학적 관심은 이들 가운데 한문학과 한글문학에 있었고 구비문학은 상대적으로 소홀하였다. 그러나 한글문학과 한문학은 구비전승에서 소재를 찾았으며, 조선조 이후에 힘차게 등장한 평민문학(平民文學)도 바로 이 구비전승에 기반을 두고 있다.

구비전승문학의 국문학적 위치는 민중의 역사와 더불어 변천하여 온 장구한 생명력을 통해서도 살펴볼 수 있다. 우리의 국문학사는 위에서 언급한 세 부류의 문학적 영역의 관계가 변천하는 데 따라 몇 단계의 시대적 구분이 가능하다.

제1기 ─ 문자가 없어서 구비전승만이 있던 시대.

제2기 ─ 한문이 전래되어 지식층이 이를 사용하여 한문문학을 하면서 동시에 구비전승의 일부를 한자로 기록하고, 향가와 같은 차자(借字)문학이 등장한 시대.

제3기 ─ 상류층에 한문의 사용이 보편화되어 상층의 한문문학이 성(盛)하고, 하층에는 구비문학도 번성하던 시대.

제4기 ─ 한글이 창제되어 한문문학 · 한글문학 · 구비문학이 병존한 시대.

제5기 ─ 신분제도적 사회체제가 무너지고, 한글의 보편화가 이루어지면서 한글기록문학이 크게 확대되며, 한문학이 새로운 변화를 보이고, 구비문학의 영역이 확대되는 시대.

제6기 — 한문학이 쇠퇴하고, 한글문학이 전문 창작인에 의해 정립되는 시대, 그리고 구비전승의 스토리텔링이 부각되고, 사회성이 짙은 최불암 시리즈와 사오정 시리즈 및 여고괴담이나 나훈아괴담 또는 정치적 흑색선전을 포함한 유언비어가 활개 치는 시대.❖

이상에서 제시한 내용을 볼 때 한국문학의 시원은 구비전승임을 알 수 있다. 구비전승의 태동은 곧 국문학의 시작이며, 구비전승문학은 한문학과 한글문학이 형성된 뒤에도 함께 공존하여 왔다. 그리고 그것은 다수의 민중이 향유하는 기층문학(基層文學)으로 존재하여 왔고 또 존재할 것이므로 사람이 존재하는 한 그 생명이 가장 영원한 문예는 구비전승이다.

더구나 최근에 문화와 정보의 시대가 도래하고 또 '이무기'가 등장하는 영화 〈디 워〉에서 보듯이 문화콘텐츠의 꽃으로 구비전승이 부각되자 그 가치가 급속히 확장되고 구비전승을 원천자료로 삼은 스토리텔링화가 활발히 전개되고 있다.

❖ 70년대 이후의 구비시리즈는 크게 3기로 나누어 설명할 수 있다. 제1기는 70~80년 말에 등장한 참새, 입 큰 개구리, 식인종 등의 시리즈이다. 이들은 포수와 참새, 뱀과 개구리 등의 대립구도를 통해 독재 권력을 꼬집었다. 제2기는 80년대 말부터 90년대 초반까지에 등장한 〈최불암〉, 〈간 큰 남자〉 등의 시리즈인데, 이들은 나약하고 행동적이지 못한 기성세대나 가부장적 권위주의를 구설(口說)의 대상으로 삼았다. 제3기는 90년대 중반부터 개인 불안, 대화 단절 등을 소재로 올린 〈덩달이〉, 〈사오정〉, 〈나 맞아〉 시리즈가 그것이다. 제4기는 90년대 후반부터 등장한 이른바 '엽기(獵奇) 시리즈'와 '인터넷 익명 시리즈'이다. 이 시리즈들은 톡톡 튀는 개인의 개성을 중시하고 나아가 기성시대의 관념이나 억압으로부터의 무한한 해방을 소재로 다루고 있다.

〈사오정〉 시리즈(1)

어느 날 사오정이 길을 가고 있었는데, 63빌딩에 있던 지렁이가 침을 뱉었다.

아래를 지나가고 있던 사오정이 침에 맞았다.

화가 난 사오정이 하는 말, "야, 지렁이, 너 아래로 내려와."

겁을 먹은 지렁이는 63빌딩의 유리를 타고 63일을 걸려 내려왔다.

지렁이가 내려오자 사오정이 하는 말,

"옥상으로 따라와!"

〈사오정〉 시리즈(2)

한 가게에 손오공이 들어가서 박하사탕 50원어치만 달라고 하였다.

마침 높은 선반위에 박하사탕이 놓여 있던 터라 가게 주인아저씨는 사다리를 가지고 와서 박하사탕을 주었다.

이어서 저팔계가 와서 박하사탕 50원어치를 달라고 하자 가게 주인은 다시 사다리를 가지고 와서 박하사탕 50원어치를 주었다.

잠시 후 사오정이 가게로 들어왔다.

아저씨가 "너도 박하사탕 50원어치 줄까?"하고 묻자 사오정은 "아니요"라고 자신 있게 대답했다.

안심한 아저씨는 다시 사다리를 제자리에다 놓고 와서 물었다.

"너는 뭐 줄까?"

그러자 사오정이 하는 말, "박하사탕 100원어치요."

〈유비통신〉

유비통신이란 유언비어(流言蜚語)에 해당하는 구비물로서 한 시대의 실상을 풍자하는 기능을 지닌 것이 특징이다.

군사정권시대의 독재자를 풍자한 유비통신 하나를 보자.

철수 : 내가 시청 앞에서 "X대통령은 '돌'이다"고 외치고 다니면 무슨 죄목에 걸리는지 알아?

영희 : 그거야 도로교통방해죄, 고성방가죄 아니면 명예훼손죄에 걸리겠지.

철수 : 그건 약과야.

영희 : 그럼 뭔데?

철수 : 반역죄인 '국가기밀누설죄'.

영희 : 우와 무섭다!

2) 신화는 설화에 속한다

(1) 설화의 특성

설화(說話)란 쉽게 말해서 '이야기'이다. 그러나 단순히 발화(發話)를 뜻하는 '말'이나 '사설(辭說)'이 아니라 일정한 구조를 지닌, 말로 전달하는 꾸며낸 이야기이다. 다시 말해서 설화는 허구적이며 서사적인 체계를 갖춘 문학적 이야기이다. 따라서 신변잡담이나 역사적 사실은 설화의 범주에 들지 못한다.

그런데 '설화'는 대개 '옛날이야기' 혹은 '구비설화'라고도 한다. 이 구비설화는 과거시간이라는 관념에 갇혀있는 어휘로 통용되고, 그래서 현실성이 없는 구태의연(舊態依然)한 만담(漫談)쯤으로 이해하는 측면도 있다. 그러나 지금의 시간도 지나면 금방 과거가 된다. 따라서 지금의 이야기도 금방 옛이야기로 되어 버린다. 옛날이야기는 현재와 오늘의 이야기이며, 내일의 미래 이야기이다.

이야기는 말하는 화자(話者)와 듣는 청자(聽者)가 있어야 성립한다. 이야기(이바구)가 '입'과 '귀'의 합성어임을 상기하면 이해가 가는 대목이다. 조선조에 등장하는 직업적인 이야기꾼 곧 강담사(講談師)

와 전기수(傳奇叟)는 화자와 청자의 관계를 설명해주는 자료이다.

설화의 개념을 보다 명확히 이해하기 위해서 설화의 몇 가지 특성을 살펴보자.

첫째, 설화는 구비전승한다.

설화는 시간과 공간을 초월하여 입에서 입으로 전승한다. 이러한 구전성으로 인하여 본래의 이야기에 첨삭이 이루어지면서 지속적으로 변화한다. 따라서 설화는 한 유형(類型, type)의 이야기라도 이야기꾼에 따라 조금씩 그 내용이 다를 수 있다.

이때 각각 다르게 이야기되어지는 이야기 하나하나를 각편(各篇) 또는 버전(version)이라고 한다. 버전들은 나름대로 독자성을 지니고 있지만 한 유형의 뿌리에서 탄생하여 분가(分家)한 가족으로서의 존재이다.

구전된 설화를 채록하여 문헌에 기록하면 문헌설화(文獻說話)가 된다. 문헌설화는 현장에서의 구전성과 구연성이 없다. 그러나 문헌으로써 전승하고 이것을 말로써 전승하는 과정에서 구연성이 다시 재연되므로 구비설화로 인정한다.

둘째, 설화는 서사체 산문이다.

설화는 노래가 아닌 말에 의해 전달되는 이야기이므로 산문적이다. 때로는 이야기의 어느 부분에 율문으로 된 노래가 들어가지만 규칙적인 율격을 지니지 않은 보통의 말로써 구연된다. 또 아래에 제시한 서정주의 《질마재신화》에 들어있는 〈신부〉❖라는 시에서 보듯이 설화를 율문으로 표현한 것이 없지는 않으나 그 본령은 어디까지나 산문이다.

셋째, 설화는 구연(口演)의 기회가 자유롭다.

설화는 이야기를 주고받을 수 있는 기회만 되면 언제, 어느 때나 쉽게 구연할 수 있다. 구비전승문학의 갈래 가운데 특정한 기회에 구연하는 노동요 · 무가 · 판소리 · 민속극 등과는 입장이 다르다.

넷째 설화의 화자는 자격에 제한이 없어 자유롭다.

설화를 구연하는 화자는 판소리 · 무가 · 민속극에서 보듯이 특별히 수련을 쌓아야 담당할 수 있는 자격이나 능력이 없어도 구연이 가능하다. 들은 이야기를 옮길 수 있는 기억력의 소유자라면 누구나 이야기꾼이나 전승자가 될 수 있는 것이 설화의 화자(話者)이다.

❖ 〈신부〉

신부는 초록 저고리 다홍치마로 겨우 귀밑머리만 풀리운 채 신랑하고 첫날밤에 아직 앉아 있었는데, 신랑이 그만 오줌이 급해져서 냉큼 일어나 달려가는 바람에 옷자락이 문돌쩌귀에 걸렸습니다. 그것을 신랑은 생각이 또 급해서 제 신부가 음탕해서 그 새를 못 참아서 뒤에서 손으로 잡아 아당기는 거라고, 그렇게만 알고는 뒤도 안 돌아보고 나가 버렸습니다. 문돌쩌귀에 걸린 옷자락이 찢어진 채로 오줌 누곤 못 쓰겠다며 달아나 버렸습니다.

그러고 나서 사십 년인가 오십 년이 지나간 뒤에 뜻밖에 딴 볼일이 생겨 이 신부네 집 옆을 지나가다가 그래도 궁금해서 신부 방문을 열고 들여다보니 신부는 귀밑머리만 풀린 첫날밤 모양 그대로 초록 저고리 다홍치마로 아직도 고스란히 앉아 있었습니다.

안쓰러운 생각이 들어 그 어깨를 가서 어루만지니 그때서야 매운재가 되어 폭삭 내려앉아 버렸습니다. 초록재와 다홍재로 내려앉아 버렸습니다.
[서정주, 질마재신화, 신부]

(2) 설화의 기능과 역할

'삶은 곧 이야기다'라는 명제가 있다. 인간은 이야기 속에서 태어나고, 이야기를 통해 성장하며, 이야기를 통해 무엇인가가 되어 간다. 그런 의미에서 이 명제는 '한 인간의 삶이란 자신만의 이야기를 만들어가는 과정'이라는 심리학 이론과 관련성을 갖는다.

최근에 《엄마의 행복》이라는 제목으로 한 책이 출간되었다. 이 책은 시집간 큰딸이 아이를 키우면서 평생의 지팡이인 앞 못 보는 부모의 크고 소중한 사랑에 대해 털어놓은 사랑의 이야기이다. 장님 부모에 대한 이야기를 요약하면 다음과 같다.

〈우리 부모는 장님이다〉

앞을 볼 수 없는 부부가 농사를 지으며 4남매를 장성시키고, 환갑이 넘은 나이에 손자 손녀를 키우며 계속 농사를 지으면서 산다. 박씨 할아버지가 시력을 잃은 것은 열 살 때 삼눈(눈에 핏발이 섬)을 앓았으나 제대로 치료를 못해 아주 못 보게 됐다. 지씨 할머니도 전쟁통에 손님마마(수두)를 앓고 난 뒤에 시력을 잃었다. 그래도 당시에는 희미하게나마 시력이 남아있었지만 첫째 아이를 낳고서는 그마저도 잃었다.

경기도 평택 서정리에 있는 점자학원에서 만난 인연으로 혼인해서 40년간 농사를 함께 지으며 4남매를 키웠다. 농사일은 주로 밤에 한다. 더듬더듬 일하는 것을 남들이 보면 답답해할까 봐 일부러 그래 왔다.

"안 보이는 거야 매한가지니 밤에 일하면 오히려 시원하고 일하기도 좋아."

위의 이야기를 액면 그대로 받아들이면 사실적인 이야기이기에 설화일 수는 없다고 하더라도 설화보다 더 허구적일 듯한 이 이야기를 통해서 정서적 감동과 삶의 교훈을 얻는다. 사람들은 이렇게 이야기를 통해서 감동하고 교훈을 얻어 새로운 세계에 눈을 뜬다. 이것이 바로 설화의 역할이며 기능이다.

또 다른 이야기를 들어보자.

〈사랑이 없으면 혁명도 없다〉

로제 가로디는 프랑스의 저명한 지식인이다. 그는 당의 노선에 반발한 탓으로 1970년 제19차 프랑스 공산당전당대회에서 제명당하였다. 가로디는 36년간 뛰어난 이론가로서 공산당에 충성하였기에 그 사건은 당시에 큰 뉴스거리였다.

기자들의 집요한 추적과 삶의 좌표를 상실한 비통함에 지친 그는 정처 없이 차를 몰았다. 그리고 어느 곳엔가 멈추었다. 그런데 정신을 차리고 보니 거기는 20여 년 전에 헤어졌던 여인의 집 앞이었다. 그 여인은 원래 수녀가 되려고 하였다. 그러나 천상의 하나님보다 헐벗은 지상의 인간을 구원하는 것이 중요하다는 가로디의 설득으로 연인이 되었고, 가로디가 레지스탕스로 활동하는 바람에 헤어지게 되었다.

가로디는 낡은 대문을 밀었다. 대문은 열려 있었고 무작정 들어간 현관의 식탁에는 두 명분의 식사가 차려져 있었다. 그때 한 여인이 나왔다. 자세히 보니 20여 년 전에 헤어진 바로 그 여인이었다.

"혹시 누구를 기다리고 있었소?"

"그래요, 바로 당신이에요. 라디오로 당신 사건을 계속 듣고 있었지요. 쫓겨난 당신이 여기 말고는 달리 갈 데가 없을 것 같았어요. 이거 당신이 좋아하던 포도주와 호밀빵 맞지요?"

이윽고 가로디는 절규하였다.

"사랑이 없으면 혁명도 없다."

이 서구의 이야기가 필자에게 기억되고 있는 것은 역사적 사실의 진위여부가 아니라 신화와 같은 장면 때문이다. 하필이면 그 집 앞에 도착하였을까? 20여 년 전의 집을 어찌 기억하며, 어째서 이사를 가지 않았을까? 여인은 어떤 모습으로 변했을까? 사랑이 없으면 혁명도 없다고 한 것은 무슨 근거에서 나온 말일까?

사실여부의 판단은 진실 아니면 거짓이다. 진위(眞僞)를 판단하는 범위는 단순하다. 그러나 설화의 허구적 구조에 내재된 이미지는 무한한 상상력으로써만이 접근이 가능하고, 이미지에 대한 해석도 갖가지로 나온다.

사람은 자신의 이야기를 말하고 남의 이야기를 들으면서 산다. 이야기를 듣거나 읽으면 타인의 삶을 자신의 삶 속에 통합하게 되고, 타인의 경험을 통해 자신의 감정으로 간접적 체험을 하며, 자신의 발달단계를 인식하고 추진하는 힘을 얻는다. '이야기'라는 틀 속에서 인간의 삶을 파악하는 '이야기학'에서 신화나 심리학적 담론(談論) 외에 경영의 성공사례, 재판의 판례 등이 등장하는 것도 그런 연유이다.

다시 말해서 설화의 기능이란 문예의 기능이 그렇듯이 감동과 교훈을 주는 것이다. 따라서 설화는 언제, 어디서, 누구에게나 두루 통용되는 교과서이고 행복지침서이며 지식의 창고이다.

설화는 향유자에게 감동과 교훈을 주는 구비전승이면서 동시에 당대의 시대정신을 구현하여 보이고 마음 놓고 드러낼 수 없는 민중의식이 숨겨진 은밀한 창고이다.

강원도에는 송강 정철에 대한 이야기가 다수 전승한다. 그는 우리나라 최고의 가사작가로서 한국문학사에 명성이 자자한 인물이며, 정치적으로는 동인(東人)의 영수로서 활약한 정치가이고, 나아가 강원도 관찰사를 역임한 목민관(牧民官)이다. 그런데 송강을 주인공으로 하는 설화마다 그에 대한 이미지가 나쁘게 나타나는 이유는 무엇일까? 그 이유를 몇 개의 각 편을 통해 이해할 수 있다.

〈심술끼 많은 송강〉

정철 감사가 여기 야양(양양) 지나갈 적에 야양 연창이라는 데가 역이거든. 연창역(連倉驛)에서, 상운역(祥雲驛) 얘기부터 내가 하지. 상운역에 와 보니까 역부들이 이 놋동이에다 마카 마죽을 주어.

그래 보니까 아, 상운이라는 데가 아주 부촌(富村)이란 말야.

이 옛날에 영감님(정철)이, 부자가 되면 촌민들이 양반 괄시한다고… 그래 인제 주천당(酒泉塘)이라는 못이 있어.

"이 저놈의 부자 되는 누룩바우를 깨 바숴야 되겠다."

그래 역부를 데리고 와서 그 누룩바우가 그렇게 누룩 싼 거 모냥 그렇게 옛날 왜 누룩을 왜 착착 쌓잖우? 그래 그놈의 역부를 들여서 꼭대기를 헤잡았어. 그래고 상운이라는 데가 그만 아주 집터가 되었어. 그런 일이 있어. [양양군 서면 오색리, 1982. 4. 5., 김선풍 · 김기설 조사, 김남수, 남 · 71]

〈절 앞에서 담배 피우다 낙마(落馬)한 송강〉

정철 감사가 저 금강산 구경을 가다가 절에 들어가서 담배를 피우니까 중들이,

"아, 이 저 부처님 앞에서는 담배를 못 피웁니다."

"아, 왜 담배를 못 피운다는 말이냐? 담배를 피워서 부처 똥구녕에 슬슬 디밀으니, 아, 부처 똥구녕에 담배 연기를 보내도 멀쩡한데"

"아, 그래도 못 피웁니다." 하니,

"아, 미친 놈의 소리 한다."고.

그래고 또 나가다가 말이 돌에 발꿈치가 채이면서 엎어져 내려 굴렀다는 그런 얘기가 있더라고...... [양양군 서면 오색리, 1982. 4. 5., 김선풍 · 김기설 조사, 김남수, 남 · 71]

〈무산(巫山) 12봉에 혈을 찌른 송강〉

저 여기에 그전에 인제 정철이 정 감사가 산혈을 질렀다고 합니다. 산혈을 질렀다고 그러는데 여기 이 앞에 양양읍 앞에 이거 보이는 산이 무산 12봉이라고 그래요. 예, 무산 12봉이구 무산(巫山) 12봉이라는

것은 중국 양양에 정말이지만 저 산을 무산 12봉이라고 그러는데, 양양에 인제 인물이 잘 난다고 그래서 그 무산 12봉에다 쇠말뚝이를 박고, 또 염독을 박았다고 그랍니다. 소금독을...... 소금독을 이 단지에다 넣어서 인제 거기다 묻어 놓으면 그 산 음기(陰氣)가 없어진다고. 그래, 그런 얘기는 더러 있습니다.

그래서 그러면...... 여기 저 염독 박은 삼 꼭대기 올라가면은 거 구탄봉(九歎峰)이라고 그러는데 구탄봉에 이렇게 내려오면은 어, 거김에(거기에) 이제 묘가 있는데 그 묘가 우리가 보기에도 자리가 좋은 것 같애요. 그 산 쓰구선 이제 양양에서 용마(龍馬)가 났다고 이 연창 역대미소란 거기에서 용마가 났다구. 나서 울었다고 그래는데. 그 산거기서 이제 자손에 김병윤이라는 분이 마지막에 낳았죠. 마지막에 났는데 그분이 참 천하장사라고 이런 분인데 양양에 인물이라고 그러죠. 양양에 인물이라고 그러는데, 났는데, 그래서 인제 위험한 인물이 난다고 해 가지곤 그 산을 끊었대요. 그 산 주룡을 끊으니까 뭐 대줄기 같은 피가 내 뻗더라는 그런 전설이 있습니다. 사실이 어데서 비롯되었는지는 몰라도 그래 지금은 거기에 가 보면 그 끊은 자리가 있어요. 산을 그렇게 그 내에 음기를 없앨려고 끊어낸 자리가 아직 남아 있습니다. [양양군 서면 오색리, 1982. 4. 15., 김선풍 · 김기설 조사, 김남수, 남 · 71]

주지하는 바대로 송강은 국문학사에 불멸의 자취를 남겼으며, 한때 조선조의 정치사를 주름잡았던 큰 인물이었다. 그런 거물이 강원도 관찰사로 부임한다는 것은 강원도의 영광이요 자랑이며 희망이었을 것이다.

그럼에도 불구하고 송강의 설화에서는 부자마을을 시기하여 누룩바위를 깨뜨려서 가난하게 만들고, 절에 가서 예절이 없는 후안무치(厚顔無恥)의 짓을 하였으며, 큰 인재가 나는 것을 시기하여 혈(穴)을 찌르는 악역을 도맡아 자행한다.

송강은 구비전승의 주체인 민중들과 무슨 원수가 졌을까? 기대가 크면 실망도 큰 법이다. 강원도민들은 마음속으로 송강에게 큰 정치를 기대했을 것이 틀림없다. 그러나 송강이 강원도에 와서 뚜렷이 남긴 것은 명승고적을 찾아서 읊은 〈관동별곡(關東別曲)〉이었다. 그것은 분명히 길이 남을 위대한 문학유산이다. 그러나 당대의 가난한 민중들은 문학보다도 우선 배가 부르고 등이 따뜻한 것이 최고의 가치였다. 송강은 그것을 채워줄 수 없었으며 아니 관심 밖이었다. 그것이 송강의 한계였다. 송강을 향한 불순한 이야기들의 정체는 바로 그러한 배경에 연유하였을 것이다.

이렇게 설화는 향유자들에게 감동과 교훈을 부여하는 기능을 갖지만 아울러 당대 민중들의 역사의식이나 시대정신을 숨겨 담은 그릇으로 작용한다.

(3) 설화의 갈래와 차별성

대체로 설화는 3분법으로 하위분류해서 신화(神話), 전설(傳說), 민담(民譚)으로 나눈다. 현재 세계적으로 통용되고 있는 이 3분법은 영국의 C.S.Burne이 1914년에 myth, legend, folktale로 분류하면서 비롯하였다. 인류학자인 Malinowski는 1926년의 논문에서 myths, legend, fairy-tale로 분류한 바 있다. 일본에서는 신화, 전설, 석화(昔話) 또는 신화, 전설, 민화(民話)로 나누는데 민담을 석화 또는 민화라고 하는 점이 다르다.

손진태는 "민족설화는 신화, 전설, 우화, 소화, 잡화의 총칭"이라고 하였으며, 조윤제는 "신화, 전설, 설화"로 분류하였다. 이상일은 신화는 전설이나 민담 이전의 양식으로 논의해야 한다고 주장하고 신화를 설화의 유개념(類概念)으로 설정하였다. 그리고 설화의 종개념으로 정통민담, 준민담류(우스개 및 일화 기타), 전설로 삼분하였다.

그런데 보편적 3분법인 신화, 전설, 민담에 있어서도 경계를 서로 넘나들고 상호 전환되기도 해서 분명하게 선을 긋기가 어려운 경우가 있다. 예를 들면, 홍수(洪水)에 관한 어느 이야기가 홍수신화도 되고 때로는 홍수전설도 된다. 홍수이야기가 어느 한 지역의 지명과 관련되어 나타날 때는 전설의 성격을 띠지만 인류의 멸망과 기원 등의 내용을 포함하면 신화가 된다.

또 〈해와 달이 된 오누이〉는 이야기가 해와 달이 생긴 내력을 설명하는 점에 있어서는 신화이다. 그러나 하늘로 오르려던 호랑이가 동아줄이 끊어지는 바람에 땅에 떨어져 죽으면서 흘린 피가 수숫대에 묻어 지금도 수숫대가 빨갛다는 증거물을 제시하는 점에서는 전설의 성격을 지니고 있다. 그리고 오누이가 하느님께 빌어 도움을 받아 해와 달이 되는, 흥미 본위의 해피엔드로 나타나는 경우로 보면 민담에 가깝다.

어떤 이야기는 이렇게 분류상의 애매함을 지니지만 그래도 이 삼분법적 분류를 최선으로 여겨 널리 활용하고 있다.

설화의 하위분류인 신화, 전설, 민담은 각기 어떤 특징이 있으며, 상호 간에 어떤 차이점이 나타나는가? 그 차별성을 구체적으로 살펴보자.

① 전승자의 태도

신화의 전승자는, 신화의 세계는 일상적 경험과 합리성을 넘어서 존재한다고 믿음으로써 신화는 진실하고 신성한 것으로 인식한다. 따라서 역사학자들이 '단군신화'를 어떻게 해석하든 간에 거기에 구애받지 않고 개천절을 국경일로, 홍익인간의 이념을 교육목표로 삼고 있는 것이다.

전설은 전승자가 신성하다고는 생각하지 않으나 진실하다고 믿고 실제로 있었던 일이라고 주장하는 이야기이다. 그때 진실성을 의심받으면 이야기에 제시된 증거물로써 뒷받침한다.

민담의 전승자는 민담이 흥미를 본위로 해서 꾸며졌기에 신성하다거나 진실하다고 생각하지 않는다. "옛날 옛적 호랑이 담배 먹던 시절에……"로 시작할 때부터 진실성을 상실한다. 그러나 민담은 재미와 함께 교훈적인 뜻을 담고 있다.

② 시간과 장소

신화는 일상적인 경험으로는 측정할 수 없는 어느 아득한 태초의 옛날과 신성한 장소를 무대로 해서 사건이 전개된다. 신성한 장소란 〈김수로신화〉의 구지봉, 〈단군신화〉의 태백산 아사달, 그리스 신화의 올림포스, 중국의 곤륜산, 유대의 에덴동산 등을 이른다. 신화의 신성성은 그러한 장소와 시간이 지니고 있는 신성함의 발로이다.

전설은 구체적인 시간과 장소를 제시함으로써 진실성을 뒷받침한다. 이를테면 전설은 "조선시대 영조 임금 때 경상도 밀양 땅 부사에게 딸 하나가 있었는데……" 식으로 전개되는 것이 보통이다. 여기서 보듯이 구체적인 시간과 장소가 등장함으로써 한결 현실감을 주고 진짜라는 인식을 갖게 한다. 위의 〈장자못전설〉에서 장자못은 화자가 사는 마을에 있는 저수지로서 막연한 장소가 아니라 바로 옆에 존재하는 구체적인 장소이다.

민담은 "옛날에 어드런 마을이 있는디, 앞집에는 가난하게 살고 뒷집에는 부자로 살더랍니다."에서 보는 것처럼 시간과 장소가 막연하고 추상적이다. 여기서 '옛날'과 '어드런(어떤) 마을은 지금 화자가 있는 곳이 아닌, 그가 경험해 보지 못한 장소이다. 이렇게 시간과 공간의 한계에 매이지 않기 때문에 작품의 세계가 자유롭게 전개되는 특징을 지닌다.

③ 증거물

신화의 증거물은 매우 포괄적이다. 천지개벽신화에서는 '천지', 건국신화에서는 '국가'가 증거물이다. 〈단군신화〉의 경우에는 '한민족은 단군의 자손'이라는 의식이 증거물이다.

전설은 신화와는 달리 특정한 개별적 증거물을 갖는다. 전설의 증거물로는 자연물, 인공물, 또는 인물일 수 있는데, 전설은 이러한 증거물을 토대로 이야기가 꾸며진다. 산이나 바위에 관한 전설에 있어서 일반적인 산이나 바위는 증거물로서의 자격이 없고 이야기의 대상이 되는 특정한 산이나 바위가 증거물이 된다. 이때의 증거물은 전설을 떠나서도 알려질 수 있는 것이라야 한다. 만약 전설이 증거물을 잃으면 '민담'으로 전환된다.

민담은 이야기 자체로 완결되므로 구체적인 증거물의 제시나 입증이 필요하지 않다. 간혹 민담에 증거물이 제시되는데 그 경우에도 아주 포괄적이며 흥미를 유발하기 위해서 첨부한 것일 뿐이다.

④ 주인공

신화의 주인공은 신(神)이거나, 초월적인 능력을 발휘하는 존재이다. 건국신화의 주인공은 인간이지만 신적인 능력을 지닌 존재로서 등장한다.

전설의 주인공은 시대나 지역의 제한을 받는 역사적인 인물이거나 사물 자체가 주인공이 된다. 그리고 전설의 주인공은 신화의 주인공보다 왜소하며 예기치 못한 사건을 성공적으로 극복하지 못하는 경향이 짙다.

민담의 주인공은 일상적인 인간이 대부분이다. 그러나 이들은 난관에 봉착했을 때도 끈기, 우직, 행운, 우연, 지혜, 조력자의 도움으로 극복하고 운명을 개척하여 나간다.

⑤ 전승 범위

신화의 전승은 씨족, 부족, 민족의 범위에서 이루어진다. 성씨(姓

氏)신화는 씨족에서 전승하고, 민족신화는 민족적으로 전승한다. 민족신화가 세계신화로 전파되는 경우도 있다. 그리스 · 로마신화나 이스라엘의 구약신화가 그 예이다. 물론 이 경우에는 신성성이나 진실성이 약화된다. 그러나 종교적인 믿음을 기반으로 전승할 때는 오히려 강화되는 경향이 있다.

전설의 전승은 증거물이 제시되므로 지역적인 범위에 머문다. 증거물이 전국적으로 알려져 있어서 전국적 · 민족적 전설로 되어있는 경우도 있다. 그러나 어느 특정한 지역에서 전승하는 것이 일반적이다.

민담의 전승 범위는 지역이나 민족에 국한되지 않고 범세계적으로 분포되어 있다. 전승은 공동적이 아니라 개인적으로 이루어진다. 따라서 〈이솝이야기〉처럼 다른 나라의 민담이라고 하더라도 흥미롭다면 약간의 수정을 가하여 우리의 민담으로 향유할 수 있다.

⑥ 세계관

신화의 세계는 신령스런 능력을 지닌 존재가 세계의 질서와 문화를 창조하므로 숭고미를 지닌다. 따라서 전승집단의 행동반경을 지배하는 구심력으로서의 신앙이 요청되고, 나아가 집단의 대동단결을 도모하여 준다.

전설은 전승 범위에서 알 수 있듯이 지역을 기반으로 전승하기 때문에 지역적 유대감을 고취하여 준다. 그러나 주인공이 예기치 못한 사태에서 좌절하므로 운명론적 비극에 이른다.

민담은 주인공이 예기치 못한 사태를 만나 좌절하기 직전에 조력자의 도움으로 사태를 극복하고 운명을 개척한다. 따라서 민담은 낙천적이며 희망적인 세계의 모습을 보여준다.

(4) 설화 유형 분류

설화의 분류는 문화체계를 이해하고 상호 비교연구를 위해, 또 자료정리의 필요성 내지 방향설정을 위해 필요하다. 그리고 설화 분류 작업의 궁극적인 목적은 자국(自國)문화의 이해나 자료 정리라는 측면을 넘어 범세계적인 설화군(說話群) 속에서의 자국설화의 위상이나 전파관계 및 원형(原型)을 찾는 데 있다.

① 서구 설화 유형 분류

서구에서의 설화 수집은 19세기 그림(Grimm) 형제의 작업에서 비롯한 것으로 본다. 그리고 최초의 설화 분류는 1864년에 J.G.Von Hahn이 시도한 〈Griechische und Albanesische Marchen〉이다. Hahn의 분류 작업은 국한된 소수의 설화만을 대상으로 삼았으며, 설화 유형(tale type)과 화소(話素, motif)가 근본적으로 다른 것을 무시한 점 등의 약점을 안고 있다.

설화 분류의 모범으로 인정받고 있는 것은 1910년 핀란드의 Antti Aarne(1867~1925)가 발간한 《The Types of Folktale》 이다.

이후 Aarne가 사망하자 Stith Thompson(1886~1976)이 그것을 수정 보완해서 1928년에 《F.F.C.(Folkrore Fellows Communication)》 74호에 Aarne-Thompson의 이름으로 발표하였다. 이때에 사용한 설화의 총수는 587이며 유형(type)의 마지막 번호가 1960이었다. 그리고 이들이 설정한 유형은 연속적으로 번호를 붙여나가는 형식을 취하였는데, 아래의 분류표에서 보듯이 3개의 중요항과 거기에 따른 부제가 갈라져 나가는 형식을 취하였다.

이 분류의 발표 이후 Thompson은 '형식담'(2000~2399)과 그 맨 마지막의 '미분류담'을 중요항 IV와 V로 올리고, IV의 형식담(Formula Tales)의 부제에 누적담(累積譚), 꼬리따기담 및 기타의 형식담을 넣어서 1961년도의 《F.F.C.》(184호)에 증보판을 내었다. 이로써 1928년도 발표에 보이는 3개의 중요항이 1961년도의 증보판에는 5개항이 되었으며, 새로 수집한 설화를 추가하여 타이프의 번호가 2499까지 확장되었다.

1928년도의 《F.F.C.》에 발표된 분류표는 아래와 같다.

OUTLINE OF THE CLASSIFICATION OF TALES

No.	Ⅰ. Animal Tales (동물담)
1~99	Wild Animals (야수)
100~149	Wild Animals and Domestic Animals (야수와 가축)
150~199	Man and Wild Animals (인간과 야수)
200~219	Domestic Animals (가축)
220~249	Birds (조류)
250~274	Fishes (어류)
275~299	Other Animals and Objects (기타 동물과 사물)
	Ⅱ. Ordinary Folk-tales (본격담)
	A. Tales of Magic (주술담)
300~749	Supernatural Adversaries (초자연적 적)
300~399	Supernatural of Enchanted Husband(Wife) or Other
400~459	Relatives(초자연적 주술에 걸린 남편이나 가족)
460~499	Superhuman Tasks (초자연적 과제)
500~599	Supernatural Helpers (초자연적 조력자)
560~649	Magic Objects (주술물)
650~699	Supernatural Power of Knowledge (초자연적 지식력)
700~749	Other Tales of the Supernatural (기타 초자연적 설화)
750~849	B. Religious Tales (종교담)
850~999	C. Novelle(Romantic Tales) (허구담-낭만담)
1000~1199	D. Tales of the Stupid Ogre (어리석은 악마담)
	Ⅲ. Jokes and Anecdotes (소화 및 일화)
1200~1349	Numskull Stories (치우담(痴愚譚))
1350~1439	Stories about Married Couples (기혼부부담)
1440~1524	Stories about a Woman(Girl) (여성담)
1525~1874	Stories about a Man(Boy) (남성담)
1525~1639	The Clever Man (현자담)
1640~1674	Lucky Accidents (행운담)
1675~1724	The Stupid Man (바보담)
1725~1874	Jokes about Parsons (사제에 대한 농담)
1875~1999	Tales of Lying (허언담(嘘言譚))
2000~2399	Formula Tales (형식담)
2400~2499	Unclassified Tales (미분류담)

② 한국설화 유형 분류

한국설화를 처음으로 분류한 이는 미국 선교사인 Homer B. Hulbert이다. 한국의 민속문화만이 아니라 무속에도 깊은 소양을 지녔던 그는 1893년 7월 시카고에서 열린 제3차 세계 박람회 국제민속학대회에서 〈Korean Folkrore〉라는 제목으로 발표하였다.

거기서 그는 한국인의 먼 조상은 북방과 남방에서 이동하여 한강 유역에서 만났기 때문에 한국설화의 유형이 두 지역권으로 나뉘게 되었다고 하였다.

그리고 고대 영웅담의 기원으로 3가지 유형 곧 〈단군신화〉, 난생(卵生)설화에 해당하는 〈박혁거세신화〉, 제주도의 〈삼성혈신화〉를 유형의 기준으로 들었다.

아울러 설화의 지역적 분포를 이해하기 위해서는 특유의 설화를 중심으로 설명하고 예로 삼을 수밖에 없다고 하면서 다음과 같은 13개의 유형을 제시하였다.

- The miraculous origin of the ancient heroes.(고대 영웅의 신기한 탄생)
- Communications between the inhabitants of dry land and mermen.(인어와 육지인과의 친교)
- Divine beings walking upon the earth.(땅에 하강한 신령)
- The changing of men into beasts and of beasts into men.(짐승화한 인간과 인간화한 짐승)
- Simple myths.(단순한 신화)
- Omens of evil.(악마의 징조)
- Aid given by the dead to the living.(죽은 자가 산 사람을 도움)
- Fabulous animals.(전설상의 동물)
- Virtue's reward.(선행에 대한 보답)

- Aid given by animals to men.(동물이 인간을 도움)
- Prophecies fulfilled.(예언의 실현)
- Stratagems.(술책)
- Miscellaneous.(기타의 일화)

그가 분류한 이 타이프는 소량의 자료만을 근거로 삼고 있고 또 세부적인 부제항(副題項)도 없어 선명성은 떨어지나 Aarne의 분류보다 무려 12년이나 앞선다는 점에서 역사적 가치가 있다.

이후 한국설화의 분류를 본격적으로 시도한 이는 장덕순이다. 그는 《설화의 분류와 한국설화 개관》(1970)에서 보편성을 지닌 분류안을 제시하였다(분류 1 참조).

1970년에 최인학은 한국설화의 유형을 6개 대항, 20개 부항으로 나누고 형(型) 번호 일람표를 첨부해서 분류안을 제시하였다. 6개의 중요항은 동물석화, 본격석화, 소화, 형식담, 신화적 석화, 기타(보유) 등이다.

1983년에 조희웅은 5대항 25부항으로 구성한 분류안을 제시하였는데, 모티프별로 항목을 제시한 점이 특징이다(분류 2 참조).

1993에 김선풍은 8대항, 38부항으로 타이프를 나누어 분류하였다. 8대항은 기원담, 자연담, 인간담, 동식물담, 신앙담, 희극담, 비극담, 형식담 등이다(분류 3 참조).

한편 조동일은 '잘 되고 못되는 사연', '속이고 속는 사연' 등과 같이 순 한글로 된 분류표를 만들어 《구비문학대계》 (정신문화연구원)에 기재된 설화를 분류하였다.

(5) 설화의 구조

설화의 구조(構造)는 각 부분이 상호 간에 어떤 관계를 지니면서 작품 전체를 이루는 틀을 말한다. 다시 말해서 구조란 전체 안에서

한국설화 분류 일람표

분류 1－장덕순	
Ⅰ. 신화	1. 운문신화 : ① 당신화(堂神話), ② 일반신화 2. 산문신화 : ① 창세신화, ② 영웅신화, ③ 시조신화, ④ 부족신화, ⑤ 일반신화
Ⅱ. 전설	1. 자연물(자연전설) : ① 육지, ② 하해(河海) 2. 인공물(인공전설) : ① 유적, ② 유물, ③ 사찰연기담 3. 보조분류(인간 · 동물) : ① 인물, ② 인간행위, ③ 동물
Ⅲ. 민담	1. 신화적 내용 : ① 신의 유래 ② 신의 이야기 ③ 우주 ④ 지형, ⑤ 인간 ⑥ 식물 ⑦ 동물담(→ 동물담 ① 유래)
분류 2－조희웅	
Ⅰ. 동(식)물담	1. 기원담, 2. 지략담, 3. 치우담, 4. 경쟁담
Ⅱ. 신이담	1. 기원담, 2. 변심담, 3. 응보담, 4. 초인담, 5. 운명담, 6. 주보담
Ⅲ. 일반담	1. 기원담, 2. 일반담, 3. 출신담, 4. 염정담
Ⅳ. 소화	1. 기원담, 2. 풍월담(어휘담), 3. 지략담, 4. 치우담 5. 과장담, 6. 우행담
Ⅴ. 형식담	23. 어희담, 14. 무한담, 25. 반복담(연쇄담)
분류 3－김선풍	
Ⅰ. 기원담	1. 인류기원담, 2. 동물기원담, 3. 식물기원담, 4. 자연(우주)기원담
Ⅱ. 자연담	1. 지명담, 2. 유적담
Ⅲ. 인간담	1. 신이담, 2. 교훈담, 3. 영웅담, 4. 희생담, 5. 괴기담, 6. 우정담, 7. 출세담, 8. 염정담, 9. 효행담, 10. 일생담, 11. 퇴치담
Ⅳ. 동식물담	1. 지략담, 2. 경쟁담, 3. 치우담
Ⅴ. 신앙담	1. 풍수담, 2. 점복담, 3. 몽환담, 4. 운명담, 5. 구복담(求福譚), 6. 불교담
Ⅵ. 희극담	1. 풍월담, 2. 과장담, 3. 교활담, 4. 음설담(淫褻譚), 5. 지혜담(智慧譚), 6. 우행담(偶幸譚)
Ⅶ. 비극담	1. 금기담, 2. 아장담(兒將譚)
Ⅷ. 형식담	1. 반복담(反復譚), 2. 단형담(短型譚), 3. 무한담(無限譚), 4. 어희담(語戲譚)

각 구성요소들이 유기적(有機的)으로 맺고 있는 동적(動的)인 관계이다.

구조는 내부적 구조와 진행적 구조로 나눈다. 전자는 전체에서 부분으로 내려오는 하향적, 수직적, 종적 구조이며 후자는 구술의 시작부터 끝까지 시간적으로 진행하는 횡적인 순서를 이른다. 여기서 후자는 plot 곧 '구성(構成)'이라고 한다. 이 둘의 틀 속에 담겨져 있는 것이 내용(內容)이다.

시간적 순서구조인 진행적 구조에는 발단부, 전개부, 결말부 및 증거를 제시하는 증시부(證示部) 등 4단계가 있다.

내부적 구조는 설화형(說話型), 삽화(挿話, episode), 모티프(motif)로 나누어 접근한다. 혹은 유형(類型, type), 모티프(motif), 화근(話根, root), 화소(話素, tale element) 등으로 나누어 설명하는 경우가 있다.

설화형은 다른 설화와 판별이 되는 독립적인 구성과 내용이 있는 설화의 최고 단위이다. 설화형은 삽화를 전제로 한다, 그렇다고 반드시 여러 삽화가 있어야 하는 것은 아니다. 간단한 설화형은 삽화가 하나이므로 분석할 때 설화형 → 모티프로 분석이 된다.

삽화는 설화형을 구성하는 하위 단위로서 모티프로써 구성된다. 곧 삽화는 유형보다는 작고 화근보다는 큰 단위인데, 이것은 하나의 갈등이 시작되어 해결되기까지의 과정이 들어있는 단위이다.

모티프는 톰슨이 정의한 바대로 "전승시키는 힘을 지닌 최소의 요소이다." 다시 말해서 모티프는 가장 짧은 내용을 가진 이야기의 알맹이다. 모티프는 특이하고 인상적인 내용으로 되어 있어서 쉽사리 파괴되지 않고 쉽게 기억되며, 독립적인 생명을 갖는다. 따라서 '사람', '사람과 사람의 결혼'은 모티프가 될 수 없으나, '혹부리영감'이나 '사람과 뱀의 결혼'은 특이하므로 모티프가 될 수 있다.

그런데 모티프는 이야기를 만들 수 있는 무한한 가능성은 있으나 형상화 이전의 관념적 형태에 머물고 있어서 모티프 스스로의 힘으로는 이야기의 형성이 불가능하다. 그래서 플롯(plot)의 개입이 불가피하게 된다. 모티프에 줄거리가 개입하게 되면 플롯의 구성력에 의해 소재가 선택되고 동원되어 그 과정에서 이야기의 골격이 갖추어진다. 이렇게 모티프의 개입으로 형상화된 이야기의 최저단위의 골격을 화근(話根, root)이라고 한다.

화근(話根)은 모티프를 전제로 한다. 보충 설명을 하면 화근은 이야기를 진행시키는 요소이며, 모티프는 이야기의 관념을 집약시키는 요소라고 할 수 있다.

화소(話素)는 모티프를 구성하는 최하위단위로서 설화를 육하원칙으로 나눈 것이다. 그리고 전체 설화에 작용하는 독자적인 단일의미가 있기 때문에 설화의 의미와 상징성 해석, 구연자의 방언, 어의변화 등을 고찰하는 데에 많은 도움을 준다.

화소가 구조의 하위단위로 설정된 이유를 구체적으로 들어보자.

① 동일유화형(同一類話型)의 화소를 통해서 유화(類話)들의 분석 및 정리 기준 설정

② 미발견 설화의 예진(豫診)

③ 설화를 구전문학으로서의 서사적 성격 파악

④ 설화의 의미와 상징 해석

⑤ 변화의 한계와 법칙 추출

⑥ 조상설화(祖上說話)의 재구, 전승, 전파, 발생지의 고찰

⑦ 개인어, 방언, 어의변화의 고찰

⑧ 설화의 전용(소설화, 연극화, 詩化 등) 과정의 파악 [최래옥, 구비문학개론]

이상의 내용을 종합하여 보면, 모티프에 플롯(줄거리)이 작용하여

화근(話根)이 형성된다. 그리고 화근에 다시 플롯이 작용하여 하나의 독립된 이야기 곧 유형(type)이 성립된다. 화소는 모티프를 구성하는 최하단위이지만 독자적인 단일의미가 있기 때문에 설화의 의미와 상징성 등을 이해하는 데에 도움을 준다.

아래의 〈나무꾼과 선녀〉 설화에서 화소를 찾아보자.

a옛날 어느 b산골에 가난한 c나무꾼이 살고 있었다. at하루는 산에서 나무를 하고 있는데 d사슴이 달려와 지금 e포수에게 쫓기고 있으니 숨겨달라고 하였다. 나무꾼은 사슴을 f나무더미 속에 숨겨주었다.

위에서 밑줄을 그은 부분이 화소(話素)이다. a와 at는 시간화소이고, c,d,e는 인물화소이며, f는 사건화소이다.

다음으로 모티프와 화근의 실례를 들어보자.

[모티프]	[화근]
사슴구원	나무꾼이 포수에게 쫓기는 사슴을 구해 주었다.
선녀 옷 감추기	나무꾼은 사슴의 말대로 선녀의 날개옷을 감추었다.
선녀와 결혼	날개옷을 잃은 선녀는 나무꾼과 결혼하였다.
금기	아이 셋을 낳기 전에는 옷을 주지 말라는 금기를 어겼다.
승천	나무꾼이 두레박을 타고 하늘로 올라갔다.
시험	장인 장모 등이 시험을 부과하였다.
변신	변신한 장인을 찾아야 했다.
조력자의 도움	선녀가 시험에 통과하도록 도와주었다.
동물의 보은	쥐가 시험에 통과하도록 도와주었다.
하강	어머니 생각에 천마를 타고 지상으로 내려왔다.
금기	말에서 내리지 말라는 금기를 어겼다.
변신	나무꾼은 수탉으로 변했다.

[최운식, 한국설화연구]

다음의 〈울산바위전설〉을 유형, 설화형, 삽화, 화근, 모티프, 화소 등으로 분석하여 보자.

『옛날에 조물주가 강원도 땅에다 천하의 명산 하나를 만들되 봉우리 수를 꼭 1만 2천으로 할 계획을 갖고 전국의 산봉들 중에서 응모의 뜻이 있으면 모월 모시까지 모이라고 사발통문을 보냈다.

이때 경상도의 울산지역에서 산봉의 왕자라고 뽐내던 울산바위가 이 소식을 듣고 주위의 산과 바위에게 응모하여 가는 뜻을 거만스럽게 밝히고 떠났다. 그런데 그는 몸이 워낙 육중한지라 걸음이 더디고, 지치고 피곤해서 외설악의 한 곳인 지금의 자리에서 하루를 쉬었다가 가기로 하였다.

다음날 그는 서둘러 금강산 어귀에 이르니 다른 산봉들이 되돌아오는 것이 아닌가. 그래서 이유를 물으니 봉우리가 다 차서 되돌아온다고 하였다. 심히 낙심한 울산바위는 그래도 암산(岩山)의 왕이라고 자부하던 터이라 조물주에게 늦은 이유를 아뢰고 금강산의 주역자리 하나를 만들어내라고 하였다. 조물주가 울산바위의 모습을 보고 안타깝게 여기면서 "그만하면 족히 금강산의 주역자리를 맡을 만하나 이미 자리가 다 찼으니 산자락의 단역이나 맡을 수밖에 없노라"고 하였다.

이에 울화가 치민 울산바위는 되돌아오기 시작하였다. 그는 도중에 곰곰이 생각하니 떠나올 때 큰소리를 탕탕 친지라 다시 고향으로 돌아갈 수는 없는 노릇이었다. 그래서 전번에 머물렀던 외설악으로 가서 주역노릇을 하는 것이 낫겠다고 생각하고 찾아와 머물게 된 것이 지금의 울산바위라고 한다.

한편, 울산사람들은 바위가 없어진지라 수소문하여 알아보니 금강산에도 없어 찾던 중에 양양의 속초에 있는 것을 알고서 양양현에서 매년마다 산세를 받아갔다. 그러자 양양에서는 과중한 세금 때문에 인민과 관청이 몹시 허덕이게 되었고 그 걱정이 심각한 지경에 이르렀다. 또다시 세를 받으러 올 때가 되자 고을의 현감은 수심에 쌓였다.

그때 사또의 어린 아들이 부친의 고민에 대하여 그 이유를 알고자 여쭈었다. 사또는 지나는 말로 돌아가는 이야기를 자초지종 들려주었다. 그랬더니 소년은 아주 쉬운 걸 가지고 걱정한다면서 자기가 해결할 것이니 세금을 받으러 오는 사람들을 대면시켜 달라고 하였다. 사또는 상황이 급박하고 또 평소 아들의 총명을 믿어온 터라 혹시나 해서 아들의 뜻에 따르기로 하였다.

소년은 그들에게 정중히 인사하기를 "부친이 출타 중이라 제가 대신해서 손님을 맞이하게 된 것을 용서하여 주십시오"라고 하였다. 그리고 "울산에서 온 바위산이 우리 땅에 버티고 있어서 농사를 지을 수가 없어 피해가 극심하니 지금까지 받아간 세금에 대해서는 말하지 않을 것이니 당장에 가져가십시오."라고 당당히 말하였다.

이에 갑자기 답변이 궁한 그 사람들이 "좋다. 우리가 가져갈 터이니 재로 꼰 새끼로 바위를 묶어놓으면 우리가 지고 가겠다"고 억지를 부리면서 갔다. 현감이 괜히 혹을 더 붙였다면서 걱정을 하자 소년은 동민들을 모아 새끼를 꼬아서 바닷물에 흠뻑 적신 뒤에 기름을 발라 바위를 묶고 나서 새끼에 불을 붙이면 재로 꼰 새끼가 된다고 그 비방을 알려주었다. 곧 새끼줄을 바닷물에 푹 담가놓으면 간수를 넣어 두부를 만드는 것처럼 응고하는 성질 때문에 재가 되어도 흩어지지 않는다는 것이었다. 현감이 그 방법대로 하였더니 과연 그대로 되었다.

며칠 후에 온 울산의 관리들은 억지로 만들어낸 문제를 빌미로 세금을 받아 가려고 했는데 그 문제가 깨끗이 풀려있는 것이 아닌가. 그렇게 되자 그들은 더 있다가는 어떤 봉변을 당할지 몰라 허둥지둥 내빼었다. 지금도 잘 보면 울산바위의 윗부분에 줄지어 까맣게 된 곳이 있는데, 그것은 그때 새끼의 불에 그을린 흔적이라고 한다.』

3) 신화는 신들의 스토리지만 결국 인간에 대한 이야기이다

사람들은 왜 신들을 빚어서 이야기들을 지어냈을까? 유한한 인간의 한계를 벗어나 자유롭게 세계를 넘나들게 함으로써 권위와 억압에 짓눌린 인간영혼을 자유롭게 해방시켜 보려는 의도에서 신화가 만들어진 것으로 본다.

그리고 알 수 없는 인간세상의 운명은 신들의 손이 좌지우지하는 것으로 단정하고 최대한의 상상력을 동원하여 초월적인 신들로 하여금 사건을 풀어가게 함으로써 인생의 비밀을 알아보고자 한 것이 신화이다. 이렇게 신화에는 세상과 인생에 대한 인간의 보편적 정서와 사유의 원형(原型)이 존재한다.

신화는 액자틀 속에 박제된 옛날이야기가 아니다. 신화는 바로 인생을 비추는 생생한 거울이다. 태양신 헬리오스와 그의 아들 파에톤의 스토리는 현대의 사회에서 쉽게 접할 수 있는 부자간의 엇나간 사랑의 전형이다. 그것은 부모의 어긋난 자식 사랑과 젊은이의 무분별한 욕망이 빚어낸, 현재도 두루 만나는 비극적인 이야기이다.

『티탄족의 태양신 헬리오스는 에티오피아의 클뤼메네라는 여인을 사랑하여 잉태시켜 '빛나는 자'라는 뜻의 이름을 지닌 '파에톤'이란 아기를 낳는다. 그러나 파에톤은 어머니가 메로프스와 결혼하기에 양아버지 밑에서 양육된다.

파에톤이 성장하자 친구들로부터 이름이 그러니 태양신의 아들이냐고 늘상 놀림을 받는다. 어느 날 파에톤은 어머니께 자신의 고통을 말하고 출생의 비밀을 묻는다. 어머니는 알려줄 때가 왔음을 알고 태양신 헬리오스의 아들임을 밝힌다.

파에톤은 머나먼 동쪽나라로 아버지를 찾아 떠난다. 천신만고 끝에 천상에 도착한 파에톤은 아버지에게서 환영을 받고 행복한 시간을 갖는다. 그때 헬리오스는 아들이 대견하여 뭔가를 해주고 싶었다. 그래서 어느 날 아들에게 뭐든지 소원을 말하면 무조건 들어주겠다고 장담하였다. 파에톤은 아버지의 '태양마차'를 타보고 싶다고 했다.

그 말을 듣는 순간 아버지 헬리오스는 깜짝 놀랐다. 그것은 제우스도 벼락으로 부술 수는 있어도 타지는 못할 정도로 힘들고 어렵고, 또 궤도를 조금만 이탈해도 타버리거나 얼음이 얼어버려 큰 일이니 그 소원을 거두라고 부탁한다. 그러나 아들은 이미 아버지의 말을 듣고 있지 않았다. 태양마차를 꼭 타보는 것이 소원이라고 졸랐다. 헬리오스는 크게 걱정하며 태양마차 앞으로 아들을 데리고 갔다. 그리고 고삐를 단단히 잡아 절대로 놓치지 않아야 하고, 빛과 열이 적절이 퍼지도록 고도를 잘 잡아야 하며, 전에 다닌 바퀴사국을 따라서 가라고 신신당부하였다.

파에톤이 고삐를 잡아당기자 말들이 불길을 뿜으며 힘차게 달리기 시작하였다. 천공 위로 쏜살같이 내달리는 마차가 흔들리기 시작했다. 말고삐를 잡은 손놀림이 서툴러 말들이 제각각 움직여 갈피를 잡지 못했다. 바퀴자국과 궤도가 어딘지 알아볼 처지도 못되게 흔들리는 바람에 고삐를 놓치고 말았다. 말들이 마구잡이로 돌진했다. 마차가 이르는 곳마다 불에 타고 거슬러서 하늘과 땅이 난장판이 되었다.

천상에서 이를 보고 있던 제우스가 손에 벼락 하나를 들었다. 벼락은 정확히 날아가 태양마차를 때리고, 파에톤은 유성처럼 추락하였다.』

분명히 노(no!)라고 대답하지 못한 아버지, 부모의 간청과 당부를 귀담아 듣지 않은 젊은 아들이 합작으로 이루어낸 비극이다. 더구나 아버지는 자식을 잘못 인도한 과보로 이 무렵부터 태양신의 자리를 아폴론에게 넘기게 됨으로써 부자간이 멸망한다. 이러한 비극이 어찌 신계(神界)에만 존재하겠는가. 이것은 인간의 이야기가 신들의 이야기로 대치되어 있을 뿐이다.

(1) 신화의 개념과 특징

① 신화의 개념

신화는 초월적인 신령들에 대한 이야기이거나, 초자연적인 신이(神異)한 이야기이다. 그러므로 신화는 신성한 느낌을 주고 초인간적인 세계관으로 구성된다.

일연선사는 《삼국유사》 첫머리에 기이(紀異) 편을 두고 우리의 건국신화를 기재하였다. 그리고 그 이유를 다음과 같이 기술하였다.

> 『대개 옛 성인이 예악으로 나라를 일으키고, 인의로 가르침을 베풂에 있어서는 괴력난신(怪力亂神)을 말하지 않는 것이다. 그러나 제왕이 일어날 때는 부명(符命)과 도록을 받는다 하여 반드시 범인과 다른 데가 있는 후에야 능히 큰 변화를 타고 정권을 잡고 대업을 성취하였다. 그러므로 하수에서 도(圖)가 나왔고, 낙수에서 서(書)가 나와 성인이 일어났다. 무지개가 신모를 둘러 복희를 낳고, 용이 여등에게 감촉되어 염제를 낳고, 황아가 궁상 들에서 놀 때 한 신동이 자칭 백제의 아들이라 하고 상교(相交)하여 소호를 낳았다. 간적이 알을 머금고 설을 낳고, 강원이 거인의 발자취를 밟고서 기를 낳았다. 그리고 요는 잉태한 지 10일 만에 태어났으며, 용이 연못에서 유온과 교접하여 패공을 낳았다. 이로부터 내려오면서 이와 같은 일을 어찌 다 기록할 수 있으랴. 그런즉 삼국의 시조가 모두 신비한 기적으로부터 나왔다는 것이 어찌 괴이하다고 하랴. 이 기이(紀異)를 제편 첫머리에 실은 것은 그 의도가 바로 여기에 있는 바이다.』

또 일연선사의 문인(門人) 백운자도 신이한 불교적 이야기를 기재하면서 일연과 동궤의 생각을 드러낸다.

『나는 괴이한 것을 좋아하는 사람이 아니다. 그러나 부처의 위신력(威神力)이 그 자취를 나타내어 만물을 이롭게 하는 것을 보고 어찌 불자된 사람으로서 잠자코 말하지 않겠는가.』 [삼국유사, 권3, 오대산 문수사 석탑기]

이처럼 신화는 신령한 세계를 이야기한다. 따라서 전체적으로 신성한 분위기이다.

신화란 '기원을 설명하는 것으로 믿어지는 이야기'라고 정의할 수 있다. 이 정의항을 구성하는 내용인 기원, 믿음, 이야기 등은 신화를 특징짓는 핵심적 개념들이다.

먼저 기원이라는 말은 역사라는 말과 관련된다. 신화는 신이나 영웅, 문화적 특징이나 신앙 등 그것을 보유하고 있는 집단의 우주론적이며 초자연적인 전통에 대한 기원을 이야기한다. 신은 물론 유형, 무형을 불문하고 그것이 존재하게 된 근본 내력을 전해주는 것이 신화이기 때문에 신화는 역사이고, 특히 기원적인 역사를 말해 준다.

신화는 사물을 설명한다는 의미에서 사실적이다. 여기서의 사실은 객관적 사실이 아니라 주관적 사실이다. 서사무가인 〈차사본풀이〉는 이승의 강림이 저승으로 가서 염라대왕의 차사가 된다는 근본풀이이다. 과학적인 관점에서 보면 신화의 내용은 매우 불합리하고 환상적이지만 그것을 둘러싸고 있는 상징과 비유를 벗기고 나면 원시적 인식태도와 양식을 알 수 있다.

신화는 신앙을 기저로 하여 형성되고 신앙되는 것이기 때문에 종교적 상관물이다. 제의학파가 주장하는 이론 곧 "신화는 제의의 구비상관물"이라는 명제와 합당하다. 이러한 종교적 관련성 때문에 신화의 특성이 되는 신성성, 신비성, 초자연성 등이 나타난다.

신화는 많은 문학 갈래 중에서 가장 풍부한 상상력이 용해되어 있다. 신화도 하나의 이야기라는 점에서 문학작품이다. 비록 신의 말이라 하더라도 그것이 전해지는 방식이 서사체계를 갖추고 있지 않으면 그것은 신화가 아니다.

신화는 그 신화를 향유하는 지역민의 의식세계를 지배한다.

한민족은 단군신화권에 소속된 민족이다. 따라서 단군의 자손이고, 아사달 곧 백두산(백달－배달) 민족이며, 백의민족이라고 자부심을 지니고 산다.

평강 채씨는 거북이나 자라를 절대로 먹지 않는다. 채씨의 원조는 그의 어머니가 연못의 거북이와 관계하여 낳은 자식이라고 한다. (채씨 성은 '거북이 채(蔡)'에서 왔다) 따라서 씨조의 탄생신화를 전해들은 후손은 먹을 기회가 있더라도 잠재적으로 거부한다.

② 한국신화의 특징

신화는 어느 민족이나 다 있다. 그러나 나라가 다르고 민족이 다르듯이 신화도 다른 바가 있다. 그리스 · 로마신화와 견주어 우리 신화는 어떤 차별성이 있는가?

우리 신화 상의 신들은 처음부터 불사의 신들이기 보다는 대부분이 인간신이다. 그리고 일단 신권이 확립되면 자기의 영역을 지킬 뿐 다른 신역을 넘보거나 투쟁하지 않는다.

하느님인 환인과 환웅은 고대 부족국가의 부족장이 신격화된 것으로 보인다. 환웅은 홍익인간의 이념을 실현하고자 천상에서 신단수로 내려와 신시를 세운다. 그 신시란 인간의 시장을 말하는데, 거룩한 부족장이 세웠기에 신시(神市)이다. 그리고 환웅은 곰 토템족의 여인과 결혼하여 단군(환검)을 낳으니 그가 배달나라 '조선'의 시조이다.

단군은 1908세까지 살다가 아사달의 산신이 된다. 아사달은 아침산의 뜻이다. 곧 아침 일찍이 태양을 볼 수 있는 조산(朝山)이니 곧 백산(白山-백두산)을 말한다. 우리 민족은 죽으면 모두 산으로 가서 묻히기에 산의 신령이 된다. 그렇듯이 단군도 산에 묻혀 산신이 되었다. 이렇게 보면 환인, 환웅, 환검 삼신(三神)은 인간이 신성화된 신격이다.

건국신화 주인공들은 신이한 탄생－기아(棄兒)－구원－불우한 성장－고난극복－성공－신계(神界) 귀화(歸化)의 과정을 거치지만 동명왕, 박혁거세, 김수로왕, 견훤, 왕건 등 건국의 아버지들은 모두가 역사적인 인물들이다.

산신과 성황신들도 대부분이 인간신이다. 대관령국사성황님은 범일국사이고, 그의 부인이라는 홍제동국사여성황님은 호환을 당한 초계 정씨 집안의 영혼이다. 그리고 대관령산신은 젊었을 때 그곳에서 무술을 연마했다는 인연으로 산신으로 추내된 김유신이다. 단종은 영월과 태백 인근에 있는 여러 성황당의 신으로 좌정하여 제사를 받는다. 단종은 또 태백산신이기도 하다.

구천을 떠도는 귀신은 이승에서 억울하게 죽어 한을 풀지 못한 인간 영혼이다. 도깨비는 장난기가 심해서 인간과 씨름하기를 좋아하는, 매우 인간적인 신령이며, 인간과 정이 듬뿍 들은 '닳아빠진 빗자루'거나 오래된 '고목' 출신이다.

무당의 몸주들은 대부분이 역사 속에 보이는 희생된 인간 원령(怨靈)이다. 남이장군, 임경업, 최영, 단종 등이 본보기이다.

천신인 옥황상제와 선녀는 본디 외래종교인 도교로부터 온 신들이다. 또 염라대왕은 힌두교의 신인 야마(Yama)가 도교에 수용되어 시왕(十王)의 하나로 자리 잡았다. 공교롭게도 여타의 시왕들은 모두가 '본풀이'에 등장하는 인간 아들이고, 저승의 차사인 강림도령 또한 지극히 똑똑해서 염라대왕이 탐내어 데려간 인간이다.

이렇게 한국의 신들은 대부분 인간신이다. 이것은 한국 사상의 바탕이 '인간 중심'이라는 명제를 가능케 하는 증거이다. 천상의 환웅은 인간세상으로 내려오고 신성한 토템인 곰과 호랑이도 인간이 되고자 마늘과 쑥을 갖고 입사식(入社式)을 치루기 위해 동굴로 들어간다. 이러한 생각과 의식은 인간신이 한국 신계(神界)의 주류로 등장하게 된 요인으로 보인다.

한국신화 상의 신들은 투쟁하기보다는 관용의 덕을 보이고, 자기의 신역(神域)을 지킬 뿐 다른 영역을 넘보거나 싸우지 않는다. 또 인간의 정성 여하에 따라 복을 내리고 동티를 줄 뿐 인간의 일에 크게 관여하지 않는 특징이 있다.

집안의 가신들인 문신, 터주, 성주, 삼신, 조왕, 굴뚝장군, 마(쇠)구영신, 철륭신 등은 정해진 공간을 지킬 뿐 다른 신의 영역을 넘보지 않기에 싸움질하지 않는다.

무속신화 〈천지왕본풀이〉의 이본(異本)에는 소별왕이 대별왕에게, 〈창세가〉에서는 석가가 미륵에게 이승의 통치권을 내놓으라고 도전한다. 그런데, 이러한 중대한 사건의 해결 방법에 있어서 병력을 동원하여 혈전을 벌인다거나 온갖 지모를 동원하여 공방전을 펼쳐 보는 것이 아니라 간단한 시합으로써 대사를 결정짓고 있다. 즉 자기의 권리를 지킬 수 있는 명분과 힘을 갖고 있으면서도 전력을 다하여 버티는 강인성을 보이지 않고, 도전자의 집요하고도 부당한 강청에 슬그머니 포기하여 버린다. 더구나 이승을 차지하려는 소별왕이나 석가는 야심만 강할 뿐 탁월한 능력도 없으며 정직하지도 못한 존재들이다. 목적을 위해서는 수단과 방법을 가리지 않는, 비양심적이며 부도덕한 이들에게 자기의 권한을 쉽게 넘겨주고 떠난다.

이러한 행동양상은 제주도 무가인 〈서귀본향당본풀이〉에서도 나타난다. 곧 바람운이가 처제인 지산국(地山國)을 달고 도망한 것을 안 본처 고산국(高山國)이 뒤쫓아 가서 활로 쏘아 죽이려다가 슬그머니 용서하며, 좋은 데 찾아가서 잘 살라고 하면서 물러난다.

《삼국유사》에 기재된 신화에도 이러한 사례가 보인다. 분노의 칼

부림 대신에 관용과 춤으로 역신을 상대한 처용, 부당한 방법으로 남의 집을 빼앗은 석탈해의 간계를 오히려 지혜롭다하여 부마를 삼은 남해왕, 호전적인 호랑이를 버리고 인내심이 강한 곰을 선택한 단군 신화 등이 그것이다.

이것은 우리 민족이 투쟁 위주의 전투적 영웅을 추구하는 서양인들에 반하여 지혜 위주의 성자를 추구하고 나아가 모든 존재가 함께 살아가면서 우주의 조화와 질서가 유지된다는 것을 이치적으로 체득한 '비공격적, 비호전적 민족심리의 반영'이다. 그리고 진정한 사회개혁은 정복이나 폭력으로서는 얻을 수 없는 것인 바, 만일 폭력 혁명으로써 어떤 새로운 일을 수행했다고 해도 그 결과는 창조가 아니라 희생자 측의 분노와 의혹을 사게 되고 결국은 새로운 폭력의 경향이 생겨날 뿐이라는 헉슬리(Aldous Huxley, 사회개혁과 폭력)의 주장과 맥을 같이 하는 사고의 표현이라 하겠다.

물론 우리 신화에 갈등과 투쟁적인 구조의 신화가 없는 것은 아니다. 제주도 무가인 〈문전본풀이〉에서는 남선비의 후처가 본처의 자식들이 죽이려고 달려들자 뒷간으로 도망쳐 머리털로 목을 매어 죽는다. 아들들은 어머니의 원수를 갚기 위해 측간귀신이 된 후처의 육신을 갈가리 찢고 빻아서 날려 보내어 모기와 각다귀가 되게 한다.

또 〈이공본풀이〉 중 재생설화에 해당하는 '꽃감관'에서도 사라 도령과 원강암 부부의 아들인 할락궁이는 어머니를 죽게 한 주인은 물론이고 그의 일가친척 모두와 어머니의 시신이 있는 곳을 가리켜 준 주인의 작은딸도 죽이고 환생꽃을 던져 어머니를 되살려낸다.

같은 제주도 무가인 〈삼승할망본풀이〉에서는 삼신의 자리를 놓고서 명진국따님아기와 동해 용왕의 따님아기가 서로 다투고, 삼신과 마마신인 대별상이 직능적 대립에서 나아가 성적 대립으로까지 이어진다. 그러나 결과는 서로 양보하여 싸움이 없는 결말로 끝난다.

(2) 신화의 갈래와 분류

장덕순은 신화를 운문신화와 산문신화로 나누었다.

그리고 운문신화를 분류하여 당신화와 일반신화로 나누었다.

또 산문신화를 분류하여 창세신화, 영웅신화, 시조신화, 부족신화, 일반신화 등 다섯으로 나누었다.

이창식은 신화를 ① 전승매체, ② 사회적 기능, ③ 기원대상 등에 따라 분류하였다.

①에는 문헌신화, 구전신화가 있다.

문헌신화에는 건국신화와 시조신화가 있다.

구전신화에는 무속신화, 당신화, 일반 구전신화가 있다.

②에는 종교신화, 정치신화, 윤리신화가 있다.

종교신화에는 무속신화와 당신화가 있다.

정치신화는 건국신화가 해당한다.

윤리신화에는 창세신화, 홍수신화가 있다.

③에는 우주기원신화, 인류기원신화, 문화기원신화 등이 있다.

우주기원설화에는 창세가와 남매일월신화가 해당한다.

인류기원신화에는 창세가나 남매일월신화가 해당한다.

문화기원신화에는 단군신화류가 해당한다.

이제 여기서는 새로운 신화 분류의 모델을 제시하고자 한다.

- 전승수단에 따라 – 구전신화, 문헌신화
- 주제에 따라 – 창조기원신화, 건국신화, 씨조신화, 종교신앙신화, 기타 일반신화
    - 창조기원신화 – 천지자연기원신화[지형창생(地形創生)신화], 인류기원신화, 동식물기원신

화, 문물기원신화
- 건국신화 – 개국신화, 건국시조영웅신화
- 씨조신화 – 성씨기원신화, 씨족영웅신화
- 종교신앙신화 – 무속신화, 불교신화, 도교신화
- 일반신화

신화는 전승양상에 따라 구분된다.

전승수단에 따라 구전신화와 문헌신화로 나눈다. 전자는 입에서 입으로 전승되는 신화이고, 후자는 문헌의 기록으로서 전승하는 신화이다.

주제에 따라서는 창조기원신화, 건국신화, 씨소신화, 종교신앙신화, 일반신화 등으로 나눈다.

창조기원신화는 삼라만상과 사물이 최초로 생겨나는 근본과정을 설명하는 이야기로서 천지와 자연, 인류 및 동식물 그리고 사물의 시작을 설명하는 이야기이다. 이것을 구체적으로 분류하여 보면 천지자연창조신화, 신령(神靈)기원신화, 인류기원신화, 동식물기원신화, 문물기원신화 등이다. 여기서 신령기원신화는 종교신앙신화 중 무속신화에서 주로 다루어진다.

여기의 분류에서 두드러진 특징은 한국신화의 원조이고 정수인 무속신화를 종교신앙신화라는 큰 틀 속에 넣었다는 점이다. 그것은 무속신화의 위상을 축소하려는 의도가 아니라 상위와 하위분류 개념의 원칙에 맞추기 위함이다. 따라서 구도상으로 무속신화를, 지금까지 열외시켜 온 불교신화, 도교신화 등과 나란히 세웠다. 이 부분에 대해 보충 설명이 필요하다.

종교신앙신화에는 무속신화(巫俗神話), 불교신화, 도교신화 등이 있다. 이 종교신앙신화 가운데 무속신화가 가장 많다. 인도, 이집트,

그리스 신화가 모두 당대인들의 신앙체계에서 비롯된 것임을 상기한다면 한국인의 전통신앙인 무속이 빚어낸 무속신화가 다량으로 등장하는 것은 당연하다.

그런데 여태까지의 신화분류에서는 무속신화의 상위개념에 해당하는 종교신앙신화의 존재는 빼버리고 그 자리에 무속신화만을 등재하였다. 그것은 무속신화가 한국신화의 주류를 이루고 있는 상황이기에 제유법적 발상으로 무속신화를 전면에 내세운 것이다. 그러니까 무속신화는 종교신앙신화의 갈래 속에 불교신화, 도교신화 등과 어깨를 나란히 견주고 서있어야 하는 유형이다.

우리의 종교신앙에는 무속 외에 불교, 도교, 유교 등이 있는데 거기에도 신이하고 영험한 신화가 존재한다. 이를테면 불교의 〈오세암〉 이야기는 양식이 없는 겨울 산사에 홀로 남겨진 어린동자에게 관세음보살이 나타나 한겨울 동안 보살펴 생존케 하는 신이담이다. 또 옥황상제, 신선과 선녀 등이 등장하여 빚어내는 초자연적인 이야기는 도교신화이다.

그럼에도 불구하고 무속신화는 한국의 신화 가운데 가장 중요한 위치에 있고 또 양적으로 가장 많으며, 그 구조적 체계도 완벽에 가깝다. 그것이 신화론에서 무속신화를 길게 다루는 이유이다.

무속신화는 무당이 제의의 굿판에서 부르는 무가 가운데 서사무가를 말한다. 서사무가(敍事巫歌)는 신이라는 특정한 주인공이 마침내 인간을 위해 제화초복하는 위업을 이룬다는 서사구조를 지닌 신화이다. 서사무가는 무가 중 가장 문학성이 짙으며 거기에는 신의 근원이나 자연현상 및 사회현상의 기원이 설명되어 있다.

〈바리공주〉는 무조신(巫祖神)이나 사령신(死靈神)의 근원을 풀이한 신화이고, 〈당금애기〉는 삼신이 된 근원을 설명하며, 〈창세가〉와 〈천지왕본풀이〉는 우주와 자연의 기원과 질서를 풀이한 것이다. 서사무가는 이렇게 근본을 풀이한다고 해서 '본풀이'라고 한다.

본풀이의 종류는 일반적인 자연현상이나 인문사상을 차지하고 있는 신들의 이야기인 일반본풀이, 부락수호신인 당신(堂神)들의 내력담인 당본풀이, 그리고 집안이나 씨족의 시조신에 관한 이야기인 조상본풀이 등 3가지 유형으로 나누어 볼 수 있다.

(3) 신화의 기원과 전파

신화는 언제, 어디서 발생하였으며 무엇으로부터 시작되었을까? 지금까지 신화의 생성기원과 전파에 관해서 여러 학설이 제기되어 왔다.

신화 발생시기

신화의 발생시기에 관한 학설로는 다음과 같은 설들이 제시되고 있다.

① 동물기설(動物期說)
② 몸짓언어시대설
③ 시적표현충동기설
④ 다신교기설(多神教期說)
⑤ 애니미즘기설
⑥ 애니마티즘(animatism)기설

① 동물기설은 인간이 진화하기 이전의 유인원(類人猿)과 같은 고등동물의 심리에서 신화가 발생했다는 학설로, Tito Vignoli가 주장하였다. 이는 신화발생의 기원을 가장 이른 시기로 상정한 학설이다.

② 몸짓언어시대설은 신화는 언어 이전에 기호나 상징이 모티프(motif)가 되어 생성되었다는 학설로, A. Churchward의 주장이다.

③ 시적표현충동기설은 인간의 마음이 시적(詩的)으로 신을 찬양

하고 싶던 시기에 사제(司祭)에 의해 신화가 발생했다는 설인데, T. W. Rolleston이 주장하였다.

④ 다신교기설(多神教期說)은 영국의 인류학자 R. R. Marett의 학설인데, 신화 속에 보이는 명칭, 개성, 성격 등이 다양한 것으로 보아 신이 여러 종류이므로 다신교시대에 발생하였을 것으로 보는 설이다. 이것은 신화의 발생시기를 가장 늦은 시기로 상정한 것이다.

⑤ 애니미즘기설은 만물에는 영혼이 깃들어 있다는 원시적 애니미즘에 기반을 둔 대중적 사고에 의하여 신화가 생성되었다는 학설인데, 이것은 E. B. Tylor의 주장이다.

⑥ 애니마티즘(animatism)기설은 애니미즘기 이전의 시대 곧 모든 만물을 생명체로 보는 애니마티즘기에도 신화가 존재했다는 학설이다.

신화 발생설

신화가 무엇으로부터 발생했는가에 대하여는 자연신화학파, 인류학파, 심리학파, 제의학파 등의 주장이 있다.

신화학파(mythological school)로 불리는 독일의 Adalbert Kuhn, 영국의 Max Muller 등은 신화는 바람, 해, 구름, 벼락 등의 자연현상을 의인화하는 데서 비롯한다고 주장하였다.

Edward Tylor와 Andrew Lang 등 인류학파는 이미 사라진 원시문화가 남긴 흔적이 신화라고 주장하였다. 그리고 유사한 신화가 세계적으로 분포되어 있는 현상은 인류의 정신적인 공통성과 문화발전 과정의 유사성 때문에 생긴다는 다원발생설(多元發生說)을 주장하였다.

우리의 〈장자못전설〉에서 며느리가 뒤를 돌아다본 결과로 '돌'이 되는데, 구약성서 〈창세기〉 19장의 '소돔과 고모라'에 등장하는 선지자 롯의 아내가 뒤를 돌아다본 결과로 '소금기둥'이 되었다는 이야기는 다원발생설에 해당한다.

심리학파 또는 정신분석학파는 신화의 기원을 심리적인 현상에서 찾고자 하는 학파이다. Wilhelm Wundt는 신화가 꿈이나 몽환상태에서 생겨났다고 하였고, Sigmund Freud는 억압된 性的(libido) 무의식의 발로로 발생한다고 하였다. 주지하는 바대로 프로이트는 그리스의 〈오이디푸스신화〉는 어머니에 대한 아들의 성적 친근성에서 발로한 것으로 보았는데, 여기서 이른바 '외디푸스 콤플렉스(Oidipus complex)'가 등장하였다. (이와 반대로 어머니에 대한 딸의 적대감 내지는 아버지에 대한 딸의 친근성을, 아가멤논의 딸인 엘렉트라의 이름을 따서 'Electra complex'라고 한다.]

James Frazer에 기반을 두고 Jane Harrison 등에 의해 확립된 세의학파(祭儀學派)는 "신화는 제의의 구술(口述) 상관물(相關物)"로 단정하고 제의에서 신화의 기원을 찾았다. 이 학설은 신화 이외의 설화 전반에 적용할 수 없는 점이 한계이다.

신화의 기원설

그러면 설화는 어디서 기원하였을까? 이에는 일반적으로 인구기원설(印歐起源說), 인도기원설, 역사지리학파설 등이 있다.

인구기원설은 인도와 유럽의 각국 언어가 인구공통조어(印歐共通祖語)에서 유래하였듯이 각국의 민담도 인구공통신화의 본향(本鄕)으로 상정하는 아리안(aryan)에서 유래한 것으로 보는 설이다. 이 학설은 설화에 관한 학문적 연구를 처음으로 시도한 그림(Grimm) 형제가 제기하였는데, 달리 '아리안설'이라고도 한다.

인도기원설은 산스크리트 연구자인 독일인 벤파이(Thodor Benfey)가 그림 형제의 인구기원설에 반론을 제기하면서 대두된 설이다. 벤파이는 인도설화의 번역집인 《Panchatantla》를 간행하던 중 유럽 각국의 설화와 유사한 것들이 거기에 다수 수록되어 있는 것을 발견하고 모든 민담의 생성과 전파가 인도에서 출발하였다고 주장하였다.

인도기원설은 다원발생설과 대치되고 또 분명히 입증할 수 있는 사실적 근거도 약해서 가설(假說)로 남는 경우가 허다하지만 우리 설화의 기원을 찾는 작업에 기여하는 바가 크다.

실례로 인도기원설에 바탕을 둔 〈고려장高麗葬〉설화에 대하여 알아보자.

우리의 구비전승에 의하면, 고려시대에 늙은 부모를 내다버리는 고려장제도가 있었다. 그러나 한민족은 예로부터 유교와 불교가 성했던 나라인데 두 종교가 모두 '효(孝)'를 중시한다는 점에서 고려장이 있었다는 것은 어불성설이다.

고려사에 보면, 예종(11년)이 천수사에 행차해 태후의 명복을 빌었으며, 목은 이색이 편찬한 《농상집요農桑輯要》에는 "고려 풍속에 장례 때나 제사 때에 고기를 먹지 않고 소식(素食)한다"는 기록이 있다. 국왕이 절에 행차해 태후의 명복을 빌고, 민간 풍습에 장례 때 고기를 먹지 않을 정도로 예를 다하여 경건하게 지내는 상황에서 고려장제도가 존재했다는 것은 믿기 어렵다. 고려장은 혹시 《한서漢書》의 〈위지동이전〉에 보이는 부여국의 풍속 즉 "왕이 쇠약하면 식물이 쇠약해지므로 농사를 망칠까 우려하여 왕을 폐위한다"는 유감주술적인 풍속의 변형일지도 모른다.

그렇다면 〈고려장〉 설화는 어디서 유래하였을까? 그것은 《잡보장경雜寶藏經》(제1권)을 통해서 전래한 불교설화가 정착된 것으로 보인다. 불경의 내용은 이렇다.

> 그 옛날 기로국(棄老國)이라는 나라가 있었는데 그 나라에는 집안에 나이 많은 노인이 있으면 멀리 갖다 버리는 법이 시행되었다. 어떤 관리가 늙은 아버지를 나라의 법대로 버리려고 하니 자식된 도리로 차마 그럴 수가 없었다. 그래서 국법을 어기고 땅을 파서 은밀히 방을 만들

어 그 안에 아버지를 모시고 때를 맞춰 공양하였다. 그때 천신(天神)이 왕에게 어려운 문제를 내었는데, 해결하지 못해 곤란한 지경에 처했을 때 관리의 부친이 해결하여 주었다. 그 결과로 그러한 제도가 없어지게 되었다는 것이다. [이 인도판 고려장이야기는 부처가 한결같이 부모 공경의 공덕을 찬탄하는 것을 보고 제자들이 부처님 전생에도 그렇게 공경한 사례가 있었으면 듣고 싶다고 하자 부처가 제자들에게 들려준 교훈적인 말씀이다. 불경에는 이와 유사한 이야기가 두 편이나 더 있다.]

설화의 기원과 전파에 대한 또다른 주장은 크론(K. Krohn)이 창시하고 아르네(A.Aarne) 등이 계승한 이른바 핀란드학파(Finland school) 또는 역사지리학파의 학설이다. 이 학파의 연구방식은 우선 유사한 설화를 수집해서 최대공약수적인 원형(原型)을 상정하고, 그것을 통해 그 설화의 본향(本鄕)과 성립 연대를 찾는다. 그리고 다른 지역에서 변형되어버린 자료 및 이동경로를 추적하는, 실증적인 방법을 취하였다.

이러한 방법론은 앤더슨(W. Anderson)과 톰슨(S. Thompson)에 의해 보다 구체적으로 진척되어 범세계적으로 주목을 받았다. 그러나 이 학설은 설화의 다원발생적 가능성 무시, 원형 찾기의 무리, 검증 없는 추론의 배제 등으로 인하여 비판을 받고 있다.

❖ 우리의 구비전승에 〈장자못〉이 있다. 부자인 장자(長者)가 있었는데, 그는 스님이 시주를 오자 소똥(인분)을 퍼줄 정도로 인색하고 횡포가 심했다. 그를 시험하기 위해서 온 스님(도인)은 장자가 과연 그런 인물인지라 구제의 여지가 없음을 알고 돌아간다. 그것을 보고 장자의 며느리가 좇아가 사과한다. 그때 스님이 며느리에게 이르되, "이제 장자가 천벌을 받을 것이니 나를 따를 것이며, 무슨 일이 벌어지든 절대로 뒤를 돌아보지

말라"고 하였다. 이윽고 벼락이 치고 아우성이 들리므로 며느리가 뒤돌아 보니 자기네의 고래등과 같은 기와집이 벼락을 맞아 물속에 잠겨버리는 것이 아닌가. 아연실색한 며느리는 이내 그곳에서 바위가 되어버렸다.

이렇게 한국의 여인은 뒤를 보다가 '바위'가 되어버렸다. 그런데 아래에 제시한 구약성경의 이야기에 보면 유대의 여인도 뒤를 돌아본 탓으로 '소금기둥'이 되었다. 이들의 기원과 전파의 문제는 어떻게 풀어야 할 것인가? 비교하여 논의해 보자.

〈소금기둥이 된 여인〉

여호와께서 또 가라사대 소돔과 고모라에 대한 부르짖음이 크고 그 죄악이 심히 중하니 내가 이제 내려가서 그 모든 행한 것이 과연 내게 들린 부르짖음과 같은지 그렇지 않은지 내가 보고 알려하노라.

그 사람들이 거기서 떠나 소돔으로 향하여 가고 아브라함은 여호와 앞에 그대로 섰더니 가까이 나아가 가로되 주께서 의인을 악인과 함께 멸하시려나이까. 그 성중에 의인 오십이 있을지라도 주께서 그 곳을 멸하시고 그 오십 의인을 위하여 용서치 아니하시리이까. 주께서 이같이 하사 의인을 악인과 함께 죽이심은 불가하오며 의인과 악인을 균등히 하심도 불가하나이다. 세상을 심판하시는 이가 공의를 행하실 것이 아니니이까. 여호와께서 가라사대 내가 만일 소돔 성중에서 의인 오십을 찾으면 그들을 위하여 온 지경을 용서하리라. -중략-

그 사람(천사)들이 손을 내밀어 롯을 집으로 끌어들이고 문을 닫으며 문밖의 무리로 무론 대소하고 그 눈을 어둡게 하니 그들이 문을 찾느라고 곤비하였더라. 그 사람들이 롯에게 이르되 이 외에 네게 속한 자가 또 있느냐. 네 사위나 자녀나 성중에 네게 속한 자들을 다 성 밖으로 이끌어내라. 그들에 대하여 부르짖음이 여호와 앞에 크므로 여호와께서 우리로 이곳을 멸하러 보내셨나니 우리가 멸하리라.

롯이 나가서 그 딸과 정혼한 사위들에게 고하여 이르되 여호와께서

이 성을 멸하실 터이니 너희는 일어나 이곳에서 떠나라 하되 그 사위들이 농담으로 여겼더라. 동틀 때에 천사가 롯을 재촉하여 가로되 일어나 여기 있는 네 아내와 두 딸을 이끌라 이 성의 죄악 중에 함께 멸망할까 하노라. 그러나 롯이 지체하매 그 사람들이 롯의 손과 그 아내의 손과 두 딸의 손을 잡아 인도하여 성 밖에 두니 여호와께서 그에게 인자(仁慈)를 더하심이었더라.

그 사람들이 그들을 밖으로 이끌어 낸 후에 이르되 도망하여 생명을 보존하라. 돌아보거나 들에 머무르거나 하지 말고 산으로 도망하여 멸망함을 면하라. 롯이 그들에게 이르되 내 주여 그리 마옵소서. 종이 주께 은혜를 얻었고 주께서 큰 인자를 내게 베푸사 내 생명을 구원하시오나 내가 도망하여 산까지 갈 수 없나이다. 누렵선내 재잉을 민니 죽을까 하나이다. 보소서 저 성은 도망하기 가깝고 작기도 하오니 나로 그곳에 도망하게 하소서. 이는 작은 성이 아니니이까 내 생명이 보존되리이다.

그가 그에게 이르되 내가 이 일에도 네 소원을 들었은즉 너의 말하는 성을 멸하지 아니하리니 그리로 속히 도망하라. 네가 거기 이르기까지는 내가 아무 일도 행할 수 없노라 하였더라. 그러므로 그 성 이름을 소알이라 불렀더라.

롯이 소알에 들어갈 때에 해가 돋았더라. 여호와께서 하늘 곧 여호와에게로서 유황과 불을 비같이 소돔과 고모라에 내리사 그 성들과 온 들과 성에 거하는 모든 백성과 땅에 난 것을 다 엎어 멸하셨더라. 롯의 아내는 뒤를 돌아본고로 소금 기둥이 되었더라.

아브라함이 그 아침에 일찍이 일어나 여호와의 앞에 섰던 곳에 이르러 소돔과 고모라와 그 온 들을 향하여 눈을 들어 연기가 옹기점 연기같이 치밀음을 보았더라. 하나님이 들의 성들을 멸하실 때 곧 롯이 거하는 성을 엎으실 때에 아브라함을 생각하사 롯을 그 엎으시는 중에서 내어 보내셨더라. [구약성경, 창세기, 18장 20절~19장 18절]

(4) 신화의 구송 현장

신화는 구비전승이기에 이야기를 전해주고 받는 현장의 분위기가 스토리를 좌우한다. 즉 제보자인 구연자가 상황에 따라 원 자료를 나름대로 빼기도 하고 덧붙이기도 하며 아예 모른다고 발뺌하기도 한다. 따라서 구비전승의 현장이야말로 신화 이해의 중요한 요소이다.

한국 신화의 대표적인 자리는 양과 질로 따져도 무속신화가 차지한다. 무속신화를 바로보고 바로알기 위해서는 먼저 무속신화가 구연되는 제의의 굿판으로 가봐야 한다.

◈ 강릉단오굿판

우리나라 최대의 무속축제로서 세계문화유산에 등재되어있는 '강릉단오제'는 음력 5월 단오절을 전후하여 강릉에서 펼쳐진다. 강릉에서는 예로부터 농사의 풍년, 험준한 산길의 행로안전, 시장경기의 활성화를 위해 남 · 여의 혼인의식을 모방해서 그 지역의 수호신인 대관령국사서낭과 홍제동여서낭 간의 연1회(年一回) 수일간의 합위의례(合位儀禮)를 치르는 큰 굿판을 벌인다.

이 대제전은 민(民) · 상(商) · 관(官)이 일체가 되어 봉행하는데, 단오날을 절정으로 한 행사이기는 하나 처음은 3월 20일에 제주(祭酒)를 담그면서부터 시작된다. 그리고 예전에는 4월 14일 술시에 국사서낭을 봉영하기 위하여 행렬의 선두에 악대를 대동하고 출발하였으나 지금은 그 다음날 아침 일찍 제관과 무당들이 차편으로 대관령 성황사에 도착한다. 그래서 먼저 부근에 있는 산신각에다 쇠머리와 백설기 등으로 제사한 후, 성황사로 옮겨서 쇠고기와 어물 등을 진설하고 홀기에 따라 국사서낭에게 드리는 제관들의 유교식 제사가 진행된다.

이것이 끝나면 서낭신을 위하는 무당들의 굿판이 벌어진다. 무당은 신목(神木)으로 미리 보아둔 단풍나무에 신을 강림시키고, 이를 베어서 오색의 천을 걸어 옷을 입힌다. 그리고 맨앞에 서낭의 위패를 받들고 다음으로 신목, 제관과 무당의 순으로 뒤따르며 강릉으로 내려온다. 오다가 국사서낭의 작은댁이라는 구산여서낭당에다 잠시 국사서낭의 위패를 합위시키고 굿을 한 후, 이어서 행렬이 강릉시가 초입의 홍제동에 위치한, 국사서낭의 본부인을 모신 정씨 여성황사에 이르면 두 위패를 나란히 합위시키고 봉안제를 거행한다.

본격적으로 단오제가 시작되는 5월 3일이 되면 두 위패를 모시고 여서낭의 본가였던 정씨가에 들러 간단히 굿을 한 후, 강릉 시내를 한 바퀴 돌아서 남대천백사장에 마련한 가설제단에 두 위패를 나란히 모신다. 제단에 제물을 진설하고 뒤쪽에 신목을 세우며 천막 위로 대(蓋)를 높이 건다.

이때부터 남대천 일대에는, 마침내 5월 6일 오시가 되어 제단의 뒤뜰에서 단오제를 위해 만든 신대, 대 등을 불사르는 소제(燒祭)를 지냄으로써 수십만 인파로 홍청거렸던 대축제가 막을 내릴 때까지 시장경기의 활성화를 위한 홍행상업들이 대대적으로 벌어진다.

그때 민속놀이마당에서는 우리의 민속극 중 유일한 무언극(無言劇)인 관노가면극(官奴假面劇)이 공연된다. 그리고 가설제단에서는 무당들이 주재하여 보통 14거리에서 20거리까지의 굿거리 곧 부정굿－당맞이굿－청좌굿－화해굿－조상굿－세존굿－성주굿－축원굿－심청굿－지신굿－군웅굿－용신굿－손님굿－제면굿－꽃노래굿－등노래굿－대맞이굿－환우굿 등을 사정에 따라 가감하여 공연한다. 이때의 굿거리를 구체적으로 살펴보자.

단오굿거리

- 부정굿 : 제의를 여는 서제(序祭)로서 제사상에 배례하고 가무 후에 바가지에 물을 담아서 주변에 뿌린다. 이것은 제장(祭場)의 정화(淨化)의식이다.

• 당맞이굿 : 마을굿에서는 신대에다 당신(堂神)을 강신시켜 맞이하는 굿거리이나, 여기에서는 가창과 사설로만 진행한다.

• 화해굿 : 개개의 신들을 화해시키기 위한 굿거리이다. 청배와 공수놀이 등의 가무로 끌어 나간다.

• 조상굿 : 모든 조상신을 모시고 위하는 굿거리이다. 자손들을 잘 돌보아 줄 것과 재수를 비는 축원을 가무로써 행한다.

• 세존굿 : 흔히 중굿 또는 삼한시준굿으로 부르는 굿이다. 무당이 쾌자차림에 부채를 들고 장고에 맞추어, 귀한 집의 외동딸이 석가세존의 술법으로 잉태해서 삼태자를 낳고 삼신이 된다는 줄거리를 지닌 〈당금아기타령(제석본풀이)〉을 장황하게 가창한다. 이 거리에서부터는 중간중간에 익살과 외설담을 섞어가며 청중들을 웃긴다.

• 성주굿 : 가옥신인 성주(城主 · 成造)를 모시는 굿이다. 여기서는 무당이 쾌자에 갓을 쓰고, 솔씨를 뿌려서 키운 재목을 베어 집을 지은 후에 세간을 장만하고 호화롭게 집치장을 하는 내용의 〈성주풀이〉를 가창한다. 중간에 팔도 민요들이 삽입되어 유흥성이 고조된다.

• 축원굿 : 대관령국사서낭님을 4월 보름날부터 대관령에 모셔다가 여성황사에다 모셨고 또 최씨 댁에도 모셨다는 경위 등을 가창한다. 내외분께서 화합하시고 재수와 복을 베풀어 달라는 축원을 드린다.

• 심청굿 : 장구를 반주로 해서 《심청전》과 유사한 줄거리를 길게 가창하는데, 장님인 심봉사와 심청이의 넋을 불러 위로하면 그 혼령이 사람들의 안질을 없애고 눈총을 맑게 하여 준다는 것이다. 중간에 심봉사와 촌부들이 익살과 외설담을 수작하는 과정을 연출함으로써 청중들을 웃긴다.

• 지신굿 : 오방토주지신굿이라고 하는 이 굿에서는 지신을 청배

하여 어느 터전 어느 명당이건 재액이 없고, 농사와 장사가 잘 되게 해달라고 빈다. 또 자손들이 무사히 성장하고 성공하도록 돌보아 달라고 기원한다.

• 군웅굿 : 무당이 군웅(軍雄) 장수의 위력을 나타내기 위해 놋동이를 입에 물고 춤을 추므로 놋동이굿이라고도 한다. 군웅의 성격은 대체로 관직에 있었던 가업 수호신으로 여겨지며 여기서는 김유신장군 또는 삼국지의 조자룡이나 관우 및 오방신장과 뭇 장수들의 이름이 등장한다. 이것은 장군신을 통하여 외부로부터 들어오는 재앙을 막고 강릉지역의 질서와 안보를 기원하고자 한 굿이다.

• 용신굿 : 동해의 용왕에게 어업상의 무사고와 풍성한 어획 및 마을의 안녕을 기원하는 굿이다.

• 손님굿 : 김달언이라는 부사가 홍역신인 '손님'을 잘 대접하지 않았기 때문에 자식을 홍역으로 잃고 망하게 된다는 줄거리의 장편 서사무가를 가창한다. 여기서는 무녀들이 새끼를 두른 대나무를 들고 다니면서 시주를 걷는데, 노인들이 자손을 잘 돌봐달라고 대나무에다 지폐를 꽂는다.

• 제면굿 : 제민굿 · 계면굿 등으로 부르는 이 굿은 무녀들 자신과 단골의 무조신(巫祖神)인 계면할머니에 대한 굿이다. 여기서도 장편의 서사무가가 가창되는데, 그 내용은 이렇다. 전라도 김정승의 딸이 서울의 이 정승 댁으로 시집간 뒤 시아버지가 돌아가셨다. 그래서 지관이 택지(擇地)한 곳에 매장하였으나 3년 후에 이장하라는 명령을 지키지 않자 며느리가 병을 앓고 헛소리를 하기 시작하였다. 그때 한 뱃사공 집에서 아이를 잃어 찾는데 며느리가 정승 댁의 뒷 고방 단지 속에 있다고 해서 찾아보니 과연 그런지라 며느리를 돌로 눌러 죽여 그녀가 무조가 되었다는 것이다.

- 꽃노래굿 : 굿마당의 종반부에서 행하는 오신(娛神)굿거리로서 이때는 굿에 참여했던 모든 무녀들이 제상을 장식한 지화를 빼 들고 원무를 추면서 도는데, 대단히 화려하고 우아하며 풍성하다. 이때는 꽃노래를 부른다. 이 노래는 극락으로 가는 망자의 넋을 위로하고 기쁘게 하는 것으로 선창과 후창으로 나누어 가창한다.
- 등노래굿 : 제단에 달았던 등을 떼어서 꽃노래굿을 하듯이 등을 들고 등노래를 부른다(서정무가 참조). 이 무가는 망령들을 극락왕생시킨다는 내용으로 되어 있다.
- 대맞이굿 : 신을 보내는 송신(送神)굿거리다. 그간 대관령에서 내려와 있던 동안에 인간이 드린 정성을 기꺼이 받으셨는지 신의(神意)를 묻고 응답을 받는다. 그때는 신대가 흔들리고, 주무(主巫)는 "명년 이맘때까지 바람 타고 구름 타고 대관령 아흔아홉 구비를 올라가시라"고 하면서 자손들 부귀공명하고 안과태평하게 하여 달라고 축원한다.
- 환우굿 : 제장 밖에다 불을 피우고 지화를 모아 태우며 위패도 태운다. 불이 타는 동안에 제관들은 모여 절을 한다. 태울 것을 다 태우고 나서 제관과 무녀들이 제례복(祭禮服)을 벗으면 단오굿이 완전히 끝난다.

한편, 여기 강릉의 단오굿은 환우굿으로 모든 제의가 끝나지만 모든 동해안 어촌의 풍어굿이나 별신굿에서는 바닷가의 방파제로 나가 서낭대를 세우고 집집에서 차려온 제상을 앞에 두고 바다를 향하여 용신제와 거리굿을 행사한다.

어촌 사람들에게 있어서 바다는 생존과 직결되어 있는 현장이다. 그래서 어업의 안전과 풍어를 기원하기 위해 단오제와는 달리 현장에 직접 나가 용신에게 제사하고 음식을 싸서는 바다로 던져 넣는다.

그리고 무녀 대신에 박수무당이 주재하는 '거리굿'이라 하는 일종의 소극(笑劇)이 펼쳐진다. 곧 바닷가에 서낭대를 세우고 용신을 위한 제상 앞에서 손비빔과 축원을 하는 아낙네들의 비념이 끝나면 둥둥둥 두드리는 북소리에 맞추어 박수무당이 훈장 · 학동 · 봉사 · 어부 · 해녀 그리고 아이를 낳는 여자 등의 역할 곧 풍어를 향한 생생력 상징제의를 수행함으로써 그간 금기를 지키며 긴장 속에 있던 마을 사람들을 웃기고 해방시켜 하나로 결합시킨다.

(5) 한국 신계보(神系譜)

신화는 신령들에 대한 이야기이다. 따라서 신화를 쉬 이해하기 위해서는 그들의 세계와 그곳에서의 위상 그리고 족보와 신계를 파악하여야 한다.

한국의 신령에는 일반적으로 가정에서 신앙하는 가신(안택신), 마을에서 신앙하는 동신(부락신), 그리고 무속에서 신앙하는 무속신, 및 일반 잡신으로 구분된다.

김태곤에 의하면 가신에는 성주신, 조왕, 문신, 측신, 지신, 업신, 삼신, 제석신, 조상신, 왕신, 우물신 등 11종이 있으며, 동신에는 산신과 성황신 등을 비롯하여 136종이 있다. 무속신으로는 114종이 있으며, 기타 잡신을 포함하여 총 273종의 신들이 있다고 한다.

한국의 민간신앙에서 숭상하는 중요한 신령을 분류하여 보면 다음과 같다.

신계(神界)	관련 신령
천상계	① 천상신 : 옥황상제, 옥황천존(玉皇天尊), 삼신, 삼황신, 삼성신(三聖), 한울님, 제석신(帝釋), 삼불제석(三佛帝釋), 천신, 천왕신, 천신대신, 천신대감신(天神大監), 도당천신(都堂), 성주신, 천지대왕신, 천궁호귀(天宮胡鬼)
	② 일신(日神) : 일신, 일광제석(日光帝釋), 일월신, 일광보살신(日光菩薩), 자지당신(紫芝堂), 해애기씨, 일월성신, 일월호귀

	③ 월신(月神) : 월신, 월광제석, 월광보살신, 달애기씨
	④ 성신(星神) : 성신, 칠성신, 남극성, 노성신, 별애기씨, 노신, 일월성신, 일월성군신, 북두칠성신, 문창성(文昌)
지상계	① 시조신(始祖) : 단군(檀君), 기자(箕子), 박혁거세, 탈해, 알지, 고주몽, 수로왕
	② 영웅신(英雄) : 최영 장군, 임경업 장군, 벽돌대감, 군웅대신(軍雄), 장군신 충열신(忠烈), 군웅신, 조 장군신, 홍 장군신, 양 장군신, 장 장군신, 남이 장군신, 김유신 장군신, 장수신, 군장신(軍將), 마장신(馬將), 용장군신(龍將軍), 백마장군신, 득제제장군신(得濟濟), 용마장군신, 산상조장군신(山上趙將軍), 천하제일장군신, 지하제일장군신, 관공신(關公)
	③ 왕신(王神) : 왕신, 대왕신, 태조대왕신, 단종대왕신, 뒤주대왕신, 강화 도령신
	④ 여신(女神) : 공주신, 칠공주신, 바리공주, 중전마마신, 강씨마마신, 송씨부인신(단종 폐비), 본궁신(本宮), 최일 장군 마누라신, 임경업 장군 각씨신, 임 장군 마누라신, 바리데기, 각씨신, 부인신, 애기씨신, 당아씨신, 내전신(內殿) : 계면각씨신
	⑤ 대감신(大監神) : 대감신, 사신신(使臣), 권 대감신, 손 대감신
	⑥ 평씨신(平氏神) : 궁상이신, 도랑선비신, 말명신, 치원대신, 조상신, 맹인신, 양산보신, 의원 선생신, 약국 선생신, 지관선 생신, 상군신, 성인 선생신, 감찰신, 목수신, 상사신(相思), 홍아신(紅兒)
	⑦ 무속신(巫俗神) : 당금애기, 바리데기, 백조 할망, 삼신 할머니, 조왕 할머니, 세경 할머니, 작도대신, 대신(大神), 만신할머니(萬神), 대신마누라, 대신 할머니, 창부신(倡夫)
	⑧ 토지신(土地神) : 지신, 터주신, 터주대감신, 터대감신, 토신, 토지신, 동신(洞神), 동경도사신(洞境都事), 후토지신(後土之神), 후토부인신, 주산토지지신(主山土地之神), 당산토지지신(堂山土地), 국사당(國師堂), 본향신(本鄕), 토주신, 오토지신(五土之神), 토성귀신(土城鬼神), 도신(都神), 제방신(堤防), 토주관신(土主官神), 골매기신
	⑨ 가택신(家宅神) : 성조대감(成造大監), 성조부인, 재복신(財福), 조왕선(부엌신), 문전신(門前), 업신, 지신(地神), 삼신(三神), 측신(뒷간귀신-厠神), 마출각씨(媽出閣氏), 제석신(帝釋), 조상신, 왕신(처녀귀신), 정신(井神), 걸립(乞粒), 문신(門神)
	⑩ 노신(路神) : 노신, 노중지신(路中之神), 거리신(巨里), 도신(道神), 사신군행신(使臣軍行神), 지대군행신(地垈軍行神)
	⑪ 산신(山神) : 산신, 서낭신, 국수신, 신모신(神母神), 성모신(聖母), 상산신(上山), 당산신(堂山), 백산신(白山), 여산신(女山), 할미서낭

<table>
<tr><td rowspan="5">지상계</td><td>신, 서낭부인신, 도당산신(都堂山神), 도당할머니신, 산천신, 주산신(主山), 화산신(花山), 산신령, 산천장군신, 산천존신(山川尊神), 당산하르범신, 도성황신(都城隍神), 성황후토지신(城隍後土之神)</td></tr>
<tr><td>⑫ 석신(石神): 석신, 암석신(巖石), 선돌바우신, 공알바우신</td></tr>
<tr><td>⑬ 방위신(方位神): 오방신장신(五方神將神), 오방장군신</td></tr>
<tr><td>⑭ 화신(火神): 화신, 화주신, 조왕신, 화덕벼락장군신, 벼락대신, 화정여신(火正黎神)</td></tr>
<tr><td>⑮ 기타(其他): 농신, 전횡신(田横), 오곡지신, 업주신, 마당신(馬堂), 마주대신(馬主大神), 수문신(守門), 목신, 수풀신, 풍신, 풍뢰지신(風雷之神), 걸립신, 가뭉신, 탑신(塔神), 태세신(太歲), 부정신(不淨), 손님, 호구신, 왕신(처녀신), 삼태귀신, 몽달귀신, 영산, 객귀(客鬼), 상문(喪門), 도깨비, 손각씨</td></tr>
<tr><td rowspan="2">지하신</td><td>① 명부신(冥府神): 시왕님, 시왕신, 오구대왕, 염라대왕, 사제삼성, 과과 선생신, 최판관(崔判官), 지부사천대왕(地府四天大王)</td></tr>
<tr><td>② 차사신(差使神): 차사, 강임차사, 일직사자(日直使者), 월직사자(月直使者), 천황차사(天皇), 지황차사(地皇), 인황차사(人皇)</td></tr>
<tr><td rowspan="4">해양계</td><td>① 용신(龍神): 용신, 용왕님, 동해용왕, 서해용왕, 광연왕, 광리왕, 광택왕, 광덕왕, 물국용왕신, 사해용왕신, 사해용신대감신, 사해용신부인신, 용자신, 용녀부인신, 천용신, 용궁제석신(龍宮帝釋), 용궁불사신(龍宮佛師), 용궁칠성신, 용궁대신</td></tr>
<tr><td>② 수신(水神): 수신, 용신, 용신 할머니, 해신, 정신(井神), 천신(川神), 대천신, 수구신, 물 할망, 수령신(水靈), 수부신(水夫), 영산대천신(靈山大川), 영천택지신(靈川澤之神), 미륵신</td></tr>
<tr><td>③ 풍신(風神): 풍신, 영등 할망</td></tr>
<tr><td>④ 기타(其他): 배서낭</td></tr>
</table>

[한상수, 《한국인의 신화》]

이상에서 제시한 신 이외에도 더 많은 신령들이 존재한다. 그것은 무속을 포함한 한국의 토속신앙이 애니미즘(animism)을 기반으로 한 신앙체계이기 때문이다. 애니미즘은 정령숭배라 해서 자연과 사물에는 신령이 깃들어 있다고 보기 때문에 장소와 시간에 따라 얼마든지 신이 탄생하고 소멸한다.

애니미즘을 바탕으로 한 남태평양의 폴리네시안(Polynesian)은 주변의 돌 하나 풀 한 포기도 신령이 깃들어 있다고 해서 소중히 여기는데, 이들에게는 5만여 신들이 존재하고 부수적으로 신이하고 기이한 관련 신화가 풍부하다. 신들이 많으면 신화도 많다는 것은 당연한 이치다.

한국 신(神)의 특징으로는 인간신이 대부분이라는 것이다. 한국인은 죽으면 누구나 조상신이 되고 산신이 된다. 그리고 원혼이 되면 저승으로 가지 못하고 이승을 떠도는 귀신이 된다. 특히 이들 원혼은 무속신령으로 자리 잡는 경우가 흔하다. 또 염라대왕이나 불교의 부처와 보살 등 외래신이 많다. 따라서 우리의 신계(神界)는 하늘신, 조상신, 무속신, 잡귀, 도깨비, 외래신 등으로 구분할 수 있겠다.

2 스토리텔링이란 무엇인가

1) 스토리텔링

(1) 스토리텔링의 개념

심형래 감독의 영화 〈디 워〉, 조앤 K. 롤링의 《해리포터》 시리즈, 영화 〈반지의 제왕〉, 〈리니지 게임〉, 드라마 〈불멸의 이순신〉, 〈대장금〉, 〈대조영〉 등등이 세간의 관심을 끌고 있는 이유는 무엇일까? 그것은 모두가 탄탄한 '스토리텔링'을 기반으로 제작되었다는 점이다.

영화 〈디 워〉에 대한 논란의 핵심도 스토리텔링이다. 잘 짜여졌든 아니든 간에 〈디 워〉는 다른 괴수영화에 비해서 현란한 컴퓨터그래픽을 구사함과 동시에 우리 구비전승의 스토리텔링을 기반으로 하고 있다. 〈디 워〉가 소재로 선택한, 500년마다 용으로 승천하는 '이무기' 설화는 서양에는 없다. 주제가 어설퍼 보이지만 그래도 〈디 워〉는 이무기와 윤회라는 한국적 문화코드로 승부를 걸어본 작품이다.

지구상에서 가장 성공적인 스토리텔링은 《해리포터》 시리즈일 것이다. 서양에서 오랫동안 전승하던 마법사 이야기가 조앤 K. 롤링의 손을 거쳐 디지털시대 최고의 문화상품으로 재탄생한 것이다. 《해리포터》는 6부까지만 하더라도 3억 2천500만 부라는 경이적인 판매부수를 기록했고, 7부를 더한다면 4억 부에 육박할 것이며, 매출액만 3조 원에 이르고, 해리포터가 만들어낸 부가가치는 300조에 이른다.

스토리텔링은 《경영손자병법》과 같은 딱딱한 경영지침서도 읽기 쉬운 소설로 탈바꿈시킨다. '한국형 창조전략'이라는 어려운 경영지침서는 평범한 사람들이 읽을 수 있도록 풀어내고자 한 스토리텔링 디렉터의 손을 거쳐 《12개의 전략메모》라는 소설로 재탄생했다. 소현세자의 부인 강씨의 파란만장한 생애도 박정애의 스토리텔링을 거쳐 《강빈》이라는 소설로 다시 태어났다.

기업마케팅에서도 상품을 직접적으로 광고하는 것보다 이야기를 파는 스토리텔링 마케팅이 인기다. 정치에서도 스토리텔링 작업이 성행한다. 한나라당 대선후보로 선출된 이명박 전 서울시장의 샐러리맨 성공신화와 청계천 개발 뒷이야기 등이 스토리텔링을 거쳐 대통령선거용으로 일반인에게 전달됐다.

이렇게 볼 때, 스토리텔링은 생산자에 의해 창작되거나 기존에 있던 이야기를 수용자의 욕구 충족을 위해 효과적인 담화형식으로 가공하는 것이라고 정의할 수 있다.

최근에 스토리텔링은 문화기술(CT)과 결합하면서 문학, 만화, 애니메이션, 영화, 게임, 광고, 디자인, 홈쇼핑, 테마파크, 스포츠 등의 장르를 아우르는 상위범주가 되었다. 문화가 산업이 되는 시대에 스토리텔링은 이제 선택이 아니라 필수가 되고 있다. 스토리텔링 작업 없이는 성공은커녕 아무것도 할 수 없는 세상이 되었다.

이러한 추세에 따라 최근에 '스토리텔링'에 대한 관심이 높아지고 있다. '디지털스토리텔링학회'가 결성됐고, 대학에 관련학과가 속속 개설되고 있으며, 2006년에는 국내에서 4년제 대학으로는 처음으로 강원대학교가 '스토리텔링학과'를 설립하였다.

스토리텔링이 도대체 무엇이기에, 이처럼 문화콘텐츠산업 전반을 아우르는 아이콘이 되었을까?

스토리텔링이 지금에 와서 새롭게 주목받는 이유는 디지털시대에 접어들면서 문화산업의 규모가 급속도로 커지고 그 문화산업의 주요 콘텐츠인 영화와 게임, 애니메이션 등의 성패를 좌우하는 것이 바로 스토리이기 때문이다.

스토리텔링은 스토리(story)와 텔링(telling)의 합성어로 '이야기하기'다. 스토리텔링은 신화나 전설 또는 사람 사는 이야기 등을 그냥 담화하는 것이 아니라 서사구조를 갖춘 이야기로 풀어주는 작업이다. 따라서 생산자에 의해 창작되거나 기존에 있던 이야기를 수용자의 욕구 충족을 위해 효과적으로 가공하는 것으로 영화의 시나리오, 소설의 시놉시스, 게임의 서사구조 등이 모두 스토리텔링이다. 그리고 스토리텔링은 사건에 대한 진술이 지배적인 담화 양식으로 사건 진술의 내용을 스토리라 하고 사건 진술의 형식을 담화라 할 때 스토리, 담화, 이야기가 담화로 변하는 과정의 세 가지 의미를 모두 포괄하는 개념이다.

김의숙 · 이창식은 문화 속에서 문학적 특성을 찾아내고 그것을 콘텐츠화하는 것이 '문학콘텐츠'라고 정의하고, 그 콘텐츠를 이야기로 풀어 말한 것이 스토리텔링이라고 말한다. 곧 문학콘텐츠를 재미있고 생생한 이야기로 풀어 설득력 있게 전달하는 행위의 총체라고 보는 것이다.

여기서 스토리텔링은 주로 문화원형을 이용하여 콘텐츠를 만드는 과정에서 이루어지는데, 예를 들면 지역설화를 원형으로 하여 지역문화콘텐츠를 만드는 것을 들 수 있다. 지역 축제나 관광지를 만들 때 지역설화를 현대적으로 풀어 이용할 수 있게 하는 과정도 스토리텔링이다. 미국 영어교사 위원회(National Council of Teachers of English)에서는 스토리텔링은 음성(voice)과 행위(gesture)를 통해 청자들에게 이야기를 전달하는 것이라고 정의한다.

대개 스토리텔러들은 스토리텔링을 이야기하는 사람과 이야기를 듣고 상상력을 발휘하는 청자 간의 인터랙티브한 과정이라 말한다. 셜리 레인즈(Shirly Raines)는 이야기(story), 청자(listener), 화자(teller)가 존재하고, 청자가 화자의 이야기에 참여하는 이벤트라고 정의한다.

즉, 구연동화와 같이 어떠한 이야기를 품고 있는 화자가 음성과 소품을 이용한 구연, 행위 등을 통하여 청자에게 들려주는 것을 말한다. 이때 청자는 화자와 함께 호흡을 하며 추임새나 이야기의 속도 조절 등의 직접적인 참여가 가능하다. 또한 교육 분야에서는 어려운 지식을 한 편의 이야기 속에 담아 독자에게 쉽고, 거부감 없이 전달하는 글을 쓰는 것도 스토리텔링이라 한다.

대표적인 예를 들자면, 《로빈슨크루소 따라잡기》라는 책이 있다. 이 책은 무인도에 갇힌 '노빈손'이라는 캐릭터가 무인도에서 살아남는 과정을 재미있게 이야기하면서, 청소년들이 알아야할 과학적 지식을 전달하고 있다. 독자는 엉뚱한 캐릭터인 노빈손이 무인도에서 살아남아 탈출하는 이야기 속에 빠져 재미와 함께 과학적 지식을 익힐 수 있다.

지금까지 알아본 스토리텔링의 개념을 살펴보면, 스토리를 청자에게 전달하는 단계와 어떠한 정보나 지식을 이야기를 통해 독자에게 전달하는 단계로 나눌 수 있다. 전자는 영화, 애니메이션, 게임 등 이야기를 기본으로 하는 스토리텔링의 방법이며, 후자는 브랜드 스토리텔링, 에듀테인먼트 스토리텔링 등 지식이나 정보를 대상으로 하는 스토리텔링의 방법이다.

여기서 스토리와 정보, 지식을 총체적인 의미의 '이야기'로 묶을 수 있기 때문에 스토리텔링의 개념은 한가지로 생각할 수 있다. 즉, 원형이 되는 어떤 이야기를 타인에게 전달하는 담화의 방식, 또는 담화 과정인 것이다. 여기서 담화는 말에 의한 이야기의 표현뿐만 아니라 다양한 매체를 통한 이야기 표현으로 확장될 필요가 있다.

이러한 원형적인 개념의 스토리텔링은 시작과 끝이 수용자에게 맡겨지는 게임 등 이야기의 개념에서 벗어난 것까지 포괄할 수 있다. 그리고 영화 등 다양한 분야를 상위 범주의 이야기 아래 하위의 여러 이야기 방식이 있다고 보며, 종이 매체에서 표현되면 문학, 영상 매체에서 표현되면 영화가 된다고 말한다. 즉 스토리텔링은 상위개념의 이야기이고, 표현되는 방식에 따라 문학, 영화, 애니메이션 등이 된다는 것이다.

하지만 이러한 스토리텔링은 장르적 정의로 국한되어 담화 방식, 즉 창작 기법의 하나로 쓰이는 스토리텔링을 설명하기에는 부족하다. 위에서 말했듯이 스토리텔링의 하위개념인 영화, 축제, 테마공원 등에서 쓰고 있는 스토리텔링은 장르적인 용어가 아니라, 담화의 과정 또는 그 방식을 말하는 용어이기 때문이다. 그리고 문학과 같이 자체 내에서 예술적 성격과 대중적 성격을 지닌 장르를 포함시키면서, 예술 작품과 문화콘텐츠를 포괄하는 광범위한 개념이 될 여지가 있다.

스토리텔링에는 디지털 스토리텔링이 있다. 네트워크화된 컴퓨터 환경에서 디지털미디어를 통해 이루어지고, 디지털기술을 표현수단이나 매체환경으로 받아들인 스토리텔링을 디지털 스토리텔링이라고 한다. 한마디로 스토리가 표현되는 매체로 디지털 기술을 이용하는 것이면 모두 디지털 스토리텔링으로 본다. 그러므로 디지털 기술이 사용되는 영화, 애니메이션은 디지털 스토리텔링에 포함된다.

디지털 스토리텔링 외에도 브랜드 스토리텔링, 에듀테인먼트 스토리텔링, 웹 뮤지엄 스토리텔링 등의 용어가 다양하게 쓰이고 있다. 이들 용어는 문화콘텐츠산업에 있어 문화콘텐츠를 생산하는 방법으로 이해된다.

앞으로 유비쿼터스(ubiquitous)시대의 도래가 확실한 만큼 문화산업의 중요성이 더욱 커질 것은 분명하다. 따라서 문화산업의 발달에 따라 모태가 되는 스토리텔링의 필요성은 더 이상 강조할 필요가 없다. 기술은 어떤 콘텐츠를 만들어도 남아있지만 스토리는 계속 새롭게 생산되어야 한다. [서명수, 매일신문(2007. 8.25~10.5) 참조]

(2) 스토리텔링의 예

스토리텔링은 광의로 문학적 상상력, 예술적 심미안, 공학적 기술까지를 아우른 능력이라고 해석한다. 그러나 협의로는 재미있고, 감동적인 스토리를 만들어내는 능력이다. 따라서 첫 단계로 문학적 상상력으로써 새롭게 창작하든가 아니면 1차 자료를 기본 틀로 해서 2차적 이야기 나아가 3차적 이야기를 만들어내는 것이다.

그리스 로마신화는 다양한 비극작가와 신화작가들에 의해 재창조되고 세련되었다. 따라서 스토리와 구조가 각색되고 나아가 윤색되는 경우가 허다하다.

> 아티카의 영웅 테세우스는 다이달로스가 크레타의 왕 미노스를 위해 만들어 준 미궁으로 들어가 괴물 미노타우로스를 죽이고 아테나이의 젊은이들을 구하여 귀환한다. 그때 테세우스는 불행하게 죽은 아리아드네를 조상하는 뜻으로 검은 돛을 달았는데 귀환할 때 승리의 흰 돛을 바꾸어 다는 것을 깜박 잊었다. 아들 테세우스를 미궁으로 보내고 늘 생사를 걱정하던 아이게우스왕은 멀리 아들의 배가 보이는데 검은 돛을 달고 오므로 아들이 죽었다고 절망하여 바다로 뛰어내려 죽었다. 테세우스가 처음 떠날 때 아이게우스는 아들이 실패하여 죽으면 비통함의 표시로 검은색 돛을 달고 오고 승리하면 흰 돛을 달고서 오라고 하였던 것이다. 그래서 그 바다를 '에게해'로 부르게 되었다.

그런데, 테세우스가 죽어서도 빠져나올 수 없다는 미로를 빠져나올 수 있었던 것은 순전히 미노스왕의 공주인 아리아드네의 공이었다. 공주가 다이달로스로부터 미궁을 빠져나올 수 있는 방법인 '실꾸리' 정보를 알아내어 테세우스에게 제공하였기 때문이다.

이렇게 아리아드네가 생명의 위험을 무릅쓰고 아버지를 배반한 것은 테세우스의 미모와 용기에 반한 공주가 일에 성공하면 테세우스와 결혼해서 아테나이로 함께 간다는 약속이 작용하였기 때문이다.

그렇다면 미궁으로부터 생환한 테세우스와 아리아드네는 결혼을 해서 행복하게 잘 살았을까? 대답은 그렇지 않다는 것이다. 이 과정에서 서로 다른 버전(version)으로 이루어진 이야기들이 등장한다. 그것은 스토리텔러들이 이야기를 자기 나름으로 재창조하여 내놓았기 때문이다.

가장 잘 알려진 스토리에 의하면, 어느 날 테세우스는 낙소스에 귀항했고, 아리아드네가 잠들었다 깨어보니 그녀만을 남겨놓고 배가 수평선 위로 멀어져 가고 있었다고 한다. 그녀가 그렇게 버림받은 이유는 다음과 같이 여러가지로 이야기가 되고 있다.

① 테세우스가 다른 여자 즉, 포키스 사람 파노페우스의 딸인 아이글레를 사랑했기 때문이라는 것이다.

② 아리아드네를 사랑하는 디오니소스의 명령에 따른 것이라고 한다.

③ 디오니소스가 밤새 아리아드네를 납치해 갔기 때문이라고 한다.

④ 아테나 여신이나 헤르메스가 테세우스에게 아리아드네를 버리고 갈 것을 종용했기 때문이다.

⑤ 아테나이로 귀환하던 배에서 내렸다. 테세우스의 배가 폭풍우를 만나 키프로스까지 밀려갔으며, 그 바람에 임신 중이던 아리아드네가 멀미가 심하여 배에서 내렸다. 테세우스가 배를 점검하기 위해 잠시 승선했을 때 갑자기 강풍이 불어 바다 한가운데로 배를 내몰았다. 상심한 아리아드네는 아기를 낳자마자 죽었다. 뒤늦게 귀항한 테세우스는 그녀를 기리는 제사를 지내고 애도의 의미로 검은 돛을 달고 항해했다. 오는 길에 델로스에 기항하여 아리아드네가 자신에게 준 아프로디테 여신상을 신전에 바쳤다. 그리고 아테나이 젊은이들과 함께 미로(迷路)를 나타내는 복잡한 원무(圓舞)를 추었다. 이러한

제의는 역사시대까지 있었다.

이와 같이 다양한 구성으로 혹은 서로 상반되는 버전들이 공존하는 까닭은 신화작가나 이야기꾼(storyteller)들이 테세우스의 업적을 옹호하려고 하거나 그 잘난 영웅의 모습에 겹쳐진 무모함과 뻔뻔함을 못마땅하게 여기거나 또는 더욱 흥미진진한 이야기로 만들고 싶은 욕망에서 비롯한 것이리라.

여하간 만들어진 신화는 결코 친절히 설명하는 법이 없지만 인생의 복잡한 진실을 수수께끼처럼 함축하여 보여준다.

> 경기도 김포시와 강화군 사이에 손돌목이라는 여울이 있다. 여기서는 음력 시월 스무날경이면 유난히 매섭고 차가운 바람이 거세게 불어댄다. 그 바람을 일러 '손돌바람'이라고 한다. 고려 때 몽골군의 침입으로 왕이 급박하게 강화로 피난하는데, 손돌이란 뱃사공이 왕과 그 일행을 배에 태워서 건너게 되었다. 손돌은 안전한 물길을 택해 배를 초지(草芝)의 여울로 몰았다. 왕은 배가 곧장 가지 않고 돌아가는 것을 보고 사공인 손돌이가 자기를 해치려는 것으로 생각하고, 신하를 시켜 손돌의 목을 베도록 명하였다. 그때 손돌은 왕에게, 자신이 죽은 뒤 배에 있는 '박'을 물에 띄우고 그것을 따라가면 몽골군을 피하여 무사히 강화섬에 도착할 수 있다는 말을 남기고 죽었다. 손돌이 죽자 배가 위험에 직면했다. 그때 손돌의 말대로 하여 무사히 섬에 도착하였다. 왕은 성급하게 생각해 손돌을 죽인 것을 후회하고 그의 충성에 감복해서 후히 제사를 지내주고 영혼을 위로하였다.

이 설화는 전승지역에 따른 변이와 굴절을 특징 있게 보여 주고 있다. 즉, 손돌목 부근을 비롯한 경기도 서북부 지역에서는 위의 설화의 줄거리가 소극적 변이 형태로 전승된다.

그 변이의 정도는 박 이야기가 생략되기도 하고, 몇 가지 종류의 박 속에서 벌·폭약 등이 나와서 몽골군을 격퇴시켰다는 것으로 부연되기도 한다.

그러나 본격적인 변이 형태는 경기도 안성지방에서 전승되는 힘센 장사로서의 손돌이 등장한다. 이 지역에서는 손돌이라는 힘이 센 장사가 스승의 명으로 시장에 옷을 사러 갔으나 날씨가 따뜻하므로 옷 대신에 절구통을 사 왔다. 손돌이 그 통에 절구질을 하며 추운 줄을 모르고 지냈으나 날이 갑자기 추워지자 겨울옷이 없어 얼어 죽었다. 손돌장사가 음력 10월 20일에 얼어 죽었고, 추운 이 날을 일러 '손돌뱅이 죽은 날'이라 하고, 추위를 '손돌추위'라 한다는 것이다.

이런 변이가 충청북도 영동지방에서는 10월 20일을 '손사공 죽은 날' 또는 '모진 놈 죽은 날'로 표현해, 무섭고 흉악한 손돌사공으로 굴절되었다. 따라서 〈손돌〉설화는 이야기의 생성과 굴절의 양상을 파악해볼 수 있는 예 가운데 하나이다.

2) 스토리텔링과 문화콘텐츠

(1) 문화콘텐츠

21세기는 주지하는 바대로 '정보'와 '문화'의 시대이다. 이것을 바꾸어 말하면 정보산업과 문화산업이 경쟁력을 갖는 시대이다. 특히 문화콘텐츠를 모태로 하는 문화산업은 "굴뚝 없는 공장"이라고 해서 작금에 그 부가가치를 확인받고 있다. 그러한 문화산업의 모태요 꽃이 '문화콘텐츠'이다. 따라서 문화콘텐츠에 대한 연구가 활발히 진행되고, 관련 연구소와 관련 학과 설립 등이 다양하고 다채롭게 전개되고 있다. 더구나 지금은 유비쿼터스(ubiquitous) 시대인 만큼 문화콘텐츠의 중요성은 더욱 높아질 것이다.

현재 우리는 인터넷이나 모바일을 통해 언제 어디서든 쉽게 정보를 취득하고 공유할 수 있으며, 기존의 방식에서 탈피해서 개인이 새롭게 재창조하는 형태인 UCC 방식 등으로 커뮤니케이션을 창출하고 있다. 이것은 무형 유형의 문화, 문학적 유산인 작품을 대중매체를 이용해서 상품화, 산업화하여 대중에게 널리 보급하는 것을 의미하는 '문화콘텐츠'와 밀접한 연관성을 갖는다. 문화콘텐츠는 문화와 디지털 기술의 접합을 의미하기 때문이다.

문화콘텐츠 분야는 원천과 창작을 고려하여 세분할 수 있다. 문화콘텐츠진흥원은 다음과 같이 세 분야로 제시한 바 있다.

• 문화콘텐츠 시나리오 소재 개발 분야

－문화콘텐츠 시나리오 창작소재 개발을 위한 역사, 설화(신화 · 전설 · 민담), 서사무가, 야담 등의 문화유형 비교, 분석, 해설을 재구성하여 디지털 표현양식에 맞는 디지털 콘텐츠 만들기.

• 문화콘텐츠 시각 및 청각 소재 개발 분야

－문화콘텐츠 시각 및 청각 소재 개발을 목적으로 고분벽화, 색채미술디자인, 구전민요, 무가 등 음악, 건축, 무용, 무예, 공예, 복식 등의 문화원형을 디지털 복원, 비교, 분석, 해설 및 재구성한 디지털콘텐츠 만들기.

• 전통문화, 민속자료 소재 콘텐츠 개발 분야

－의식주, 관혼상제, 세시풍속, 민속놀이, 민속축제 등 문화원을 비교, 분석, 해설 및 재구성하여 문화콘텐츠 창작에 활용할 수 있도록 한 디지털 콘텐츠 만들기.

스토리텔링은 문화콘텐츠를 만드는 창작 기법의 하나이다. 영화를 예로 들면, 스토리텔링은 영화의 스토리 작가와 영상 기술자 사이에 있는 감독의 역할이라고 할 수 있다. 곧 기술과 스토리를 적절히 조합하는 능력을 스토리텔링이라고 할 수 있다.

사실상 스토리텔링 곧 이야기 방식은 현대인과는 아주 친숙한 관계이다. 각종 광고나 게임, 영화, 애니메이션, TV의 기본 축을 이루는 것이 스토리텔링 구조이기 때문이다. 그리고 현대인은 이야기가 있는 음식, 주택, 의복, 기호식품을 선호하고 각종의 디지털 서사(이야기)에 길들여졌다. 이렇듯이 지금 우리는 언제든 어디서든지 쉽게 이야기와 만나고 이야기를 찾을 수 있게 되었다. 따라서 스토리텔링은 이제 모든 장르에 적용되는 기본적인 틀이다.

모든 이야기는 일단 문화콘텐츠의 1차 자료가 된다. 이 1차 자료는 새로운 시각을 통하여 2차, 3차 콘텐츠의 스토리텔링으로 확장되면서 경쟁력을 갖는다. 이때에는 이야기를 만들어내는 인문학적 상상력과 그것을 가공하는 예술적 심미안 그리고 가공된 텍스트를 보기 좋게 편집하는 공학적 기술까지를 모두 아우를 수 있는 통합적 능력이 요구된다. 이른바 영화의 명감독이 지녀야 하는 능력이다.

(2) 신화적 문화콘텐츠

《해리포터》 시리즈를 성공적으로 이끈 데는 두 가지 요인이 있다. 하나는 무수한 변신 모티프에 담겨있는 신화적 상상력이고, 다른 하나는 그 상상력을 눈으로 볼 수 있도록 만들어준 디지털기술이다.

신화적 상상력을 배경으로 일본을 애니메이션 왕국으로 만들어놓은 미야자키 하야오의 《원령공주》, 《센과 치히로의 행방불명》 등 일련의 작품 속에 지속되고 있는 것이 바로 신화와 마법의 세계이다.

근래에 우리의 경우도 신화를 바탕으로 새로운 문화콘텐츠를 만들어내는 사례가 늘어나고 있다. 2006년에 프랑스의 아동청소년문학상인 앵코뤼프티불상을 받은 김진경의 《고양이학교》라는 판타지 동화는 프랑스어만이 아니라 중국어, 영어로까지 출간되었을 정도로 국제적인 명성을 얻고 있다.

《고양이학교》 이야기를 이끄는 비밀은 신화이다. 《고양이학교》는 고양이와 어린이들이 힘을 합해 악의 힘을 무찌르는 줄거리로 되어 있다. 어른들이 알지 못하는 사이에 세계가 파괴될 위기에 직면했는데 그것을 미리 아는 것이 고양이들이고 또 고양이의 친구인 어린이들이다. 동물과 인간이 벗이고, 동물에게는 신비한 능력이 있다고 믿는 사고야말로 신화가 우리에게 물려준 오랜 유산이다. 신화적 사유를 재현하는 또는 신화의 주인공이 등장하는 이런 판타지 동화들은 신화가 새로운 콘텐츠로 재창조된 예이며 아울러 다른 콘텐츠의 원천이 된다.

신화 스토리텔링 애니메이션으로는 2003년에 《오늘이》라는 아름다운 단편이 나왔다. 이성강 감독의 〈오늘이〉는 제주도 무속신화인 〈원천강본풀이〉를 화면으로 옮긴 것이다. 〈오늘이〉는 빈 들판에서 새 한 마리를 친구삼아 홀로 자란 소녀 오늘이가 부모를 찾아 사계절이 함께 있는 원천강이라는 곳으로 여행을 떠나는 이야기이다.

한 편의 수채화 같은 애니메이션으로 재창작된 《오늘이》는 인간의 운명과 성장의 문제, 나아가 원천강이 상징하는 시간에 대한 한국신화의 인식을 담은 작품이다. 2006년에 나온 《천년여우 여우비》도 성가를 올린 애니메이션이다.

만화로서 주목할 만한 작품은 《돌아온 자청비》이다. 김달님이라는 만화가가 '다음'에 연재한 이 작품은 제주도 무속신화인 〈세경본풀이〉를 바탕으로 각색한 만화다. 자청비는 〈세경본풀이〉의 주인공인데, 그녀는 갖가지의 수난을 극복하고 천상으로 올라가 문 도령과 결혼한다. 그리고 문 도령과 지상으로 내려와 농사를 관장하는 농경신이 된다. 《돌아온 자청비》는 우리 농업의 위기 때문에 사라져버린 자청비를 찾아나서는 구도로 짜여 있다. 신화의 현실을 하나의 옷감으로 짜는 작가의 솜씨가 뛰어나다.

요즈음에 유행하는 용어로 '블루오션'이 있다. 산업의 미개척지 또는 틈새라는 뜻이다. 디지털문화는 이야기 문화이고, 판타지를 지향하는 경향이 있다. 바로 이러한 문화적 흐름 위에 한국신화가 있다. 천지왕과 소별왕 · 대별왕, 당금애기, 바리공주, 할락궁이, 강림 도령, 감은장아가, 삼승할망 등 수많은 주인공을 보유하고 있는 우리 신화야말로 그 속에 담긴 기발한 상징과 상상력 하나하나를 콘텐츠로 활용할 수 있기에 그야말로 블루오션이 아닐 수 없다. [조현설, 디지털문화와 만난 한국의 판타지, 2007.1.~2. 참조]

혹자는 우리나라가 세계적인 온라인게임 강국으로 자리 잡게 된 것은 스토리텔링 때문이라고 강조한다.

한국의 대표적인 온라인 게임인 엔씨소프트사의 '리니지'는 사용자가 1천 시간 이상 지속되는 갈등상황을 스스로 창조하고 주인공으로 하여금 거기에 참여함으로써 사회정의와 인간적인 자유의 가치를 깨달아 간다는 특이한 스토리텔링 방식을 제시함으로써 단순한 스토리텔링을 넘어 새로운 패러다임의 서사방식을 만들어내는 데 성공하였다.

게임 산업에서 스토리텔링은 게임의 개발단계 중 시나리오 전 단계, 즉 주제와 소재, 캐릭터, 배경, 사건을 가지고 이야기를 구성하여 서사화하는 단계로 보고 있다. 이러한 게임의 스토리텔링은 스토리 창작의 개념과 유사하지만, 이야기 구성단계에서 스토리를 이어가는 주인공이 작가의 손을 떠나 있다는 것이 다르다. 즉, 게임의 주인공은 게임을 직접 하는 수요자를 염두에 두고 상호작용적인 기획을 해야 한다. 게임의 이러한 측면은 '인터랙티브 스토리텔링(상호작용의 이야기)'을 가능하게 하는 특수성을 가지고 있다.

게임학의 세계적인 석학인 에스펜 아세스는 한국의 '리니지'는 게임의 미래일 뿐만 아니라 미래의 인간 커뮤니케이션 형식을 만들어낼 거대한 사회적 실험이라고 극찬하였다. 그리고 이인화는 "국내 온라인게임의 스토리 구조는 미국이나 일본이 개발한 게임스토리에 비해 발전된 형태"이며, "게다가 리니지 같은 온라인게임을 수백만 명이 돈을 내고 즐길 수 있는 환경을 갖춘 곳은 우리나라뿐"이라고 하였다.

미국에 본사를 둔 블리자드가 만든 '월드 오브 워크래프트(WOW. 와우)'는 세계 최고의 온라인게임으로 꼽힌다. 이 게임의 개발을 총괄하고 있는 앨런 블랙 블리자드 수석개발자는 팬 사이트 회원과의 미팅을 위해 2007년에 방한하여 훌륭한 게임 개발자가 되기 위해서는 어떻게 해야 하는가를 다음과 같이 밝혔다. 귀담아 들어야 할 경구이다.

『컴퓨터 공학, 음악, 미술, 수학 등 다방면의 실력을 갖추어야 한다. 최근에 게임이 영화 못지않은 종합예술이 되면서 음향, 그래픽, 스토리에 대한 이해가 없으면 좋은 게임을 만들기가 어렵다. 나도 훌륭한 개발자가 되기 위해서 여가시간에 책도 많이 읽고 캐릭터들의 몸동작을 이해하기 위해 격투기 연습도 한다.』

3) 스토리텔링과 문화콘텐츠의 실제

(1) 한국신화 원형의 개발

- 과제명 : 한국신화 원형의 개발
- 제작 기관 : 동아시아테크(주)
- 사이트주소 : http://myth.culturecontent.com

① 한국신화 원형의 개발 프로젝트

'한국신화 원형의 개발' 프로젝트는 문화관광부 산하 한국문화콘텐츠진흥원의 '문화원형 디지털콘텐츠화 사업'의 일환으로 2002년 2월 공모하여 4월 최종 선정됐다. 1년 동안 진행된 본 프로젝트는 국내의 고유한 전통문화 소재 중에서 게임, 애니메이션, 방송, 영화 등 콘텐츠 산업계에 시나리오, 비주얼 자료 등의 창작소재를 제공하기 위해 마련한 프로젝트로 단순한 자료 정리가 아니라 고서, 유물 등의 역사, 고고, 미술사적 자료를 근간으로 전문가의 고증을 거쳤으며, 특히 캐릭터의 이미지 및 복식 등은 3D, 하이퍼텍스트 기술 등을 이용해 디지털로 복원, 보존하였다.

현재까지 한국신화와 관련된 문헌자료는 《삼국유사(三國遺事)》, 《제왕운기(帝王韻紀)》 등 극히 제한된 고서 아니면 광개토대왕 비문 등의 금석문, 《후한서(後漢書)》, 《논형(論衡)》 등 중국의 고서 등에 산발적으로 존재하고 있다. 그나마 《삼국유사》와 《제왕운기》의 경우는 성립연대가 13세기 이후이어서 신화자료의 일반적인 기록연대와는 상당한 거리가 있는 것이 사실이다. 이러한 기존의 문헌자료에만 국한해서 한국신화를 규정한다면 한국신화의 분량은 더없이 적어질 수밖에 없다. 따라서 신화는 근대 이후의 영토개념에 의해 그 영역이 정해질 대상이 아님을 숙지해야 한다.

최근의 중국 고고학계 및 신화학계에서는 오랜 통설이었던 황하중심론이 깨지고 다원문명론에 의해 상고의 중국 대륙이 한족만의 문화가 아니라 여러 민족들의 문화가 함께 경합하던 무대였으며, 신화도 단일한 계통이 아니고 각 민족에 따라 다양한 계통이 존재하고 있었음을 인정하는 것이 강한 추세다.

아울러 역사, 고고학적 견지에서 우리 민족의 활동 무대가 상고시대에는 중국의 동북방 지역이었으며, 이들 지역과 상당한 문화적 친연성이 있다는 것이 정설인 만큼 우리가 한국신화의 자료를 훨씬 후대의 국내 문헌에만 한정하는 것은 스스로의 문화 원천을 축소시키는 행위가 된다.

오늘날 고대 문헌으로 전해지는 중국의 다양한 신화 중에는《삼국유사》등 한국의 문헌에 담긴 신화 원형(proto-type)에 해당하는 내용뿐만 아니라, 우리의 문헌이 미처 담지 못한 실전(失傳)된 이야기도 포함되어 있다. 따라서 진정한 한국문화 원형을 확보하기 위해 우리는 빈약한 국내 문헌자료에 구애받지 말고, 자료 분석의 시야를 중국의 다양한 신화자료에까지 확대할 필요가 있다. 이러한 작업은 단순히 기존의 국내 신화자료를 정리하는 차원을 넘어선다. 즉, 한국신화의 자료 영역을 넓혀 잊혀진 신화를 보완하고, 한국신화의 원형을 탐색하여 우리의 정신적 뿌리를 탐색하는 의미심장한 일이 될 것이다.

'한국신화 원형의 개발' 프로젝트는 상술한 새로운 동아시아 문화사관에 입각하여 한국신화의 자료 영역을 확대하고, 그 원류를 추적함으로써 우리의 지역적, 역사적 특수성을 확보함과 동시에 동아시아적 보편성도 고려한 견지에서 민족의 신화적 상상력을 재구성하는 데에 주안점을 두었다. 이 프로젝트를 통해 한국신화 나아가 한국문화의 진정한 원형을 발굴하고, 체계화함으로써 민족적 상상력의 범주를 극대화하고, 이를 다시 현대적 감각에 맞게 생동적으로 재현함으로써 가장 한국적인 특성을 지니면서도 세계적인 보편성을 지향한 콘텐츠를 제작하고자 하였다.

② 한국신화 원형의 개발 과정

㉠ 한국신화 원형의 발굴

한국신화 원형은 맹목적인 애국심과 심정적인 추론에 의해 얻어질 것이 아니고, 그것을 발굴해내는 방법이 정확하지 못하면 소기의 성과를 이루어 내지 못할 것이다. 바로 이 점에서 이 프로젝트는 일부 재야 사학자들이《산해경》에 대해 지녔던 비학문적인 인식, 그로 인한 근거 없는 가설과는 본질을 달리한다.

그러나 이 프로젝트는 비록 문헌 고증을 기초 작업으로 삼고 있지만, 역사학에서의 실증적인 접근만으로는 도달하기 어려운 부분이 있다. 왜냐하면 신화 혹은 문화적인 사안의 입증은 궁극적으로 감수성과 상상력의 문제이기 때문이다.

예컨대 한국은 《산해경》 '군자국'에서 표현된 동방예의지국과 무궁화의 나라라는 이미지를 실증적으로 역사적으로 규명할 수는 없다. 그러나 한국인들의 상상세계에는 그것들을 한국문화의 표상으로서의 이미지로 긍정하고 있는 것이 현실이다. 따라서 한국신화 원형에 대한 실증적인 차원에서의 접근은 기본적으로 필요하지만, 신화론 내지 문화론적인 차원에서 보다 폭넓은 객관성을 확보하는 일이 중요하다. 이와 같은 입장을 염두에 두고 이 프로젝트에서는 다음과 같은 과정을 통해 《산해경》에 잠재된 한국신화 원형을 발굴하고자 하였다.

첫째, 《산해경》의 관련 문구를 정확히 해석하고, 역대의 주석을 정리하였다.

둘째, 관련 문구에 대한 방계 자료를 섭렵하여 해석의 다양성을 추구하였다.

셋째, 관련 문구를 한국신화 혹은 고대 한국문화의 맥락 속에서 검토하여 상호 인증의 가능성을 탐색하였다.

넷째, 관련 문구에 대한 기존 학자들의 업적을 참조하여 학문성과 객관성을 확보하도록 하였다.

상술한 작업을 수행하기 위해 《산해경》 뿐만 아니라 《산해경》과 동시대 혹은 후대의 중국의 신화, 종교, 민속 관련 고서를 비롯하여 벽화, 암각화, 비단 그림 등 각종 이미지 자료들을 활용하였다. 아울러 한국의 신화 및 구비전설 자료, 고구려 고분벽화, 암각화 등의 이미지 자료들은 물론 한국과 중국의 신화, 종교, 역사, 고고미술사, 민속학 관계 연구저서와 논문 등 학문적 업적들도 충분히 망라하여 활용하였다.

ⓛ 한국신화 원형의 재현

한국신화의 원형 찾기는 학문적인 고증과 광범위한 자료 분석, 치밀한 추론의 과정을 거쳐 발굴해내는 작업 자체도 지난하였지만, 다시 이를 산업화가 가능하도록 콘텐츠 소재로서 재현해내는 2차 작업이 간단하지가 않았다. 일단 한국신화의 단편화된 원형 자료들을 추출해내는 데에 성공한다 하더라도 그것을 체계 있게 재구성해내지 못한다면 한국신화 원형 개발 프로젝트는 절반의 성공에 그치고 말 것이다.

단편적인 한국신화 원형 자료들은 다음과 같은 2가지 단계를 거쳐 재현할 필요가 있다.

첫째, 단편적인 자료들은 고대 한국문화라는 내적 논리성에 의해 하나의 완전한 스토리로 연결, 구성되어야 한다. 단편적인 원형 그 자체만으로는 신화 이야기로서의 줄거리와 의미를 지니지 못하기 때문이다. 이 단계를 확장하여 한국신화 원형자료들은 거칠지만 하나의 이야기 형태를 갖출 수 있게 되었다.

둘째, 첫째 단계에서 재구성한 신화 스토리는 다시 문화적인 세련화 과정을 거쳐 감동적이고 흥미진진한 서사물의 형태로 거듭나야 한다. 이 단계에서 필요한 것은 상상력에 의한 허구화 작업이다. 신화는 논문이 아니라 이야기이므로 어느 정도의 허구화가 불가피하다. 오늘날 전해지고 있는 그리스·로마신화도 원형은 아니다. 그것은 호머를 비롯하여 소포클레스와 같은 탁월한 신화 작가들에 의해 문학적으로 각색된 이야기인 것이다. 이 단계를 거쳐야 한국신화 원형은 비로소 산업화의 가능성을 발견하게 될 것이다.

이러한 두 단계는 학문성과 예술성이라는 양자를 겸비한 고급 인력만이 성공적으로 수행할 수 있을 것이다. 왜냐하면 학문적 안목 없이 창작적 재능에만 의존하면 스토리의 사실성이 떨어지고, 예술적 감각 없이 학문적 능력만 발휘하면, 스토리의 문학성이 결여되기 때문이다. 한국신화 원형 개발팀은 양쪽의 능력을 겸비한 신화문학 전공자들을 활용하여, 어려운 고증을 거쳐 발굴한 신화 원형자료의 체계화, 예술화에 만전을 기하였다.

③ 한국신화 원형의 구성

㉠ 가이드 – 한국신화 원형의 개발 프로젝트란?
– 한국신화 원형의 광맥 : 산해경
– 개발과정 소개 – 한국신화원형, 어떻게 발굴했나?
– 한국신화원형, 어떻게 재현했는가?
– 한국신화 참고자료

㉡ 신의 계보 – 신보도(神譜圖)란?
– 동양신의 신보도 – 동이계
– 화하계
– 독립계

㉢ 신화지도

㉣ 시나리오 – 한국신화 원형 – "탁록대전"편 – 기획의도
– 줄거리(요약본)
– 전문보기
– 캐릭터별 시나리오 – 군자국
– 염제
– 황제

─ 치우
─ 형천
─ 과보
─ 풍백, 우사, 운사
─ 발
─ 하백
─ 이매, 망량
─ 샘플시나리오 ─ 나의 태양
─ 세발 까마귀
─ 황금 방울
─ 몬스터 헌터
─ 도깨비 왕
ⓜ 캐릭터 ─ 신화시대 복식은?
─ 시나리오별 캐릭터 ─ 군자국
─ 염제
─ 황제
─ 치우
─ 형천
─ 과보
─ 풍백, 우사, 운사
─ 발
─ 하백
─ 이매, 망량
─ 산해경 캐릭터 ─ 산해경 소개
─ 북산경
─ 남산경
─ 서산경

—동산경

—중산경

—해경

ⓑ SITEMAP

(2) 신화의 섬, 디지털 제주 21

- 과 제 명 : 신화의 섬, 디지털 제주 21—제주도 신화 전설을 소재로 한 디지털 콘텐츠 개발
- 제작기관 : 서울시스템(주)
- 주소 : http://jeju.culturecontent.com

① 디지털 제주 21의 개요

'신화의 섬, 디지털 제주21'은 한국문화콘텐츠진흥원과 서울시스템이 문화콘텐츠창작자의 창작 의욕을 불러일으키기 위하여 제주도의 300여 종이 넘는 신화와 전설을 소재로 하여 개발한 다양한 형태의 디지털 콘텐츠를 제공하고 있다.

2002년 5월부터 2003년 4월까지 1년 동안 '우리 문화원형의 콘텐츠화 사업'의 일환으로 개발한 것이며, 이 콘텐츠들은 제주대학교 탐라문화연구소의 《제주설화집성》, 《탐라문화》, 《탐라문화총서》를 비롯한 각종 문헌자료와 자체 제작한 사진 및 비디오자료, 한라일보사가 소유하고 있는 제주지역 문화행사 및 역사현장의 사진자료, 그리고 이미 발매된 각종 역사 CD-ROM에 수록된 관련기사 및 DB 등을 원형 자료로 하여 현지의 제주설화 전문가들과 기타 다양한 분야의 전문가들이 콘텐츠 개발에 직접 참여 또는 감수를 맡아 진행, 개발한 결과물이다.

이 사이트는 회원가입을 전제로 하여 서비스를 제공하고 있으며, 제주의 신화, 전설, 역사 등의 텍스트 자료와 이미지, 동영상, 음향 등

의 멀티미디어 자료뿐만 아니라, 2D/3D/Flash 애니메이션 등 재미있는 시작품을 볼 수 있다.

② 디지털 제주 21 개발 과정

㉠ 디지털 제주 21이란?

㉡ 컨텐츠 이용 안내

㉢ 신화 · 전설 유형별 DB ─ 기원
─ 탄생
─ 금기
─ 변신
─ 주물(呪物)
─ 이계
─ 초인
─ 재기
─ 재능
─ 지략
─ 행운(우연)
─ 예언
─ 부자 되기
─ 인륜
─ 보답
─ 퇴치
─ 종교
─ 결혼
─ 외부 도움
─ 말과 글
─ 역사기사

㉣ 상세 검색 – 이야기 제목
– 이미지
– 동영상
– 소리
– 본문

㉤ 시작품 보기 – 애니메이션 – 3D애니메이션 : 제주의 탄생, 세상의 창조
– 2D애니메이션 : 설문대할망과 오백장수
– 웹 콘텐츠
– 캐릭터
– 모바일
– 게임
– 테마 관광

㉥ 갤러리 제주

(3) 〈바리공주〉의 하이퍼텍스트 및 샘플링

- 과제명 : 서사무가 바리공주의 하이퍼텍스트 만들기 및 그 샘플링 개발
- 제작기관 : 한국예술종합학교
- 사이트 주소 : http://bahrie.culturecontent.com

① 〈바리공주〉의 개요

〈바리공주〉 프로젝트는 문화콘텐츠진흥원이 문화관광부 소속기관 및 산하단체를 대상으로 한 '2002년도 제 3차 우리문화원형의 디지털 콘텐츠화 사업'의 시나리오 창작소재 분야에 선정된 사업이다.

한국예술종합학교가 주관기관으로서 TG인포넷이 개발사업자로 선정되었으며, 8개월 동안 연인원 100여 명이 넘는 작가들이 회의와

수정을 거듭하여 완성하였다. 무당들이 구송한 서사무가 〈바리공주〉의 채록본을 디지털화하는 데 그치지 않고 현대적 감각으로 세련시킴과 동시에 서사적 완성도를 높여서 고품격의 예술성을 부여하고자 하였다.

② 바리공주 개발 과정

㉠ 서사적 개연성 강화

〈바리공주〉는 한국적인 원형성뿐만 아니라, 인류학적 보편성이라고 말할 수 있는 내용을 담고 있다. 우선 60여 개가 넘는 〈바리공주〉의 채록본을 디지털화하였다. 그러나 서사무가가 안고 있는 약점을 해결해야 했다. 곧 주인공의 성격이나 심리가 납득할 수 있는 동기화가 되어있지 않다면, 사건들 사이의 개연성이 없다면, 성격의 내면적 깊이가 없는 까닭에 주인공의 행동을 명료하게 이해할 수 없다.

이 프로젝트에서는 이러한 점을 보완하고 강화하였다. 작가들의 상상력으로 채록본의 이야기가 품고 있는 빈틈을 메웠다.

㉡ 주요 플롯 포인트들의 콘텐츠 적층성에 의한 하이퍼텍스트

하이퍼텍스트(hypertext) 문학의 서사전략이 '개연성이 없는 이야기가 겹치면서 생기는 울림'과 '선택에 의한 서사의 재배열'인데 반해서 〈바리공주〉 프로젝트는 서사적 개연성을 지닌, 비순차적인 내용검색이 가능한 하이퍼텍스트 만들기를 시도하였다.

아무리 참신한 소재라도 개연성이 없다면 배제하였으며, 개연성이 있는 하나의 이야기를 완성한 다음, 중요한 분기점마다 서로 다른 이야기들을 추가하였다. 그래서 사용자가 임의로 이야기 단락을 선택하여도 무수히 다양하고도 개연성 있는 이야기가 생성될 수 있도록 하였다.

ⓒ 바리공주 프로젝트의 활용도

〈바리공주〉 프로젝트는 일회적인 소모성 사업이 아니다. 하이퍼텍스트화된 〈바리공주〉는 사용자인 콘텐츠사업자의 서로 다른 선택에 의해 다양한 스토리가 만들어진다. 애니메이션, 만화, 특히 게임콘텐츠, 극영화, 나아가 뮤지컬 등 문화산업부문에 있어서 다양한 소재화를 통한 산업적 활용도를 갖게 된다.

③ 〈바리공주〉 구성

㉠ 읽기방 – 프로젝트 소개
　　　– 서사무가 바리공주
　　　– 표준 스토리

㉡ 쓰기방

㉢ 글창고

㉣도서관 – 채록본 – 기타
　　　　　– 서울
　　　　　– 경기도
　　　　　– 강원도
　　　　　– 경상남도
　　　　　– 경상북도
　　　　　– 충청남도
　　　　　– 충청북도
　　　　　– 전라남도
　　　　　– 전라북도
　　　　　– 제주도
　　　　　– 북한
　　– 인물 – 기타인물
　　　　　– 주요인물

—사건
—배경
—Writing Guide
—Brain Storming

ⓜ 도움말
ⓗ FAQ
ⓢ 게시판
ⓞ 공지사항

(4) 신화 관련 문화콘텐츠의 예

① 올림포스 가디언

- 장 르 : SF환타지 & 액션 & 역사
- 주 제 : 애니메이션으로 보고 배우는 고대 그리스 로마 신화.
- 제작방식 : 2D Digital Animation + 3D Effect 합성
- 대상 : 초등학생 및 부모(가족)
- 제작년도 : 2003
- 제작사 : (주)SBS프로덕션
- 제작의도 : 그리스 · 로마신화는 예술작품과 유적, 철학 등 서양 문화의 근간을 이루고 있는 신화로서 아이들에게 세상을 폭넓게 이해하는 시각을 길러주고 상상력을 북돋아 주는 좋은 재료이다. '올림포스 가디언'은 신화의 환상을 더하면서도 인지도가 높고 친근한 올림포스신 가운데에서 주인공을 찾아서 잘 알려진 신화를 따라간다.

다양한 환타지적인 시각적인 요소와 세계관을 도입하여 아동들의 상상력의 영역을 확대시키고 애니메이션의 장점인 화려한 액션을 살려 눈앞에서 펼쳐지는 듯한 신들의 이야기를 최대한 드라마틱하게 전달하면서, 아울러 아이들의 눈높이에 맞는 개성 있는 코믹 요소들

을 넣어 이야기를 풍성하게 만들었다.

② 오늘이

㉠ 대의(大義, synopsis)

계절의 향기와 바람이 시작되는 곳을 사람들은 '원천강'이라고 불렀다. 원천강에는 오늘이라는 여자 아이가 살고 있었는데 아무도 그 아이가 어디서 태어났는지 알지 못했다. 오늘이를 돌보는 학과 보라색 여의주와 함께 평화롭게 살던 어느 날 여의주를 탐내던 뱃사공들에게 오늘이가 납치를 당하게 되면서 오늘이의 긴 여행이 시작된다.

㉡ 개요

한국문화콘텐츠진흥원 '2002년도 제1차 디지털영상콘텐츠 제작기술개발사업' 애니메이션 부문 선정작인 '한국구전신화 삼인삼색' 중 한 작품인 〈오늘이〉는 제주도 구전신화인 〈원천강본풀이〉를 현대적으로 재해석한 작품이다.

한국 민화의 느낌을 최대한 살린 배경과 개성 있는 이야기 전개는 이 작품의 취지이기도 한 '한국신화의 세계화'의 가능성을 보여준다. 〈오늘이〉는 디지털애니메이션의 선입견을 깨뜨리는 서정적이며 거침없는 애니메이션이다.

③ 드래곤 캐릭터

우리가 흔히 생각하는 용의 이미지의 기원은 고대 중국이다. 영웅이나 위인 등 훌륭한 인물들에게 비유되었다. 천자에게는 용안, 용덕, 용상, 용포, 등용의 이름을 붙였다. 동아시아에서는 이처럼 용을 신격화하고, 숭배하여 많은 신화와 전설을 만들었고, 이런 것들이 전세계 여러 곳으로 전파되었다.

서양의 용의 기원은 동양으로부터 도입되었다고 한다. 하지만 용에 관한 많은 서적들이 유입되면서 많이 의미가 달라졌고, 결국 중국에서 기원한 용의 모습이 아니라 뱀의 모습에 커다란 발톱을 갖고 날개가 달려있으며 화염을 내뿜는 괴물의 모습으로 와전되었다. 거기다가 그리스도교를 통해 유대로 전파되면서 용은 암흑세계에서 살고 있는 죽음과 죄악의 괴물로 치부하고, 그런 용을 그리스도교의 성자가 퇴치한다는 식의 신화를 만들어냈다.

이렇듯 서양의 용은 의미와 모양이 본래에서 많이 벗어났다. 그러나 공통적으로 현대 사회에서는 호기심의 대상이며, 판타지영화, 애니메이션, 소설 등에 자주 등장하고 있다.

④ 실크로드 온라인게임

실크로드 온라인은 삼각 갈등 구도와 캐릭터 프리 성장 시스템을 차용한 3차원 판타지 액션 MMORPG 게임이다. 온라인 RPG게임으로서, 실크로드 온라인은 역사적인 사실의 기록과 다큐멘터리를 비롯하여 전설과 유령 이야기, 신화와 이야기 등 허구적인 요소들을 혼합한 동양적인 시각을 가지고 있다.

이슬람 사람들에게는 아라비안나이트, 유럽 사람들에게는 그리스, 로마, 북유럽 신화가 있듯이 중국과 이슬람, 유럽 문화가 어우러져 7세기 실크로드를 만들었다. 중국의 통일 후, 당나라는 그 영향력을 사방으로 뻗쳐 서양과 무역을 하기 시작한다. 무역량이 증가함에 따라 모든 종류의 국내 물품들, 이국적인 물품들이 시장에 모이기 시작했다. 이 시장은 점점 커져 하나의 국제도시를 형성했다.

상인들이 여행한 실크로드의 이야기는 모든 도시에 퍼져나갔고 모험을 즐기거나 성공하고 싶어 하는 사람들에게 매우 매력적인 이야기가 되었다. 이제 당신은 많은 돈을 버는 꿈을 꾸면서 길고 위험하지만 매혹적인 실크로드를 여행하기 시작한다.

(5) 죽령산신 〈다자구할머니〉 이야기의 스토리텔링 사례

① 〈다자구할머니〉 신화의 콘텐츠화

㉠ 〈다자구할머니〉

〈다자구할머니〉는 충청북도 단양군 대강면 용부원 3리를 중심으로 전승되는 신화이다. 신화의 주인공인 다자구할머니는 죽령에 있는 다자구산신당의 당신(堂神)으로 좌정하고 있으며 해마다 지내는 산신제에서 제사를 받는다.

구비전승하는 〈다자구할머니〉를 보자.

> 옛날에는 대강면에서 경상남도로 넘어가는 죽령고개 일대에서 도둑떼들이 행인을 괴롭혔다. 점점 도둑떼들의 행패가 심해지자 관가에서는 도둑들을 잡아 없애기로 하고 관군을 풀었으나 워낙 지세가 험한데다 도둑들의 몸놀림이 날래어서 여간 어렵지 않았다. 그런데 이 도둑들에게 가산을 빼앗긴 한 할머니가 찾아가 도둑잡기를 서로 약속하고 산으로 올라갔다. 관군이 근방에 몰래 숨어 있다가 "다자구야" 소리가 들리면 도둑들이 모두 자고 있는 것이니 소리 나는 쪽으로 오라는 것이고, "들자구야" 소리는 도둑들이 아직 덜 자고 있으니 오지 말라는 약속을 한 것이다. 할머니는 "다자구야 들자구야" 가락을 붙여 소리 지르며 고개를 오르락내리락하며 도둑과 만나기를 기다렸다. 수상히 여긴 도둑들이 할머니를 잡아 소리 지르며 다니는 까닭을 물었다. 할머니는 "다자구야", "들자구야"는 아들들의 이름인데 며칠 전에 나무를 하러 갔다가 아직 돌아오지 않아 찾으러 나왔다고 했다. 그러면서 두 아들이 없으면 자기는 오갈 데가 없다고 했다. 도둑들은 할머니를 데리고 가서 자기들의 밥 짓는 일을 시켰다. 할머니는 관군을 불러 도둑 잡을 좋은 기회만 엿보았으나 여간해 그런 기회가 없어 밤마다 "들자구야 들자구야"를 노래처럼 불러대기만 했다. 그러다가 두목의 생일이 돌아와

도둑들은 대낮부터 실컷 술을 마시고 한밤이 되면서 모두 잠에 골아 떨어졌다. 할머니는 그때를 놓치지 않고 "다자구야 다자구야" 소리를 질렀다. 마침내 도둑들은 모두 잡혔지만 할머니는 어디로 갔는지 자취를 감추었다. [제보자 : 김성락, 남 · 84세, 대강면 용부원 3리]

다자구할머니는 '죽령산신제'에서 모셔지는 산신(山神)이면서 여신(女神)이다. 제의의 대상이 된 할머니는 소백산의 지리를 잘 아는 노파였다. 그녀는 뛰어난 지혜로 죽령을 넘는 사람들을 괴롭히는 도적을 물리치고 마을과 나라를 평안하게 해준 공으로 죽령의 산신이 되었다고 한다. 할머니는 신화를 통해 인간에게 신으로 새롭게 창조된 인물이고 그 과정에서 지역민들에 의해 새로운 이름인 '다자구'를 가지게 된 것이다.

신격화된 할머니는 지역민들에 있어서 많은 의미와 기능을 지닌다. 먼저 국가 수호의 기능, 재난극복의 방편, 길흉을 결정해주는 기능, 치료의 기능, 지역민들의 의식과 정서를 통제하는 기능을 갖고 있다. 용부원리 지역민들은 효과적인 생존을 위해 초월적인 할머니의 힘을 필요로 하거나 할머니를 숭상하고, 할머니에 의해 통제를 받는다. 그래서 신앙화 되어 제의로 나타나게 된 것이다. 따라서 할머니를 믿고 있는 용부원리 지역민들에게 다자구할머니는 개인이나 마을은 물론 나라를 지켜준다고 하는 지킴이로서 잠재의식 속에 살아 있는 존재이다.

㉡ 다자구할머니의 지역적 의미와 대중적 확대

〈다자구할머니〉 신화는 현재 용부원리를 중심으로 전승되고 있으며, 국행제를 통한 신앙과 결부되어 있다. 예전에는 국행제로 거행되다가 근래에 와서 해마다 반복되는 동제에서 모시는 것으로 민중의 가슴과 생활 속에 '다자구할머니'는 단순히 기억되는 것이 아니라 지금껏 살아있는 것이다.

용부원 3리 입구에는 마을자랑비가 세워져 있다. 비석에는 다자구할머니의 공헌과 넋을 기리는 내용이 삽입되어 있다. 죽령 산신당에 모셔진 '다자구할머니'를 이 마을 사람들이 얼마나 자랑스럽게 여기는가를 말해 주는 것이다. 죽령국행제는 수호신의 가호를 믿으면서 공동의 축제로 지역민의 단결력을 형성하고 있는 지역의 중요한 연중행사이다. 아무리 현대인의 생활 관념이 달라지고 따라서 산신에 대해 회의적 반응을 보인다고는 하지만 그 이면에서 토착신앙의 잔존은 끊임없이 전승될 것이다.

신격화된 '다자구할머니'는 지역민들에 있어서 많은 의미를 지니고 기능한다. 먼저 국가 수호의 기능을 한다. 죽령의 산신이 특징 지역, 즉 죽령 일대의 안위를 담당하는 수호신으로서 그 종교적 상징성을 뚜렷이 부여받고 있다. 더욱이 좌정지가 군사적 요충지라는 점에서 수호신으로서의 역할은 증대될 수밖에 없었고, 따라서 더욱 숭앙받을 수 있었다.

또한 용부원리 지역민들은 '다자구할머니'를 재난을 극복할 수 있는 방편으로 여기고 있다. 곧 자신들이 지니고 있는 문제를 해결해 주리라 믿는다. 다자구 설화의 제보자들은 다자구 관련 이야기들이 '실제로 있었던 일'이라고 믿고 있다. 산불과 같은 재앙을 맞이하였을 때도 철저하게 '다자구할머니'에게 의지하여 위기상황을 극복하고자 노력하였다. 이 외에도 질병을 치유하는 기능, 지역민들의 의식과 정서를 통제하는 기능 등을 지닌다.

앞서 '다자구할머니'가 지역민들에게 어떠한 의미를 가지고 있는가를 살펴보았다. 그렇다면 전승지역에만 국한되어 있는 '다자구할머니'의 이미지를 어떻게 하면 보다 많은 대중들에게 확대할 수 있는가? 이 물음에 대한 열쇠가 다자구 캐릭터의 성공과 직결되어 있다고 할 수 있다.

우선 '다자구할머니'가 여성신으로서 국행제에 모셔졌던 인물임에 주목할 필요가 있다. 국행제를 지냈다는 것은 '다자구할머니 이야기'가 신화로서 대중들에게 보다 더 쉽게 이해될 수 있다는 것을 의미한다. 또한 이야기의 배경을 특정지역에만 국한하는 것이 아니라 전국적인 배경으로 확대해도 무리가 없으며, 전국의 수많은 설화와 연결시킬 수 있는 가능성을 가지고 있다.

ⓒ 〈다자구할머니〉의 콘텐츠화 필요성

새 천년의 선도산업(leading industry)으로서의 문화산업은 문화자산의 재해석과 독창적인 아이디어를 통해 높은 부가가치를 창출하는 두뇌집약적 산업으로 최근 각국이 치열한 경쟁을 벌이고 있는 분야이다. 특히 천연자원 등 각종 부존자원이 부족한 한국의 경우 가장 적합한 산업이다.

애니메이션은 선으로 이루어진 2차원적인 만화에 동작을 첨가한 만화영화와 전자오락 게임 등을 포함한다. 그리고 연관 산업은 캐릭터(character)산업과 팬시(fancy)산업, 테마 파크산업, 광고(advertisement), 홍보(public relation), 선전(propaganda), 교육 관련 산업 등으로 구성된다.

그런데 한국의 애니메이션은 기술적인 측면에서는 세계수준이지만 흥행만을 놓고 보았을 때는 터무니없이 부족한 실력이다. 우리는 여기서 왜? 그럴 수밖에 없었던 것인가라는 의문을 가져야 한다. 그것은 기술에만 치우쳐 시각적인 부분만 강조하고 있기 때문이다. 물론 애니메이션의 시각적 요소는 게을리 할 수 없는 중요한 부분이다.

그러나 내용이 그 기술을 받쳐주지 못한다면 아무런 의미가 없다. 캐릭터의 화려한 액션 묘사, 회화적 분위기만 강조된 애니메이션 작품이 바로 그러한 예로 작품을 본 후에도 깊은 감동이 남지 않는다. 따라서 그러한 문제점을 인식하고 내용적인 면에서 훌륭한 애니메이션을 제작하기 위해서는 법고창신의 정신이 요구되는 것이다. 이로 인해 문화 원형에 대한 보다 깊이 있는 연구와 분석이 선행되어야 한다.

고전문학작품이나 설화는 애니메이션으로 만들 수 있는 충분한 가능성을 가지고 있다. 이웃 일본이 대표적인 예이다. 일본은 애니메이션의 천국이라고 일컬을 정도로 설화를 기초로 한 애니메이션이 대중적인 인기를 끌고 있다.

여기서는 한국에 전승되고 있는 수많은 설화들 중에 애니메이션산업과 지역문화 발전과의 연계성을 염두에 두고 〈다자구할머니〉를 애니메이션으로 만드는 방안을 제시한다.

② 〈다자구할머니〉의 문화콘텐츠화 방안

앞에서 〈다자구할머니〉에 대한 역사성과 신비성에 대해서 이야기했다. 그렇다면 다자구할머니 이야기를 어떻게 문화콘텐츠화 할 것인가?

〈다자구할머니〉는 일정한 서사구조를 지닌 하나의 이야기이다. 이 이야기에서 우리는 '다자구할머니'의 지혜를 엿볼 수 있고, 도둑들처럼 죄를 지으면 잡혀간다는 교훈적인 측면도 찾을 수 있다. 그러나 지혜와 교훈만을 강조하는 일방적인 전개는 곤란하다. 정권의 교체와 함께 학교교육 또한 개정되었고, 무엇보다 중시되는 요소가 창의성이다. 따라서 지혜와 교훈의 반대 편, 곧 속임수와 당시 시대상을 반영한 내용도 추가되어야 한다.

다시 말해서 할머니가 도둑을 속인 것이 지혜로 볼 수도 있지만 다른 시각으로 보면 남을 속인 것이다. 또한 도둑이라고 했으나 그들이 폭정을 피해 산으로 숨어들은 불쌍한 민중들이었고, 부패한 관리나 부자들의 재산을 빼앗았을 수도 있다는 가정도 가능하다. 그러므로 단순히 지혜와 교훈만을 전달하는 구성이 되지 말아야 할 것이다.

〈다자구할머니〉와 관련된 일련의 설화에는 구체적인 증거물 곧

'다자구산신당'이 있다. 이것은 〈다자구할머니〉를 바탕으로 애니메이션으로 개발하거나 다른 콘텐츠로 개발했을 때 동기를 부여해 준다. 이것은 굉장히 중요한 문제이다. 이것은 곧 작품의 테마가 되기 때문이다.

㉠ 〈다자구할머니〉 애니메이션

애니메이션을 제작할 때 가장 중요한 것이 테마이다. 테마가 부족한 애니메이션은 사람들에게 깊은 감동을 줄 수 없다. 테마는 그 작품의 영혼으로 작품을 통해서만 느낄 수 있는 것이다.

얼마 전까지만 해도 한국에는 전문적인 애니메이션 시나리오 작가가 없다는 말이 있었다. 지금은 조금 나아졌지만 이것은 캐릭터만 멋있으면 된다는 캐릭터 지상주의와 박력 있는 액션만 보여주면 된다는 안이한 생각들이 판을 치고 있기 때문이다. 그 결과, 사건만 보여주고 끝나는 작품이 많아지고 말았다. 이러한 것들은 그 장면만이 강조되고 있을 뿐 작품으로서의 가치를 잃고 있다.

애니메이션 장르는 장르를 명확히 하지 않으면 이것도 저것도 아닌 작품이 된다. 개그, 판타지, 다큐멘터리, SF 등과 같은 장르를 정해야 된다. 〈다자구할머니〉는 역사성과 신비성이 뛰어나기 때문에 애니메이션으로 만들 때 하나의 장르로만 만들 수 있지는 않다. 각각의 장르를 모두 소화해 낼 수 있는 가능성이 충분하다. 여기서는 구체적인 방안을 제시한다는 전제하에 SF를 택하여 다자구의 제재와 스토리에 대해서 이야기하겠다.

테마를 설정하고 난 다음에 제재를 선정해야 한다. 애니메이션 작품의 제재는 장르에 따라서 선택하는 것이 효과적이다. 개그 작품에 사실적인 인간을 등장시키거나 사실적인 배경을 설정하는 것은 재미가 없다. 반대로 진지한 애니메이션 작품에 코믹한 캐릭터나 변형된 배경 설정은 이질적인 분위기를 만들게 된다. 어느 쪽이든 애니메이션 작품 나름대로의 일관된 창의성이 필요하다.

애니메이션 작품의 제재는 캐릭터에서 탄생되는 경우가 많다. 애니메이션 세계에서 캐릭터 디자이너의 위치가 중요한 것도 캐릭터의 매력에 의해 기획이 결정되는 경우가 많기 때문이다. 하나의 제재가 드라마로서의 아이디어가 충분한지 따져보고 대립, 의외성, 갈등이 될 만한 아이디어를 보충해야 한다.

〈다자구할머니〉는 '다자구할머니'가 나타나 도적떼를 물리친다는 단순한 내용으로 인식할 수도 있다. 실제로 다자구 관련 설화들 대부분에서 극도의 긴장감이라든가 비극성은 잘 드러나 있지 않다. 하지만 우리는 다자구가 가진 뛰어난 신성성을 부각시키고 다자구 애니메이션 스토리에 극도의 긴장감과 비극성을 집어넣을 수 있다. 이로 인해 스토리가 더 생동감 있고 관객들에게 감동을 줄 수 있게 된다.

〈다자구할머니〉는 다른 지역에서 전승되는 설화와 연결시켜 보다 흥미 있는 애니메이션으로 제작할 수 있다. 이 방안은 이야기의 원형을 훼손할 수 있다는 위험부담을 안고 있는 것이 사실이다. 하지만 달리 생각하면 문화원형의 다각적인 응용이라는 측면에서 긍정적인 평가를 받아야 한다. 원형의 보존에만 집착하는 것은 달리 생각하면 원형의 훼손으로까지 해석할 수 있다. 보다 새로운 아이디어로 창의적 개발을 할 때만이 보다 많은 가치창출을 할 수 있다.

지금까지 전승되고 있는 설화들 역시 민중들에 의해 재해석되고 전승되어 왔다. 원형을 이용한 애니메이션 개발 역시 현재를 살아가는 민중들의 기호에 맞게 재창조되는 것이 마땅하다. 원형에 대한 부정적 시각이 담겨지지 않는 한 어디까지나 원형에 대한 발전으로 해석할 수 있는 것이다.

㉡ 다자구할머니 캐릭터

애니메이션의 흥행은 곧 캐릭터의 흥행으로 이어진다. 다자구 캐릭터로 만들 수 있는 상품을 알아보면 문구류, 가방, 인형, 옷, 신발을 들 수 있다. 한 예로 피카츄, 탑블레이드는 애니메이션의 흥행으로 인해 캐릭터상품 판매에서도 커다란 수입을 얻었다.

성인층에서는 술을 개발할 수 있다. 도둑떼들이 두목 생일날 마신 술과 연관 지어 알코올 도수 45도 이상의 독주를 개발하는 것이다. 이 술은 독하다고 하더라도 소백산의 맑은 물로 빚은 술이기 때문에 사람들에게 좋은 반응을 얻을 수 있다. 또한 사람들 심리가 독주를 피하는 것이 아니라 오히려 도전하고자 하는 욕구가 강하기 때문에 충분히 가능성이 있다. 이것을 죽령 지역에서 생산하게 되면 지역의 수입 증대에도 커다란 역할을 할 것이다.

노년층에서는 다자구 지팡이, 다자구 보청기를 개발할 수 있다. 지팡이와 보청기는 사용하는 사람들에게 없어서는 안 되는 것이다. 즉, 의지하고 살아갈 수밖에 없는 것이다. 여기에 다자구 캐릭터를 연결시켜 다자구할머니의 신성성을 부과하여 사람들로 하여금 다자구의 이미지를 살 수 있게 만들 수 있다.

㉢ 다자구와 향토문화상품

〈다자구할머니〉 애니메이션의 제작으로 인해 갖는 홍보효과는 대단할 것이다. 〈다자구할머니〉를 소재로 한 애니메이션의 주 관객층은 13세 이하의 아이들이 될 것이다. 아이들이 할머니에 대해서 신비감을 느끼고 감동을 받았다면 아이들의 머릿속에는 〈다자구할머니〉가 기억될 것이다. 이것은 〈다자구할머니〉의 근원인 죽령에 대한 관심을 유발시킬 수 있다는 것을 의미한다. 이는 죽령지역의 홍보에 커다란 몫을 하게 된다. 즉 〈다자구할머니〉의 이미지를 상품화할 수 있는 것이다.

애니메이션 외에도 인형극을 공연하면 효과가 증대할 것이다. 또 인형극에 대한 느낌이 남아있을 때, 나가는 쪽에 인형을 만들어 판매하는 것도 좋다. 사람들은 신격화되어 있는 다자구할머니 인형을 기념으로 간직하고 싶을 것이고, 또한 자신의 소망을 이루고픈 소원을 할머니에게 의탁하는 심리적 안정도 기대할 수 있을 것이다.

따라서 다자구할머니를 캐릭터화 하여 인형극도 공연하고, 또 할머니 인형도 만들어 판매한다면 관광수익도 올릴 수 있을 것이고, 사람들도 단순히 보고만 가는 축제가 아니라 추억으로 간직할 수 있는 축제가 될 것이다.

죽령지역에는 사과를 재배하는 과수원이 많다. 그러나 사과를 출하할 때 다분히 지역명만 표기한 사과는 사람들의 흥미를 유발하기에 부족하고 경쟁력을 가질 수 없다. 농산물 수입개방 등 여러 가지 불리한 상황을 헤쳐 나가기 위해 발상의 전환이 필요하다. 따라서 〈다자구할머니〉를 응용한 농산품 곧 〈다자구할머니〉 캐릭터를 이용한 '다자구 사과'의 개발이 필요하다.

소백산 죽령 신작로를 이용해서 '다자구관광열차'를 운영할 수 있다. 이미 다른 지역은 지역관광과 철도를 연계한 테마관광열차를 운영하고 있다. 지금은 죽령역을 이용하는 사람들 수가 적지만 테마 관광 열차가 생기면 죽령역은 관광객들로 넘쳐 날 것이고 이는 지역의 관광수입에도 커다란 기여를 할 것이다.

ㄹ 다자구할머니 선발대회

현재 전국적으로 해마다 열리고 있는 지역 축제의 수가 1,000여 개를 넘는다. 대부분 축제가 미인선발대회를 포함하고 있다. 이러한 미인선발대회는 지역 특산물이나 지역홍보에 이바지한다는 점에서 긍정적인 면도 갖고 있다. 하지만 여성의 상품화와 지나치게 외형적 미를 강조한 나머지 대중들로부터 비난을 받기도 한다. 수많은 '아가씨 선발대회'는 더 이상 대중들에게 큰 관심을 받고 있지는 않은 듯하다. 그중에 예외는 '춘향이 선발대회'를 들 수 있다. 이것은 춘향이에 대한 대중적 공감대가 형성되었기에 가능한 것이라 할 수 있다.

'아가씨 선발대회'를 응용해서 '다자구할머니 선발대회'를 열 수 있다. 다자구할머니는 선발대회를 개최할 수 있는 충분한 모티브를 가지고 있다. 또한 전국적으로 보기드믄 선발대회를 개최함으로써 보다 많은 대중들의 관심을 받을 수 있다.

설화의 원형에 보여지는 '다자구할머니'의 이미지는 정의를 수호하며, 민중들의 신성의 대상이라는 점에서 가능성이 충분하다. 이 선발대회를 통해 노인들에게 흥미와 재미를 가져다 줄 수 있고, 지역홍보에도 크게 이바지 할 수 있다. 또한 선발대회 자체만으로 갖는 홍보효과는 지역특산품과 다자구 캐릭터 판매를 통한 수익 증대에도 크게 기여할 것이다.

'다자구할머니 선발대회'의 기본적인 틀을 살펴보면 먼저 다자구할머니의 선발 기준은 〈다자구할머니〉의 원형에 부합해야 한다.

첫째, 다자구할머니의 지혜를 가지고 있어야 한다. 여러 가지 관문을 거치면서 뛰어난 지혜를 가진 노인을 다자구할머니로 선발해야 한다.

둘째, '다자구 들자구'소리를 가장 잘 내는 노인을 선발한다.

셋째, 〈다자구할머니〉 원형과 부합되는 외형적 이미지를 가지고 있어야 한다.

이상 언급한 세 가지 요소를 가지고 있는 '다자구할머니'를 선발하는 대회를 개최함으로써 다자구에 대한 관심을 유발시킬 수 있다. 한때 '미스코리아'가 모든 여성들의 꿈이었다면, 다자구할머니는 모든 할머니들의 꿈으로 자리 잡을 수 있다.

㉤ 〈다자구할머니〉 인형극 공연

〈다자구할머니〉에 대한 확실한 인상을 심어주기 위해서는 시청각 자료를 동원하는 것이 효과적이다. 영화, 애니메이션, 연극, 또는 인형극 등으로 할머니의 캐릭터를 부각시키는 것이 단순히 신화를 구연하는 것보다 효과적이다. 물론 신화구연(동화구연)도 필요한 요소임은 두말할 필요가 없다.

여기서는 〈다자구할머니〉를 인형극으로 제작하는 것을 가정해서 그 대본을 만들어보았다.

배경은 산.

도둑떼들이 산을 다니며, 지나가는 행인을 괴롭힌다.

도둑1 : 돈 내놔!

행인1 : 아이구, 살려만 주십쇼.

행인2 : 도. 돈은 여… 여기 있습죠.

도둑2 : 바보들 같으니라구, 어서 꺼져!

행인1,2 : 고. 고맙습니다.(고맙다고 소리치며 무대 뒤로 퇴장)

배경은 관가.

도둑 잡을 방법에 대해 모색 중이다.

사또 : 허허, 이런. 아무도 그 못된 도둑들을 잡을 방법하나 생각해내지 못한단 말이냐!

이방 : 그게 산세가 너무 험한지라. 별의별 방법을 다 써도 못 잡아내니 이제 더 이상…….

사또 : (목청 높여 소리치며) 그렇다고 이렇게 손 놓고만은 있을 수 없지 않은가.

이방 : 인근지역에 방을 붙여 해결책을 강구하시는 건 어떨런지요.
사또 : 옳커니. 그게 좋겠군.

방이 붙은 배경이 나가고 할머니가 지나간다.

할머니 : (울먹이며) 저놈의 도둑떼들 때문에 우리 아들이 죽었는디.(뭔가 떠올랐다는 듯) 에구머니, 이러면 되겠구먼.

배경은 다시 관가

문지기 : (할머니를 막아서며) 할머니, 무슨 일이신지?
할머니 : 이놈아! 방 붙은 거 보고 오는 겨. 어서 사또께 아뢰지 못하누.

(문지기 잠깐 사라졌다 나오며)

문지기 : 할머니, 절 따라오세요.

문지기와 할머니가 사라지고, 사또, 이방 등 등장.
뒤이어 문지기와 할머니 나타나고, 문지기 퇴장.

사또 : 할머니, 방을 보고 오셨다던데, 좋은 방법이 있습니까?
할머니 : 암, 있구 말구.
사또 : 어서, 어서 말씀해 보세요.
할머니 : 내가 도둑놈들과 함께 지내면서 도둑들이 다 잠이 안 들었 땐 '들자구야'를 외치고, 모두 잠이 들었을 땐, '다자구야'를 외칠테니, 그때 와서 치시구랴.

이방 : 사또, 이거 좋은 방법 같은데요.

사또 : (생각하는 듯) 음. 좋아. 할머니만 괜찮으시다면,

할머니 : 난 자신 있다우.

사또 : 좋아, 그럼 성공 시엔 큰 상을 내리겠소.

배경은 다시 산.

도둑떼들이 나타난다.

도둑 1 : 아, 요새는 다들 어디갔는지 개미새끼 한 마리도 안보이네.

도둑 2 : 그러게나 말이야.

(말이 떨어지기 무섭게 할머니 등장)

할머니 : 에구구. 다리야.(소리 지르며) 다자구야. 들자구야.

도둑 2 : 오늘은 예윈가봐.(키득대며 할머니한테 다가간다.) 할머니, 뭘 그렇게 찾는가?

할머니 : 아들들이 며칠 전에 산엘 올라갔는데, 소식이 없어. 어차피 두 아들들이 없으면 오갈 데도 없는디.

도둑1 : 이 할망구, 데려가 밥하고, 빨래나 시키면 어때?

도둑2 : 그거 좋은 방법인데. 할머니, 돈 안 뺏는 대신 우리 살림이나 해요.

할머니 : 어차피 아들 기다리며 하지 뭐.

모두 퇴장했다가 두목 등장. 그리고 도둑들과 할머니 등장.

두목 : 야! 왠 늙은 할망구를 데려왔어?

도둑1: 그. 그게, 밥하고 빨래나 시킬까 하고……

두목 : 뭐, 그러는 거도 좋겠군.

배경은 두목의 생일잔치

도둑떼 : 생신 축하드립니다.

두목 : 그래, 오늘은 모두 많이 먹어라.

(모두 취하고, 보초병 하나마 남아 있다.)

할머니 : 어이, 총각. 총각도 그만하고 이리와 먹어.

보초병 : 아니에요. 보초 서야 해요. 교대하고 먹죠 뭐.

할머니 : (울먹이며) 내 아들 생각이 나서 그래. 지금쯤 살아나 있으려나.

보초병 : 그. 그럼 조금만 먹을게요.

할머니 : 그려. 그려. 조금만.

(보초병마저 잠이 든다.)

할머니 : (모두 잠든 걸 확인하고 외치며) 다자구야! 다자구야!

관군들이 와서 모두 잡아간다.

배경은 다시 관가.

사또 : 그래, 모두 잡아 들였나?

이방 : 예, 그런 것 같습니다.

사또 : 그런데 할머니는 어디 계시나?

이방 : 그. 그게 할머니가 아무리 찾아도 안계십니다.

사또 : 그게 무슨 말이냐?

이방 : 그러니까 그게. 도둑놈들을 다 잡고 할머니를 찾으니까 없더랍니다.

사또 : 음. 산에 계속 계실 모양이군.

이방 : 예?

사또 : 산을 지키실 모양이야.

이방 : 예?

사또 : (혀를 차며) 쯧쯧, 됐네 이 사람아.

내레이션 : 그 뒤로 사람들은 할머니가 죽어서 산을 지키는 산신이 되었다고 믿고, 마을을 지켜준 다자구할머니를 위한 제사를 지내게 되었다. 이것이 오늘날의 죽령산신제로 남아 있다.

ⓑ 죽령산신제의 활성화

죽령산신제는 삼국시대부터 오늘날까지 이어온 제의로, 기원의 내용인 국가의 평안과 번영을 의미하는 것으로 보아 국행제(國行祭)의 성격을 지니고 있다. 곧 국행제적 성격을 가진 제의를 더 이상 특정지역의 주민들만이 참여하는 제의로 전락시키지 말고, 특정지역에 한정해서는 안 될 것이다.

제의의 성격만 지니고 있는 죽령산신제를 축제화시켜서 모두가 제의에 참여하고 국가의 평안과 번영, 더불어 개인의 평안과 안녕을 기원하도록 할 필요가 있다. 물론 지금의 제의 행사 과정을 무시해서는 안 된다.

법고창신(法古創新)의 정신을 가지고 예전의 제의형식을 그대로 따르되, 모두가 즐길 수 있는 축제행사를 만들 필요가 있다. 죽령산신제는 무겁지 않은 느낌으로 일반 사람들에게 다가가야 할 것이다. 그러기 위해서 죽령산신제가 끝나면 개인적으로도 제의에 참여할 수 있는 행사를 마련해야 한다. 그리하면 죽령산신제 절차에도 더 많은 관심을 가지게 될 것이다. 오늘날 개최되고 있는 수많은 축제들의 문제점은 천편일률적이라는 데 있다. 하지만 이러한 시도를 통해 차별화되고 관람객이 직접 참여하여 체험할 수 있는 축제가 될 것이다.

모든 축제가 그러하듯, '죽령산신제'도 관람형식으로만 구성한다면 다른 지역축제와의 차별화에 실패하게 될 것이다. 강릉단오제가 국사성황과 여성황과의 합배를 통한 굿거리로써 세계문화유산에 기록되는 경쟁력을 갖고 있듯이 죽령산신제도 〈다자구할머니〉를 스토리텔링해서 볼거리와 몸짓거리를 제공하여야 경쟁력이 있다.

아울러 죽령산신제와 연계한 지역관광을 패키지화해서 지역의 음식이나 관광자원 등을 함께 즐길 수 있는 테마관광으로 만들어야 한다.

지금까지 언급한 '다자구할머니' 설화는 애니메이션, 캐릭터, 향토문화상품의 개발에서 충분한 효용성을 갖는 이야기라는 것을 보았다. 이것은 옛날이야기가 다분히 옛이야기로만 그치는 것이 아니라 현재적으로 재해석하고 문화콘텐츠로 개발했을 때 막대한 가치 창출을 할 수 있다는 것을 의미한다.

앞으로 〈다자구할머니〉 신화를 문화콘텐츠로 만들기 위해서는 한 개인의 노력이 아니라 기업의 투자와 지자체와의 협의가 유기적으로 이루어져야 하겠다. 그리고 〈다자구할머니〉 신화가 갖는 문화콘텐츠화 가능성이 말해 주듯 지역에 오래도록 전승되어진 지역설화나 전통문화유산은 그 우수성을 널리 알려 지역의 이미지를 극대화하고 또 끊임없이 연구하며 개발해야 한다.

(6) 〈수로부인〉 설화의 스토리텔링 구상하기

《삼국유사》 권2 기이(奇異)편에 보면 〈수로부인(水路夫人)〉조가 있다. 거기에 신물(神物)이 탐한 황홀한 매력의 여사제로 수로부인이 등장하는데, 그녀가 체험한 신이한 일들이 동해안을 배경으로 흥미롭게 펼쳐져 있다.

그녀에 얽힌 사건은 〈헌화가(獻花歌)〉와 〈해가(海歌)〉라는 노래와 관련되는 것이어서 일찍부터 관심의 대상이 되어 왔다. 일연(一然)이 쓴 《삼국유사》는 김부식의 《삼국사기》와 달리 불교적인 역사인식을 담고 있는데, 〈수로부인〉 이야기의 신비적인 특징도 이와 관련이 있다. 특히 〈수로부인〉 이야기는 '기이편'에 실린 것에서 보듯이 신비적 요소가 짙다. 역사적 사실로 전하고 있음에도 불구하고 허구적 요소가 두드러져 보이는 〈수로부인〉 이야기는 역사성과 환상성, 주술성을 함께 갖춘 묘미 있는 '팩션(faction)'의 성격을 지니고 있다. 그러므로 숱한 시인묵객들은 상상력을 동원하여 한국의 비너스이며 아프로디테인 수로부인을 예술화하고 문학화하려고 고심하였고, 배경에 관련된 지자체는 일찍부터 문화콘텐츠산업의 대상으로 꼽고 관광화하려는 시도를 멈추지 않았다.

성공적인 스토리텔링은 네버 엔딩 스토리(never-ending story)에 해당하는 원형담(原型談)으로서의 1차 스토리텔링을 제대로 이해하여 2차, 3차 스토리텔링으로 변전시킬 때 그 영역에 어울리도록 적합하게 첨삭하고 감동적으로 가공하는 데에 있다. 그러기 위해서는 OSMU(One-Source-Multi-Use) 곧 이야기의 원천소스가 되는 1차 콘텐츠의 스토리텔링에 대한 바른 이해가 필수적이다.

① 〈수로부인〉의 수수께끼

다음은《삼국유사》권2 기이편 〈수로부인〉의 원문을 당대의 현장적 맥락을 고려하여 일부 서사 단위를 바꿔 새롭게 번역 정리한 것이다.

> 성덕왕 시절에 순정공이 강릉 태수로 부임했다. - 지금의 명주다.
>
> 가다가 바닷가에 이르러 주선(晝饍 ; 점심)을 하는데, 곁에 있는 바위가 병풍처럼 바다를 둘러싸고 있고 그 높이가 천 길이나 되었다. 그 위에 철쭉꽃이 활짝 피어 있었다. 공의 부인인 수로가 보고서 좌우 사람에게 말하기를 "누가 꽃을 꺾어다 주겠느냐?"라고 했다. 따르는 이가 "사람은 올라가지 못할 곳입니다."라고 하고, 모두들 불가능하다고 했다. 그 옆으로 노인이 암소를 끌고 지나가다가 부인의 말을 듣고 꽃

〈헌화가〉 내용의 수로부인행차 일부

을 꺾어다가 바치면서 노랫말을 지어 불렀다.(그 노옹이 누구인지 알 수 없었다).

노인이 부른 〈헌화가〉는 이렇다. "자주 빛 바위 끝에, 잡으온 암소 놓게 하시고, 나를 아니 부끄러워하시면 꽃을 꺾어 받자오리다."

다시 이틀 동안 길을 가니 임해정(臨海亭)이 있었다. 거기서 주선(晝饍=점심)을 할 때에, 바다 용이 갑자기 부인을 납치해 바다로 들어갔다. 공은 넘어져 땅에 주저앉으며 어찌할 바를 몰랐다. 또 어떤 노인이 말했다. "옛날 사람 말에 뭇입이 쇠라도 녹인다고 했으니, 이제 바다 속의 짐승이 어찌 뭇입을 두려워하지 않겠습니까? 마땅히 경계 안의 백성을 불러 모아 노래를 지어 부르게 하면서 막대기로 치면 마땅히 부인을 만나게 될 것입니다." 공이 그 말을 따랐더니 용이 부인을 받들고 바다에서 나와 바쳤다.

그때 뭇사람이 부른 〈해가〉의 사설은 이렇다. "거북아 거북아 수로를 내놓아라. 남의 부인을 납치한 죄 얼마나 큰가. 네 만약 거스르고 내놓지 않으면, 그물을 넣어 너를 잡아 구워 먹으리라."

공이 부인에게 바다 속에 관해 물으니, "칠보궁전에서 먹는 것이 달고 향기로우며 불에 익혀서 먹는 인간의 음식이 아니었지요."라고 말했다. 또한 부인의 옷에서 이상스러운 향내가 나서 세상에서 맡을 수 있는 것이 아니었다.

수로는 모습이 아주 아름답기에 '심산대택(深山大澤)'을 지날 때마다 자주 신물(神物)들에게 붙들리곤 했던 것이다.

수로부인이 체험한 신이한 두 사건은 동해안을 배경으로 현실성과 환상성을 동시에 내포하고 있다.

신라 성덕왕 때 순정공의 강릉태수 부임에 동행한 수로부인은 남다른 경험을 한다. 일어난 두 사건은 〈헌화가〉와 〈해가〉라는 옛 노래 두 편과 함께 실려 있어서 '꽃'과 '용'의 성격과 관련하여 일찍부터 널리 관심을 불러일으켰다.

〈해가〉를 그려 넣고 용 그림을 새긴 구형(球型) 조형물

그런데 《삼국유사》에 실려 있는 대부분 설화들이 그러하듯이, 이 설화는 문예적 가치와 별도로 또 다른 무엇을 함의하고 있기 때문에 많은 논란을 가져왔다. 〈수로부인〉 신화도 순전히 문학적 상상력에 입각해 있는 허구적 형상에 머무르지 않고, 저자인 일연이 당대의 삶의 공간과 시간을 '일연의 방식으로' 의미화 하여 보여준 측면이 있다. 문예적 가치 이외의 이러한 특수한 기능을 '이야기의 현장성' 또는 '개연적 공간성'이라 할 수 있다. 다시 말해 이 설화는 '팩션(faction)'의 시각에서 바라볼 필요가 있다.

〈수로부인〉 신화가 지니는 현장성에 대한 이해는 채록자인 일연 선사 당대에까지 전승되고 있던 문화적 의미를 해명하는 것이며, 또 문헌에 기록된 이야기의 문맥을 우리들의 삶의 터전인 오늘날의 지리적 공간 및 자연적인 배경과 결부하여 현재적 의미를 되새기도록 하는 것이다. 〈수로부인〉 신화는 수용사(受容史)를 쓸 수 있을 정도로 많은 연구와 함께 문학적 재창조가 이루어져 왔다. 그런데 그 이야기의 재해석이 다소 임의로 이루어지는 측면이 있다. 작가들이 수로부인과 노인의 정체를 각자의 자유로운 상상력에 입각해서 흥미 위주로 풀어내는 경향을 보이고 있다.

이 글에서는 서사에 숨겨진 상징 코드를 밝히면서 수로부인이라는 캐릭터를 구체화해 보고자 한다. 한편으로 이야기의 공간적 배경인 동해안 삼척 강릉 일대의 문화적 환경에 비추어 작품을 읽고, 다른 한편으로 상대(上代)의 제의(祭儀)와 오늘날 별신제의 맥락 속에서 수로부인의 정체를 추적하고자 한다. 수로부인이 순정공을 따라가는 과정에서 신물(神物)에게 자주 붙들림을 당했다는 행위에 대하여 현장적 의미망을 통해 온전히 해명할 경우, 새로운 콘텐츠 창작을 위한 팩션의 좋은 선례를 찾을 수 있을 것이다.

과연 실제 역사 속에서 수로부인한테 일어난 실제 사건과 문학 장치로서 일연(一然) 식의 코드가 어떻게 서로 어울려 재미와 감동이라는 상생의 가치를 만들어내고 있는지, 그 수수께끼를 풀어보기로 한다.

② 인간과 신령 사이에 선 수로부인

〈수로부인〉 신화는 순정공의 강릉태수 부임에 동행한 수로부인에 얽힌 두 개의 사건으로 구성되어 있다. 〈헌화가〉와 관계되는 사건이 그 하나이고, 〈해가〉와 관련되는 사건이 다른 하나이다. 이 두 사건은 각기 '꽃'과 '용'에 관련되어 있다. 첫 번째 사건은 수로부인이 아득한 벼랑 위의 꽃을 갖고 싶어 함으로써 생겨난 일이고, 두 번째 사건은 용이 수로부인을 탐해서 생겨난 일이었다. 그 두 사건을 해결하는 데는 주변 다른 사람의 도움이 필요하였다.

우리는 그 두 사건이 언제 일어났는지를 먼저 주목할 필요가 있다. 두 사건은 모두 음식을 차려서 먹을 때 일어났다. '음식'은 공동체적

〈해가〉 이야기 1

제전의 핵심 요소이다. 제사와 같은 의례를 행하고 나면 음식을 함께 나누어 먹는 일이 필수이다. 두 사건이 모두 사람들이 함께 모여 음식을 나누는 상황에서 일어났다는 것은, 거기 '공동체적 나눔'의 요소가 얽혀 있음을 떠올리게 한다.

이야기에서 화제가 되는 요소들이 '비일상적'이고 '초월적'인 면모를 지니고 있다는 사실을 주목하게 된다. 벼랑 위의 꽃은 보통 사람들이 이를 수 없는 존재를 표상한다. '용' 또한 초월적 존재다. 문제 해결자로 나선 이들은 정체를 알기 어려운, 무언가 신비로운 존재로 생각되는 노인들이었다. 그리고 사건의 핵심 주인공이 관리로 행차하는 순정공이 아닌, 그 뒤를 따르던 신비의 여인 수로부인이었다.

신화의 문맥에 합리적인 사고방식으로 납득할 수 없는 부분이 많아 갈피를 잡기 어렵다. 노인이 벼랑에 올라간다거나 노옹이 용을 다스린다는 행위가 무엇을 뜻하는지 분명하지가 않다. 보통 인간이 올라갈 수 없는 곳의 꽃을 노옹이 나타나서 바쳤다는 것도 이상하지만, 노인이 시키는 바에 따라 막대기를 두드리고 노래 부르니 용이 수로부인을 되돌려 보냈다는 것은 더욱 이상하다.

이러한 이야기 내용은 이 신화가 단순히 실제적 상황을 전한 것이

〈해가〉 이야기 2

아니라 신화적이고 제의적인 요소를 지닌 것이었다고 하는 점을 말해 준다. 이 신화는 오늘날과는 또 다른 오랜 옛날의 제의적(祭儀的) 문화 환경 속에서 풀어내야 그 의미를 이해할 수 있다. 수로부인의 실체 또한 당대의 환경적 맥락에서 접근할 필요가 있다.

〈수로부인〉 신화의 서사는 수로부인이 '자용절대(姿容絶代)'하다고 하는 사실을 주요 동인으로 삼아 이야기 흐름이 전개되고 있다. 수로부인은 빼어난 아름다움과 함께 짙은 신비감을 지녔다. 순정공 행차에서 '주선(晝饍)'은 단순한 점심 먹기가 아니라 문맥으로 보아 그 이상의 의식(儀式) 행위에 가까운 것이다. 산과 바다의 환타지와 인간적 욕망이 얽혀 있다. 수로부인의 행동을 세속적인 것보다 신성성에 다가가 있다. 산의 꽃이 손짓하고 바다 짐승이 움직이고 있다. 산신의 분신인 꽃과 동해신의 분신인 용은 심산대택(深山大澤)에 존재하는 신물(神物)이다.

사태 수습의 해결자로 노옹과 노인을 등장시키고 있는 점 또한 그렇다. 노인이 등장하여 '뭇 입으로 쇠를 녹이는' 일을 실현하는 일은 신력(神力)의 현시를 체험하는 과정을 보여준다고 할 수 있다.

그렇다면 이 모든 사건의 중심에 있는 인물인 '수로부인'은 어떠한 존재인가. 이에 대한 설득력 있는 답은 그녀가 인간과 신령 사이에 선 중재자라고 하는 것이다. 그녀는 세속적 인간인 순정공과 동해 용 사이에 있으면서 초월적 존재인 '노인'의 도움을 받는다. 그녀를 통해 초월의 세계가 열리며, 그녀를 매개로 현실의 세계와 초월의 세계가 만난다.

요컨대 그녀는 무속적 사제자로서의 성격을 지닌다. 평범한 보통의 사제자가 아니다. '황홀한 아름다움으로 모든 존재를 매혹하여 융화시키는, 그리하여 지상(至上)의 신력(神力)을 발휘해내는, 오직 하나뿐인 영매(靈媒)이고, '동해여신(東海女神)'의 화신이다.

③ 수로부인과 그 곁의 두 노인

〈수로부인〉 신화는 동해안 지역을 배경으로 하여 펼쳐진다. 이 신화에는 아직까지도 '별신굿'이 성대하게 펼쳐지는 그곳, 강원도 동해안 일대의 문화적 전통이 함축되어 있다. 오늘날 제의의 상대적 원형이 서사 속에 깃들어 있다. 수로부인을 '동해여신'의 화신으로 보는 것은 그 때문이다.

〈수로부인〉 신화가 제의를 바탕으로 한 무속적 세계관이 내재되어 있는 이야기라 봄에 있어 기록 속에 무속적 요소가 명시적으로 뚜렷하게 나타나지 않는다는 점에 회의를 가질 수도 있겠다. 하지만 그 이야기가 당대에 기술된 것이 아니라 고려시대에 들어 승려 일연에 의해 정리된 것이라고 하는 사실을 간과할 수 없다. 일연이 신라시대의 이야기를 수록하는 방식은 그의 세계관에서 크게 벗어나지 않았을 것이다. 일연이 설화를 기술하는 방식은 불교적인 성향에 지배되었기 때문에 무속적인 제의의 상징적 맥락을 온전히 드러나기란 용이한 일이 아니었다는 것이다. 하지만 우리는 상상의 힘을 통해 그 서사적 문맥 속에서 흥미로운 요소들을 찾아낼 수 있다. 비록 일연이 의도적으로 기술한 것이 아니지만, 그 속에 원형적으로 깃들어 있는 무속적 요소를 찾아내 볼 수 있다.

이때 아주 중요한 단서가 되는 것이 신화 속에 등장하는 두 노인이다.

신화에서 노옹과 노인은 주선과 심산대택의 신물과 관련하여 등장한다. 이런 점에서 노옹과 노인은 신물을 제사하는 제관으로서 무당의 직능을 가진 인물이라고 추정할 만하다. 무당과 같은 직능자로 정치성(政治性)과 주술성을 동시에 지닌 인물이다. 철쭉꽃이 핀 벼랑이나 용이 사는 바다는 누구나 갈 수 없는 곳인데, 노옹과 노인은 넘나들 수 있는 것처럼 표현하고 있다. 이들은 제의를 주관하면서 동제에도 관여하며, 신물의 세계와 인간의 세계를 넘나들 수 있는 계층인 무속집단으로 볼 수 있다.

노옹이나 노인은 오늘날 단오제에서 굿을 주도하는 동해안 일대의 세습무(世襲巫)의 원조라고 해도 무방하다. 왜 문제를 풀어주는 역할을 노옹과 노인이 하는 것일까. 경주에서 온 '신의 여인' 수로부인이 심산(深山)과 대택(大澤)으로 통하는 길목에 이르러 이곳을 지키는 신물에게 '신내림'을 당했다는 것은 무속적인 사고방식에서 볼 때 자연스런 현상이다. 그때 그 신 내림의 과정을 지켜주고 이끌어갈 또 다른 사제자들이 필요하거니와, 두 노인이 바로 그러한 역할을 하는 존재라 할 수 있다. 다른 지역과 달리 동해안 별신굿에서 남자 무당(양중)들이 중요한 역할을 한다는 것을 생각하면, 두 노인이 남자라는 것도 그리 이상한 일이 아니다.

두 노인으로부터 유추할 수 있는 '신의 여인'으로서의 수로부인의 특성은, 그가 동행했다고 하는 순정공의 역사적 실체를 통해서도 그 면모를 짚어낼 수 있다. 《삼국유사》에서는 순정공이 강릉 태수로 부임했다는 사실만을 전하고 있는데, 《삼국사기》의 여러 기록에 비추어볼 때 그는 '유망(流亡)'하는 백성의 진휼이라는 막중한 임무를 띠고 있었음을 알 수 있다.

이러한 사실을 염두에 두고 당대의 문화적 맥락에서 살펴보면 〈수로부인〉 신화에서 제의적 특성을 짚어낼 가능성이 확인된다. 앞에서 언급한 대로 이야기 속의 '주선(晝饍)'은 일상적 점심식사의 차원이 아닌 제의에서의 음식 나눔을 형상화한 것이라 인식할 수 있다. 오늘날 별신제 또는 동제(洞祭)와 같은 제의에서 볼 수 있는 바와 유사한 모습이다.

다시 문헌에 기록된 사실을 되짚어 헤아려 보면, 우리는 수로부인을 순정공과 함께 중앙에서 파견된 사제자로 추정할 수 있다. 보통의 사제자가 아니라, 동해의 신들과 소통하며 그들을 위무할 수 있는 최선의 존재로서 뽑은, '동해여신'의 화신 역할을 할 만한 특별한 사제자이다. 그리고 그녀는 강릉으로 향하는 길에, 그 주어진 몫을 수행한다. 임해정에서 신내림을 겪고, 동해로 들어가 용과 짝을 맺는다. 고을 사람들이 힘을 모아 노래를 부름으로써, 용과 접신(接神)을 나간 수로부인은 무사히 귀환한다. 신성한 세계의 신비로운 향기를 온몸에 품은 채로. 그렇게 고을의 문제들은 해결되어 간다.

정리하면, 〈수로부인〉 신화 속에는 무속적인 산신제의와 해신제의가 구조적으로 병립되어 있다. 수로부인이 체험한 두 사건은 '심산'과 '대택'에 존재하는 신물의 현현(顯現)에 따라 일어난 것이다. 곧 신물에 대한 의례행위를 표현한 것이 수로부인 이야기이다. 사건 해결에 가담하는 두 노인은 무당과 같은 직능자로서 오늘날 동해안 세습무(世襲巫)의 원형으로 볼 수 있는 인물이다. 그리고 수로부인은 그 모든 의례행위의 주역이 되는 특별한 사제자다. 신들림의 과정을 통해 신계와 인간계를 넘나들면서, 신(神)과 인(人)의 위상을 전화(轉化)시켜 주는 인물이다.

인간은 물론 신(神)까지 매혹하고 감동시키는 미모의 사제자 수로부인은 '가마를 탄 신라부인' 토우상을 연상시킨다. 누구나 흡인하는 아름다움의 극치다. 아름다움에 반한다는 것은 매우 자연스럽고 인간적이다. 수로부인의 매력은 당연히 당대에 핵심적 화제였을 것이다. 수로부인은 수많은 사람들에 의해 아낌없는 사랑과 기림을 받았을 만인의 연인, 당대 최고의 여성영웅이었을 것이다.

수로부인 캐릭터(신라 토우 '수레탄 귀부인' 활용)

④ 〈수로부인〉의 스토리텔링

성공적인 스토리텔링이 되려면 주인공을 비롯한 등장인물의 캐릭터를 선명히 부각하여 내야한다. 〈수로부인〉의 캐릭터가 제대로 살아나려면 캐릭터에 대한 다양한 해석과 재창조 작업을 수행할 필요가 있다.

수로부인 캐릭터는 《삼국유사》를 기초하되, 《삼국사기》를 비롯한 역사적 팩트(fact)와도 연결하여 다채롭게 살려낼 수 있다. 그녀의 흔적은 사료적으로 많지 않다. 그만큼 상상력의 여지는 크다. 수로부인의 유명세에 비해 관련 문헌은 미약하다. 수로부인의 이미지 창출은 신의 호기심을 자극한 기질과 뭇사람들의 힘을 빨아들이는 데서 승화시키는 전략이 필요하다.

수로부인은 암벽 위의 꽃을 차지하려는 욕구 때문에 봉변을 당한다. 그 봉변은 일상의 것이 아니라 신물과 얽혀 있다. 또 용과 놀겠다는 발상 때문에 납치라는 희한한 그물에 빠지게 되는데, 이것 또한 신물과 관계된다. 꽃과 용은 단순히 현실만이 아니다. 수로부인이 당대 한복판을 걸어갈 수 있는 것이 빼어난 미모와 매력이 있었기 때문에 가능하였다.

수로부인의 매력은 차림새와 신통력, 품격 등에도 있지만 해결사 역할을 하는 형상에도 깃들어 있다. 수로부인의 미모에 대한 캐릭터 창작은 스토리 자체의 재미와 함께 '시간여행'의 오감을 작동시킬 수 있어야 한다. 그리고 '신의 여인'으로서의 신비로움을 한껏 살릴 수 있어야 한다. 중국 4대 미인이라고 하는 서시, 초선, 양귀비, 왕소군 이상의 매력을 발휘할 수 있다. 그들은 인간을 매혹했으나 수로부인은 신들을 홀림에 들게 한 미인이었다.

새롭게 창조될 〈수로부인〉 이야기는 수로부인의 변신적 영웅성과 자연계, 신계, 인간계 등을 두루 넘나드는 초인적 매력을 한껏 살려내야 할 것이다. 동해 용궁이라는 환상적 신성공간과 신라 당대의 역사 공간을 긴밀히 교차하여 스토리를 짜야 할 것이다. 예컨대 다음과 같은 방식으로 새로운 스토리를 만들어낼 수 있을 것이다.

주인공인 수로부인은 중국의 4대 미녀와 비슷한 천상미녀, 곧 팜므파탈적(femme fatal) 인물로 재창조한다. 빼어난 미모와 기교로 당대의 거물급 남성인물들을 데리고 놀고 신들과 유희하는 것으로 설정해야 한다. 하지만 그녀의 이러한 행동이 결코 지나치게 작위적인 것은 아니다. 그녀는 어려서부터 기이한 운명의 굴레 속에서 태어나 폭정의 온갖 시련과 고통을 감내하며 자란다. 그러나 뛰어난 미모와 지혜로 인해 순정공의 아내가 된다. 그때부터 그녀는 이중적 모습을 드러낸다. 겉으로는 빼어난 외모의 소유자며 순정공의 아내이지만, 그 뒷면에는 백성들을 위한 선정을 베풀기 위해 '신이(神異)'적 면모를 보인다. 그 과정은 다음과 같다.

백성을 생각하고 청렴결백함을 지닌 순정공은 백성들의 고충을 해결하기 위해 폭정을 펼치고 있는 동해안 특정지역권의 왕(용)에게 백성을 위한 구휼책을 진헌한다. 하지만 오히려 역적으로 몰리고 만다. 수로부인은 어려서부터 백성들의 고통을 함께 나눠왔기에 그들의 아픔과 남편(순정공)의 백성을 위한 마음을 이해하게 된다. 그래서 그녀는 자신이 가진 최대의 무기인 아름다운 미모와 그녀의 조력자인 노옹(老翁) 또는 노인의 도움으로 당대의 실력자들을 하나씩 설득하기 시작한다. 물론 그 시대 최고의 반신라적 지역 권력자인 왕(용) 역시 수로부인과 사랑에 빠진다. 하지만 수로부인의 의도와는 달리 신라 중앙정부의 왕은 주변 간신의 참소로 그녀의 이중적 모습을 알게 된다. 결국 수로부인은 왕을 기만한 죄로 하옥되고 참수형을 내리지만 순정공의 공로를 생각하여 '의도적'인 명을 통해 강릉으로 보내진다. 역시 지방정부의 용왕에게도 잡히게 된다. 그때 이런 그녀의 상황을 알게 된 그녀의 조력자 노옹(老翁)은 그녀가 처한 사정을 세상 사람들에게 알린다. 그러자 모든 민중들이 들고 일어나 동해 용왕이 사는 궁 앞에 모이게 된다. 그리고는 왕이 선정을 베풀어주기를 원하는 노래와 아울러 수로부인의 무사귀환을 노래하게 된다. 이에 감복한 왕은 수로부인을 놓아주고 백성들을 위한 정책을 시행한다. 물론 중앙정부와 지방정부가 화해하고 순정공도 풀려나게 되어 수로부인과 다시 만나게 된다.

그때 중구삭금(衆口鑠金)의 지팡이는 오늘날 솟대로 마을의 평화를 상징한다. 철쭉은 백두대간의 사랑 꽃으로 이어오고 있다. 수로부인의 선정(善政)은 신라토우로 태어나 흠모의 대상이 된다.

다소 비약이 있지만 기존의 성과물을 고려하면 공감대를 형성할 가능성을 찾을 수 있을 것이다. 〈찬기파랑가〉의 기파랑을 바탕으로 한 3D입체 애니메이션 〈천마의 꿈〉(2003년 경주세계문화엑스포 주제영상물)처럼 수로부인을 재해석하여 관련 서사를 결합시키는 작업도 가능할 것이다.

〈수로부인〉 스토리텔링의 예술성을 위해 아래의 시를 참고하면 도움이 될 것이다.

> 하늘에서 떨어져 흩날리는 꽃잎들 사이로
> 그림자처럼 스쳐 지나가는 덫을 보았다.

덫에 갇힌 꿈의 얼굴이 눈물에 젖어 번쩍이고 있었다.
아득한 벼랑 위에 한 무더기 꽃으로 피어나 있었다.
돌아와 다오 소리쳐도 그 소리마저 돌아오지 않았다.
뿌리째 뽑힌 한 아름의 붉은 철쭉꽃이
풀려날 길 없는 덫을 이끌고
수로부인의 철쭉꽃이 온 하늘을 떠돌아다니고 있었다.

[박제천, 〈수로〉]

철쭉꽃이 웃고 있었다. / 오월이 지천에 따라 웃고 있었다.
바닷가 병풍 같은 벼랑에는 / 철쭉꽃이 탐스러이 웃고 있었다.
'누가 저 꽃을 꺾어 주오' /부끄러이 홍조 띤 얼굴
좌우로 살피는 수로부인 / 자줏빛 바윗가에
잡은 손 암소 놓고 / 나를 아니 부끄러워하면
꽃을 꺾어 바치오리다. / 실직(悉直) 남정네 나섬에
보아라 저 홍조의 얼굴 / 절세미인의 환희의 얼굴을,
은밀한 저 눈엣말을, / 하늘하늘, 탱탱한 저 허리를.

[정연휘 〈수로부인1-헌화가〉]

이 밖에 윤후명의 소설 〈삼국유사 읽는 호텔〉, 박진환의 시 〈헌화가 산조〉, 꿈동이인형극단의 〈거북아 거북아〉 등 현대적 수용을 보여주는 작품들을 통해 수로부인의 매력에 한 발 더 다가갈 수 있다. 그만큼 수로부인은 신물(神物)까지 탐낸 아름다움의 화신이다.

⑤ 〈수로부인〉의 문화콘텐츠

수로부인은 놀라운 매력을 지닌 인물이다. '신비의 매혹을 갖춘 여신적 존재'로서의 수로부인은 21세기 디지털콘텐츠의 매력적인 아이콘(초상)으로 살아날 가능성이 무궁하다. 이미 그와 관련된 여러 사업이 펼쳐지고 있기도 하다.

〈해가사〉의 터－삼척 시루뫼마을

허구와 사실을 함께 엮은 팩션(faction)의 예술성을 살려낼 필요가 있다. 강릉시 금진항과 정동진 부근, 동해시 추암, 삼척시 맹방 부근 등이 모두 그러한 가능성을 지니고 있는 장소들이다. 그 현장을 수로부인의 동선과 연결하여 스토리보드화할 필요가 있다. 해안선의 유명 도로를 따라 수로부인의 신비를 체험할 수 있게 하자는 것이다.

현재 삼척에서 수로부인을 활용한 관광지 활용 사업이 펼쳐지고 있다. 추암(錐巖)이 보이는 시루뫼 마을에 '수로부인공원'을 조성하였다. 공원에는 임해정, 해가사(海歌詞) 기념비, 드래곤볼, 김진광 시인의 시 등이 있다. 사랑의 여의주 드래곤볼 설치는 수로부인의 소원과 연인의 소망을 동시에 충족시켜 주고 있다.

해가터인 임해정은 《삼국유사》에서 전하는 〈해가〉의 배경설화를 토대로 복원하였다. 문헌상 정확한 위치를 알 수 없으나 삼척시는 삼척해수욕장의 북쪽 와우산 끝에 위치한 것으로 추정하고 있다. 임해정 좌우의 해변은 절경을 이루고 있으며 삼척시에서 바다를 끼고 있는 유일한 정자이기도 하다. 이와 관련하여 하이리스크 하이리턴(high risk high return)을 노리는 방안을 몇 가지 제시하면 다음과 같다.

- 수로부인 설화의 스토리텔링을 통한 뮤지컬화와 애니메이션화(수로부인 바다굿 오페라 만들기)
- 수로부인 설화의 오프라인, 온라인게임 소재 제공(수로부인 설화의 게임 스토리텔링화와 순정공, 수로부인, 노옹, 용 등의 게임 등장인물 수용)

- 경주에서 강릉에 이르는 수로부인길과 관련된 관광상품화(경주의 감은사지, 이견대, 대왕암, 울진의 봉평 신라비, 죽변리 향나무, 망양정, 월송정, 삼척의 신남 해신당과 어촌민속전시관, 초곡의 용굴, 수로부인공원 등과 연계)
- 〈헌화가〉, 〈해가〉 등과 연계한 대중가요 만들기
- 캐릭터 산업, 팬시 산업, 테마파크 산업, 해양문화축제, 기줄다리기 축제 등과 연계

'수로부인' 캐릭터

- 토우 수레를 탄 신라 미인 이미지와 수로부인 스토리 관련 문화상품.

수로부인 캐릭터는 미래 몽상사회(dream society)의 또 다른 신비의 램프와 같은 존재다. 변신과 환상의 대명사처럼 보인다. 수로부인의 현대적 환상은 이미지의 다양한 상상 세계로 유도할 수 있는 것이다. 고대 인물 중에서 이만큼 신화적 마력을 지닌 인물이 있을까. 상업적 재화(財貨)로서 문화콘텐츠 산업화의 변신은 가치 있는 팩션의 창조적 덕목이다.

제 2 부

네버 엔딩 스토리의 한국신화

1. 창조기원신화
2. 건국신화
3. 씨조신화(氏祖神話)
4. 종교신앙신화
5. 일반신화

1 창조기원신화

1) 천지자연기원

우리의 문헌신화집으로서 현재 가장 오래 전에 저작된 것은 고려 때 일연선사의 《삼국유사》이다. 거기에 우리가 익히 알고 있는 〈단군신화〉가 소재한다.

〈단군신화〉는 환웅이 인간 세상으로 내려와 웅녀와 혼인해서 단군을 낳고, 단군이 조선을 건국하는 스토리로 구성되어 있다. 거기에는 환웅의 아버지인 하느님 곧 환인제석이 등장하지만 환웅의 뜻을 이해하고 인간계로 하강하는 것을 허락하는 캐릭터로 등장할 뿐 직접적으로 천지창조에 개입하여 개벽하는 과정은 없다. 따라서 우리에게는 개벽신화가 없는 것으로 알아왔다.

그러나 제주도의 큰굿에서 가창되는 무가인 〈천지왕본풀이〉, 함경도의 세인굿 무가인 〈창세가〉에 천지개벽의 과정이 잘 나타나있다. 그리고 문헌신화로는 북애노인(北崖老人)이 1675년(숙종1)에 지은 《규원사화(揆園史話)》의 〈조판기〉에 천지창조의 과정이 구체적으로 기술되어 있다.

(1) 천지왕본풀이

천지혼합으로 이르옵기는
어떠한 것이 천지혼합입니까.
하늘과 땅이 맞붙은 것이 혼합이오.
혼합한 후에 개벽으로 이르옵기는
어떠한 것이 개벽이오
하늘과 땅이 각각 갈라서 개벽입니다.

천지개벽이 어떻게 되었으리까
하늘로부터 조이슬이 내리고
땅으로부터 물이슬이 솟아나서
음양이 상통한즉
천개(天開)는 자(子)하고 지개는 축하고 인개는 인하니 ……

이렇게 되어 천지인(天地人) 삼재(三才)가 열리게 되었다. 천지가 개벽되기 이전의 세계는 혼합 곧 혼돈의 상태였는데 그것이 물(이슬)에 의해서 나뉘게 되었다.

하늘과 땅이 분리되어 개벽이 되었고 또 인간들도 태어났으나 해와 달이 없어서 암흑의 세계였다. 그러다가 광명의 신(神)인 청의동자가 나타났다. 그는 앞뒤 이마에 눈이 각각 2개씩 돋아 있었으므로 옥황의 두 수문장이 내려와서 앞이마의 눈 둘을 취해서 해 2개를 만들고 뒷이마의 눈 둘을 취해서는 달 2개를 돋게 한즉, 일광에 사람들이 타 죽고 월광 때문에 얼어서 죽게 되었다.

세상을 바라본즉 밤도 깜깜 낮도 깜깜
인간이 동서남북을 모르고 가림을 못 가린즉
헤음 없이 남방궁 일월궁의 아들
청의동자가 솟아났으니
앞이망 뒷이망에 눈이 둘씩 돋았읍네다.
하늘 옥황으로 두 수문장이 내려와
앞이망의 눈 둘을 취하여다가
동의 동방 섭제땅에서 옥황께 축수한즉
하늘에 해가 둘이 돋고
뒷이망의 눈 둘을 취하여다가
서방국 섭제땅에서 옥황께 축수한즉

달 둘이 솟아난즉, 금세상은 밝았으나
햇불에는 인생이 자자죽고
달빛에는 시려 죽어서 인생이 살 수 없는즉 ……

이때에 천지왕이 세상에 강림하여 바지왕을 선택하여 부부가 되었다가 승천하였다. 바지왕이 임신하여 대별왕과 소별왕을 낳았다.

소·대별왕이 15세가 되어 하늘에 올라가 천지왕을 만나 일광과 월광 때문에 사람들이 죽어간다는 사실을 알렸다. 그러자 천지왕은 무게가 천 근이나 되는 쇠활과 화살을 주면서 해와 달을 하나씩 쏘아 버리라고 명하였다. 그래서 하나씩을 쏘아버렸으므로 오늘날처럼 하나가 되었다.

그렇게 한 후에 하늘은 천지왕, 땅은 바지왕, 저승은 대별왕, 이승은 소별왕, 옥황은 옥황상제가 각각 차지해서 다스리게 되었으며, 인간세상은 인왕상제, 산은 산신백관, 물은 사해 용왕신이 다스리고, 인간을 태어나게 하는 일은 삼신이 맡아 다스리게 되었다. [현용준, 제주도무속자료사전, 큰굿 초감제거리, 천지왕본풀이]

❖ 〈천지왕본풀이〉 : 제주도 큰굿의 처음 제차는 청신거리에 해당하는 '초감제'이다. 이 제차에서는 베포도업침－날과 국 섬김－집안 연유 닦음－군문 열림－새다림－오리정 등 6단계의 소제차를 시행하고 있는데, 그 첫 번째 제차에서 천지혼합으로부터 우주개벽, 일월성신의 발생, 국토와 국가의 형성 등 지리적이며 역사적인 사상(事象)의 기원을 차례로 노래한다. 〈천지왕본풀이〉는 이 베포도업침에서 가창되는 신화이다. 대개 굿의 첫 번째 제차에서는 언제·어디서·무엇 때문에 굿을 하여 청신한다는 연유를 신에게 알려야 하는데, 이 언제, 어디서를 설명하기 위하여 천지개벽으로부터 시작하여 현재 굿을 하는 장소와 시간까지의 과정을 무가로 부른다.

한편, 이본(異本)에는 음양설의 신화적 이분법 곧 '대립하는 쌍둥이'에 해당하는 소별왕과 대별왕이 이승을 차지하기 위해 경쟁을 벌이는 과정이 전개되어 있다. 그것은 천지왕의 명으로 이승은 대별왕이, 저승은 소별왕이 차지하여 다스리도록 되었으나 소별왕이 이승을 차지하고 싶어서 형인 대별왕과 시합을 벌인다. 소별왕은 두 번이나 대별왕에게 지게 되자 다시 잠자기 내기를 걸었고, 대별왕이 깊이 잠든 사이에 꽃동이를 바꾸어 놓고서 이긴다. 이리하여 인간세상이 간사한 소별왕의 차지가 되었으므로 그로부터 온갖 죄악과 혼란이 난무하게 되었으며, 저승은 대별왕이 다스리므로 공명정대하게 통치된다는 것이다.

(2) **창세가(創世歌)**

한을과 따히 생길 적에
미륵님이 탄생한즉
한을과 따히 서로 부터
떨어지지 안이하소아
한을은 북개꼭지처럼 도도라지고
따는 네 귀에 구리기둥을 세우고.
그때는 해도 둘이요, 달도 둘이요.
달 한나 띄여서 북두칠성 남두칠성 마련하고
해 한나 띄어서 큰 별을 마련하고
잔별은 백성의 직성별을 마련하고
큰별은 님금과 대신별 마련하고.
미럭님이 옷이업서 짓겠는대 감이업서
이 산 저 산 넘어가는 버덜어가는 칙을 파내어 ……

칡으로 옷을 지어 입은 미륵님은 물과 불의 근본을 알기 위해 새앙

쥐에게 물어서 차돌과 시우쇠를 쳐 불의 근본을 알아내었고, 소아산에 들어가서 물의 근본을 알아낸다.

그리고 미륵님은 금・은쟁반을 양손에 들고 하늘에 축수하여 금벌레, 은벌레를 5마리씩 받아서 금벌레로 남자를, 은벌레로 여자를 만들어 부부를 맺게 함으로써 사람을 마련한다. 그리하여 미륵님 세월은 태평하였는데, 석가님이 나와서 미륵님 세월을 빼앗으려 하자 미륵님과 석가님은 내기시합을 하기로 한다.

동해에서 병에다가 줄을 달고 당기는 첫 번째 내기에서는 석가님의 줄이 끊어져 미륵님이 이긴다. 성천강을 얼게 하는 두 번째 시합에서도 역시 미륵님이 이긴다. 그러나 잠을 자며 모란꽃을 피우는 내기에서는 석가가 미륵님이 먼저 피운 꽃을 몰래 꺾어다가 자기의 무릎 위에 꽂아 놓고 이긴다.

잠에서 깬 미륵님은 이러한 석가의 행위를 알면서도 더 이상 성화를 받기 싫어 석가에게 세월을 내주고 가면서 난세가 될 것을 예언한다. 과연 미륵님의 말과 같이 세상이 어지러워 석가님은 중들을 데리고 산중에 들어가 노루를 잡아 구워 먹었는데, 그 중들이 죽어 바위나 소나무가 되고, 중 둘만이 성인이 되겠다고 고기를 먹지 않았다. 이런 연유로 해서 사람들은 지금도 삼사월이 돌아오면 짙푸른 녹음 속에서 화전(花煎)놀이를 즐긴다. [함경도 세인굿 무가(창세가)]

(3) 조판기(肇判記)

태고에 음양(陰陽)이 갈라지지 아니하고 홍몽한 채 오래 닫히어, 천지는 혼돈*하고 귀신도 매우 슬퍼하고, 일월성신(日月星辰)도 잡것에 싸여 질서가 없고, 바다는 흐리고 깊어, 뭇 생물은 자취를 찾을 길이 없고, 우주(宇宙)는 다만 암흑의 큰 덩어리일 뿐이었다.

물과 불은 서로 밀치기 수백 년이었고, 상계(上界)에는 마침 한 큰 주신(主神)이 있었으니 환인(桓因)이라 하였다. 온 세상을 다스리는 헤아릴 수 없는 지혜와 능력을 가지고 있었으나 그 형체는 나타내지 아니하고 가장 높은 하늘에 자리 잡고 있었다. 그 있는 곳은 수만 리나 떨어져 있는 곳이지만 늘 환하게 빛나고 그 아래에 다시 수많은 소신(小神)들을 거느리고 있었다.

환(桓)이란 광명 곧 환하게 빛나는 것으로 그 형체를 말함이요, 인(因)이란 본원 곧 근본으로서 만물이 이로 말미암아 나는 것을 뜻함이다.

이때에 주신이 두 손을 마주잡고 곰곰이 생각해 말하기를 "이제 우주라고 하는 큰 덩어리가 어둡게 닫힌 지 이미 오래다. 혼원(混元)한 기운에 싸여 낳고 길러지기를 바라니 만일 때를 맞추어 열지 아니하면 어찌 헤아릴 수 없는 공덕을 이룰 것인가" 하고 이에 환웅천왕을 불러 우주를 여는 일을 행하도록 명을 내렸다.

환웅은 그곳을 떠나 여러 신들을 독려하여 각자 크게 신통함을 나타내게 하니 다만 풍운이 어둡고 검푸르고 깊으며, 번개가 줄기져 번쩍이고 우레와 벼락 치는 것만 보게 되었다. 그러자 옥녀가 실색하고 모든 귀신들이 도망치니 이때에 천지가 열리고 하늘과 땅이 비로소 나누어지게 되었다.

이에 해와 달에게 명하니 해와 달은 바퀴처럼 서로 구르고 돌아 고운 빛을 하늘과 땅에 비추게 하였다. 해를 가게 해서 낮이 되게 하고 달을 가게 해서 밤이 되게 하고 또 별들에게 명하여 하늘에 돌게 하고 사사(四時)를 정하게 하여 햇수와 날수를 다스리게 하였다.

이로써 하늘과 땅이 나누어지고 해와 달이 돌도록은 하였으나 땅에는 물과 불이 정해지지 못하고 바다는 혼돈하여 쌓인 기운이 열리지 못한지라 한 큰 주신이 두 번째로 환웅천왕(桓雄天王)에게 명하여 크게 법력(法力)을 나타내게 하니 다만 땅덩어리와 물가가 보이더니 비로소 땅과 바다가 정해지게 되었다. [북애거사, 규원사화, 조판기]

❖ 〈조판기〉 : 성명 미상의 북애거사(北崖居士)가 조선조 숙종 원년(1675)에 저술한 고대의 역사서 《규원사화(揆園史話)》에 실린 신화로서 우리의 천지창조型 문헌신화로는 유일무이한 것이다. 환웅이 하강할 때 天符印을 가지고 3천의 무리와 함께 하강했다는 것은 기존의 〈단군신화〉와 동일하다. 이 신화는 천지창조의 과정을 ① 암흑 · 혼돈에서부터 천지의 분화, ② 천체의 운행, ③ 水 · 陸의 분화, ④ 금수와 초목의 발생, ⑤ 인간의 탄생 순으로 서술하고 있어서 〈천지왕본풀이〉 〈창세가〉와 함께 개벽의 과정을 잘 보여준다.

❖ 혼돈(chaos) : 최초의 세계가 혼돈이었고 거기서 하늘과 땅으로 나뉘는 천지창조 이야기는 범세계적으로 동일형(同一型)이다. 중국신화에서는 '반고(盤古)'라는 신이 달걀 모양의 혼돈 속에서 태어나 세계를 하늘과 땅으로 나누었다. 뉴질랜드 마오리족의 Sky Father인 Rangi와 Earth Mother인 Papa도 카오스에서 태어나 생식과 번식의 신인 아들 Tane를 낳았다. 또 그리스의 대지의 여신 가야도 카오스에서 태어나 에로스의 힘을 빌어 천공 우라노스를 낳았다.

아래에 제시한, 북유럽의 신화집인 《Edda》와 중국의 《장자》 그리고 바빌로니아의 신화 및 이스라엘의 《성경》에도 최초의 세계가 오로지 카오스라고 하였다. 이 카오스부터 세상이 생겨났다.

『옛날에는 위에 하늘도 없었고 밑에 땅도 없고, 오직 끝없는 깊음과 안개의 세계만이 있을 따름이며, 이 안개의 세계에는 한 샘물이 흐르고 있었다. 열두 개의 냇물이 이 샘에서 흘러 나왔는데, 이 냇물은 수원지에서 멀리 흘러가면서 얼음이 되고, 여러 층이 겹쳐 그 큰 깊음을 메웠다. 안개의 세계 남쪽에는 빛의 세계가 있었다. 이 세계로부터 따뜻한 바람이 불어와 얼음을 녹이었다. 증기가 하늘로 올라가 구름이 되고, 구름으로부터 Yimir라는 서리의 거인과 그 자손 및 Audhumbla라는

암소가 태어났는데, 이 암소의 젖으로 거인을 부양하였다.』 [Edda]

『남해의 임금은 숙(儵)이라 하고, 북해의 임금은 홀(忽)이라 하며, 중앙의 임금을 혼돈(渾沌)이라 하였다. 숙과 홀이 어느 날 혼돈의 땅에서 만났을 때 혼돈이 그들을 위하여 잘 대접하였다. 그래서 숙과 홀은 서로 상의하여 혼돈의 덕을 갚고자 하였다. 그리하여, 「사람들은 모두가 일곱 구멍이 있어서 그것으로써 보고, 듣고, 먹고, 숨 쉬는데, 이 분만이 홀로 아무런 구멍이 없으니 시험 삼아 뚫어주자」고 하여 하루에 한 구멍씩 뚫어 7일이 되니 혼돈은 그만 죽고 말았다.』 [장자, 내편, 응제왕]

『하늘도 땅도 아직 이름이 없던 시절, 다만 태초에 만물의 아버지 Apsu, 어머니 Timat 만이 있었다. 그들이 하나로 혼합한 액체 속에서 Lahmu와 Lahamu가 태어났고, 그들이 자라기도 전에 Anshar와 Kishar가 태어났다. 그들은 날짜를 늘이고 세월을 쌓아 갔다……』 [John Gray, Near Eastern Mythology-Babylonia Myth]

『태초에 하나님이 천지를 창조하시니라. 땅이 혼돈하고 공허하며 흑암이 깊음 위에 있고 하나님의 신은 수면에 운행하시니라. 하나님이 가라사대 빛이 있으라 하시매 빛이 있었고, 그 빛이 하나님이 보시기에 좋았더라. 하나님이 빛과 어둠을 나누사 빛을 낮이라 칭하고 어두움을 밤이라 칭하시니라. 저녁이 되며 아침이 되니 이는 첫째 날이니라.

하나님이 가라사대 물 가운데 궁창(穹蒼)이 있어 물과 물로 나뉘게 하리라 하시매 그대로 되니라. 하나이이 궁창을 하늘이라 칭하시니라. 저녁이 되며 아침이 되니 이는 둘째 날이라.

하나님이 가라사대 천하의 물이 한 곳으로 모이고 뭍이 드러나라 하시매 그대로 되느니라. 하나님이 뭍을 땅이라 칭하시고 모인 물을 바다라 칭하시니라. 하나님의 보시기에 좋았더라. 하나님이 가라사대 땅은 풀과 씨 맺는 채소와 각기 종류대로 씨 가진 열매 맺는 과목을 내라 하시매 그대로 되어 땅이 풀과 각기 종류대로 씨 맺는 채소와 각기 종류대로 씨 가진열매 맺는 나무를 내니 하나님의 보시기에 좋았더라. 저녁이 되며 아침이 되니 이는 셋째 날이니라.

하나님이 가라사대 하늘의 궁창에 광명이 있어 주야를 나뉘게 하라. 또 그 광명으로 하여 징조와 사시와 일자와 연한이 이루라. 또 그 광명이 하늘의 궁창에 있어 땅에 비취라 하시고(그대로 되니라).
하나님이 두 큰 광명을 만드사 큰 광명으로 낮을 주관하게 하시고 작은 광명으로 밤을 주관하게 하시며 또 별들을 만드시고, 하나님이 그것들을 하늘의 궁창에 두어 땅에 비취게 하시며 주야를 주관하게 하시며 빛과 어두움을 나뉘게 하시니라. 하나님의 보시기에 좋았더라. 저녁이 되며 아침이 되니 이는 넷째 날이니라.

하나님이 가라사대 물들은 생물로 번성케 하라. 땅위 하늘의 궁창에는 새가 날으라 하시고 하나님이 큰 물고기와 물에서 번성하여 움직이는 모든 생물을 그 종류대로 날개 있는 모든 새를 그 종류대로 창조하시니 하나님의 보시기에 좋았더라. 하나님이 그들에게 복을 주어 가라사대 생육하고 번성하여 여러 바다 물에 충만하라, 새들도 땅에 번성하라 하시니라. 저녁이 되며 아침이 되니 이는 다섯째 날이니라.

하나님이 가라사대 땅은 생물을 그 종류대로 내되 육축과 기는 것과 땅의 짐승을 종류대로 내라 하시고(그대로 되니라). 하나님이 땅의 짐승을 그 종류대로 육축을 그 종류대로 땅에 기는 모든 것을 그 종류대로 만드시니 하나님의 보시기에 좋았더라. 하나님이 가라사대 우리의 형상을 따라 우리의 모양대로 우리가 사람을 만들고 그로 바다의 고기와 공중의 새와 육축과 온 땅과 땅에 기는 모든 것을 다스리게 하자 하시고, 하나님이 자기 형상 곧 하나님의 형상대로 사람을 창조하시되 남자와 여자를 창조하시고, 하나님이 그들에게 복을 주시며 그들에게 이르시되 생육하고 번성하여 땅에 충만하라, 땅을 정복하라, 바다의 고기와 공중의 새와 땅에 움직이는 모든 생물을 다스리라 하시니라.

하나님이 가라사대 내가 온 지면의 씨 맺는 모든 채소와 씨 가진 열매 맺는 모든 나무를 너희에게 주노니 너희 식물이 되리라. 또 땅의 모든 짐승과 공중의 모든 새와 생명이 있어 땅에 기는 모든 것에게는 내가 모든 푸른 풀을 식물로 주노라 하시니 그대로 되니라. 하나님이 그 지으신 모든 것을 보시니 보시기에 심히 좋았더라. 저녁이 되며 아침이 되니 이는 여섯째 날이니라.

천지와 만물이 다 이루니라. 하나님의 지으시던 일이 일곱째 날이 이를 때에 마치니 그 지으시던 일이 다하므로 일곱째 날에 안식하시니라.』 [구약성경, 창세기, 1장~2장]

(4) 설문대할망

아득한 옛날에 제주도에는 '설문대할망'이라는 할머니가 살고 있었다. 할망은 어찌나 키가 크던지 한라산을 베개 삼아서 누우면 발이 서귀포 앞 바다에 잠겼다. 그리고 발로 물장난을 했다. 서귀포 법환리 앞 바다에 있는 섭섬의 커다란 구멍 두 개는 할망이 한라산을 베개 삼아 누우면서 발을 뻗었을 때 잘못하여 두 엄지발가락이 닿아서 생긴 구멍이다. 할망은 마음씨가 착해서 제주도를 두루 돌아다니며 아름다운 섬들을 만들었다.

이와 같이 키가 큰 설문대할망은 육지를 왕래할 때 신발을 벗고 치맛자락을 살짝 들고 성큼성큼 걸어서 목포와 제주도 사이를 다녔다. 그때에 할망의 키가 얼마나 크던지 제일 깊은 곳이 그미의 무릎까지 밖에 차지 않았다. 제주도 용담의 물은 할망의 발등에 겨우 찼다. 서귀포 서홍리의 물은 무릎에도 미치지 못했다. 할망은 빨래를 할 때면

으레 한 발을 제주도 동북쪽에 있는 성산 일출봉에 딛고서 바닷물로 빨았다.

할망은 키가 크지만 힘도 아주 세었다. 한라산이 높은 것은 할망이 흙을 치마폭에 싸서 담아다 부은 것이다. 그리고 흙을 들고 갈 때 조금씩 흘린 것이 한라산 둘레에 있는 산들이다. 하루는 할망이 한쪽 발을 선상면 오조리에 있는 식산봉에 디디고 앉아서 오줌을 누었다. 그랬더니 그 오줌줄기의 힘이 얼마나 세던지 산이 무너지고 거기에 강이 생겼다. 이때 산이 하나 무너져 떠내려간 것이 바로 '소섬'이다.

표선면 해안에 있는 백사장도 설문대할망이 만든 것이다. 백사장이 있는 그곳은 본래 물이 깊어서 파도가 일면 바닷물이 마을까지 들어와 피해를 주었다. 또 아이들이 놀다가 물에 빠져 죽기도 하였다. 이것을 본 할망은 주민들을 가엾게 여겨 하룻밤 사이에 나무를 베어다가 바다에 깔고 모래로 덮어 씌워 바다를 메웠다. 그리하여 오늘날과 같은 백사장이 생겨 안전하게 되었다. 그래서 지금도 조수가 나간 다음에 백사장에 있는 모래를 헤쳐 보면 굵은 나무들이 썩은 채로 나오고 있다고 한다.

키가 크고 힘이 센 할망은 먹는 것도 여간 많지 않았다. 하도 많이 먹기 때문에 나중에는 먹을 것이 없었다. 그래서 하루는 수수범벅을 만들어 먹었다. 할망은 배가 고프던 참이라 실컷 먹었다. 그리고 똥을 쌌는데 그것이 곧 농가물이라는 곳에 있는 궁상망오름이다.

마음씨가 착한 설문대할망도 더러는 심술을 부릴 때가 있었다. 할망에게는 큰 고민이 하나 있었다. 곧 키가 너무 커서 옷을 제대로 지어 입을 수가 없었다. 그래서 하루는 사람들과 의논한 결과 섬사람들이 명주 백 필을 모아 할망의 속옷을 만들어주면 할망은 제주도에서 육지까지 다리를 놓아주기로 하였다.

사람들은 명주를 최대한 모았다. 그러나 아흔아홉 필밖에 모으지 못해 할 수 없이 바지 가랑이 한쪽이 조금 짧은 옷을 지어 바쳤다. 할망은 화가 나서 다리 놓는 일을 그만 두었다.

그때 할망이 다리를 놓으려다가 그만둔 곳이 조천리에 있는 '엉장매코지'라고 한다. 그곳에는 아직도 다리를 놓으려던 자취가 남아 있으며, 신촌리에 있는 바위에는 할망이 밟았던 발자국이 찍혀 있다고 한다. [진성기, 남국의 신화 / 현용준, 제주도 신화 / 한상수, 한국인의 신화]

(5) 장길손

아주 오랜 옛날에 장길손이라는 거인이 살았다. 그는 어찌나 키가 큰지 그의 얼굴을 보려면 한참이나 우러러 보아야 했다. 그뿐만 아니라 몇 십리 길도 한 발자국만 떼어놓으면 갈 수 있었다.

그런 그에게는 큰 걱정거리가 있었으니 즉, 몸집이 커서 많이 먹어야 하는데 먹을거리가 부족했다. 그는 한 번에 수십 섬씩의 밥을 먹어야 했으므로 어디를 가나 배가 고팠다. 다행히 남쪽의 곡창지대로 내려와서야 마음껏 먹을 수 있어서 오랜만에 생기가 돌았다.

흥이 난 길손은 들 가운데서 덩실덩실 춤을 추기 시작했다. 그때마다 그의 그림자가 백리까지 뻗쳤으며, 그림자 때문에 농사가 안 돼 그곳은 흉년이 들고 말았다. 이렇게 되자 남쪽 사람들은 길손을 원망하며 항의하였고 또 어차피 먹을 것이 없으므로 그는 그곳을 떠나 북쪽으로 걸음을 재촉하였다.

그러나 북쪽은 인심도 나쁘고 역시 먹을 것이 없어 며칠간을 굶주렸다. 길손은 허기진 배를 움켜쥐고 허위적 허위적 산을 넘고 강을 건너 더 북쪽으로 올라갔다. 그래도 먹을 것이 없어 굶주린 길손은 털썩 주저앉아 흙이든 돌이든 나무든 닥치는 대로 주워 먹었다. 그러자 처음에는 배가 부른 것 같았으나 이내 배가 아프기 시작하였다. 아픔이 견딜 수 없을 정도가 되자 길손은 눈물을 흘리며 토하기 시작하였다.

그는 어찌나 많이 먹었던지 토해낸 것이 큰 산이 되었다. 그것이 바로 '백두산'이다. 또 그가 흘린 눈물은 동서 양쪽으로 흘러갔는데 그게 '압록강'과 '두만강'이 되었다. 그리고 설사를 하여 흘러내려간 것이 '태백산맥'을 이루었고, 똥 덩어리가 튀어 멀리 떨어져나간 것이 제주도가 되었다. 그리고 뱃속에 있는 모든 것을 다 토해낸 길손이 뒤를 돌아보며 "휴우" 하고 한숨을 내쉰 것이 만주 벌판이 되었다.

그제야 정신이 든 장길손은 자기를 후대한 남쪽 농민들에게 뭔가 보답을 하고 싶었다. 그래서 거름으로 쓰라고 백두산 위에 서서 남쪽을 향해 오줌을 누었다. 그런데 그것이 생각대로 되지를 않고 홍수가 져 북쪽 사람은 남쪽으로 밀려나고 살아난 남쪽 사람들은 일본으로 건너가 그들의 시조가 되었다. [한경득(58), 충남 금산, 1958.12. 한상수 채록 / 한상수, 한국인의 신화, 문음사]

2) 인류기원

(1) 하느님의 인간창조

하늘과 땅으로 개벽(開闢)된 세계에서 화기(火氣)는 감춰지고 물은 움직여서 만물이 번성하였다. 이리하여 십만 년의 세월이 지나자 일대주신(一大主神－桓因)이 다시 뭇 신들을 모아 그들의 공덕을 치하한 후, 천지 사이에 만물의 어른인 사람을 만들도록 명하였다.

이에 환웅천왕이 명을 받고서 수많은 신들로 하여금 하계(下界)로 내려가 다스리되, 잘못이 없는 다음에야 천지의 신령스럽고 빼어난 성품과 곧고 밝은 기운을 분별하여 많은 사람을 만들도록 하였다.

일대주신은 네 번째로 환웅천왕에게 "사람과 만물을 다 만들었으니 인간 세상에 내려가 하늘을 이어 가르침을 세우고 만세토록 후생(後生)의 모범이 되게 하라"고 하였다. 이에 천왕은 천부인(天符印) 세 개와 풍백(風伯) · 우사(雨師) · 운사(雲師) 등 삼천 명의 무리를 이끌고 태백산 박달나무(檀木) 아래 내려와 군장(君長)이 되니 이가 곧 신시씨(神市氏)이다. [북애거사, 규원사화, 조판기]

(2) 미륵님의 인간창조

태초에 미륵님이 나타나 혼돈을 나누어 천지를 창조하였다. …… 그리고 미륵님은 금·은쟁반을 양손에 들고 하늘에 축수하여 금벌레, 은벌레를 5마리씩 받아서 금벌레로 남자를, 은벌레로 여자를 만들어 부부를 맺게 함으로써 사람을 마련하였다…… 그리하여 석가님이 나타날 때까지 미륵님 세월은 태평하였다. [함경도 세인굿무가, 창세가]

❖ 〈성서의 인간창조〉: 하나님이 가라사대 땅은 생물을 그 종류대로 내되 육축과 기는 것과 땅의 짐승을 종류대로 내라 하시고(그대로 되니라). 하나님이 땅의 짐승을 그 종류대로 육축을 그 종류대로 땅에 기는 모든 것을 그 종류대로 만드시니 하나님의 보시기에 좋았더라.

하나님이 가라사대 우리의 형상을 따라 우리의 모양대로 우리가 사람을 만들고 그로 바다의 고기와 공중의 새와 육축과 온 땅과 땅에 기는 모든 것을 다스리게 하자 하시고, 하나님이 자기 형상 곧 하나님의 형상대로 사람을 창조하시되 남자와 여자를 창조하시고, 하나님이 그들에게 복을 주시며 그들에게 이르시되 생육하고 번성하여 땅에 충만하라, 땅을 정복하라, 바다의 고기와 공중의 새와 땅에 움직이는 모든 생물을 다스리라 하시니라.

하나님이 가라사대 내가 온 지면의 씨 맺는 모든 채소와 씨 가진 열매 맺는 모든 나무를 너희에게 주노니 너희 식물이 되리라. 또 땅의 모든 짐승과 공중의 모든 새와 생명이 있어 땅에 기는 모든 것에게는 내가 모든 푸른 풀을 식물로 주노라 하시니 그대로 되니라. 하나님이 그 지으신 모든 것을 보시니 보시기에 심히 좋았더라. 저녁이 되며 아침이 되니 이는 여섯째 날이니라.

천지와 만물이 다 이루니라. 하나님의 지으시던 일이 일곱째 날이 이를 때에 마치니 그 지으시던 일이 다하므로 일곱째 날에 안식하시니라.

[구약성서, 창세기, 1장~2장]

3) 동식물기원

(1) 개다리 · 닭벼슬 · 돼지코

태초에 하느님이 개, 닭, 돼지를 창조한 후 1년 기한으로 인간 세상에 내려 보내 좋은 일을 하고 오도록 하였다. 마침내 1년이 되어 세 동물이 하느님 앞에 섰다.

"그래, 무슨 일을 하고 왔는가."고 하느님이 물었다.

개, 닭, 돼지 순으로 대답하였다.

"인간의 집을 지켜주고 주인에게 충성을 다하고 왔습니다."

"인간에게 새벽과 시각을 알리고 알을 낳아 주고 왔습니다."

"저는 별로 할 일이 없어서 먹고 놀다가 왔습니다."

하느님은 개를 가상히 여겨 전에는 셋이었던 다리에 하나를 붙여서 넷을 만들어주었다. 그래서 개가 오줌을 눌 때는 상으로 받은 그 다리를 귀히 여기느라고 한쪽 다리를 들고 눈다, 닭에게는 아름다운 벼슬을 달아주었다. 그리고 돼지는 쓸모가 없다고 해서 죽이라고 했다. 시종이 돼지를 죽이려고 칼로 내려쳤는데 얼른 피하는 바람에 그만 돼지의 기다란 부리가 잘려나가 지금처럼 코끝이 맨들맨들하게 됐다고 한다.

(2) 모기 · 벼룩 · 빈대

남선비와 여산부인의 아들 7형제는 어머니를 죽인 귀일이 이번에는 자기들까지 죽이려는 것을 알고 달려들었다. 그러자 남선비는 놀라 도망치다가 문에 걸려 죽었고, 귀일은 간신히 뒷간으로 달아나 쉰다섯 자 머리털로 목을 매어 죽었다. 그래서 여자는 뒷간의 신인 측도부인(厠道婦人)이 되었다.

일곱 형제들은 여자에게 달려들어 두 다리를 찢어 디딜방아를 만들었다. 머리로는 독을 만들고, 머리털을 끊어 던지니 바다속의 수초가 되었다. 손톱발톱을 끊어 던지니 딱지조개가 되고, 배꼽을 끊어서 던지니 굼벵이가 되고, 항문을 끊어 던지니 대전복과 소전복이 되었다.

그리고 여자의 육신을 가루로 만들어 흩뿌리니 사람의 고혈을 빨아먹던 성질대로 모기와 벼룩과 빈대가 되었다.

일곱 형제는 어머니가 누운 자리의 흙을 모아 시루를 만들었다. 그리고 여섯 형이 주먹으로 한 번씩 찍으니 여섯 개의 구멍이 터지고, 막내가 발뒤꿈치로 한 번 차니 가운데에 구멍이 크게 터졌다. 이때부터 시루구멍이 일곱 개가 되는 법이 나왔다. [무가 〈문전본풀이〉]

(3) 할미꽃

어느 산골마을에 할머니가 일찍이 부모를 여윈, 세 명의 어린 손녀를 기르면서 살고 있었습니다. 할머니는 손녀들을 기르시는 것을 낙으로 삼아 항상 웃으면서 살았습니다. 세월은 흘러 손녀들이 커서 시집을 가게 되었습니다.

잘 생긴 큰손녀와 둘째는 부잣집으로 시집을 갔습니다. 그리고 수수하게 생긴 셋째 막내 손녀는 할머니를 모시고 산다고 시집을 가지 않다가 늦게야 그만저만하게 사는 집으로 시집을 갔더랍니다.

손녀들이 떠나고 할머니는 늙어서 일을 하지 못했습니다. 그래서 먹을 것도 없어 굶주림과 추위에 떨게 되었습니다. 그래서 할머니는 있는 힘을 다하여 손녀를 찾아가기로 하였습니다.

먼저 부자로 사는 큰손녀를 찾아갔습니다. 큰손녀는 아주 따뜻하게 맞이하며 밥을 대접했습니다. 그러던 어느 날 손녀가 남편에게 할머니를 내쫓으라는 말을 하는 것을 듣게 되었습니다. 할머니는 슬며시 집을 나와 둘째 손녀를 찾아가기로 했습니다. 그러나 둘째는 반기지도 않았습니다. 그냥 헛간에다 가둬둘 뿐이죠.

할머니는 할 수 없이 둘째네를 나와 막내 손녀를 찾아갑니다. 할머니가 저기 막내 손녀네가 보이는 등성이에 겨우 올랐을 때 할머니는 배고픔과 추위에 견디지 못하고 그만 쓰러지고 맙니다. 할머니는 입속으로만 막내 손녀의 이름을 부르다가 끝내 눈을 감았습니다.

막내 손녀는 할머니가 부르는 소리가 몇 번이나 들리는 것 같아서 저도 모르게 마을로 들어오는 등성이에 이르렀습니다. 그리고 거기서 차겁게 누워있는 할머니를 발견했습니다. 막내는 슬피 통곡했습니다.

이듬해 따스한 봄날, 할머니가 쓰러져 누워있던 자리에서 허리가 굽은 할머니처럼 생긴 자그마한 꽃이 고개를 푹 숙이고 피어났습니다. 사람들은 그 꽃은 할머니의 영혼이 담긴 꽃이라 했고, 그래서 이름도 '할미꽃'이라 지어 불렀더랍니다.

❖ 중국 운남성의 소수민족인 아창족(阿昌族)에게는 다음과 같은 동물기원신화가 있다.

한때 하늘에는 태양이 둘이 있었다. 가짜 태양을 지키는 것은 용 모양을 한 소였다. 아창족의 조상 가운데 '라깡'이라는 영웅이 있었다. 그는 먼저 소의 힘을 다 쓰게 했다. 그리고 그는 활을 들고 하나의 가짜 태양을 쏘러 갔다. 활을 쏘고 태양이 땅에 떨어지기를 기다렸다. 마침내 가짜 태양은 이글거리며 대지의 여신인 '차미마'가 지키고 있는 땅으로 떨어졌다.

태양이 땅에 떨어지자 물소의 뿔이 볕에 말라 지금처럼 굽어졌다. 황소의 가죽은 불에 쬐어 누렇게 되었다. 또 이로부터 멧돼지의 등은 까맣게 되었으며, 부엉이는 볕에 놀라 낮에는 눈을 감게 되었다. 오리는 너무 뜨거워 울다가 목이 쉬어 버렸다. 그리고 매미는 뜨거움에 화가 나서 창자가 끊어졌으며, 이로부터 매미에게는 창자가 없다.

또 아창족의 하늘 아버지 차파마와 땅 어머니 차미마는 라깡이 얼마나 힘이 센지 알아보기 위해 먼저 물소를 보내었다. 허나 물소는 더위를 싫어해 저수지에 머물며 떠나지 않았다. 그래서 차파마는 물소에게 "논밭을 일구며 살아라. 죽으면 찢어서 고기와 가죽으로 말려라."고 운명을 선고하였다.

다음으로 황소를 보냈다. 황소는 명령을 잊고 게걸스럽게 사탕수수만을 먹었다. 그래서 "말랐을 때는 채찍으로 맞고 살찌면 칼로 죽여라"고 하였다.

이번에는 다시 말을 보냈다. 말은 오로지 풀 더미에서 구르는 데만 정신을 팔았으므로 사람을 위해 힘든 노동을 하는 운명을 지니게 되었다."

4) 문물기원

(1) 이승과 저승

혼돈 중에 미륵님이 나타나 하늘과 땅을 나누고, 해와 달을 나누고, 별과 인간 남녀를 마련하였다. 그리고 칡으로 옷을 마련하고, 생쥐에게 물어서 물과 불의 근본을 알아내었으므로 미륵님의 이승세계는 참으로 태평하였다.

그런데 마음씨가 곱지 않은 석가님이 나타나서 이승의 세계를 빼앗고자 내기를 하자고 하였다. 동해바다에서 병에다가 줄을 달고 당기는 첫 번째 내기에서는 석가님의 줄이 끊어져 미륵님이 이겼다. 성천강을 얼게 하는 두 번째 시합에서도 역시 미륵님이 이긴다. 그러나 잠을 자며 모란꽃을 피우는 내기에서는 석가가 미륵님이 먼저 피운 꽃을 몰래 꺾어다가 자기의 무릎 위에 꽂아 놓는 술수를 쓰고서 이긴다. 잠에서 깬 미륵님은 이러한 석가의 행위를 알면서도 더 이상 성화를 받기 싫어 석가에게 세월을 내주고 가면서 난세가 될 것을 예언한다. 이렇게 해서 이승은 공정하지 못한 석가의 것이 되고, 저승은 공명정대한 미륵님의 세상이 되었다.

과연 미륵님의 말과 같이 이승은 어지러웠다. [함경도 세인굿무가(창세가)]

(2) 수의(壽衣)와 명정(銘旌)

저승으로 염라대왕을 잡으러 가는 강림을 위해서 큰부인은 저승 행차 차림을 해 주고 나서 물었다.

"그런데 원님이 저승 가는 증거물은 줍디까?"

강림은 원님한테 받은 종이를 내어 보였다.

"염라대왕을 모시러 가는 데 어찌 이런 글씨가 있단 말이오. 산사람의 소지는 흰 종이에 검은 글씨이지만, 저승글씨야 어찌 이렇습니까? 붉은 종이에 흰 글씨여야 합니다."

강림은 원님한테 달려가서 새로 글씨를 받아왔다. 그때 낸 법으로 사람이 죽으면 명정(銘 旌)을 쓸 때 붉은 바탕에 흰 글씨를 쓰는 법이 생겼다.

강림은 저승의복을 입고 나니 언제 이렇게 준비를 해 놓았는가 싶어 큰부인에게 감탄하였다.

"이 옷은 언제 이렇게 해놓았소?"

"벌써 이런 일이 있을 줄 알고 지어 놓았습니다."

이때 낸 법으로 사람이 죽기 전에 미리 수의(壽衣)를 마련하게 되었다. [강림차사본풀이]

(3) 순서가 없는 저승길

강림은 저승에 가서 염라대왕의 사자(使者)가 되었다. 하루는 강림이 염라대왕의 분부를 받았다.

"이승에 가서 남자는 팔십, 여자는 칠십이 되거든 차례로 저승에 오도록 전하고 오너라."

강림은 염라대왕의 분부대로 적패지(赤牌旨)를 등에 지고 이승을 향했다. 얼마쯤 왔을까. 다리도 아프고 힘도 겨워 쉬노라니 까마귀가 날아왔다.

"형님, 그 적패지를 내 날개에 끼워 주시오. 내가 가서 붙여놓고 올 테니까 ……"

강림은 마침 힘겹게 걷고 있는데 이런 말을 들으니 반가웠다. 그는 얼른 그의 날개에 끼워 주었다.

까마귀는 훨훨 날았다. 한참 날아가다 보니 말을 잡는 광경이 보였다. 까마귀는 말피나 조금 얻어먹으려고 나무에 앉아서 기다렸다. 아무리 기다려도 작업은 쉽게 끝나지 않았다. 까마귀는 기다리기가 지루해서 까욱까욱 하고 울었다.

말을 잡던 사람은 말발굽을 잘라서 까마귀를 향해 휙 던졌다. 까마귀는 저도 모르게 날개를 펴고 일어났다가 앉았다. 그 사이 적패지가 땅에 떨어졌다. 그때 마침 굴속에서 고개를 내밀고 있던 뱀이 얼른 받아 물고 들어가 버렸다. 그래서 뱀은 지금도 아홉 번 죽었다가도 열 번째 다시 사는 것이다.

그런데 까마귀는 금방 떨어뜨린 적패지가 없어진 것이 이상했다. 까마귀가 두리번거리니 옆에 솔개가 한 마리 앉아 있었다. 까마귀는 솔개가 훔친 게 틀림없다고 생각했다.

"내 적패지 내어 놓아라, 까욱"

"못 보았다, 끼루룩."

까마귀와 솔개는 한참 다투었다. 그래서 까마귀와 솔개는 지금도 사이가 나쁜 것이다.

까마귀는 아무래도 소용없다는 것을 알고 무턱대로 이승으로 날아와 아무렇게나 되는대로 지껄였다.

“아이 갈 데 어른 가시오, 까옥.”

“어른 갈 데 아이 가시오, 까옥.”

“부모 갈 데 자식 가시오, 까옥.”

”자식 갈 데 부모 가시오, 까옥.”

“자손 갈 데 조상 가시오, 까옥.”

“조상 갈 데 자손 가시오, 까옥.”

이렇게 했기 때문에 사람이 순서 없이 죽어가게 되었다. 며칠 새에 저승은 발 디딜 곳이 없었다.

최 판관은 연일 밀려드는 사람들 때문에 쉴 틈이 없었다. 어찌된 일인가 하고 강림을 불렀다.

“차례차례로 오라고 했는데 어째서 열 살도 안 된 아이까지 오는 것이냐?”

강림은 할 말이 없었다.

강림은 한참동안 꾸중을 듣고 나와서 까마귀를 불러서 따졌다. 까마귀는 지금까지 있었던 일을 모두 이야기했다.

강림은 화가 나서 까마귀를 보릿대 형틀에 묶어놓고 밀대곤장으로 아랫도리를 후려 갈렸다. 그래서 까마귀는 지금도 바로 걷지를 못하고 아장아장 걷는다. [차사본풀이(강림 도령)]

❖ 중국 윈난성의 라후족의 조상신인 ‘아싸’는 인간이 문물을 이용하는 방법을 한풀이의 형식으로 구성하여 가르치고 있다.

조롱박 덩굴이 끊어졌다네. 조롱박이 굴러 달아났다네. 아싸가 이를 좇아서 갈대숲에 갔다네. 갈대가 조롱박을 본 적이 없다고 하네. 아싸는 화가 나서 말했다네. “사람이 세상에 나올 때까지만 기다려라. 갈대를 베어 담을 엮게 할테니."

아싸는 다시 조롱박을 찾아 띠 숲으로 갔다네. 띠도 조롱박을 본 적이 없다고 말하네. 아싸는 화가 나서, "인간이 세상에 나올 때까지만 기다려라. 띠로 집을 짓게 할 테니."

아싸는 조롱박을 찾아 쪽 숲으로 갔다네. 쪽도 조롱박을 보지 못했다고 하네. 아싸는 화가 나서, "인간이 세상에 나올 때까지만 기다려라. 너를 이용해 염색 천을 만들게 할 테니."

아싸는 싸리 숲까지 쫓아갔다네. 싸리도 본적이 없다고 답하네. 아싸는 화가 나서 말했네. "인간이 세상에 나올 때까지만 기다려라. 너를 이용해 바구니를 엮고 광주리를 엮게 할 테니."

그리고 또 아싸는 황밤나무 숲으로 찾아갔다네. 황밤나무도 보지 못했다고 하네. 아싸는 화가 나서 말했다네. "인간이 세상에 나올 때까지만 기다려라. 너를 이용해 호미와 도끼자루를 만들게 할 테니."

(4) 12지의 첫자리를 차지한 쥐

옛날, 옥황상제가 동물들에게 지위를 주고자 했다. 이에, 그 선발 기준을 어떻게 할까 고민하다가 정월 초하루에 제일 먼저 천상의 문에 도달한 짐승으로부터 12자리까지 지위를 주겠다고 했다.

이 소식을 들은 각 짐승들은 기뻐하며 저마다 빨리 도착하기 위한 훈련을 했다. 그 중에서도 소가 가장 열심히 수련을 했는데, 각 동물들의 이런 행위를 지켜보던 쥐가 도저히 작고 미약한 자기로서는 먼저 도달함이 불가능하다고 생각하여, 그 중 제일 열심인 소에게 붙어 있었다.

정월 초하루가 되어 동물들이 앞 다투어 달려왔는데, 소가 가장 부지런하여 제일 먼저 도착하였으나 도착한 바로 그 순간에 소에게 붙어 있던 쥐가 뛰어내리면서 가장 먼저 문을 통과하였다. 소는 분했지만 두번째가 될 수밖에 없었다. 쥐가 십이지의 첫머리로 자리 잡을 수 있었던 것은 자신의 미약한 힘을 일찍 파악하고, 약삭빠르게 꾀를 썼기 때문이다.

그래서 12지의 동물 띠가 형성되었다. 자(子 ― 쥐), 축(丑 ― 소), 인(寅 ― 범), 묘(卯 ― 토끼), 진(辰 ― 용), 사(巳 ― 뱀), 오(午 ― 말), 미(未 ― 양), 신(申 ― 원숭이), 유(酉 ― 닭), 술(戌 ― 개), 해(亥 ― 돼지)가 그것이다. [김의숙, 쥐띠의 민속, 국학자료원]

❖ 조선조 선조대왕이 어느 날 경연에 임하셨는데 쥐 한 마리가 어전을 지나갔다. 선조대왕은 매우 의심쩍은 기색으로 "쥐란 짐승은 저렇게 외모도 못생기었을 뿐 아니라 사람에게 해를 끼치는 것이 많거늘 어찌하여 육갑(六甲)의 쥐로 십이간지 중 첫자리에 놓았는고? 경들은 그 까닭을 아는가?" 하고 물었다.

그때 유희춘이 대답하기를, "다름이 아니오라 쥐의 앞발 가락은 넷이오 뒷발가락은 다섯입니다. 그러하온데 음양陰陽)하에 짝이 맞는 수는 음에 속하옵고 짝이 맞지 않는 수는 양에 속합니다. 그러므로 넷은 음수요 다섯은 양수입니다. 여러 짐승 중에 한 몽뚱이에 이와 같이 음양이 상반되는 짐승은 쥐 이외에는 별로 없습니다. 그러하온데 원래 음기라는 것은 밤중이 되면 사라지고 뒤미처 양기가 생기게 됩니다. 그리하와 쥐로서 열두시 중에 첫 꼭대기에 놓아 자, 축, 인, 묘 등으로 나누게 된 것은 음에 속하는 앞발을 내디딘 뒤에 양에 속한 뒷발을 내디디는 뜻을 취한 것이니 즉 밤 열두시는 양기가 생기는 때인 까닭입니다." 하고 대답했다.

(5) 여상제가 머리를 짚으로 묶는 법

옛날 옛적에 (후에 농신이 된) 자청비는 천상으로 올라가 어렵게 통과의례를 거쳐 문 도령과 혼인해서 행복하게 살았다. 그런데 착한 자청비는 예전에 문 도령이 서천꽃밭의 막내딸과 혼인한 적인 있음을 알고 같은 여자의 입장에서 그 여자가 가여웠다. 그래서 문 도령에게 보름은 거기 가서 살고 보름은 자기와 함께 살자고 제안하였다.

문 도령은 서천꽃밭으로 가서 달콤한 시간을 보내다가 깜빡하여 한 달을 넘기고 말았다. 이에 기다리던 자청비는 편지를 써서 까마귀 편에 보냈다. 편지를 받아본 문 도령은 깜짝 놀라 서두는 바람에 말 안장은 거꾸로 지우고, 관을 쓴다는 게 행전을 둘러쓰고, 두루마기는 한쪽 어깨에만 걸친 채 말을 몰았다.

문 도령이 집 앞에 달려들 때 자청비는 때마침 머리를 풀어 손질하고 있었다. 말방울소리가 문 앞에서 시끄럽게 들리자 자청비는 문 도령이 온 것을 알고 바쁜 김에 풀어헤친 머리를 짚으로 질끈 묶고 마중을 나갔다. 그리고 "낭군님아 낭군님아 차림새가 바쁜 차림새가 되었습니다. 법(法)이나 마련하십시다."고 하였다.

이리하여 인간의 일생에서 부모가 죽었을 때가 가장 바쁜 때이니 초상이 나서 성복하기 전에 윗부분을 꿰매지 않은 통두건을 쓰고, 두루마기는 한쪽 어깨만 걸치며, 여상제(女喪制)는 머리를 풀어서 짚으로 묶어 매는 법이 마련되었다. [세경본풀이(자청비)]

2 건국신화

(1) 고조선(단군)

위서(魏書)에 말하되, 『2천 년 전에 단군왕검(檀君王儉)이라는 이가 있어 아사달산(阿斯達山－경(經)에는 무엽산(無葉山)이라 하며 또는 백악(白岳)으로 백주(白州) 땅에 있다 하며 또는 개성(開城) 동쪽에 있으니 지금 백악궁(白岳宮)이 그것이라 한다)에 도읍을 세우고 개국하니 이름이 조선이다. 당요(唐堯)와 같은 시대다.』고 하였다.

고기(古記)에는 말하되, 『옛날 환인(桓因－帝釋天王)의 서자 환웅(桓雄)이 자주 천하에 뜻을 두고 인간 세상을 탐내므로 아버지가 아들의 뜻을 알고 삼위(三危) 태백(太伯)을 내려다보니 인간 세상을 이룩할 만하므로 천부인(天符印) 세 개를 주어 가서 다스리게 하였다. 환웅은 이에 3천 명의 무리를 거느리고 태백산(太伯山) 꼭대기(즉 태백이니 지금의 묘향산) 신단수(神壇樹) 밑으로 내려왔으니 이것이 곧 신시(神市)요, 이 분을 환웅천왕이라.』고 한다.

풍백(風伯), 우사(雨師), 운사(雲師)를 거느리고 주곡(主穀), 주명(主命), 주병(主病), 주형(主形), 주선악(主善惡) 등 인간 세상의 360여 가지 일을 주로 하여 세상을 다스리며 교화하였다.

이때 곰 하나와 범 하나가 한 굴에서 살면서 항상 신웅(神雄)에게 빌어 사람이 되기를 원하매 신웅이 약쑥 한 줌과 마늘 20개를 주시며 너희들이 이것을 먹고 1백일만 햇빛을 보지 않으면 사람의 모습을 얻으리라 하였다. 곰과 범이 그것을 얻어먹고 37일을 금기하여 곰은 여자가 되었으나 범은 참지를 못하여 사람이 되지 못하였다.

곰이 여자가 되기는 했으나 서로 혼인할 사람이 없어 항상 신단수 밑에서 수태하기를 빌고 원했다. 그래서 환웅이 거짓 변하여 결혼하여 아들을 낳으니 이가 곧 단군왕검이다. 당요(唐堯) 50년 경인(庚寅 — 당요가 즉위한 해가 무진인즉 50년은 정사요, 경인이 아니니 사실이 아닌가 의심스럽다)에 즉위하여 평양성(平壤城 — 지금의 西京)에 도읍하고 비로소 조선이라 했다.

다시 백악(白岳) 아사달로 도읍을 옮겼으니 아사달은 또한 궁홀산(弓忽山 — 弓은 方으로도 썼다)이라고도 하며 금미달(今彌達)이라고도 한다.

1천5백 년 동안 다스리다가 주호왕(周虎王 — 武王)이 즉위한 기묘년에 기자(箕子)를 조선에 봉하므로 단군은 장당경(藏唐京)으로 옮겼다가 뒤에 다시 아사달산에 숨어 산신이 되었으니 수(壽)가 1천 9백8세였다 한다.* [삼국유사(三國遺事), 고조선]

❖ 〈단군신화〉 : 이 신화는 분장된 역사의 한 모습이라는 설화의 사화적(史話的) 기능을 잘 보여 주는 고조선의 건국신화이다. 「환인－환웅－단군」 곧 「과업을 위탁한 자－과업을 예비적으로 수행한 자－과업을 마무리하는 자」라는 3대의 연속성을 통해서 건국의 과정을 잘 보여 준다. 이외에도 이 신화는 환웅이라는 '문화영웅'의 등장, 곰과 범 토템족의 존재, 이 땅 민속신앙의 지배적 이념 등을 암시적으로 드러낸다.

여기서 단군의 수명이 1908세라는 것은 단군이라는 개인의 수명이 아니라 단군조선이라는 신정부족사회가 지속된 햇수로 보아야 한다.

(2) 고구려(동명왕)

고구려는 곧 졸본부여이다...... 졸본주는 요동 지경에 있었다. 국사(國史) 〈고구려본기〉에 이런 사실이 있다. 시조 동명성제(東明聖帝)의 성은 고(高)씨요 이름은 주몽(朱蒙)이다. 이보다 전에 북부여왕 해부루(解夫婁)가 이미 동부여로 피해갔으며, 그가 죽자 금와(金蛙)가 왕위를 이었다. 이때에 (금와가) 태백산 남쪽 우발수에서 한 여자를 만나니 그녀가 말했다.

"저는 하백(河伯)의 딸이며 이름은 유화(柳花)라고 합니다. 여러 아우와 놀고 있는데 자기는 천제의 아들 해모수(解慕漱)라 하면서 저를 웅신산(熊神山) 밑 압록강가에 있는 집으로 데리고 가서 몰래 정을 통하고는 돌아오지 않았습니다. 부모는 내가 중매 없이 혼인한 것을 꾸짖어 이곳으로 귀양 보냈습니다."

금와는 그녀를 이상히 여겨 방에 가두어 두었더니 햇빛이 비쳐왔다. 그녀가 몸을 피해가니 햇빛이 또 따라가 비치었다. 그로 인하여 태기가 있어 알 하나를 낳으니 크기가 닷 되들이만 하였다. 왕은 그것을 버리어 개와 돼지에게 주었더니 먹지 않았다. 길에 버렸더니 소와 말이 피해 가고 들판에 버렸더니 새와 짐승이 덮어 주었다. 왕이 그것을 쪼개려 했으나 쪼갤 수 없어 그 어머니에게 돌려주었다. 그녀가 알을 싸서 따뜻한 곳에 두니 한 아이가 껍질을 부수고 나왔다. 골격과 외양이 영특하고 기이했다. 나이 겨우 일곱 살에 기골이 준수하여 범인과 달랐으며, 스스로 활을 만들어 백 번 쏘면 백 번 다 맞추었다. 그 나라의 풍속에 활을 잘 쏘는 것을 주몽이라고 했기에 이름을 '주몽'이라 하였다.

금와에게는 아들 일곱이 있었는데, 그 능력이 (주몽을) 미치지 못했다. 맏아들 대소(帶素)가 왕에게 말했다.

"주몽은 사람이 낳은 자가 아니니 만약 일찍이 없애지 않으면 후환이 있을까 합니다."

왕은 그 말을 듣고 (주몽에게) 말을 기르게 했다. 주몽은 좋은 말을 알아보고 그 말을 적게 먹여 여위게 하고 나쁜 말을 잘 먹여 살지게 하였다. 왕은 살진 말은 타고 여윈 말은 주몽에게 주었다. 왕의 아들과 신하들이 장차 주몽을 죽이려고 꾀하였다. 주몽의 어머니가 이 사실을 알고 아들에게 말했다.

"나라 사람들이 장차 너를 죽이려 하니 네 재능과 지략으로 어디를 간들 살지 못하겠느냐? 그러니 빨리 대책을 세워라."

이에 주몽은 오이(烏伊) 등 3인과 벗을 삼아 엄수(淹水)에 이르러 물(水神)에게 말했다.

"나는 천제의 아들이요 하백의 외손입니다. 오늘 도망하여 가는데 뒤쫓는 자가 거의 따르게 되었으니 어찌하면 좋습니까?"

이에 고기와 자라가 다리를 만들어 그를 건너가게 하고 곧 흩어지니 뒤쫓는 기병(騎兵)이 건너지 못했다. 졸본주에 이르러 드디어 도읍을 정했다. 미처 궁실을 짓지 못해서 비류수 위에 가옥을 지어 거쳐하며, 국호를 고구려라 하고 국호로 인하여 '고'(高)로써 씨(氏)를 삼았다. [삼국유사, 권1, 기이2, 고구려]

(3) 신라(박혁거세)

『예전에 진한(辰韓)에는 육촌이 있었다. 하나는 알천(閼川) 양산촌(梁山村)이니 남쪽은 지금의 담엄사(曇嚴寺)이다. 촌장은 알평(閼平)이다. 처음에 (하늘에서) 표암봉에 내려오니 이가 급량부 이(李)씨의 조상이다.

전한(前漢) 지절(地節) 원년 임자(B.C.69) 삼월 초하루에 6부의 조상들은 각기 자제들을 거느리고 알천의 언덕 위에 모여서 의논하였다. "우리들은 위에 다스릴 임금이 없으므로 백성들은 모두 방자하여 마음대로 하게 되었소. 어찌 덕 있는 사람을 찾아 임금으로 삼아 나라를 세우고 도읍을 정하지 않겠소."

이에 높은 곳에 올라 남쪽을 바라보니 양산(楊山) 밑 나정(蘿井) 곁에 이상한 기운이 전광처럼 땅에 비치는데 백마 한 마리가 꿇어 앉아 절을 하는 형상을 하고 있었다. 그곳을 찾아가 살펴보니 붉은 알 한 개가 있었으며, 말은 사람을 보고서 길게 울고는 하늘로 올라갔다. 그 알을 깨어보니 사내 아이가 나왔는데 모습이 단정하고 이름다웠다. 놀라고 이상히 여겨 동천(東川)에서 목욕시켰다. 몸에서 광채가 나고 새와 짐승이 따라 춤추며 천지가 진동하고 해와 달이 청명해지므로 그 일로 인하여 그를 혁거세왕(赫居世王)이라 하였다. 위호를 거슬한이라 하였다. - 이는 서술성모(西述聖母-娑蘇)가 낳은 바이니 그러므로 중국인들이 선도(仙桃) 성모를 찬양한 말에 "현인을 낳아 건국하였다"는 말이 있음이 이것이다. 계룡(鷄龍)이 상서로움을 나타내어 알영을 낳았다는 이야기도 또한 서술성모의 현신(現身)을 말한 것이 아닐까? - 』

당시의 사람들은 다투어 치하하였다. 그리고 이제 (하늘에서) 천자가 내려왔으니 마땅히 왕후를 찾아 배필을 삼아야 할 것이라고 하였다. 그날 사량리의 알영정(閼英井) 혹은 아리영정(娥利英井)에 계룡이 나타나 왼쪽 갈비에서 계집애를 낳았는데 모습과 얼굴은 유달리 고왔으나 입술이 닭의 부리와 같았다. 월성 북천으로 가서 목욕시키니 부리가 떨어졌다. 그 때문에 그 내를 발천(撥川)이라 한다.

남산 서쪽에 궁을 짓고 두 성스러운 아이를 받들어 길렀다. 사내아이는 알에서 나왔으며 그 알은 호(瓠)와 같았다. 향인들은 호를 '박'이라고 하는 까닭에 '박'(朴)으로 성을 삼았다. 여아는 그가 나온 우물 이름인 '알영'으로써 이름을 지었다. 두 성인이 13살이 되자 오봉(五鳳) 원년 갑자(B.C.57)에 왕과 왕후로 삼았다. 나라 이름을 서라벌(徐羅伐) 또는 서벌(徐伐)이라고 하고 혹은 사라(斯羅) 또는 사로(斯盧)라고 했다.

처음에 왕후가 계정(鷄井)에서 탄생한 고로 계림국(鷄林國)이라 하였다. – 일설에는 탈해왕 시대에 김알지(金]閼智)를 얻을 때에 닭이 숲속에서 울었으므로 후세에 와서 신라의 국호로 정했다.

나라를 다스린 지 61년 만에 왕은 하늘로 올라가고 7일 후에 그 몸뚱이가 땅에 흩어져 떨어졌는데 왕후도 또한 세상을 떠났다. 나라 사람들이 합장하고자 하니 큰 뱀이 쫓아 와서 방해하였다. 그래서 머리와 사지를 각각 장사지내어 오릉(五陵)을 만들고 또한 사릉(蛇陵)이라고 했으니 담엄사의 북릉이 바로 그것이다. 태자 남해왕이 왕위를 계승하였다. [삼국유사, 권1, 기이2, 신라시조혁거세왕]

(4) 가락국(김수로왕)

개벽한 후로 이곳에는 아직 국호도 없고 군신의 칭호도 없어서 9간(九干)이 추장이 되어 백성을 통솔하였다. 그때 사람들은 스스로 산과 들에 모여 우물을 파서 마시고 밭을 갈아서 먹었다.

임인년 3월 상사일(上巳日)에 북쪽 구지(龜旨) 에서 누구를 부르는 듯한 이상한 소리가 났다. 구간과 촌민 2~3백인이 모이니 형상은 보이지 않고 소리만 내어 "여기에 누가 있는가?"고 물었다. 사람들이 "우리들이 여기 있습니다."고 말하자, 이번에는 "이곳이 어디냐?"고 물었다. 그래서 구지봉이라고 대답하니 이어서 말씀이 있었다.

"하늘이 나에게 명령하시기를 이곳에 새로이 나라를 세워 임금이 되라 하셨다. 그래서 내려왔으니 너희들은 마땅히 봉우리의 흙을 파면서 이렇게 노래하고 춤을 추어라. 그렇게 하면 대왕을 맞이하여 환희하며 기뻐 뛰게 될 것이다."

거북아(신이여) 거북아 (龜何龜何)
머리(首露)를 내놓아라 (首其現也)
머리를 내밀지 않으면 (若不現也)
구워 먹으리 (燔灼而喫也)

사람들이 그 말대로 하니, 얼마 후 하늘에서 자주색 줄이 내려와 땅에 닿았다. 줄 끝에는 금합이 붉은 단이 붙은 보자기에 싸여 있었다. 열어보니 해처럼 둥근 6개의 황금색 알이 들어 있었으므로 사람들은 놀라고 기뻐서 백배하였다. 그리고 다시 보자기에 싸서 아도간(我刀干 : 우리 두레 대장?)의 집으로 가 탑 위에 모셔두고 흩어졌다.

12시간이 지난 이튿날 아침에 사람들이 다시 모여 함을 열어보니 알 여섯이 모두 용모가 크고 우아한 동자로 화(化)하여 있었다. 사람들은 이들을 평상에 앉히고 극진히 공경하였다. 동자들은 나날이 자라 십여 일이 지나니 은의 탕왕처럼 키가 9척이고, 용안은 한의 고조와 같고, 눈썹의 팔채(八彩)는 요임금과 같으며, 눈동자가 둘인 것[重瞳]은 우의 순임금과 같았다. 그 달 보름에 왕위에 올랐다.

세상에 처음 나타났다고 하여 이름을 수로(首露) 또는 수릉(首陵-사후의 시호)이라 하고, 국호를 대가락(大駕洛) 혹은 가야국(伽倻國)

이라 하였으니 이는 6가야 중의 하나이다. 나머지 다섯 동자도 각각 다섯 가야의 왕이 되었다.

즉위 2년 계묘년(43) 정월에 왕은 새로이 도읍을 정하려고 신답평(新畓坪)으로 가 좋은 곳을 골라서 외성, 궁궐, 관청, 창고 등을 지을 장소를 마련하였다. 그리고 나라 안의 장정, 인부, 공장 등을 모아 성곽 짓는 일을 시작하고 궁궐과 청사는 농한기를 이용하여 갑진년(44)에 완성하였다. 좋은 날을 가려 새 궁으로 옮겨가서 정사를 보살피고 서무에 부지런하였다.

한번은 '탈해'가 배를 타고 가야국에 이르렀다. 그는 완하국(琓夏國) 함달왕의 아들이다. 왕의 부인이 문득 잉태하여 해산달이 되어 알을 낳았는데, 알이 변하여 사람이 되었으므로 이름을 탈해(脫解)라 하였다.

그는 흔연히 대궐에 나아가 왕의 자리를 빼앗으러 왔다고 하였다. 수로왕은 "하늘이 나에게 명하여 왕위에 오르게 하였고, 장차 나라를 안정시키고 백성을 편안하게 하고자 하므로 감히 천명을 어겨 나라를 내줄 수 없으며, 남에게 백성을 맡길 수 없다."고 하였다. 그러자 탈해는 기술로써 승부를 결정하자고 하였다.

잠깐 사이에 탈해가 변하여 매가 되니 왕은 독수리가 되었다. 또 탈해가 변하여 참새가 되니 왕은 새매로 변하였다. 그 일이 순간적으로 일어났다. 탈해가 본 모습으로 돌아오니 왕도 또한 본래의 모습으로 돌아왔다. 탈해는 엎드려 사죄하기를, "제가 기술로 다투는 데에 있어서 매가 독수리에게 참새가 새매에게 죽음을 면한 것은 아마 성인(王)께서 인덕(仁德)을 지니셨기 때문입니다. 제가 왕위를 다툰다 해도 이기기는 진실로 어렵겠습니다."고 하였다.

탈해는 곧 하직하고 나루터에 이르러 중국 배의 뱃길을 따라 떠났다. 왕은 탈해가 은밀히 이곳에 머물러 반란을 꾀할까 염려하여 급히 배 5백 척을 보내어 그를 쫓으니 탈해가 계림(신라)의 영토 안으로 도망하였다. 그리하여 수군이 모두 돌아왔다.

무신년(48) 8월에 구간 등이 왕을 조알하면서, "대왕께서 강림하신 후로 아직 좋은 배필을 얻지 못하였습니다. 신들의 처녀 중에서 좋은 사람을 뽑아 왕비를 삼으시기 바랍니다."고 하였다. 왕은 "내가 이곳에 내려온 것이 하늘의 명령이듯이 배필을 삼는 것도 또한 하늘의 명이어야 할 것이니 그대들은 염려하지 말라."고 답하였다.

드디어 유천간(留天干)에게 빠른 배와 준마로 망산도(望山島)로 가서 기다리게 하고, 신귀간(神鬼干)에게는 승점(乘岾)으로 가도록 명하였다. 홀연히 서남쪽 바다로부터 붉은 돛을 달고 붉은 깃발을 단 배가 북을 향하여 오고 있었다. 유천간 등이 망산도 위에서 횃불을 올리니 앞을 다투어 하선하였다. 승점에 있던 신귀간이 그것을 보고 대궐로 달려와 사실을 아뢰니, 왕이 듣고 기뻐하였다.

곧 구간(九干)을 보내어 키를 바로잡고 노를 들어 그들을 맞이하고 곧장 대궐로 향하려 하였다. 그때 배에 있던 왕후가, "나와 너희들은 본디 모르는 사이인데 어찌 경솔하게 따라 가겠는가?"고 하였다. 유천간 등이 이 말을 대궐에 전하니 왕이 옳게 여기고 유사를 거느리고 대궐 아래 산 변두리에 장막을 치고 기다렸다. 왕후도 별포 나루터에 배를 매고 육지로 올라와 높은 언덕에서 쉬었다. 그리고 자기의 비단 바지를 벗어서 그것을 폐백으로 삼아 산신에게 바치었다.

왕후와 함께 온 사람은 도합 20여인이나 되었고, 가지고 온 비단과 금은보화는 기록할 수 없을 정도로 많았다. 왕후가 행재소(行在所)에 다가오니 왕이 나와서 맞이하여 장막의 궁전으로 인도하였다. 그리고 일행에게 난초로 만든 음료와 술을 주고 또 의복과 좋은 잠자리를 제공하였다. 이어 왕과 왕후가 침전에 계실 때에 왕후가 조용히 왕에게 말하였다.

"저는 아유타국의 공주입니다. 성은 허(許)이고 이름은 황옥(黃玉)이며 나이는 열여섯 살입니다. 본국에 있을 때 올 5월에 부모님께서 제게 이르기를 『우리 내외가 간밤의 꿈에 함께 상제를 뵈오니 가락국왕 수로는 하늘이 보내 왕위에 오르게 하였으나 아직 배필을 정하지 못하였으니 그대들은 공주를 보내어 배필로 삼게 하라고 하시었다. 그러니 너는 이 자리에서 부모를 작별하고 가락국을 찾아 떠나라.』고 하시었습니다. 그래서 저는 바다에 떠서 찐대추[蒸棗]를 구하고 하늘에서 선도 복숭아를 찾아 지금 아름다운 모습으로 용안을 가까이 하게 되었습니다."

이야기를 들은 왕이 왕후에게 말하였다.

"나는 나면서부터 자못 신성하여 공주가 먼 곳으로부터 올 것을 미리 알았으므로 왕비를 맞이하자는 신하들의 청을 듣지 않았소. 이제 현숙한 그대가 스스로 왔으니 본인에게는 큰 다행이오."

드디어 혼인하여 두 밤을 보내고 또 하루 낮을 지내었다. 이에 그들이 타고 온 배를 본국으로 돌려보내면서 15인의 뱃사공에게 각각 쌀 10석, 베 30필을 주었다. 왕과 왕비는 8월 초하루에 보물을 싣고 대궐로 돌아왔다.

이후 왕은 혁고정신(革古鼎新)으로 나라의 직제와 명칭 등을 고치고, 자비심으로 백성을 교화하였다. 왕과 왕후의 삶을 비유하면 마치 하늘에 대하여 땅이 있고, 해에 대하여 달이 있으며, 양에 대하여 음이 있음과 같았다. 그 내조의 공은 도산(塗山)씨가 하나라의 우왕을 돕고, 당원(唐媛-요 임금의 딸)이 순 임금을 돕고 또 교(嬌)씨의 시조가 된 것과 같았다. 그 해에 왕후는 곰의 몽조를 얻어 태자 거등(居登)을 낳았다. 왕후는 기사년(189) 3월1일에 세상을 떠나니 나이가 157세이었다. 왕후가 세상을 떠난 후 왕은 몹시 슬퍼하다가 10년 후인 기묘년(199) 3월1일에 또한 세상을 떠나니 향년 158세이었다.

왕이 세상을 떠나자 나라사람들은 부모를 잃은 듯이 슬퍼하고, 대궐의 동북쪽 평지에 빈궁(殯宮)을 세우고 수릉왕묘(首陵王廟)라 하였다. 그 아들 거등왕으로부터 9대손 구형왕까지 이 묘에 배향하였다. 매년 정월 3일과 7일, 5월 5일, 8월 5일과 15일에 풍성하고 정결한 제전으로 제사를 지내었다.

신라 제30대 문무왕(법민왕)은 신유년(661) 3월 어느 날에 조서를 내리었다.

「가야국 시조의 9대손 구형왕이 우리나라에 항복할 때 거느리고 온 아들 세종(世宗)의 아들이 솔우공(率友公)이고 그 아들 서운(庶云-舒玄) 각간의 딸 문명왕후께서 나를 낳았다. 때문에 시조왕(수로왕)은 나에게 15대 시조가 된다. 그 나라는 이미 멸망하였으나 사당은 아직 남아있으니 종묘에 합하여 제사를 계속하도록 하겠다.」

이내 사자를 옛궁터로 보내어 묘에 가까운 좋은 밭 30경(頃)을 바쳐 제사를 마련할 토지로 삼고 왕위전(王位田)이라 하였으며, 본 위토(位土)에 부속시켰다. 그래서 구형왕이 나라를 잃고 문무왕 신유년에 이르기까지 60여 년 동안 간혹 빠지던 제사가 매년 빠지지 않게 되었다.

훌륭하다. 문무왕은 먼저 조상을 받드니 효성스럽구나. 끊어졌던 제사를 이어서 다시 행함이여! [삼국유사, 2기이, 가락국기(駕洛國記)]

(5) 탐라국(高 · 夫 · 梁 三姓)

천지가 개벽하고 여신 설문대가 제주섬을 만들었으나 아직 사람들은 없었다.

지금으로부터 5천여 년 전이었다. 한라산 북쪽 기슭 땅 속에서 세 신인이 홀연히 솟아나왔는데 이 구멍을 모흥혈(毛興穴)이라고 했다. 나중에는 세 성인이 나왔다 하여 삼성혈(三姓穴)로 이름이 바뀌었다.

그들은 고을나(高乙那)·양을나(梁乙那)·부을나(夫乙那)라 불리는 세 형제였으며 풍채가 좋고 도량이 넓어서 그 후 인간사회에서도 보기 드문 모습이었다.

가죽옷을 입고 육식을 하면서 항상 사냥을 일삼으며 생활했으나 가업은 이루지 못했다.

하루는 한라산에 올라 멀리 바라보니 섬의 동쪽에 자줏빛 흙으로 봉한 나무함이 떠 와서 머물러 떠나지 않았다. 세 사람이 내려가 이를 열어 본즉 안에는 새알 모양인 옥함이 있었고, 자줏빛 옷에 관대를 한 사자가 따라와 있었다.

또 옥함을 여니 푸른 옷을 입은 처녀 세 사람이 있었는데 모두 나이는 15, 16세요, 용모는 품위 높고 아리따움이 보통이 아니었는데, 모두 아름답게 장식하여 같이 앉아 있었다.

또, 망아지, 송아지와 오곡의 종자도 가지고 와서 이를 해안에 내려놓았다.

세 신인은 모두 즐거워서 말하기를 "이는 반드시 하늘이 우리 세 사람에게 주신 것이다." 하였다.

사자는 두 번 절하고 엎드려 말했다.

"나는 동해 벽랑국(碧浪國)의 사자올시다. 우리 임금님이 세 공주를 낳으시고 곱게 키웠습니다. 세 공주님이 나이가 다 성숙하여도 배우자를 얻지 못하여 항상 탄식함이 한 해를 넘었습니다. 근자에 우리 임금님께서 자소각에 오르시어 서쪽바다의 기상을 바라보시더니 자줏빛 기운이 하늘을 이어 상서로운 빛이 서리는 것을 보시고 신의 아들 세 사람이 산에 내려와 있어서 장차 나라를 열고자 하나 배필을 얻지 못하고 있으니 신(臣)더러 명하여 세 공주를 데려가라 하셔서 왔습니다. 부디 좋은 짝짓는 예를 올리시고 대업을 이룩하소서."

말을 마친 사자는 홀연히 구름을 타고 사라져버렸다.

세 신인은 목욕재계하여 하늘에 고하고 차례대로 그녀들과 결혼하여 물 좋고 기름진 땅을 골라 활을 쏘아 땅을 정하니 고을나가 사는 곳은 제일도(第一徒)라 하였다.

이로부터 산업을 일으키기 시작하여 오곡의 씨를 뿌리고, 송아지 망아지를 치니 날로 번성하여 부유하게 되어서 드디어 인간의 세계를 이룩하여 놓았다.

지금도 삼성혈에는 세 개의 구멍이 남아 있다. 또 성산읍 온평리에는 이들이 세 여인을 맞았다는 황루알 바닷가와, 결혼식을 올렸다는 혼인지, 혼인 후 며칠 묵었다는 동굴이 있으며 제주시 화북동에는 이들이 그때 화살을 쏴 맞혔던 삼사석이 있다.

고을나는 1천여 년을 살았다고 한다. 9백 살 나던 해에 일도, 이도, 삼도가 정립되고 탐라국(耽羅國)을 세워 재위하니 햇수로는 기원전 2337년이었다.

일도리는 주위가 5백 리였다. 이때 탐라국의 사람들은 장수했으며 여자가 많았다고 한다. 재위한지 132년 만에 아들 건(建)에게 자리를 물려주니 기원전 2205년이었다.

당시 한라산에는 큰 못이 있었다. 그 못 가운데 슬기로운 용이 있어 세 개의 알을 낳았다. 두 알은 용이 되고 한 알은 몸은 거북이요, 머리는 뱀 모양의 영물이 됐는데 천 년 후에 세 뿔은 가진 흰 사슴이 되었다.

이 사실을 왕에게 고하니 "이는 장수할 상서로운 징조다."하고 그 못을 백록담(白鹿潭)이라고 이름을 지었다.

2세 건왕은 439년을 재위하고 아들 삼계왕(三繼王)에게 승계했다. 삼계왕은 64년 후에 아들 일망왕(一望王)에게 왕좌를 물려줬고 일망왕은 188년을 재위했다.

5세 도제왕(島濟王) 때는 바닷가에서 큰 거북이 나왔다. 그 거북의 등에 별무늬 아홉 점이 있고 턱밑에 여덟 개의 푸름 털이 있었다. 이

거북이를 바다 건너 기자조선(箕子朝鮮) 문혜왕(文惠王) 염(炎)에게 보냈다.

도제왕은 160년을 재위한 후 세 아들 언경 · 유경 · 대지 중 언경에게 왕위를 물려주었다. 언경왕은 152년간 왕위를 있다가 보명왕에게 이어줬는데 보명왕은 신통한 힘이 있어 능히 만 균(30만근)을 들었다고 한다.

왕위는 행천왕, 환왕으로 이어졌다. 환왕 때 중국의 침략으로 기자조선사람들이 전쟁을 피하여 바다 건너 탐라국까지 피난 왔다. 그들로 인해 중국의 뛰어난 문물이 전래됐으나 오래 사는 것은 탐라국 사람뿐이었다고 한다.

10세 식왕(湜王) 때는 중국은 춘추시대로 서로 침략하는 일이 많았으나 탐라는 사방이 바다여서 높은 풍랑 때문에 침략을 받지 않았다. 이때 탐라는 불사초를 먹고 사는 곳이라는 소문이 중국에 퍼졌다.

당시 중국에서는 "해동(海東)에는 삼신산(三神山)이 있는 섬나라가 있어 불사초가 자라고 그 곳 사람들은 신선처럼 오래 산다."고 믿었다. 그곳이 바로 영주산(瀛洲山), 곧 제주섬이었다.

11세 욱왕(煜王)이 즉위하니 재위 중에 진시황(秦始皇)이 서불(또는 사신四神)을 보내 삼신사의 불사초를 구하게 하였다. 그는 해안을 지나가다 '서불과차'라는 글을 새겼는데 아직도 서귀포해안에 이 글귀가 남아 있다고 전한다. 서불은 이 글을 새겨두고 일본으로 건너갔다.

진시황이 서불을 파견한 이후인 고을나 13세 위왕(偉王) 때 한(漢)나라의 무제(武帝)도 탐라에 불사초가 자란다는 말을 듣고 사신을 파견했다. 사신은 금광초와 옥지버섯을 구하여 돌아가 "삼신산에는 기이하고 신기한 화초가 많이 있다."고 아뢰었다.

옥지버섯은 뿌리가 없이 자라는 식물로 명산에서 나는 불사초였다. 가장 좋은 것이 말 모양, 그 다음이 인간의 모양, 가장 좋지 않은 것이라도 육축의 모양을 하고 있다고 하였다.

15세 후왕(厚王)에 이르러 왕은 아우 청(淸), 계(季) 형제와 같이 신라(新羅)에 입조(入朝)했다. 이때 남쪽 하늘에 객성(客星)이 나타나 다른 나라의 사신이 조회할 징조라고 했는데 마침내 이들이 도착하였으므로 신라의 왕은 크게 기뻐했다. 후왕에게 "성상(星像)을 움직였다." 하여 성주(星主)의 칭호를 주고 고청에게는 친 아들과 같이 사랑한다는 뜻으로 왕자(王子)의 작위를 주고 고계에게는 도내라는 벼슬을 주었다.

신라의 석탈해왕이 즉위한 다음해 탐라의 17세 선주왕(善主王)은 사신을 보내어 석(昔)씨가 박(朴)씨의 왕위를 이어받은 것을 축하하였다.

20세 문성왕(文星王) 때였다. 바다가 파도가 넘치고 비바람과 안개가 자욱하여 뇌성이 진동하여 불이 일어나 바다 물을 끓게 하였다.

독기 찬 화염이 바다에 떨어져 남쪽으로 달리는 조류는 붉은 기운을 이끌고, 북쪽에서 오는 조류는 흰 거품을 품었다. 또 물결이 침을 뿌리는가하면 뱀은 독기를 쏘아 사람을 상하게 하는 변이 여러 해 계속하였다. 이에 산신령과 바다의 신에게 제사하였으나 신령의 도움을 받지 못하였다.

온 나라 사람들이 한라산 북쪽에 단을 설치하여 목요재계하고 소머리를 고 · 양 · 부 세 조상신의 영전에 바쳐 제사를 지냈다. 비로소 바다가 맑아지고 하늘이 개며 풍년이 들고 백성들이 화락하였다. 이때부터 삼성(三姓)신사를 세워 춘추로 제향을 모시게 되었다.

32세 성진왕 때 탐라에서 백제에 말을 바쳤는데 백제는 다시 이 말을 당나라에 바쳤다. 당나라에서는 이 말이 작아 과일나무 가지 아래로 다닌다고 하여 '과하마(果下馬)'라고 불렀다.

35세 원왕(遠王)은 지금의 한경면 죽도에서 저절로 소리가 나는 신기한 대나무를 얻어 신라의 신문왕(神文王)에게 바쳤다. 신문왕은 이것으로 피리를 만들었는데 비가 올 때 불면 비가 개고, 가물 때 불면 비가 오고, 바람이 불 때 불면 바람이 자고, 파도가 일 때 불면 바다가 잔잔해졌다. 그리하여 이 피리를 '만파식적(萬波息笛)'이라고 이름 지었다.

38세 치도왕 때 남번국 사람들이 신라사람 김암(金巖)의 병법을 배우고자 하여 천지의 기운을 살피고 바다를 건너 탐라에 표착하였다.

탐라에서 이들이 가지고 온 화완포 2단을 얻게 되자 그 사유를 물어보았다. 하나는 얼음 누에의 고치로 짠 5색 무늬의 비단인데 요(堯) 임금시대에 바닷사람들이 바쳐서 임금의 옷을 만들었던 것이고, 또 하나는 불쥐의 털로 짠 비단인데 위(魏)나라 명제 2년에 서역에서 조공한 것이라고 했다.

이 두 가지 비단은 불에 들어가도 타지 않고 오히려 새 물건과 같이 세탁이 되므로 화완포라는 이름을 지은 것이라고 하였다. 얼음 누에는 길이가 7촌으로 비늘과 뿔이 있는 데 서리와 눈이 와야만 실을 토하여 고치를 짓고, 불쥐는 남쪽 폐허의 화구에 있는 것으로 하얀 털의 길이가 두 자이고 무게가 백 근인데 물에 닿으면 죽는다고 하였다.

한편 이도에 자리 잡은 양을나는 왕위가 108세까지 이어졌다고 한다. 양을나는 기원전 2332년에 나라를 열고 고조선(古朝鮮)의 단군(檀君)조와 국교를 가졌다. 중국의 요 · 순에 공물을 바치기도 했다. 재위 1백 년 만에 숨지니 2세 양을나왕이 즉위하자 단군이 사신을 보내와 즉위를 축하했다.

4세 을나왕은 기원전 2104년 즉위했는데 이 해에 벽랑국이 사신을 보내 하례했다.

5세 을나왕 때에는 발해와 통교를 했다고 전한다.

91세 을나왕 때 고구려(高句麗)의 왕이 사신을 보내 와 산호를 구해 간 이후 계속해서 9세 을나왕 26년에 이르기까지 해마다 사신을 보내왔다.

93세 을나왕 때는 사신을 백제에 보내 공물을 바치고 은률(恩率)이라는 칭호를 받았다.

96세 을나왕 때 양탕(梁宕)이 신라에 사신으로 갈 때 부계량(夫繼良)이 안무사로 수행했는데 이때 신라의 조정으로부터 상과 의관을 받고 良씨 성을 梁으로 고쳐 쓰게 되었다고 전한다.

108세 을나왕이 907년에 즉위했으나 6년 만에 왕이 연로하여 삼신인이 활을 쏘아 정하던 법을 취하니 고씨의 왕 자견(高自堅)이 비로소 나라를 받았다고 한다.

세 신인은 고려 때까지 그 영(靈)이 남아 나라를 지켰다. 고려 때 송(宋)나라 사람 호종단(胡宗旦)이 지맥과 물혈을 끊기 위해 탐라에 왔다. 그는 섬 동쪽 구좌읍 종달(終澾)리로 상륙하여 서쪽 한경면 고산(高山)리까지 섬을 샅샅이 뒤지며 지맥을 누르고 물혈을 떴다. 제주에서는 이때 지맥, 물혈이 끊겨 큰 인물이 나지 않아 왔다고 한다.

그러나 호종단이 배를 띄워 돌아갈 때였다. 삼성혈의 신이 사나운 매로 변신하여 날아올라 그 배의 돛대위로 내려앉았다. 배가 막 차귀도 앞에 다다랐을 때인데 큰 바람이 일며 물결이 소용돌이쳤다. 배는 풍랑을 이기지 못하여 차귀도 암석 사이에 침몰했다. 땅을 좌우하던 호종단이었지만 바다는 이기지 못하여 수장되고 말았다.

이런 연유로 고산 앞바다의 이 섬을 "돌아가는 것을 막았다."하여 차귀도(遮歸島)라 부르게 됐다. 그 영이(靈異)함을 기려 광양당(廣壤堂, 삼성혈)은 국당(國堂)이 됐다. 배가 나가려던 포구의 인근에 차귀당이 설립돼 사람들이 섬겼으며 이 당이 있는 산을 당산봉(堂山峯)이라고 부르게 됐다. 두 당은 호국신사(護國神社)였다. [고대경,

신들의 고향, 중명]

(6) 후백제(견훤)

견훤(甄萱은 상주사람이다. 함통 8년(867)에 났으며, 본성은 이(李)씨였으나 후에 견(甄)씨라 했다. 그의 아버지 아자개는 농업으로 생활했는데, 후에 상주의 사불성에 웅거하여 스스로 장군이라 칭했다. 아자개는 본디 신라 왕족의 후예인데, 두 명의 부인에게서 아들 다섯과 딸 하나를 얻었다. 아들 다섯은 모두 세상에 이름이 알려졌으며, 그 중에 맏아들 견훤이 걸출하였고 지략이 많았다.

한편, 고기(古記)에 의하면 견훤의 탄생은 신이하다.

『옛날에 한 부자가 광주(光州) 북촌에 살고 있었는데, 외모가 단정한 딸 하나가 있었다. 하루는 딸이 아버지에게 말했다.

"매양 자주색 옷을 입은 남자가 저의 침실에 와서 관계하고 갑니다."

아버지가 딸에게 일러주었다.

"남자가 갈 때 네가 긴 실을 바늘에 꿰어 옷에 꽂아두어라."

딸은 그 말에 따랐다. 날이 밝자 실꾸리에서 풀려나간 실을 따라가니 북쪽 담 밑으로 연결되어 있었고 이어서 바늘이 큰 지렁이의 허리에 꽂혀 있는 것을 보았다.

그로 말미암아 아기를 배어 한 사내아이를 낳았는데, 나이가 15세가 되자 스스로 견훤(질그릇甄, 원추리萱)이라 하였다.

처음에 견훤이 나서 젖먹이일 때 그의 아버지는 들에서 밭을 갈고 있었다. 어머니가 아버지에게 밥을 갖다 날랐다. 아기를 수풀 속에 두었더니 범이 와서 젖을 먹여 주었다. 마을 사람들이 이 말을 듣고 이상히 여겼다.』

견훤이 장성하자 체모가 웅장하고 기이하며 지기가 크고 비범했다. 군인이 되어 서라벌에 들어갔다가 서남 해변에서 국경을 지킬 때 창을 베개로 베고 적군을 기다렸다. 그 용기는 늘 사졸의 선두였으므로 이로 인해 비장(裨將)이 되었다.

신라 진성왕 때 간신이 국권을 농락하고, 백성이 유랑하며, 도적이 사방에서 엄습하니 나라가 심히 어지러웠다. 그러자 견훤이 배반할 뜻을 품고 서남쪽을 치니 호응하는 군사가 5천에 이르렀다. 드디어 무진주(광주)를 습격하여 스스로 왕이라 칭했다. 그때가 진성여왕 6년(892)이다.

이때에 북원(원주)에서 양길이 세력을 확장하자 궁예가 자진해 가서 양길의 부하가 되었다. 견훤이 이 소식을 듣고 멀리서 양길에게 직을 주어 비장으로 삼았다. 견훤이 서쪽을 순행하니 주민이 영접하였다. 견훤은 인심을 얻은 것을 기뻐하며 사람들에게 연설하였다.

"예전에 백제가 건국한지 6백여 년에 중국 당나라와 신라의 군사가 합세하여 백제를 쳐서 멸망시켰소. 그러니 내가 이제 나라를 다시 세워 예전의 원분을 씻어내야 하겠오."

드디어 후백제의 왕이 되어 관직을 설치하였다. 이때는 당나라 광화 3년이요, 신라 효공왕 4년(900)이다. [삼국유사, 권2, 후백제견훤(後百濟甄萱)]

(7) 고려(왕건)

옛날 백두산 기슭에 호경(虎景)이라고 하는 사람이 살고 있었다. 그는 몸집이 크고 힘이 셀 뿐 아니라 남달리 기지와 담력이 뛰어난 사람이었다.

호경은 날마다 깊은 산 속에 들어가 사냥을 했다. 구름에 가려 있는 산과 계곡을 찾아다니면서 하루하루를 살아갔다. 그런 어느 날이었다. 산길을 달리던 호경은 어느 산마루에 앉아서 하염없이 떠가나는 구름을 바라보았다. 그러다가 그는 문득 구름이 떠내려가는 곳은 어느 곳일까 하고 생각했다.

'저기는 분명히 사람이 많이 살 거야!'

이렇게 생각이 떠오르자 그는 그냥 있을 수가 없었다. 자기 가슴속에 품고 있는 뜻을 실현하기 위해서는 한시 바삐 이곳을 떠나야 한다고 생각했다. 호경은 더 생각할 것 없이 남쪽으로 길게 뻗은 산줄기를 따라 남으로 내려왔다. 이렇게 하여 머문 곳이 개성 땅이었다.

그는 송악산 아래에 조그만 집을 짓고 아내를 맞이했다. 행복했다. 그는 날마다 산에 나가 사냥을 하여 생업을 이어갔다. 사냥으로는 누구도 당해 낼 사람이 없었다. 그만큼 호경은 활솜씨가 뛰어났다.

이 날도 호경은 마을사람들과 함께 사냥을 갔다. 모두 열 사람이었다. 그들은 평나산 깊숙이 들어갔다. 그들은 하루 종일 꿩 사냥을 하다가 그만 해가 지는 줄도 몰랐다. 그들은 하는 수 없이 산속에 있는 큰 굴을 찾아 들어가 그 속에서 하룻밤을 지내기로 했다.

이미 날이 캄캄해졌다. 밤이 깊어감에 따라 여기저기서 짐승 우는 소리가 들려왔다. 아무리 날렵한 사냥꾼들이지만 두려움이 생기는 것은 마찬가지였다. 그들은 초조하게 밤을 지키고 있었다. 얼마나 지났을까? 졸린 눈을 털고 있을 때 그들이 있는 굴 밖에서 커다란 호랑이 한 마리가 두 눈에 불을 켜고 이쪽을 노려보고 있었다.

담대한 사냥꾼들이지만 산중의 왕인 호랑이 앞에서는 오금을 펼 수가 없었다. 더구나 호랑이는 금방이라도 굴속으로 뛰어 들어올 기세였다.

"아무래도 우리들 가운데 한 사람이 저 호랑이에게 잡혀 먹어야 할 것 같소, 그렇다면 우리 가운데 누가 호랑이의 밥이 될지 우리가 쓰고 있는 관을 한 사람씩 던져 봅시다. 그리하여 호랑이가 집는 관의 임자가 호랑이의 밥이 되기로 합시다."

누군가가 이렇게 말했다. 구차한 방법이기는 하지만 급한 판국이라 어찌할 도리가 없었다. 모두 좋다고 했다.

이리하여 모두 관을 벗어 호랑이 앞으로 집어 던졌다. 그랬더니 호랑이는 공교롭게도 호경의 관을 집어 물었다. 그 순간 아홉 사람은 안도의 한숨을 길게 쉬었지만 호경은 눈앞이 캄캄했다.

그러나 일이 이렇게 된 이상 어찌 할 방법이 없었다. 그는 눈을 딱 감고 굴 밖으로 달려 나가 호랑이와 싸우려고 했다. 그런데 어찌된 일인지 호랑이는 간 곳이 없고, 지금 자기가 뛰쳐나온 굴이 와르르 무너지는 것이었다.

순식간에 일어난 일이었다. 호경은 눈을 씻고 다시 살펴보았으나 틀림없이 죽을 줄로 알았던 자기는 살아있고 살 줄로 알았던 아홉 사람은 죽은 것이다. 호경은 그제야 호랑이가 자기를 구해낸 줄 알고 진심으로 감사했다.

그는 마을로 돌아와 마을 사람들에게 지난밤에 있었던 일을 알리고 장례를 치르게 하였다. 그때 호경은 장례에 앞서 산신(山神)에게 먼저 제사를 지냈다.

그러자 문득 산신이 나타났다.

"그대는 놀라지 마오. 나는 이 산을 다스리는 여산신령이오. 그대를 굴속에서 구해낸 것도 나였소. 그것은 내가 성골 장군과 부부의 인연을 맺어 신정(神政)을 맡아 보고자 함이오. 그대를 이 산의 대왕(大王)으로 봉하고자 하오."

산신은 이렇게 말을 하고는 호경과 함께 어디론가 사라졌다.

이를 본 마을 사람들은 호경을 대왕으로 삼고 그곳에 사당을 지어 제사를 지내 주었다. 그리고 아홉 사람이 같이 죽은 산은 구룡산(九龍山)이라고 이름을 지었다.

한편 호경은 죽음에서 구해 준 산신의 뜻을 따라 산속의 대왕이 되었지만 자기만을 믿고 사랑하던 아내를 잊을 길이 없었다. 호경은 밤이 되면 꿈같이 나타나서 아내와 같이 지내다가 돌아갔다.

그러는 사이 그들에게는 아들이 하나 태어났다. 이름은 강충(康忠)이라고 했다. 아버지를 닮아서 용모가 빼어나고 슬기로웠다.

강충이 장성하자 영안촌(永安村)에 사는 부자의 딸 구치의(具置義)와 결혼하여 오관산(五冠山) 아래 마가갑(摩訶岬)이라는 곳에서 살았다.

하루는 신라의 감간(監干)인 팔원(八元)이라고 하는 이가 이곳에 들렀다. 그는 풍수지리에 밝은 사람이었다. 팔원은 부소산 일대 산세를 살펴보고는 강충에게 말했다.

"만일 이 산 남쪽으로 이사하여 그곳에 소나무를 많이 심어 바위가 보이지 않게 한다면 틀림없이 삼한(三韓)을 다스릴 인물이 나오게 될 것이오."

이 말을 들은 강충은 마을 사람들과 같이 팔원이 가르쳐 준대로 산 남쪽으로 이사를 갔다. 산에 소나무를 두루 심었다. 그게 몇 해 되지 않아서 산은 온통 소나무 숲으로 둘러싸이게 되었다. 그리하여 부소산을 송악산(松嶽山)이라 부르게 되고 부소군도 송악군으로 이름을 바꾸게 되었다.

강충은 그 뒤 마을 사람들의 신임을 받아 상사찬(上(沙粲)이란 벼슬을 하게 되고, 마가갑을 영주할 터전으로 삼았다.

강충은 부지런히 일한 보람으로 재산이 늘었다. 그리고 슬하에는 아들 둘이 있었는데 큰 아들은 이제건(伊帝建)이라 하고, 둘째 아들은 보육(寶育)이라고 불렀다. 그들은 형제 간에 우애가 두터웠다.

보육은 성품이 자애로웠다. 그는 뜻한 바 있어 지리산으로 들어가 수도생활을 하였다. 그 뒤 그는 평나산 아래 북갑이라는 곳에서 살다가 다시 마가갑으로 이사를 왔다.

하루는 보육이 꿈을 꾸었다. 어쩌다가 보육이 곡령(鵠嶺)에 올라가 세상을 내려다보았다. 꿈에 보는 산과 마을이 여간 아름답지 않았다. 그는 이렇게 산마루에서 산천을 굽어보다가 문득 오줌이 마려웠다. 그는 남쪽을 향하여 오줌을 누웠다. 그런데 어쩐 일인지 오줌이 그치지 않고 줄기차게 쏟아져 나왔다. 그리하여 오줌은 골짜기를 넘고 들을 덮어 온 세상이 은빛 바다가 되었다. 보육은 신기한 생각이 들어 바다를 바라보고 있는데 바닷물은 어느새 보육이 서 있는 발밑까지 찰싹대고 있었다. 그 서슬에 꿈을 깨었다.

이튿날 아침 보육은 형인 이제건에게 꿈 이야기를 했다. 꿈 이야기를 들은 이제건은,

"그것 참 굉장한 꿈이구나! 그것은 반드시 너한테 하늘을 떠받들만한 훌륭한 아들을 낳을 징조다."

"그렇지만 저는 아직 총각인걸요."

이제건은 한참동안 생각하는 듯하더니,

"그럼 내 딸 덕주(德周)를 네 아내로 맞이하도록 하여라."

하고 말했다.

덕주는 예쁜 처녀였다.

보육은 이제건의 말대로 덕주를 아내로 맞이하였다. 그리고 마가갑에 조그마한 집을 짓고 정답게 살았다.

이때 신라의 술사(術師)가 찾아왔다. 그는 한참동안 집 주위를 어정어정 하다가 이상한 말을 했다.

"당신들이 여기에 살면 앞으로 당나라의 천자가 와서 사위가 될 것이오."

이 말을 들은 보육은 별 사람도 다 있다는 듯이 그의 말을 한 귀로 흘렸다.

그 뒤 보육은 딸 둘을 두었다. 두 딸은 어찌나 예쁜지 누구와도 비할 수 없을 만큼 빼어나게 아름다웠다. 그 중에도 동생 진의(辰義)는 더 아름답고 슬기로웠다.

두 딸은 건강하게 자랐다. 그들은 어느덧 장성하여 머리를 쪽 지을

나이가 되었다.

하루는 언니가 이상한 꿈을 꾸었다. 그것은 오관산 꼭대기에 올라가 오줌을 누는 꿈이었는데 어찌나 오줌을 많이 누었는지 온 세상이 물바다가 되는 꿈이었다.

숨에서 깨어난 그는 동생 진의에게 꿈 이야기를 하였다. 진의는 무슨 생각에서인지 비단치마를 줄 테니 꿈을 팔라고 했다. 언니는 별애도 다 있다고 하면서 그러라고 하였다. 그러자 진의는 언니에게 비단치마를 주며 다시 꿈 이야기를 하라고 하였다. 언니가 꿈 이야기를 다시 하자 진의는 이야기를 두 손으로 받아 세 번 가슴에 품는 시늉을 하였다. 진의는 그제야 무엇인가 몸속에서 꿈틀거리는 듯한 느낌이 들었다.

바로 이때에 당나라 숙종대왕이 아직 왕위에 오르기 전에 널리 산천을 구경할 목적으로 바다를 건너 패강(지금의 임진강)에 이르렀다. 마침 그때 조수가 밀려 나가 진흙바닥이었기 때문에 발이 뭍으로 빠져 나올 수가 없었다. 시종들은 여러 가지로 궁리한 끝에 배에 싣고 온 엽전을 깔아서 왕자로 하여금 그 위를 밟고 상륙하도록 하였다. 그래서 이곳을 뒤에 전포(錢浦)라고 부르게 되었다.

당나라 왕자는 여러 지방을 둘러보다가 송악군에 이르렀다.

그는 곡령에 올라가 남쪽을 바라보다가 산세를 살펴보고 감탄을 했다.

"아, 이곳은 반드시 도읍지가 되리로다!"

이 말을 듣고 있던 시종이

"그렇습니다. 땅 생김새가 여덟 신선이 살만한 곳입니다."

하고 맞장구를 쳤다.

그들은 산세를 보면서 몇 번이나 감탄을 하다가 마가갑에 있는 보육의 집으로 내려와서 하룻밤 묵어가게 되었다.

당나라 왕자는 보육의 집에 머무는 동안 두 딸의 아름다운 모습을 보고 마음이 끌렸다. 왕자는 기쁜 마음으로 떨어진 단추를 꿰매 줄 것을 청하였다. 보육은 자기 집에 머무르고 있는 나그네가 귀인임을 알아채고 마음속으로 과연 술사의 말이 맞는다고 생각하며 큰 딸을 들여보냈다. 그런데 큰 딸은 문턱을 넘어가다가 공교롭게도 넘어져 코피를 쏟아 도로 나오고 말았다. 보육은 할 수 없이 진의를 들여보냈다.

그리하여 진의는 당나라 왕자와 가까이 지내게 되었고 마침내는 사랑하게 되었다. 왕자는 몇 달 동안 진의의 집에서 지냈다. 그동안 진의는 아이를 잉태하였다.

그런데 꿈결같이 행복한 나날이 지나고 왕자는 본국으로 돌아가게 되었다. 왕자는 진의에게 활과 화살을 맡기면서 말했다.

"나는 그대와 지낸 몇 달 동안을 잊지 못할 것이오. 나는 당나라의 왕자이기 때문에 내 마음대로 이곳에 머무를 수는 없소. 나는 본국으로 돌아가 왕위를 이어야 하오. 뒤에 아들을 낳으면 이것을 주오."

진의의 슬픔은 이루 말할 수 없었다. 그것은 마치 가슴을 에어내는 것 같았다.

왕자도 안타까워하며 돌아갔다.

그 뒤 진의는 아들을 낳았다. 이름은 작제건(作帝建)이라고 하였다.

작제건은 어려서부터 슬기롭고 용맹스러웠다. 그는 나이 대여섯 살이 되었을 때 자기 아버지가 누구냐고 물었다. 진의는 그제야 당나라 천자(天子)로 있는 그의 아버지 이야기를 들려주었다.

작제건은 장성함에 따라 그 재주가 비상하고 육예(六藝)가 뛰어나서 그를 따를 사람이 없었다.

그 중에서도 그는 활을 잘 쏘았다.

진의는 그의 나이 열여섯 살이 되자 그의 아버지가 남기고 간 활과 화살을 주었다. 작제건은 기뻐서 어찌할 줄을 모르며 그 활을 쏘아

보았다. 백발백중이었다. 이를 본 사람들은 모두 작제건이 신궁이라고 말했다.

작제건은 무예를 익히었다. 그러면서 그는 아버지를 만나는 것이 소원이었다. 그는 마침내 장삿배를 얻어 타고 아버지를 찾아 떠났다.

그러나 배가 얼마가지 않아서 도중에 표류하고 말았다. 잔잔하던 바다가 갑자기 구름과 안개가 새까맣게 끼어서 사흘 동안 방향을 잃고 헤매었다. 사람들은 모두 절망 상태에 빠진 채로 하늘에 목숨을 맡기는 수밖에 없었다.

이때 점치는 사람이 있다가 점을 치고 나서는 바다가 사나운 것은 이 배에 삼한 사람이 있어서 용왕이 노한 것이라고 하며 삼한 사람을 찾아 바다에 버려야 한다고 했다.

이 말을 들은 작제건은 살 길이 막연한 것을 느끼고는 활을 들고 스스로 물속으로 뛰어 들어갔다. 그런데 멀지 않은 곳에 바위가 보였다. 그는 그곳으로 갔다.

그랬더니 안개가 씻은 듯이 개고 바람은 순풍이 되어서 배는 나는 듯이 달아났다.

작제건이 오른 곳은 바위로 된 섬이었다. 작제건은 홀로서서 사방을 둘러보았다.

이때 어디선가 머리가 하얀 할아버지 한 사람이 나타났다.

"놀라지 마오. 나는 서해의 용왕인데 그대가 오기를 기다렸소."

"무슨 말씀입니까?"

"사실은 이곳에 백년 묵은 늙은 여우가 한 마리 있는데 그 놈은 조화를 잘 부려서 저녁때가 되면 여래상(如來像)으로 변하여 하늘에서 운무 사이를 뚫고 서서히 내려와 이 바위에 앉아서 꽹과리와 북을 치며 옹종경(臃腫經)을 읽는데 그러면 나는 어찌된 일인지 머리가 아파서 견딜 수 없소. 듣건대 그대는 활을 아주 잘 쏜다니 나를 도와 그 놈을 쏘아 주오."

작제건은 용왕의 요청을 들어주기로 약속했다. 용왕은 몇 번이나 당부를 하고 어디론가 사라졌다. 마침내 저녁때가 되었다. 시간이 되자 공중에서 음악 소리가 들리며 서북쪽에서 무엇인가 내려오는 것이었다. 자세히 보니 부처가 틀림없었다. 작제건은 화살을 당기지 못하고 부처를 바라보았다.

"저건 정말로 여우니 의심하지 말고 어서 활을 쏘시오."

언제 나타났는지 용왕이 나타나 이렇게 말했다. 작제건은 이 말에 용기를 얻어 활을 겨누어 힘껏 당기었다. 활줄이 울리는 소리와 함께 화살이 부처를 명중하자 부처는 공중으로 솟았다가 떨어졌는데 과연 수백 년 묵은 여우였다.

용왕은 크게 기뻐하며 작제건의 노고를 치하하고 용궁으로 안내하였다. 용왕은 여러 가지로 환대하며 작제건을 기쁘게 하였다.

"내 환난을 없게 하여 주어서 정말 고맙소. 내가 그대의 은덕을 보답하고자 하는 뜻에서 한 가지 묻겠소. 그대는 당나라에 가서 천자인 아버지를 뵙겠소? 아니면 내가 칠보(七寶)를 줄 테니 그것을 가지고 집으로 돌아가 어머니를 보양하겠소?"

작제건은 잠시 생각한 끝에 입을 열었다.

"나의 소망은 동쪽 땅에 가서 왕이 되는 일이오."

"동쪽 땅의 왕이 되려면 그대의 자손 삼건(三建)을 기다리면 되지만 그 밖의 일은 오직 운명이라 할 수 없는 일이오."

작제건은 아직 때가 이르지 못하였다는 말에 실망하여 어쩔 줄을 몰랐다. 이런 모습을 지켜보고 있던 할머니 한분이 농담을 하였다.

"젊은이는 왜 그렇게도 생각을 못 하오? 용왕에게는 아름다운 딸이 있는데 어째서 그 딸은 달라고 하지 않소."

이 말에 작제건은 정신이 번쩍 들었다.

작제건은 용왕에게 요청하여 그의 딸 저문의를 아내로 맞이하였다. 그는 이제 용왕이 준 칠보를 가지고 아내와 함께 돌아오려고 했다. 이 때 용왕의 딸 용녀(龍女)가 작제건에게 말했다.

"아버지에게 칠보보다 더 귀중한 버드나무 지팡이와 돼지가 있으니 그것을 달라고 해요."

"허허, 이 두 물건은 나의 귀중한 물건인데 그렇다고 그대가 청하는 것을 거절할 수야 있나."

용왕은 이렇게 말하며 칠보에 돼지까지 주었다. 작제건은 용왕이 준 보물을 싣고 창릉굴(昌陵窟) 앞에 있는 강가에 이르렀다. 이 소문을 듣고 백주(白州)를 비롯한 이웃 고을 사람들이 영안성(永安城)을 쌓고 궁실(宮室)을 지어 이들을 맞이하였다.

이들은 사람들의 환영을 받으며 영안성에 가서 자리를 잡았다. 용녀는 개주(開州) 동북 쪽 산기슭에 은쟁반으로 땅을 파서 우물을 만들었다. 지금 개성에 있는 대정(大井)이 바로 그 우물이라고 한다.

여기서 그들은 일 년을 살았다.

하루는 돼지가 우리에 들어가지 않고 자꾸 밖으로 나왔다.

"돼지야, 이곳이 마음에 들지 않느냐? 네가 가는 곳은 어디든지 따라가겠으니 앞장을 서거라."

용녀가 눈치를 채고 이렇게 말하자 돼지는 알았다는 듯이 일어나 송악산 남쪽 기슭에 가서 드러누웠다.

작제건은 그곳에 새로 집을 지었다. 그곳은 바로 강충이 살던 곳이었다. 그들은 여기서 원래 살던 영안성을 왕래하면서 30년을 살았다.

용녀는 송악산 새 집의 침실 밖에 우물을 파고 그리고 해서 용궁을 왕래하였다. 이 우물이 곧 광명사(廣明寺) 북쪽에 있는 우물이다.

용녀는 우물을 통해서 용궁으로 가는 자신의 모습을 절대로 남에게 보이지 않으려고 했다. 심지어는 남편인 작제건에게도 보이지 않으려고 단단히 다짐을 받았다.

그렇지만 작제건은 궁금하지 않을 수 없었다. 마침내 작제건은 용녀와의 약속을 어기고 용녀가 용궁으로 가는 모습을 몰래 엿보았다.

용녀는 한 소녀를 거느리고 우물 속으로 들어가는데 오색구름을 일으키며 황룡으로 변하였다. 작제건은 너무나 놀라운 일이어서 감히 입을 벌리지 못했다.

그런데 이튿날 돌아 온 용녀의 얼굴에는 노기가 가득했다.

"부부의 도에는 신의가 있어야 하는데 당신은 이미 약속을 어겼으니 나는 더 이곳에 있을 수 없소."

용녀는 이렇게 말하고는 소녀와 더불어 다시 용으로 변하여 우물 속으로 들어간 뒤에는 다시 돌아오지 않았다.

작제건은 자신의 잘못을 뉘우쳤다. 그러나 아무 소용이 없었다. 다행히도 용녀는 네 아들을 남겨 놓고 갔기 때문에 작제건에게는 조그만 위로가 되었다.

작제건은 아내를 잃고 쓸쓸하게 살다가 만년에는 속리산의 장갑사(長岬寺)에서 조용히 불경을 읽다가 세상을 떠났다.

작제건의 장남을 용건(龍建)이라 불렀다. 뒤에 이름을 융(隆)으로 고쳤다. 그는 수염이 아름답고 풍채가 대장부의 기상이어서 보는 사람들로 하여금 예사 사람이 아닌 것 같은 느낌을 주었다.

융은 어느 날 꿈을 꾸었다. 그는 꿈속에서 아름다운 여인을 만났다. 그는 어찌나 예쁜지 융의 마음을 사로잡았다. 그 여인도 늠름한 융의 모습을 보고 단번에 반하고 말았다. 그리하여 그들은 꿈속이기는 하지만 장차 부부가 될 것을 약속하고 헤어졌다.

꿈에서 깨어난 융은 꿈속의 일이 못내 아쉬웠다. 그리고 며칠이 지나도 잊혀지지 않았다.

그런 어느 날 융이 송악에서 영안성으로 가다가 길에서 어느 여인을 만났는데 기이하게도 그는 꿈에서 본 여인과 똑같았다. 놀라운 일이었다.

융은 그를 즉시 아내로 맞이하였다.

그런데 이 여인이 어디서 왔는지 아무도 아는 사람이 없었다. 다만 꿈에서 만난 여인이란 뜻에서 몽부인(夢夫人)이라고 불렀다.

융은 몽부인과 행복하게 살았다. 그는 송악산 기슭에 있는 옛 집에서 살다가 그 남쪽에 새 집을 짓고 이사하려 하였다.

바로 이때에 도선대사가 당나라에서 일행지리법(一行地理法)을 배워 가지고 와서 백두산에 올랐다가 곡령에 이르러 융의 새 집을 보고 말했다.

"아, 아까운 일이구나. 기장을 심을 곳에 어찌하여 삼을 심었을까."

도선대사가 이렇게 혼잣말처럼 하고 지나가는 것을 융이 들었다. 융은 이 말을 듣고 짚이는 바가 있어서 급히 달려가 도선의 걸음을 멈추게 하였다. 그는 어찌나 급했던지 신을 거꾸로 신고 달려갔다.

이런 모습을 본 도선대사는 융과 함께 송악산으로 올라갔다. 그런 다음 산수의 맥을 살피고, 천문을 보고 시수(時數)를 따진 뒤에 입을 열었다.

"이곳의 지맥이 백두산에서부터 수모(水母)와 목간(木幹)을 이었으니 아래 기슭이 명당자리임에는 틀림없소. 그대는 수명(水命)이니 마땅히 물의 대수(大數)를 좇아서 집을 짓되 6 · 6의 36간을 지으면 곧 천지의 대운수에 따르게 될 것이오. 내년에는 틀림없이 성스러운 아들을 낳을 것이니 이름을 왕건(王建)이라고 하시오."

도선대사는 이렇게 말한 다음 여러 가지로 이야기를 하다가 무엇인가 글을 써서 융에게 주었다. 그런데 그 겉봉에는, 『삼가 장래의 삼한(三韓)을 통합할 주인인 대원군자(大院君子)에게 드리노라』라고 써있었다.

도선대사가 돌아간 뒤 융은 그가 말한 대로 다시 집을 고쳤다. 그런 다음 그들은 그곳으로 이사를 가서 살았다.

그런데 몽부인이 기이하게도 그 달에 아이를 갖게 되었는데 이듬해 아이를 낳고 보니 도선대사의 예언과 같이 아들이었다. 융은 도선

대사가 말한 대로 아들의 이름을 '왕건'이라고 지었다. 이가 뒤에 백성들의 추대를 받아 왕위에 올랐는데 바로 고려 태조 왕건이었다. [(高麗史, 高麗世系 / 申來鉉, 朝鮮の神話と傳說)/ 황패강, 세계의 신화 / 한상수, 한국인의 신화, 문음사]

3 씨조신화(氏祖神話)

(1) 김알지(신라 김씨)

탈해왕 경신년(60) 8월4일 밤에 호 공(瓠公)이 월성 서리(西里)를 가다가 큰 빛이 시림(始林) 속에서 나오는 것을 보았다. 그것을 확인하여 보니 자주색 구름이 하늘에서 땅으로 뻗치었는데 빛은 구름 속의 나뭇가지에 걸려있는 금궤(金櫃)에서 나왔다. 그리고 흰 닭이 나무 아래서 울고 있었다. 신라를 계림(鷄林)이라 한 것은 여기서 기인한 것이다.

호 공이 이를 왕에게 아뢰자 왕이 숲으로 가 궤를 열었다. 그 안에서 사내아기가 누워 있다가 일어났다. 그로 인하여 '알지(閼智)라고 이름을 붙였다. 알지는 우리말로 '아기'를 뜻한다.

사내 아기를 안고 대궐로 돌아오니 새와 짐승들이 서로 따라와 뛰놀고 춤추었다. 뒤에 왕이 길일을 택하여 태자로 책봉하였으나, 왕위는 파사왕에게 사양하고 오르지 않았다. 금궤에서 나왔으므로 성을 김(金)이라 하였다. 신라 김씨는 바로 알지에서 시작되었다.

알지는 열한을 낳고, 열한은 아도를 낳고, 아도는 수류를 낳고, 수류는 욱부를 낳고, 욱부는 구도를 낳고, 구도는 미추를 낳았다. 미추(未鄒)가 13대 왕이 되었다. [삼국유사, 2기이, 김알지金閼智]

(2) 석탈해(昔씨)

신라 2대 남해왕 때의 일이다. 가락국 바다에 배가 와서 닿았다. 김수로왕이 신민들과 함께 북을 치고 맞아들여 머물게 하려했으나 그 배는 빠르게 달아나 계림 동쪽 아진포에 이르렀다.

그때 포구에는 아진의선(阿珍義先)이라는 고기잡이 노파가 있었는데 이상한 광경을 보고, "이 바다 가운데는 본래 바위가 없는데 무슨 까닭으로 까치가 모여들어 우는가?" 하면서 배를 끌고 가 알아보았다. 배 위에는 까치들이 모여들고 배 안에는 길이가 20자, 넓이가 13자나 된 궤 하나가 있었다. 그 배를 끌어다가 나무 밑에 두고 일의 길흉을 몰라 하늘을 우러러 고하였다. 조금 있다가 궤를 열어보니 단정한 사내아이와 칠보(七寶) 보물 그리고 노비가 가득 차 있었다. 그들을 이레 동안 대접하였더니 사내 아이가 말하였다.

"나는 본래 용성국(龍城國) 사람이요. 일찍이 우리나라에는 스물여덟 용왕이 있는데 모두 사람의 태(胎)에서 나고, 5～6세부터 왕위에 올라 만민을 교화하여 성명(性命)을 바르게 하였소. 그때 우리 부왕 함달파가 적녀국(積女國)의 왕녀를 맞아 왕비로 삼았으나 오래도록 아들을 얻지 못하자 기도로써 아들을 구하니 7년 후에 알 하나를 낳았소. 이에 왕이 신하들에게, 사람이 알을 낳는 것은 고금에 없는 일이므로 불길한 징조일 것이라고 하면서 궤를 만들어 그 속에 나를 넣고 배를 바다에 띄우면서, 아무쪼록 인연이 있는 곳에 닿는 대로 나라를 세우고 집을 이루라고 축원하였소. 그때 문득 붉은 용이 나타나 배를 호위하여 이곳으로 왔소."

말을 마치자 그 아이는 두 종과 함께 토함산으로 올라가 돌무덤을 만들고 거기서 7일간 머물렀다. 그리고 성(城) 중에 살 만한 집이 있는가 살펴보니, 마치 초승달 같은 둥근 산봉이 있는데 오래도록 살 만한 지세이었다(峯如三日月 勢可久之地). 산에서 내려와 그곳을 찾으니 호 공(瓠公)의 집이었다. 이에 간사한 꾀로 숫돌과 숯을 몰래 집

곁에 묻고 이튿날 아침에 그 집에 가 말하였다.

“이 집은 우리 조상 때의 집이다.”

이로 인하여 호 공과 다투었으나 결단하지 못하고 관가에 고하였다. 관가에서 조상의 집임을 입증하여 보라 하니, 동자는 “우리는 본래 대장장이였는데 타관땅에 간 동안에 다른 사람이 빼앗아 살고 있으니 그 땅을 파보면 알 것입니다.”고 하였다. 그래서 말대로 땅을 파보니 과연 숫돌과 숯이 나왔으므로 집을 차지하게 되었다.

이때 2대 남해왕이 탈해가 지혜로움을 알고 맏공주로 아내를 삼게 하니 이가 곧 아니(阿尼)부인이다. 노례왕(3대 유리왕)이 돌아가매 탈해가 정미(丁未, 57년) 6월에 왕위에 올랐다.

탈해왕은 재위 23년이 되는 기묘년(79)에 세상을 떠나니 소천구(疏川丘) 속에 장사지내었다. 그 뒤에 “내 뼈를 조심하여 묻으라”는 신조(神詔)가 있었으므로 파내어 보니 두개골의 둘레가 3자 2치, 신골(身骨)의 길이는 9자 7치나 되었다. 또 치아는 엉키어 뭉쳐서 하나가 되고 골절이 모두 이어졌으니 천하에 짝이 없는 역사(力士)의 골격이었다. 그래서 부수어 소상을 만들어서 대궐 안에 안치하였다. 또 신이 “내 뼈를 동악에 두라”고 일렀으므로 동악(토함산)에 봉안하였다. 그것으로 인하여 탈해는 동악신(東岳神)이 되었다.

탈해왕은 옛적에 남의 집을 내 집이라 하여 빼앗았으므로 성을 옛 석(昔)자를 써서 석씨라 하였다. 혹은 까치[鵲]로 인하여 궤를 열게 되었으므로 까치 ‘鵲’자에서 ‘鳥’를 떼 내고 昔으로써 성(姓)을 삼았다고 한다. 그리고 궤를 열어 알에서 나왔으므로 이름을 ‘탈해(脫解)’라 하였다. [삼국유사, 2기이, 탈해왕(脫解王)]

(3) 고 · 부 · 양씨(삼성혈)

아득한 옛날 옛적 한반도 남쪽 끝 바다에 탐라라는 섬이 있었다. 그 섬의 중앙에 한라산이 있는데 늘 구름에 가려 있어 신비롭기 짝이 없었다.

언젠가 그 한라산의 북쪽 들에서 이상한 기운이 돌더니 세 사람이 땅으로부터 솟아나왔다. 그들은 몸에서 빛이 나고 풍채가 늠름한 대장부들인데 이름은 각각 고을나(高乙那), 부을나(夫乙那), 양을나(梁乙那)였다. 이들이 각각 고씨, 양씨, 부씨의 씨조(氏祖)가 되었다. 그래서 이들이 솟아나온 땅 구멍을 삼성혈(三姓穴)이라 부르게 되었다.

이들은 숲이 우거진 섬을 휘젓고 다니면서 사냥을 하여 먹고, 가죽으로 옷을 만들어 입었다. 섬에는 이들 세 사람밖에 없기에 먹고사는 데는 조금도 걱정이 없었으나 짝이 없어서 늘 허전하였다.

하루는 바다에 나가 고기를 잡고 있었다. 그때 누군가가 소리를 질렀다.

"저것 보게나. 무엇이 이쪽으로 떠오고 있지 않은가?"

셋이서 바라보니 배 한 척이 이쪽으로 둥실둥실 떠와서 해변에 닿았다. 그들은 배가 있는 곳으로 달려갔다. 배에는 자주색의 나무상자가 있었다. 그래서 그것을 열어보니 안에 또 돌 항아리가 있었다. 그리고 그 옆에는 자색옷을 입고 붉은 띠를 두른 사람이 서있었다. 그는 자기가 일본 사신이라고 했다. 사신은 세 사람에게 정중히 절을 하고는,

"저희 나라 공주님 세 분을 모시고 왔습니다. 공주님들은 하늘이 귀분들께 보낸 천정배필이오니 혼인하여 가정과 나라를 세우시고 자손만대에 번영하여지이다."

하고는 홀연히 자취를 감추었다.

세 사람은 돌 항아리를 열었다. 거기서는 향기가 나고 아름다운 처녀 셋이 얌전히 앉아있었다. 마치 선녀가 하강한 듯한 고운 자태에 매혹된 세 사람은 처녀들에게 정중히 말을 건넸다.

"먼 길을 오느라고 노고가 많으셨습니다. 저희는 공주님을 진심으로 환영합니다."

여자들은 얼굴에 미소를 띠고 대답했다.

"저희들 부왕께서 이르시기를, 탐라에 세 신인(神人)이 솟아나서 장차 나라를 세우려는데 도와 줄 배필이 없으니 가서 짝이 되라는 분부를 받잡고 왔습니다."

그들은 나이순으로 짝을 이루고 행복한 세월을 보냈다.

그러다보니 세 가문이 한데 모여 살기가 불편하였다. 그들은 활을 쏴서 닿는 곳을 인연으로 삼아 살기로 하였다. 그래서 양을라는 제1도, 고을라가 제2도, 부을라가 제3도에 자리 잡고 살았다.

세 공주는 제각기 남편을 도와 밭에 나가 일하고 바다에 나가 미역을 땄다. 부지런히 일을 한 덕으로 살림이 풍족하고, 후손도 늘어서 탐라국은 날로 번성하였다. [고려사, 지리지 / 황패강, 세계의 신화 / 한상수, 한국인의 신화]

(4) 평강 채(蔡)씨

강원도 평강 땅에 한 부자가 살았다. 그는 살림이 풍족하고 인심이 후하여 주위의 칭송을 받으며 살았으나 슬하에 자식이 없어 향화를 받들 수 없게 될까 늘 걱정이었다. 그래서 백일 기도공덕을 지어 자식을 점지 받자고 부인과 의논하였다. 부부는 목욕재계하고 매일 산제당으로 가서 자식 낳기를 염원하였다. 그렇게 하기를 석 달 열흘이 되었다. 백일기도의 마지막 날에 부인이 몽사를 얻었는데, 한 선녀가 부인에게 내려와 거두어 줄 것을 청하였다. 부인이 선녀를 품에 안자 꿈이 깨었다. 분명히 태몽이었다.

그로부터 열 달 뒤에 아기를 낳으니 예쁜 딸이었다. 부부는 아들이 아니어서 섭섭하기는 했으나 딸을 얻은 것만으로도 감사하여 산신님께 크게 제사를 드렸다. 그리고 아기를 애지중지 길렀다.

세월이 흘러서 딸이 처녀가 되었다. 딸은 인근에서는 볼 수 없을 정도로 예뻤기에 여기저기서 혼담이 들어왔다. 그때 처녀의 얼굴이 파리하고 대신에 배가 불러오는 것이었다. 눈치를 챈 부모가 딸에게 이실직고하도록 하자 딸이 고하였다.

"밤마다 푸른 옷을 입은 남자가 제 방에서 자고 갑니다."

"누구인지 신분을 아느냐?"

"존엄해서 감히 물어보지 못합니다."

"그러면 나갈 때 옷섶에다 이 바늘을 꽂아라."

딸은 부모의 명령대로 남자의 옷에 바늘을 꽂았다. 날이 훤히 밝자 실꾸리에서 풀려나간 실을 따라 나섰다. 실은 집 앞에 있는 연못 속으로 들어갔다. 머슴을 시켜 물을 퍼내었다. 그랬더니 바늘이 커다란 거북이에게 꽂혀있는 것이 아닌가!

부모는 예삿일이 아님을 알고 아이를 잘 기두었다. 아이는 커갈수록 똑똑해서 그야말로 문일지십(聞一知十) 그대로 하나를 들으면 열을 알았다. 아이는 후에 장군이 되어 이름을 삼한에 크게 드러내었다.

장군이 태어난 일이 신이함을 알고 임금께서 '거북이'란 뜻의 채(蔡)씨로써 성씨를 하사하였다. [1989.8., 양구 동면, 채록]

4 종교신앙신화

1) 불교신화

(1) 이차돈의 순교

신라 23대 법흥대왕(法興大王)이 소량(蕭梁) 천감(天監) 13년 갑오(514)에 왕위에 올라 이에 불교를 일으켰다. 미추왕 계미년(262)에서 252년이나 서로 떨어졌다. 고 도령이 말한 3천 몇 달이 들어맞는다고 하겠다.

법흥왕 14년(527)에 소신(小臣) 염촉(異次頓)이 불법을 위해 제 몸을 죽였다.

어느 날 왕은 조신들을 모으고 물었다.

"아, 내가 덕이 없는 사람으로서 대업을 이으니, 위로는 음양의 조화가 모자라고 아래로는 백성의 즐거움이 없도다. 정사를 보살피는 여가에 불교에 마음을 두고 있으니 누가 나와 같이 일하겠소?"

조신들이 아무도 따르지 않을 때에 이차돈이 나서서 아뢰었다.

"나라를 위하여 몸을 죽임은 신하의 큰 절개이며. 임금을 위하여 목숨을 바침은 백성의 바른 의리입니다. 거짓으로 말씀을 전했다고 형벌로 머리를 베시면 만민이 모두 감히 왕명을 어기지 못할 것입니다. 일체를 버리기 어려운 것은 자기의 신명(身命)입니다. 그러하오나 소신이 저녁에 죽어 불교가 아침에 행해지면 불법은 다시 일어나고 성주께서는 길이 편안하실 것입니다."

이에 왕은 그의 신심을 알고서 「이차돈이 사원을 짓는데 고의로 지체시켰다」고 하여 목을 베었다. 그러자 그의 목에서 하얀 젖이 나와 한길이나 솟아났으므로 사람마다 불도를 행하고 마땅히 불법의 이익을 얻게 되었다.

이에 법흥왕은 이미 폐지된 불법을 일으켜 세워 절이 이룩되자 면류관을 벗고 가사를 입었으며, 궁에 있는 왕의 친척을 내놓아 절의 일꾼으로 삼았다. 그리고 절에 살면서 몸소 불교를 널리 폈다. [삼국유사, 흥법3, 원종흥법염촉멸신(原宗興法厭髑滅身)]

(2) 보살 · 부처의 상주처 오대산

신라 정신왕(淨神王－신문왕)의 태자 보천(寶川－寶叱徒)과 아우 효명(孝明) 형제는 젊은이 때에 오대산으로 몰래 숨어들었다. 보천은 중대(中臺) 남쪽 밑 진여원(眞如院) 아래 산 끝에 푸른 연꽃이 핀 것을 보고, 그곳에 풀로 암자를 짓고 살았다. 아우 효명은 북대의 남쪽 산 끝에 푸른 연꽃이 핀 것을 보고 또한 풀로 암자를 짓고 살았다.

하루는 형제가 다섯 봉우리에 올라 예배하던 차에 각 봉에 오만의 진신이 나타나 있었다. 청색방인 동대의 만월형(滿月形) 산에는 관음보살 진신 1만이 계시고, 남대의 기린산에는 8대 보살을 수위로 한 1만 지장보살이 계시고, 백색방인 서대 장령산에는 무량수여래를 수위로 한 1만 대세지보살이 계시고, 흑색방인 북대 상왕산에는 석가여래를 수위로 한 5백 대아라한이 계시고, 황색방인 중대 풍로산에는 비로자나불을 수위로 한 1만 문수보살이 계셨다.

진여원(眞如院 - 현 상원사의 전신)에는 문수보살이 날마다 이른 아침에 36종의 형상으로 나타났다. 두 왕자는 함께 예배하고 날마다 이른 아침에 골짜기의 물을 길어다 차를 다려 1만 진신의 문수보살에게 공양하였다.

나라에서는 보천태자를 왕으로 추대하기 위해 사신을 오대산으로 보냈다. 그러나 보천이 울면서 왕의 자리를 사양하므로 아우인 효명이 왕이 되기 위해 떠났다. 효명은 서울로 가서 왕(효소왕)이 되었다(692). 이후 보천은 50년 동안 불도를 닦으니, 언젠가는 문수보살이 이마에 물을 붓고 성도기별(成道記別-授記)을 주었다.

진여원은 성덕왕 4년(705.)에 세웠다. 보천은 언제나 그 골짜기의 신령스런 물을 마셨다. 그래서 육신이 공중을 날아 유사강(流沙江)에 이르러 울진의 장천굴(掌天窟)로 들어가 도를 닦았다.

처음에 오대산의 월정사(月精寺) 터에는 신라의 자장율사가 문수보살의 진신을 보려고 모옥을 짓고 살았다. 그러나 7일 동안이나 나타나지 않으므로 묘범산(妙梵山)으로 가서 정암사(淨岩寺)를 세웠다.

이후에 신효거사(信孝居士)가 와서 살았고❖, 그 다음에는 범일의 문인인 신의두타(信義頭陀)가 와서 암자를 세웠다. 후에 수다사(水多寺)의 장로 유연(有緣)이 와서 살았다. 그래서 점차 큰 절을 이루었다. 절의 다섯 성중(聖衆-관음, 대세지, 지장, 아라한, 문수)과 구층 석탑은 모두 신성(神聖)의 자취이다.

지관이 말했다.

"국내의 명산 중에서도 이곳이 가장 좋은 땅이므로 이곳이야말로 불법이 길이 번창할 곳이다." [삼국유사, 4탑상, 오대산 보즐도태자전기(五臺山寶叱徒太子傳記)]

❖ 신효거사에 대한 신이한 행적이 《삼국유사》에 있는데, 다음과 같다.

거사의 집은 공주에 있었다. 그는 어머니를 봉양함에 효성을 다하였다. 어머니가 고기가 아니면 밥을 먹지 않으므로 거사는 고기를 구하려고 산과 들로 나다니었다. 어느 날 학 5마리를 보고 화살을 쏘았다. 그랬더니 학 한 마리가 깃털을 떨어뜨리고 날아가 버렸다. 거사가 그것을 집어서 눈을 가리고 사람을 보았더니 사람이 모두 짐승으로 보였다. 그래서 고기를 얻지 못하고 자기의 넓적다리 살을 베어서 어머니에게 드렸다.

거사가 경주 경계에서 하솔(河率-河瑟羅-강릉)에 이르러 그 깃으로 사람을 보았더니 그때서야 인간의 형상으로 보였다. 이에 그곳에 머물러 살 뜻이 있어서 길에서 만난 노부인에게 살 만한 곳을 물으니,

"서쪽 고개(대관령)를 지나면 북쪽으로 향한 골짜기가 있는데 살만 한 곳입니다."

말을 마치자 부인은 보이지 않았다. 거사는 부인이 관세음보살의 화신임을 알고 성오평을 지나 자장법사가 처음 모옥을 지은 곳으로 들어가 거기서 살았다.

얼마 후에 다섯 스님이 와서 말했다.

"그대가 가져온 가사 한 폭은 어디 있는가?"

거사가 어리둥절하여 그대로 있으니 스님이 말했다.

"그대가 집어서 사람을 본 학의 깃이 그것이다."

거사가 이내 내어주니, 한 스님이 없어진 가사의 폭 부분에 붙이니 서

로 꼭 맞았다. 그것은 깃이 아니고 베 조각이었다. 다섯 스님이 떠난 후에 거사는 그들이 이곳 오대산의 다섯 성중(聖衆)의 화신임을 알았다.

신효거사는 유동보살(儒童菩薩)의 화신(化身)이라고 하였다. 유동보살은 석가모니의 전생에서 연등불이 세상에 계실 때 부처께 공양하던 당시의 이름이다. 거사는 후에 출가하여 자기 집을 내놓아 절로 삼았는데 (공주에 있는) 효가원(孝家院)이 그것이다.

[삼국유사, 4탑상, 대산월정사오류성중(臺山月精寺五類聖衆)]

(3) 53불과 유점사 창건

지금으로부터 2,500년 전 부처님이 열반하신 후에 문수보살이 부처님을 미처 친견하지 못한 사람들을 위해 9억의 인도에 불상을 만들게 하였다. 그러자 신심이 있는 사람들이 각각 금을 내어 불상을 조성하였다. 그것들을 시험하여 불 속에 던진 결과 오직 53불상만이 불에 손상하지 않고 본래 그대로의 모습을 지니고 있었다.

이에 보살은 부처의 가르침을 널리 펴기 위해 "53불은 인연이 있는 나라로 건너가 불법을 펴 중생을 구제하라"고 유시하고 종과 함께 태워 보냈다. 53불은 신룡(神龍)의 인도로 처음에 인도 남쪽의 월씨국(베트남)에 도착하였으나 인연이 없어서 다시 수세기 동안 표류하였다. 그러다가 해동 조선국 금강산이 인연의 땅임을 알고 쇠종[鐵鐘]을 타고 바다를 건너 해금강의 안창현 포구에 있는 괘종암에 도착하였다.

그 고을의 군수 노춘은 53불이 안창현에 도착하였다는 소문을 듣고 휘하를 거느리고 귀한 손님들을 맞이하기 위해 서둘러 왔다. 그러나 부처들은 간 곳이 없고 모든 나뭇가지가 다 서쪽을 향하고 있었다. 군수는 이는 필시 부처가 간 곳을 암시하는 것으로 여기고 서쪽인 외금강으로 향하였다.

53불은 포구에서 뭍으로 올라 금강산으로 가던 중 지금의 경고(京庫)에서 잠시 쉬면서 소요하였다. 그래서 그곳을 소방(消房)이라 부르게 되었다. 그들은 소방에서 금강으로 가는 지점인 문수촌을 거쳐 갔다. 문수촌이라는 지명은 노춘 일행이 53불의 행로를 몰라 망설이고 있을 때 한 비구니가 오는 것을 보고 물었더니 방향을 가리켜 주었다. 그 비구니가 사실은 문수보살이었으므로 붙이게 된 명칭이다.

노춘 일행은 부지런히 53불의 자취를 뒤따랐으나 영마루에 오르니 행방이 묘연하였다. 사방을 두리번거리니 저 아래 산허리에 비구니 하나가 엎드려 절을 하고 있는 모습이 보였다. 그래서 일행이 가까이 가보니 비구니가 아니라 절하는 형상의 바위였다. 그래서 이곳을 이유암(尼遊岩) 또는 이대(尼臺)라고 부르게 되었다.

일행은 바위가 절하는 쪽으로 길을 재촉하였다. 그러나 다시 방향을 잃었다. 그때 흰 강아지 한 마리가 나타나 꼬리를 살랑살랑 흔들면서 따라오라는 시늉을 지었다. 그곳을 개재[狗嶺]라고 하는 것은 그런 연유에서다. 얼마큼 가는데 갑자기 개가 사라져버렸다. 그러더니 이번에는 노루가 나타나 길을 인도하였다. 그래서 그곳을 '노루목'이라 한다.

노루목을 지나 한참 가니 어디선가 쇠종 소리가 은은히 들려왔다. 일행은 종소리를 듣고 멀지 않은 곳에서 곧 53불을 만나게 되리라는 기쁨에 환호성을 질렀다. 그래서 그곳을 환희고개[歡喜嶺]라고 하였다.

일행은 종소리를 따라 동구에 이르니 거기에 큰 연못이 있고, 그 옆에 엄청나게 큰 느릅나무 한 그루가 서 있었다. 53불이 타고 온 쇠종은 그 느릅나무에 걸려있고, 53불상은 나뭇가지에 줄지어 앉아 있었다.

군수는 53불에게 공경예배하고 돌아가 이 사실을 왕에게 아뢰었다. 왕이 듣고 이르되, "느릅나무가 있는 곳에서 부처들이 정좌한 것은 거기를 거주터로 여김이니 그곳에 절을 크게 지어 53불을 모시고,

절 이름은 부처가 앉았다는 느릅나무 유(楡)자와 산고개 점(岾)자를 합해 유점사(楡岾寺)로 하라"고 하였다.

노춘 군수가 왕명을 받아 절을 짓고자 하는데 문제가 생겼다. 절을 지으려면 지형으로 보아 연못을 메워야 하는데 그 연못에는 9마리의 용이 살고 있었다. 절을 지으려면 용을 쫓아내야 하는데 그러다가 어떤 화를 당할지 몰라 난처하기 짝이 없었다. 그래서 노춘은 할 수 없이 53부처의 힘을 빌기로 하였다.

"부처님들께서 먼 바다를 건너 이곳에 주석하시기 위해 오셨으므로 저희가 큰 절을 지어드리고자 합니다. 그러려면 연못을 메워야 하는데, 여기에는 용 아홉이 살고 있어서 그들을 내보내지 않으면 절을 지을 수가 없습니다. 우리들 사람의 힘으로는 그들을 어찌할 수 없으니 부처님의 신통력으로 용을 내보내어 주시기 바랍니다."

53불은 이 간청을 옳게 듣고 용을 내보내겠다고 하였다. 그렇지만 부처들도 막상 좋은 방법이 떠오르지 않았다. 잘못하다가는 불가에서 제일로 금하는 살생을 빚을 수도 있으므로 신중하게 대처하지 않으면 안 되었다. 그래서 먼저 연못으로 가 용들에게 사정을 이야기하고 자리를 양보하도록 설득하기로 하였다.

"우리가 여기에 머물기 위해 바다 건너 멀리서 왔으니 사정을 보아 이 터를 양보하면 금강산신에게 부탁하여 좋은 자리를 물색하여 드리겠소. 그러면 우리도 좋고 그대들도 좋을 터이니 어떠하오?"

그러자 용들은 "말도 되지 않는 소리 마시오. 이곳은 조상 대대로 살아온 우리의 고향이오. 무슨 일이 있어도 양보할 수 없으니 그리 알고 물러가시오." 하면서 완강히 거부하였다.

부처들은 다시 한자리에 모여 머리를 맞대고 중지를 모았으니 그것은 연못의 물을 서서히 덥히자는 계획이었다. 그래서 불 화(火)자를 써서 못에 던지니 이윽고 연못의 물이 점차 더워지다가 뜨거워지기 시작하였다. 용들은 참고 참다가 더 이상 견딜 수 없어 연못을 박

차고 나와 꿩으로 변신하였다. 그러자 부처들이 매로 변하여 꿩을 쫓았다. 꿩이 다시 매로 변하니 이번에는 매가 독수리로 변하여 쫓았다. 그러자 매는 용으로 변하여 구룡폭포가 떨어지는 구룡연(九龍淵) 속으로 뛰어 들어갔다. 구룡폭포와 구룡연은 이 일로부터 생겨난 이름이다.

그래서 어려운 공사 끝에 유점사가 서고, 스님들이 입주하였으며, 느릅나무 덩굴을 조각한 받침 위에 53불을 안치하고 법당에 정중히 모시었다.

한편, 자기 집을 빼앗긴 용들은 분함을 이기지 못하여 반드시 보복하리라 결심하고 떠나면서, "너희들이 남의 집을 메워 절을 짓고자 하나 절을 지어도 물이 없으면 아무 소용이 없다. 이제부터 샘이라는 샘은 다 막아버리겠으니 어디 견디어 봐라."고 선언하였다.

절이 완성되자 과연 샘물이 모두 말라 버렸다. 용이 분풀이로 샘을 막아 버린 것이다. 그래서 절의 스님들이 모두 나서서 샘을 찾았으나 허사였다. 이렇게 되니 절이 폐사될 운명에 놓이게 되었다. 스님들은 53불에게 샘을 달라고 간곡히 기도하였다.

그러자 부처의 계시가 있었는데, 그것은 새들을 잘 보라는 것이다. 스님들이 계시대로 새들을 잘 관찰하여 보니 하루는 여러 무리가 한 곳에 모여 땅을 쪼고 있었다. 스님들이 보고 그곳을 파니 물이 펑펑 터져 나왔다. 그래서 그 샘은 새들이 쪼아서 찾은 것이라고 하여 조탁정(鳥啄井)이라는 이름을 갖게 되었다.

이리하여 폐사 직전의 유점사는 번창하여 금강산 사찰의 본산(本山)이 되었고, 사명당을 비롯하여 훌륭한 대덕스님들을 많이 배출하였다. [김의숙, 그리운 금강산 이야기, 북스힐]

❖ 53불 : 신화적인 유래가 있고, 독특한 조형으로 제작되어 국보적 가치를 지닌 53불은 신라 때부터 금강산 유점사의 보물로 천수백 년 동안 전승하여 왔다. 일제강점기에 몇 구가 없어졌고, 6.25전쟁으로 유점사가 소실될 때 사라져버렸다. 지금은 흐릿한 흑백사진이 남아있어서 그나마 아쉬운 자취라도 만나볼 수 있어 다행이다.

육당 최남선이 금강산을 여행하고서 정묘년(1927년)에 펴낸《금강예찬》에 보면 당시의 사정을 알아볼 수 있다. "유점사 법당에는 이 절의 최대 자랑이자 신라 말 미술의 일대 보배인 유명한 금강 53불이 느릅나무 등걸을 본떠 만든 향나무의 어수선한 가지 위에 봉안되어 있습니다. 버릇 사나운 이의 손을 막기 위하여 요즈음은 3면에 철망을 둘러쳤는데, 도둑의 죄는 중생이 저지르고 구금은 부처님이 당하시는 것이 황송하기 그지 없습니다."

(4) 의상대사의 구룡사 창건

아득한 옛날 신라시대에 의상대사가 절 자리를 찾아서 지금의 원주 치악산 구룡골에 이르렀다. 스님이 사방을 둘러보니 동으로 주봉인 비로봉이 솟아 있고, 다시 천지봉의 낙맥이 앞을 가로지르고 계곡의 경치 또한 아름다웠다. 스님은 이곳이 절을 세울 만한 곳임을 간파하였다.

그런데 대웅전을 세울 자리에는 연못이 있고, 거기에는 아홉 마리의 용이 살고 있었다. 스님은 연못가에서 "연못을 메우려면 용들을 쫓아내야 하니 난감한 일이로구나……" 하고 나직이 읊조리었다.

이 소리를 용들이 들었다. 그들은 대사에게 "스님이 벌써부터 우리를 쫓아내시려 하니 우리도 마음이 놓이지 않아 살 수가 없소. 그러니 우리가 내기를 해서 우리가 이기면 스님이 포기하고 스님이 이기면 우리가 물러가겠소." 하였다.

대사는 그들에게 재주를 부려 보라고 하였다. 용들은 연못에서 하늘로 치솟더니 뇌성벽력과 함께 폭우를 쏟아 부어 주위의 산들까지 온통 물에 잠기게 하고 대사를 빠져 죽게 하였다. 그러나 대사는 비로봉과 천지봉 사이에 배를 매어놓고 기다리고 있었다. 용들은 이 정도면 대사가 빠져 죽었겠지 하고 비를 거두고 보니 대사가 배 위에서 낮잠을 즐기고 있는 것이 아닌가.

대사는 부스스 일어나 연못의 용들에게 자기의 조화를 잘 보라고 하면서 부적을 한 장 그려 연못에다 던져 넣었다. 그러자 갑자기 연못이 부글부글 끓기 시작하였다. 물속에서 뜨거움을 견디다 못한 용들이 앞산을 여덟 개로 쪼개면서 한달음에 내달아 동해바다로 달아났다. 눈 먼 용 하나는 근처의 작은 연못으로 옮겨 앉았다.

용들이 달아나자 대사는 거기에 대웅전을 짓고 구룡사(九龍寺)라 하였다. 지금 원주 치악산의 구룡사(龜龍寺)가 그 절이다.

(5) 무왕의 미륵사 창건

백제 제30대 무왕(武王)의 이름은 장(璋)이다. 그의 어머니는 과부가 되어 서울 남쪽 못가에 집을 짓고 살고 있었는데, 그 연못의 용과 관계하여 장을 낳았다. 아이 때의 이름은 서동이다. 재기(才器)와 도량이 커서 헤아리기가 어려웠다. 늘 마를 캐어 생업을 삼았으므로 사람들이 '서동(薯童)'이라 불렀다.

서동은 신라 진평왕(眞平王)의 3째 공주인 선화(善花)가 아름답기 짝이 없다는 말을 듣고, 머리를 깎고 신라의 서울로 가서 동리 아이들에게 마를 주고 친해졌다. 이에 그는 동요를 지어 여러 아이들을 꾀어서 그것을 부르게 했는데, 그 향가인 〈서동요〉는 이와 같다.

선화공주님은
남몰래 얼러두고

서동방을 밤에
몰래 안고 간다네

동요가 온 서라벌에 퍼져서 대궐에까지 들어가니 백관(百官)들이 임금에게 극력 간하여 공주를 멀리 귀양 보내게 했다. 공주가 떠날 때 왕후는 순금 한 말을 노자로 주었다.

공주가 장차 귀양터에 이르려 하는데 서동은 도중에서 나와 절하면서 모시고 가겠다고 했다. 공주는 그가 어디서 온지는 알지 못했으나 우연히 믿고 좋아했다. 이로 말미암아 서동을 따라가서 몰래 관계했다. 그런 후에야 서동의 이름을 알았으며, 동요의 영험을 알았다. 함께 백제로 와서 모후가 준 금을 내어 생계를 도모하려 하니 서동은 크게 웃으면서 물었다.

"이것이 무엇이요?"

"이것은 황금입니다. 한 평생의 부를 이룰 만합니다."

"나는 어릴 때부터 마를 파던 곳에 흙처럼 많이 쌓아 놓았소."

공주는 이 말을 듣고 크게 놀라면서 "그것은 천하의 진귀한 보배이니 당신이 지금 그 금이 있는 데를 알면 보물을 부모님의 궁전에 수송하는 것이 어떻겠습니까?" 하니 서동이 좋다고 말했다. 그래서 금을 모아 언덕처럼 많이 쌓아 놓고, 용화산(龍華山) 사자사(師子寺)의 지명법사(知命法師)에게 금을 수송할 계책을 물으니 법사는 말했다.

"내가 신통한 도의 힘으로써 보낼 수 있으니 금을 가져오시오."

공주는 편지를 써서 금과 함께 사자사 앞에 갖다 놓으니 법사가 신통한 도의 힘으로 하룻밤 사이에 신라 궁중으로 보내어 두었다. 진평왕은 그 신비로운 변화를 이상히 여겨 더욱 존경해서 늘 편지를 보내어 안부를 물었다. 서동은 이로 말미암아 인심을 얻어 왕위에 올랐다.

하루는 왕이 부인과 함께 사자사에 가려고 용화산 밑의 큰 연못가에 이르니 미륵삼존(彌勒三尊)이 못 가운데서 나타나므로 수레를 멈추고 절을 올렸다. 부인이 왕에게 이곳에 큰 절을 세워야 하겠다고 말하여 왕의 허락을 받았다.

지명법사에게 가서 못을 메울 일을 물었더니 법사는 신통한 도의 힘으로써 하룻밤 사이에 산을 무너뜨려 못을 메워서 평지로 만들었다. 이에 미륵삼존의 상을 모방하여 만들고 또 전(殿)과 탑과 낭무를 각각 세 곳에 세우고 절 이름을 미륵사라 하였다. 진평왕은 여러 공인(工人)을 보내어 역사를 도와주었다. [삼국유사, 2기이, 무왕(武王)]

(6) 밀본법사의 신주(神呪)

신라 27대 선덕여왕 덕만(德曼)이 병을 얻어 오래도록 낫지 않았다. 임금은 홍륜사 중 법척을 불러 병을 치료 받았으나 효과가 없었다.

이때 밀본(密本)법사는 덕행으로 온 나라에 알려져 명망이 자자하였다. 좌우의 신하들이 법척 대신에 밀본으로 바꾸어 치료하자고 임금께 청했다. 밀본이 궁에 들어가 〈약사경藥師經〉을 읽었다. 경을 다 읽자마자 육환장(六環丈)이 침실 안으로 날아 들어가 법척과 늙은 여우 한 마리를 찔러 내던지니 그만 왕의 병이 나았다. 이때 밀본의 이마 위에 신비스런 빛이 비치니 보는 사람이 모두 놀랐다.

또 승상 김양도가 어렸을 때 갑자기 몸이 굳고 입이 붙어서 몸도 쓰지 못하고 말도 못하였다. 양도가 보니 늘상 대소(大小)의 귀신들이 집안으로 들어와 음식을 맛보는데, 무당이 제사를 지내면 귀신들이 다투어 모욕하였다. 양도는 귀신들을 물러가도록 명령하려 하지만 입이 붙어서 말을 할 수 없었다.

하루는 양도의 부친이 법류사의 스님을 청하여 경을 읽게 했더니 귀신들이 쇠몽둥이로 스님의 머리를 쳐서 죽였다.

며칠 후에 사자를 보내어 밀본법사를 청하여 맞아오게 하니, 사자가 돌아와, "밀본법사께서 우리 청을 받아들여 오실 것입니다." 하였다. 여러 귀신들이 그 소리를 듣고 법사를 피하는 것이 좋겠다고 하니, 큰 귀신이 괜찮다면서 거만을 떨었다.

얼마 후에 사방에서 쇠 갑옷과 긴 창으로 무장한 대력신(大力神)들이 와서 귀신들을 잡아 묶어가고, 이어서 천신들이 와 법사를 기다렸다. 잠시 후에 법사가 와서 경을 펴기도 전에 양도의 병이 나았다.

이로 말미암아 양도는 한평생 동안 불교를 독실히 믿어 게을리 하지 않았다. 그리고 흥륜사 법당의 주불인 미륵존상과 좌우보살을 소상(塑像)으로 만들고 아울러 금색으로 벽화를 그려 모셨다. [삼국유사, 6신주, 밀본최사(密本催邪)]

(7) 김대성의 윤회전생(輪廻轉生)

보량리에 가난한 과부 경조가 살고 있었는데, 그에게는 머리가 크고 이마가 평평하여 성(城)과 같으므로 이름을 대성(大城)이라고 하는 아들이 있었다. 대성은 집이 빈한해서 복안이라는 부잣집에서 품을 팔더니 그 집에서 약간의 밭을 주었으므로 그것으로 의식의 밑천을 삼았다.

그때에 흥륜사의 고승 점개가 육륜회(六輪會)를 베풀려고 시주를 얻고자 오니 복안이 베 50필을 보시하였다. 그러자 점개는 주문을 읽어 시주(施主)의 복을 빌었다.

"대주가 보시를 좋아하니 천신이 늘 보호하고 지켜줄 것이오. 한 가지를 보시하면 만 배를 얻게 되니 안락하고 장수하게 되리로다."

대성이 그 소리를 듣고 뛰어 들어와 모친에게 말하였다.

"제가 문간에서 축원하는 스님의 소리를 들으니, 한 가지를 보시하면 만 배를 얻는다고 합니다. 저는 전생에 선업(善業)이 없어 지금에 와 곤궁하니 오늘 또 보시하지 않으면 내세에는 더욱 곤궁할 것입니다. 우리가 고용살이로 얻은 밭을 법회에 보시해서 후생의 과보를 도모함이 어떻겠습니까?"

어머니가 허락하므로 점개에게 보시하였다.

몇 해 후에 대성이 죽었다. 그날 밤 국상 김문량의 집에 하늘에서 외치는 소리가 있었다.

"모량리의 김대성이라는 아이가 이제 너의 집에 태어날 것이다."

사람을 모량리로 보내어 알아보니 과연 대성이 죽었으며, 죽은 날이 하늘에서 외치던 날과 같았다.

그 후 국상의 집에서 아이가 태어났는데 왼손을 꼭 쥐고 펴지 않다가 7일만에야 폈다. 손에는 '大城'이라고 쓴 두 금간자(金簡子)가 있어서 이름을 그대로 대성이라 하였다. 그리고 모량리의 어머니를 집으로 모셔와 함께 봉양하였다.

대성은 장성하여 사냥을 좋아하였다. 하루는 토함산에 올라 곰 한 마리를 잡고 산 밑 마을에서 유숙하였다. 그 밤 꿈에 곰이 귀신으로 변하여, "네가 어찌하여 나를 죽였느냐? 내가 환생하여 너를 잡아먹을 것이다."고 시비하였다. 대성이 두려워서 용서를 바라니 귀신이 자기를 위해 절을 세워줄 것을 부탁하였다. 대성이 허락하고 꿈에서 깨니 땀으로 자리가 흠뻑 젖어 있었다. 이후로 대성은 사냥을 금하고, 곰이 죽은 자리에다 장수사(長壽寺)를 지었다. 이 일로 말미암아 마음에 감동하는 바가 있어 자비의 비원(悲願)이 깊어갔다.

이에 현세의 부모를 위해 불국사를, 전생의 부모를 위해서는 석불사(石佛寺-석굴암)를 세우고, 신림과 표훈 두 성사(聖師)를 청하여 각각 주석하게 하였다. 그리고 거대한 불상을 설치함으로써 양육한 노고를 갚으니, 한 몸으로 현세와 전세 이세(二世)의 부모에게 효도함은 과거에도 드문 일이다. 어찌 착한 보시의 영험을 믿지 않겠는가? [삼국유사, 9효선, 대성효이세부모(大城孝二世父母)]

(8) 구렁이로 윤회한 명학스님

조선조 중기의 승려인 영원조사는 10세에 삽량주(동래부) 범어사의 명학스님을 스승으로 출가하였다. 명학은 스님이면서도 재산에 욕심이 많아 창고에 곡식을 가득 채워 놓고도 더 많은 재산을 축적하기를 원하였으며, 곡식이 썩을 정도로 많아도 베풀 줄을 몰랐다.

상좌인 영원스님은 명학스님의 행위가 못마땅하고 또 도를 닦아야 하겠기에 함께 금강산으로 들어가 도를 구하자고 간곡히 설득하였다. 그러나 명학스님이 거절하므로 그는 홀로 금강산의 영원골로 들어가 따로 영원암을 세우고 수도의 끈을 놓지 않았다.

하루는 조사가 비몽사몽 중에 갑자가 시왕봉 쪽에서 죄인 다스리는 소리가 들려왔다. 그래서 알아본즉 명학이라는 사악한 중이 잡혀와 명경대 앞에 꿇리어 문초를 받고 있다는 것이다. 조사는 그가 필시 명학스님일 것으로 확신하고 그의 상좌였던 정리(情理)를 생각해서 장례에 참례하고자 범어사로 향하였다.

조사가 범어사에 도착하여 보니 아니나 다를까 명학은 이미 세상을 떠났고, 그의 다비식이 진행되고 있었다. 그곳의 스님들은 갑자기 나타난 영원조사를 보고 명학의 재산이 탐이 나서 돌아온 것이라고 수군거렸다. 조사는 억울함을 참고 죽을 한 그릇 얻어 창고 앞에 두고 명학의 혼이 나오기를 진심으로 기원하였다.

그때 창고에서 커다란 구렁이 하나가 기어 나와 영원조사를 향하여, "슬프도다 스님이여! 헛된 것을 사랑하지 말았어야 할 것을……" 하며 눈물을 흘리었다. 말을 마치자 구렁이는 머리를 돌바닥에 부딪쳐 죽어버렸다.

조사는 명학의 혼을 불러 어느 집에 맡기고 당부하였다.

"이 집에서 열 달이 지나면 반드시 귀동자를 낳을 것이니 잘 키우도록 하시오. 아이가 아홉 살이 되면 중이 되어야 할 팔자이므로 그때 내가 데려갈 것이오."

열 달이 되니 과연 옥동자를 낳았는데, 얼굴이 단정하였다. 아이가 아홉 살이 되자 영원조사는 아이를 데려왔다. 그리고 아이에게 창구멍을 통하여 매일매일 바깥의 소를 보도록 하였다. 몇 달이 지나자 아이가 문득 전생의 일을 깨닫고 조사에게 말하였다.

"나는 그대의 스승이었고, 그대는 나의 상좌였소."

그 이후로 명학의 후신인 이 스님은 다시 태어나 불도를 통달하게 되었으며, 법호를 '후원조사(後圓祖師)'라고 하였다. [김의숙, 그리운 금강산 이야기]

(9) 오세암의 관세음보살

설정스님이 관음암에서 수도하면서 다섯 살에 고아가 된 어린 조카를 데려와 양육하고 있었다. 때는 겨울철이 다가오기 얼마 전이라 스님은 둘이서 먹을 겨우내 양식을 구하고자 산을 넘어 가기로 하였다. 그러나 아이를 홀로 남겨두고 가야하는 것이 걸리었다. 스님은 아이에게 3일간의 말미로 빨리 올 것이니 모든 일을 법당의 관세음보살님에게 의지하라고 신신당부하고 양양 땅의 낙산사로 향하였다. 그리고 빨리 돌아오기 위해 서둘러 일을 보았다.

스님은 양식과 생필품을 구하여 양양을 떠나 산으로 향하고자 하였다. 그때 엄청난 눈이 내리기 시작하더니 연 사흘간이나 쏟아졌다. 사람의 키만큼이나 쌓인 눈 때문에 도저히 산에 오를 수가 없던 스님은 아이 걱정에 애간장이 탔다. 그러나 어쩔 수가 없었다. 스님은 관세음보살에게 아이를 보살펴 주도록 간절히 기도하였다. 그렇게 하기를 눈이 녹아 산에 오를 수 있는 이듬해 봄까지 석 달간 계속하였다.

눈이 녹자 스님은 굶주리고 무서워서 고생하다가 죽었을 어린 조카의 주검을 떠올리면서 서둘러 절로 향하였다. 스님이 절에 이르자 혈색이 좋은 한 동자가 나와서는 왜 이렇게 늦게 오느냐고 하였다. 스님이 자세히 보니 그 동자는 어린 조카가 아닌가! 스님이 놀라 사연을 물었다.

"매일매일 엄마 관세음보살님이 나타나 젖과 밥을 먹여 주어서 걱정 없이 지냈다."

고 하였다. 스님은 얼른 법당의 관세음보살상에게 엎드리어 그 가피력을 기리었다.

그리고 다섯 살의 동자가 도를 얻고 성불하였다고 하여 관음암을 오세암으로 칭하였다. 오세암은 매월당 김시습과 만해 한용운이 수도한 곳으로도 알려져 있다. [한국의 명산대찰, 백담사, 국제불교도협의회]

❖ 설악산의 백담사에서 영시암, 망경대를 거쳐 10km 지점에 오세암(五歲庵)이라는 암자가 있다. 이는 신라 선덕여왕 12년(643)에 자장율사가 봉점암과 같이 창건하였으며. 처음에는 관음암(觀音庵)이라 불렀다. 관음암은 조선조 인조 21년(1643)에 설정선사(雪淨禪師)가 중건하고 오세암으로 개명하였다.

(10) 진묵대사의 신이담(神異談)

■ 봉서사 주지는 어린 동자승 진묵에게 아침저녁으로 신중단(神衆檀)에 소향예배(燒香禮拜)하는 소임을 맡겼다. 그런데 어느 날 밤에 신중(神衆)들이 주지에게 현몽하여 이르기를 "우리 소신(小神)들이 어찌 감히 부처의 예를 받겠는가! 원컨대, 다시는 아침저녁으로 동자승에게 소향하지 말도록 하라."고 하였다.

■ 대사가 사미시절에 창원의 마상포(馬上浦)를 지나가는데 한 동녀(童女)가 사랑을 느꼈으나 따를 수 없었다. 그러므로 그녀는 죽어서 남자가 된 뒤 다시 전주 대원사(大元寺)에서 스님을 만나 기춘(奇春)이라는 시동이 되었다. 대사가 그를 각별히 사랑하였으므로 대중들이 비난하였다. 대사는 그것이 이락삼매행(離樂三昧行) 곧 일체의 즐거움에 대한 애착을 떠난 경지임을 보여주기 위하여 기춘을 시켜 국수로 대중공양을 하겠다는 뜻을 알리게 하였다.

대사는 대중에게 바루를 펴게 한 뒤 기춘으로 하여금 바늘 한 개씩을 각자의 바루 속에 넣어 주게 하니 대사의 바루 속 바늘은 국수로 변하여 바루를 가득 채웠으나 다른 승려들의 바루에는 여전히 한 개의 바늘만이 있었다.

■ 대사가 늙은 어머니를 왜막촌(倭幕村)에서 봉양하고 있을 때, 여름날 모기 때문에 고생하는 것을 보고 산신령을 불러 모기를 쫓게 하였다. 그때부터 이 촌락에는 영영 모기가 없어졌다.

■ '곡차'라고 하면 마시고 '술'이라고 하면 마시지 않는 것이 대사의 계행(戒行)이었다. 어느 날 한 스님이 '술'을 거르고 있는 것을 보고 "그것이 무엇이냐?"고 세 차례나 물었으나, 중이 대사를 시험하기 위하여 모두 '술'이라고 대답하였으므로 금강역사(金剛力士)가 그 중을 타살하였다.

■ 대사가 변산 월명암(月明庵)에 있을 때이다. 다른 승려들이 모두 출타한 뒤 홀로 《능엄경》을 읽다가 능엄삼매경에 들었는데, 문지방에 놓고 있던 손가락이 바람 때문에 열리고 닫히는 문에 찍히어 피가 난 것을 잊은 채 며칠 밤을 보냈다.

■ 대사가 월명암에 있을 때 불등(佛燈)이 매일 밤 일점 성광(星光)이 되어 멀리서 비치어 왔다. 대사가 그것을 발견하고 목부암으로 옮겨가서 원등암(遠燈庵)이라 개칭하였다. 목부암은 원래 십육나한(十六羅漢)의 도량인데, 나한들이 대사의 뜻을 계발하고 또 항상 대사를 시봉하는 마음에서 월명암으로 등광(燈光)을 비춘 것이다.

■ 전주부에 있는 한 흠포자(欠逋者-官物을 축낸 죄인)가 도망을

가려고 대사에게 인사를 하러 왔을 때, "도망가는 것이 어찌 남자의 할 짓인가? 그러지 말고 나에게 공양을 올려라."고 하였다. 그를 돌려보낸 다음 대사는 주장자를 가지고 나한당에 들어가 차례로 나한의 머리를 세 번씩 때리며 "아무개의 일을 잘 도와주라."고 하였다.

그 이튿날 밤에 나한이 그 관리의 꿈속에 나타나서, "네가 구하는 바가 있으면 직접 우리들에게 말할 것이지 어째서 대사에게 말하여 우리를 괴롭히느냐? 너의 소행을 보아서는 불고(不顧)하여도 가하나 대사의 명령이시니 좇지 않을 수 없다." 하고 그를 구해 주었다.

■ 대사가 길을 가는데 소년들이 냇가에서 생선을 끓이고 있으므로 탄식하면서, "이 무고한 고기들이 화탕(火湯)의 고생을 하는구나!" 하니, 한 소년이 희롱하여 말하기를 "스님도 먹고 싶지 않으신가?" 하였다. 대사는 "나도 잘 먹는다."고 하면서 그 고기를 몽땅 먹은 뒤 냇가에 가서 변을 보니 무수한 고기가 살아서 헤엄쳐 갔다.

■ 대사가 하루는 시자를 시켜 봉서사 남쪽 부곡(婦谷)으로 소금을 가져다주라고 하였다. 시자가 누구에게 주느냐고 반문하자 가보면 알 것이라고 하였다. 시자가 가서 보니 여러 사냥꾼이 노루고기를 회쳐 놓고 소금이 없어서 먹지 못하고 있었다. 그들은 소금을 받으면서 "활인지불(活人之佛)이 골마다 있다 함은 이를 말한 것이다."고 하였다.

■ 진묵대사는 주로 봉서사에서 수도하였는데 때맞춰 해인사에 왕래하면서 팔만대장경을 염송하였다. 한번은 해인사에 다녀온 지도 얼마 안 되었는데 상좌에게 해인사로 갈 것이니 행장을 꾸리라고 하였다. 상좌가 아직 갈 때가 되지 않았다고 하였으나 팔만대장경판에 변고가 있을 것이니 빨리 가자고 재촉하였다.

대사가 해인사에 당도하니 마침 장경각에서 불이 나 스님들이 우왕좌왕 허둥대었다. 대사는 솔잎에 물을 적시어 불이 번지는 곳에 던지니 갑자기 큰비가 내려 순식간에 불길이 잡히었다. 이렇게 하여 팔만대장경판을 구한 대사는 제자가 되기를 바라는 승려들을 뿌리치고 봉서사로 돌아왔다.

■ 대사가 하루는 목욕, 삭발하고 옷을 갈아입은 뒤 시냇물을 따라 나갔다. 가다가 지팡이를 세우고 서서 손가락으로 자기의 그림자를 가리키며 시자에게 이르기를, "이는 석가모니의 그림자니라." 하니, 시자가 "이것은 스님의 그림자입니다." 하였다. 대사가 이르기를, "너는 화상의 가(假)만 알 뿐 석가의 진(眞)은 모르는구나!" 라고 하였다. [엄동인, 진묵조사(震黙祖師) 유적고(遺蹟攷), 동사열전(東師列傳)]

❖ 진묵대사 : 대사는 1562년(명종 17년)에 태어나 1633년(인조 11년)에 세수 72세로 입적한 조선 중기의 고승(高僧)이다. 이름은 일옥(一玉)이고, 법호는 진묵(震黙)이며, 전라도 만경현(萬頃縣) 불거촌(佛居村) 출신이다.

그는 어려서부터 비린내 나는 음식과 마늘을 좋아하지 않았으며, 성품이 지혜롭고 자비로워서 사람들이 "불거촌에 부처님 났다"고 하였다. 그는 7세에 출가하여 전주 봉서사(鳳棲寺)에서 불경을 읽었는데, 한 번 읽으면 곧 암송하고 내용을 통달하였으므로 따로 스승을 두지 않았다.

대사는 도가 높고 넓은 도량과 풍류가 있었으며, 앞에서 보듯이 기이하고도 신령스런 이야기를 많이 남긴 인물이다. 전주 봉서사에는 그를 기리는 비석과 부도 그리고 조사전(祖師殿)이 있다. [김의숙, 이야기로 배우는 불교, 북스힐]

2) 무속신화

(1) 군웅본풀이(왕 장군)

군웅(軍雄)의 할아버지는 천황제석(天皇帝釋)이고, 군웅 할머니는 지황제석(地皇帝釋)이며, 군웅 아버지는 왕태조 왕 장군(王太祖, 王將軍)이고, 군웅의 어머니는 희숙의랑(嬉淑義娘)이다.

군웅 아방 왕 장군은 홀아비로 살면서 날마다 산에 가서 나무를 하여 먹고 사는데 하루는 동해 용왕의 아들이 찾아왔다.

"나는 동해 용왕의 아들입니다. 지금 동해 용왕하고 서해 용왕이 싸움을 하는데 우리나라가 싸움에서 늘 지게 되어 장군을 청하러 왔습니다."

용왕의 아들이 이렇게 말하자 왕 장군은,

"나는 세상에서 무서운 것이 없지만 바닷물은 무서우니 어찌하면 좋겠습니까?"

"저하고 같이 가면 됩니다."

용왕의 아들은 이렇게 말하고 왕 장군을 업고 물속으로 들어가니 바닷물이 양쪽으로 갈라져 길이 났다. 왕 장군이 용왕의 아들과 함께 용왕의 나라에 들어가니 용왕이 기뻐하며 말했다.

"내일은 내가 서해 용왕하고 싸움을 할 것이다. 그때 내가 진 것처럼 하고 물속으로 들어가면 서해 용왕이 물 위에서 이긴 것처럼 할 것이니 그때 화살로 서해 용왕을 쏘아 죽여 다오."

왕 장군은 동해 용왕의 말을 듣고 그렇게 하기로 단단히 약속했다.

다음 날, 드디어 싸움이 벌어졌다.

어제 동해 용왕의 말대로 동해 용왕이 진 것처럼 물속으로 들어가니 서해 용왕은 물 위로 올라와 이긴 줄로 알고 여간 기뻐하지 않았다. 이때 왕 장군이 활을 쏘아 서해 용왕을 죽였다. 그러자 동해 용왕이 물 위로 나와서 크게 기뻐하였다.

"너에게 무엇을 상으로 줄까."

용왕이 이렇게 말하자 용왕의 아들은 왕 장군에게 와서 속삭였다.

"아무 것도 싫고 벼루를 넣어 두는 연갑(硯匣)이나 달라고 하시오. 그러면 그 연갑 속에 나의 누이가 들어 있는데 그것을 가지고 가면 모든 일이 잘 될 것이오."

왕 장군이 이 말을 듣고 용왕에게 연갑을 달라고 했더니 용왕은 할 수 없이 주었다. 왕 장군은 용왕이 주는 연갑을 가지고 이 세상에 나오니 밤이 되면 연갑 속에서 달나라 선녀 같은 미인이 나왔다. 그는 왕 장군이 입을 옷과 먹을 음식을 마음껏 내다 주고 밤이 깊으면 한 이불 속에서 잤다.

이와 같이 살다가 삼 년이 지난 뒤에는 아들을 낳았다. 첫째 아들은 왕건(王建)이고, 둘째 아들은 왕빈(王賓)이며, 셋째 아들은 왕사랑(王史郎)이라 이름을 지었다.

그들은 부러울 것이 없었다. 그런 어느 날 용왕의 딸은 왕 장군에게,

"당신은 이제부터 부자로 잘 살 것이오. 나는 인간이 아니니 지금부터 용왕의 나라로 돌아 갈 것이니 당신은 군웅(軍雄)을 차지하여 살으시옵소서."

하고는 용왕의 나라로 돌아갔다. 그 뒤 왕 장군은 군웅이 되었다.

[(赤松智城 · 秋葉隆, 朝鮮巫俗の硏究)(上) / 한상수, 한국인의 신화]

❖ 〈군웅본풀이〉 : 제주도 서사무가인 〈군웅본풀이〉는 군웅신 즉 군신(軍神)의 근본을 풀이한 무속신화인데, 《고려사》의 〈작제건〉 신화를 수용한 것이다. 이것은 고려 태조 왕건의 신화가 무속에 영향을 미친 것으로서 군웅의 첫째 아들 이름이 왕건이라는 것으로도 알 수 있다.

군웅은 무장(武將)의 혼령으로서 군신의 상징이다. 모든 나라에는 군신이 있다. 우리에게는 치우와 이순신이 군신이다. 중국의 경우는 관우가 군신이고, 올림포스의 12신 가운데 아레스(Ares)와 로마신화의 마르

스(Mars)도 군신이다. 무당에게서 숭배를 받는 우리의 군웅은 '군웅굿'이라 해서 중부지역에서 벌이는 12굿거리에도 끼어있다.

군웅에는 인간에게 해를 끼치는 귀신을 퇴치하는 사살군웅(射殺軍雄), 가옥의 수호신인 성조대감 밑에서 집을 지키는 성조군웅, 사신(使臣)의 행차를 돕는 사신군웅이 있다.

한편, 동해안의 군웅굿에서 가창되는 〈군웅풀이〉는 조자룡을 주축으로 해서 삼국지에 나오는 여러 장수와 오방신장들을 등장시켜 마을의 안보와 질서를 지켜주도록 기원하는 굿거리인데 신의 근본을 밝히는 서사체로서의 본풀이가 아니다.

(2) 성조본풀이(성조 · 성주 · 황우양)

① 성조(동래본)

천지개벽이 되었다. 하늘에는 해, 달, 별이 빛나고 땅에는 나무와 풀이 돋아났다. 그때 인황씨가 태어났으며 그 형제 아홉이 세상을 아홉으로 나누어 다스렸다.

천궁대왕은 옥진부인과 함께 다정하게 살았다. 그러나 마흔이 넘도록 슬하에 자식이 없는 것이 걱정이었다. 그래서 궁리한 끝에 영험한 산천을 찾아 기도공덕을 짓기로 하였다. 그렇게 정성을 바치던 어느 날 밤 꿈에 도솔천의 천궁지왕이 나타나 부인의 정성이 지극하므로 일월성신의 정기를 받은 아들을 점지한다고 계시하였다. 그리고 아이의 이름은 안심국(安心國), 별호는 성조(成造)로 하라 하였다.

꿈에서 깬 옥진부인은 기쁨으로 근신하는데 과연 산기가 있었고 10달이 지나서 옥동자를 낳았다. 아이의 이름은 선인이 지명해준 대로 지었다. 아이는 총명하였고 하나를 들으면 열을 알았으며, 15세가 되자 온갖 사물의 이치에 무불통지(無不通知)였다.

하루는 태자(太子) 성조가 천궁에서 지상세계를 내려다보았다. 자세히 보니 사람들이 집이 없이 추우나 더우나 수풀에 의지하여 불쌍하게 살았다. 성조는 세상에 내려가 집 짓는 법을 가르쳐서 편히 살게 하리라고 결심했다. 그는 곧 부모님께 허락을 받고 세상에 내려와 집 지을 나무를 보러 다녔다. 그러나 모든 나무는 산신(山神)과 당신(堂神)이 좌정하고 있거나 까막까치가 둥지를 틀고 있어서 벨 나무가 없었다.

성조는 다시 천상으로 올라가 옥황상제를 뵙고 사정을 이야기했다. 옥황은 성조의 뜻을 갸륵히 여기고 제석궁에게 명하여 3말 5되 7홉 5작의 솔씨를 성조에게 주게 하였다. 솔씨를 받은 성조는 지상의 민둥산에 솔씨를 뿌려놓고 다시 천상으로 올라가 3년을 기다렸다.

성조가 18세가 되자 부모는 결혼을 하도록 했다. 그리하여 황휘궁 공주인 계화(桂花)와 혼인하였다. 그러나 성조는 연분이 부족한지 계화씨를 소박하고 박대하며, 화류계에 몸을 던져 주색에 빠져 공무에 소홀하였다. 그래서 사간원의 신하들이 왕에게 성조의 비리를 아뢰니 천궁대왕은 성조를 무인도로 3년간 귀양을 보내었다.

그는 부모님께 눈물로 하직하고 황토섬으로 들어가 4년간 귀양살이를 하였다. 그러나 귀양은 풀리지 않고 먹고 마실 것도 떨어져 산채와 송피(松皮)로 겨우 끼니를 때웠다. 그때 소식을 전하는 청조(青鳥) 한 마리를 발견하고 무명지를 깨물어서 낸 피로 사연을 적어 집으로 보냈다.

아들을 멀리 떠나보내고 근심으로 살던 옥진부인은 마침내 병이 들어 누워서 지냈다. 그러다가 청조가 물어다 준 성조의 편지를 보고서 왕과 신하들을 원망하며 슬피 울었다. 이 슬픈 울음소리를 들은 3천 궁녀도 모두 울었다. 사정을 듣게 된 천궁대왕은 잘못을 알고 즉시 배를 보냈다.

고국으로 돌아온 성조는 부인과 화목하고 가족과 행복하게 살았으며 자녀도 5남 5녀를 두었다. 어느덧 성조의 나이가 일흔이 되었다.

그는 과거를 돌이켜 보다가 예전에 민둥산에 뿌려놓은 솔씨가 생각났다. 그래서 자식들을 모두 데리고 지상으로 내려왔다. 민둥산은 온갖 나무로 덮여 있었다. 철쭉 진달래, 장목과 고목, 객사청청유목(客舍靑靑柳木), 박달나무, 소나무, 일출봉 부상목(扶桑木), 월계수, 노가라 향나무, 오동나무, 음양상통 행자목, 자작나무, 석류목 등이 아람드리 들어차 있었다.

그런데 나무를 벨 연장이 없었다. 성조는 자식들을 데리고 냇가로 나가 함지박과 쪽박으로 쇠를 일었으나 사철(砂鐵)이라 못쓰고, 다시 쇠를 일어 상철 5말, 하철 5말로 쇠를 일어서 풀무를 만든 다음 그것으로 도끼, 끌, 칼, 송곳, 대패, 괭이, 호미, 낫 등의 온갖 연장을 만들었다. 그것으로 나무를 베고 깎고 다듬어서 사람들에게 집을 지어 주고 집 짓는 법을 가르쳐 먹고살 수 있도록 하였다.

이리하여 성조는 인간에 처음으로 가옥제조법을 가르쳤으므로 집에 좌정하여 성조신(成造神)이 되었고, 그 부인은 몸주 성조신이 되었으며, 아들 다섯은 오토지신(五土地神)이 되고, 딸 다섯은 오방부인(五方夫人)이 되었다. [손진태, 조선신가유편(동래본)]

② 성주(제주도본)

성주 안신국은 하늘나라의 천궁대왕과 지상의 옥진부인 사이에서 태어났다. 그는 27세가 되던 해에 두 살 위인 귀아시와 혼인하였다. 부부가 금슬이 좋아 슬하에 아들 다섯, 딸 다섯을 두었다. 결혼 후 어느 날 성주는 솔 씨를 받아서 해동조선국 안동 땅 곳곳의 산에 씨를 뿌리고 고향으로 돌아갔다.

예순일곱 살이 되어 안동에 돌아와 보니 온 산이 울창한 숲으로 덮여 있었다. 그는 백모래밭으로 가서 열두 가지 연장을 만들었다. 그리고 큰 나무를 베어 기둥을 세우고 지붕을 덮어 집을 지었다.

집이 완성되자 안신국은 上성주신, 큰아들은 東성주로 금성을 맡고, 둘째는 西성주로 화성, 셋째는 남방성주로 목성, 넷째는 북방성주로 수성, 다섯째 아들은 중앙으로 토성을 맡았다. 이렇게 성주신들이 좌정하니 집에 화재가 일어나지 않고 또 홍수에도 휩쓸리는 법이 없었다.

딸 다섯도 각각 집안의 조상신이 되었다. 이들이 돌보는 집은 아들을 낳으면 효자요, 딸을 낳으면 열녀가 됐다. 소도 새끼를 낳으면 황소요, 말이 새끼를 낳으면 역마, 개가 새끼를 낳으면 영주(英走), 닭이 새끼를 낳으면 봉황이 되었다.

안신국이 집을 지을 때 일을 잘하는 대목이 강태공서목수이다. 그는 도술에도 능숙했는데 역마살이 있어서 한 곳에 오래 머물지 못하고 이 산 저 산으로 이동하면서 생활하였다. (이것은 목수들이 일을 할 때 일이 있는 곳으로 옮겨가서 몇 달 씩 종사하는 관행을 상징하는 것으로 보인다.) [현용준, 제주도무속자료사전, 신구문화 / 고대경, 신들의 고향]

③ 황우양(성주본가)

하늘나라 천하국에는 천대목신이 살았고, 지상세계 지하궁에는 지탈부인이 살았다. 이 둘이 혼인을 해서 황산들에서 살면서 떡두꺼비 같은 아들을 하나 낳았다. 이름을 황우양이라 하였다.

아이가 1살 돌이 되니 마음대로 걸어 다니고, 3살 때에는 못하는 말이 없었다. 5살이 되어 글을 배우니 모르는 것이 없었고, 7살이 되어서는 나무와 흙과 돌을 가지고 집을 짓는데 그 솜씨가 날쌘 목수와 같았다. 스무 살이 되니 어떤 목수도 따를 수 없을 정도로 뛰어났다.

그때에 하늘나라 천하궁에서는 난리가 났다. 난데없는 회오리바람이 몰아쳐 천하궁의 누각이란 누각이 모조리 부서졌기 때문이다. 그 웅장하고 아름답던 궁전이 못쓰게 됐으니 옥황상제와 신하들의 걱정이 태산이었다.

그래서 조야가 모여 대책회의를 열었다.

"솜씨 좋은 목수들을 불러다 다시 건축해야 합니다."

"어떤 목수가 능히 이 일을 해내겠소?"

"들으니 땅나라 황산들에 천대목신과 지탈부인의 아들 황우양이 사는데, 솜씨가 천하제일이라 하니 일을 맡겨봄이 좋을 듯합니다."

"차사는 듣거라. 당장 땅으로 가서 황우양을 데려오되, 지체하지 마라."

옥황차사가 옥황패를 품고 땅 세상으로 내려왔다.

황산들에 이르러 황우양의 집으로 들어가려고 하니 온갖 가신(家神)들이 막아선다. 대문을 지키는 문왕신, 곳간을 지키는 업신, 마구간과 외양간을 지키는 마(쇠)구영신, 굴뚝장군신, 칙간을 지키는 칙신까지 내달아 막아선다. 이러니 제아무리 힘이 센 옥황차사인들 하릴없이 물러선다. 그때 부엌을 지키는 조왕신이 슬그머니 다가와서 무슨 연유로 왔는지 묻는다. 옥황차사의 사연을 들은 조왕신이 황우양을 데려가는 방법을 가르쳐주었다. 연말이면 세상의 일을 가지고 옥황상제께 보고하러 가는 조왕신으로서는 가르쳐주는 것이 도리였다. 더구나 황우양이 평소에 밖에 나갔다가 오면 먼지 묻은 버선을 부뚜막에 벗어놓고 또 아무 때나 부뚜막을 밟고 다녀 견딜 수가 없지 않은가!

"내일 아침 날이 밝으면 황우양이 갑옷과 투구를 벗고 지탈부인을 마중 나가니 그때 데려가시오."

차사가 기다리니 과연 황우양이 맨몸으로 어머니를 맞으러 나간다. 그때 차사가 나가 옥황패를 보이고 천하궁으로 가자 하니 황우양이 무슨 사연인지나 알자고 한다. 그래서 옥황이 사연을 말하고 당장 떠나자고 한다. 황우양은, 가겠지만 연장을 마련하려면 석 달은 걸리니 그때 가자고 한다. 그러나 차사는 안 된다고 하면서 3일간의 말미를 주었다.

"아닌 밤중에 홍두깨 격"으로 갑자기 당한 황우양은 멀고먼 하늘나라로 갈 일로 걱정이 태산이다. 수심에 찬 황우양의 모습을 본 가족이 사유를 물었으나 대답할 리 없다. 그러나 부인이 물으매 할 수 없이 사정을 말해주고 특히 3일 동안에 연장을 만들 쇠를 구하는 일이 막막함을 한탄하였다.

부인은 남편을 안심시켜놓고, 곧바로 옥황상제께 사정을 편지로 써서 솔개 편으로 보냈다. 편지를 받아본 옥황상제는 가루쇠 닷 말과 시우쇠 닷 말을 천마로 실어 보냈다. 눈 깜짝할 사이에 쇠를 받아든 황우양은 모든 연장을 하루 만에 다 만들어 갖추고 부인과 이별을 한다.

"서방님, 부디 잘 다녀오십시오. 그리고 중간에 누가 말을 걸거든 절대로 대답을 하지 마시오. 만일 대답을 하면 우리는 영원히 만나지 못할 것입니다."

황우양은 부인과 단단히 약속을 하고 이별하였다. 말에 연장을 싣고 길을 재촉하면서 소진들을 지나가던 황우양은 지하궁에서 3년간 돌성을 쌓고 돌아오는 소진랑을 만났다. 남루한 옷을 걸친 소진랑은 황우양을 따라오면서 어디로 가는 누구냐고 물었다. 황우양은 부인과의 약속이 있어 아무런 대꾸도 하지 않았다. 소진랑이 묻고 또 물었으나 대답하지 않았다. 화가 난 소진랑이가 예의가 없는 후레자식이라고 욕설을 하였다.

욕설을 듣자 화가 난 황우양이가 대꾸를 하였다.

"공연히 길 가는 사람에게 욕설을 하는 건 후레자식이 아니오?"

한 번 말문이 터지자 이야기가 진전이 되어 수인사가 오고가고 상호간의 일을 알게 되었다.

그때 소진랑이 말했다.

"천하궁에 궁궐 짓는 일과 돌과 흙과 나무는 모두 지하궁의 돌성 쌓다 남은 것을 갖다가 쓸 텐데, 만일 내가 쌓던 돌, 흙, 나무를 만지면 살(煞)을 맞아 죽을 것이오."

그러자 겁이 난 황우양은 죽지 않는 방법을 알려주는 조건으로 자기의 옷과 황우양의 옷을 바꾸자는 소진랑의 의견에 따라 옷을 바꾸어 입었다.

"내가 쌓던 돌에는 붉은 이끼가 끼어있고, 내가 만지던 돌에는 붉은 물이 들어있고, 내가 쓰던 나무에는 붉은 버섯이 피어있을 것이니 조심해서 살피시오."

이리하여 황우양은 천하궁으로 가고, 소진랑은 황산들 황우양의 집으로 간다.

이때 황우양의 부인은 옥단춘과 단단춘을 데리고 뒷동산에 올라 화전놀이를 하고 있었다. 그런데 멀리서 말발굽소리가 나며 흙먼지가 피어올랐다. 이들은 도적이 출몰한 것으로 알고 얼른 집으로 가서 대문에 빗장을 걸었다.

좀 있자 대문을 두드리며 크게 호통 치는 소리가 들렸다. 주인이 왔는데도 내다보지도 않고 문을 닫아거는 법이 어디 법이냐고 호통 치는 자는 다름 아닌 소진랑이었다. 그는 입고 있는 옷을 안으로 던지고 자기가 주인인 황우양이라고 하며 빨리 문을 열라고 하였다.

던져진 옷은 틀림없이 황우양의 것이었으나 옷에서 냄새를 맡아보던 부인은 남편의 냄새가 아님을 알고 문 열 것을 거부하였다. 화가 난 소진랑은 우격다짐으로 문을 부수고 들어오려고 하였다. 그러자 집안의 온갖 가신들이 막아서므로 소진랑은 들어가지 못했다.

소진랑은 꾀를 내어 부적을 던지며 오방신장들을 불렀다. 3번을 크게 부르니 동쪽에서 청제장군, 북에서 흑제장군, 남에서 적제장군, 서에서 백제장군, 중앙에서 황제장군이 나타나 가신들을 죄다 쫓아내었다. 이리하여 집안으로 들어간 소진랑은 이제 앙탈해도 소용없으니 어서 소진들로 가자고 부인을 재촉하였다.

돌이킬 수 없는 지경임을 알게 된 부인은 시아버지 제사나 지내고 가자면서 말미를 얻어, 장지를 깨물어서 흐르는 피로 남편에게 주는 편지를 썼다. 그리고 편지를 주춧돌 밑에다 숨겼다.

"서방님, 만약에 죽어서 오시거든 황천길에서 만나보고, 살아서 오시거든 소진들에서 만납시다."

소진랑은 황우양의 가산과 가재도구를 모조리 싣고 부인을 데리고 소진들로 떠났다. 집에 이른 소진랑은 부인을 아내로 맞이하려고 하였다. 그러자 부인은 남편이 돌아와 자기를 구할 때까지 세월을 벌어보고자 한 꾀를 내어 말했다.

"소진랑은 내 말을 들으시오. 이곳으로 와서 점괘를 보니 내 몸에 일곱 귀신이 붙어 있어서 만약 지금 그대와 혼인을 하면 귀신들이 시샘하여 우리 몸뚱이가 일곱 조각으로 갈라져 죽을 것이오. 그러니 개똥밭에 땅굴을 파고 3년 동안 거기서 살면서 구메밥을 먹고 나면 귀신이 자연히 물러갈 것이오. 그렇게 액땜을 한 연후에 혼례를 치르면 백년해로할 것이오."

그리하여 부인은 땅굴 속에서 옥에 갇힌 죄수에게 문구멍으로 들여보내는 주먹밥인 구메밥을 겨우겨우 얻어먹으며 세월을 기다렸다.

한편, 황우양은 천하궁으로 가서 정성을 다하여 나무를 베어 다듬고 기둥과 서까래를 세우고 대들보를 올리면서 궁전을 하나하나 세워갔다. 그러던 어느 날 꿈자리가 뒤숭숭하여 점쟁이 박수를 찾아가서 점괘를 뽑아달라고 하였다. 점을 보던 박수는 너무나 흉점이라서 못 봐주겠다고 산통을 던졌다. 흉패든 길패든 봐 달라고 하니 할 수 없는 듯 산가지를 쏟아내고 점괘를 본다.

"혹시 머리에 쓴 갓이 닳아 거죽만 남아 뵈는 꿈을 꾸지 않았소?"

"혹시 몸에 입은 등걸이 닳아 깃만 남아 뵈는 꿈을 꾸지 않았소?"

"혹시 발에 신은 나막신이 닳아 굽만 남아 뵈는 꿈을 꾸지 않았소?"

박수가 묻는 꿈마다 다 맞기에 "그렇다"고 하였다.

"살던 집은 허물어져 쑥대밭이 되고, 부인은 남의 집에서 살며, 세간재물은 남김없이 도둑맞을 괘요."

황우양은 기가 막혔다. 빨리 집으로 돌아가야 하나 궁전을 지어야 하니 난감하기 짝이 없다. 그래서 밤낮으로 일을 하여 석 달 뒤에는 그 넓고 넓은 천하궁을 예전대로 다 지었다.

황우양은 부랴부랴 황산들로 향했다. 그런데 집을 찾으니 집터는 쑥대밭이고 뜰은 잡초가 무성하며 마당가 우물에는 푸른 이끼만 끼어 있었다. 황우양이 하늘을 우러러 탄식하다가 주춧돌을 베고 잠깐 풋잠이 들었다. 잠결에 까욱까욱 하는 소리가 들려 깨보니 난데없이 까마귀가 떼로 몰려와 주춧돌 밑을 부리로 쪼며 울고 있는 것이 아닌가.

그것을 이상히 여긴 황우양이 주춧돌 밑을 팠다. 이윽고 거기에서, "서방님, 만약에 죽어서 오시거든 황천길에서 만나보고, 살아서 오시거든 소진들에서 만납시다."라고 쓴 아내의 혈서를 발견하였다.

황우양은 소진들로 내달렸다. 거기서 소진랑 집을 찾으니 다락같이 높은 집에 세간이 가득한데 자세히 보니 모두가 예전의 자기 집 물건이다. 황당한 채 대문 밖 우물가 나무 위로 올라가 안을 드려보니 부인이 개똥밭 땅굴에서 나와 우물로 나온다. 부인이 물을 길으려고 샘을 보니 그림자가 어른거리는데, 틀림없는 남편의 모습이다. 놀란 부인이 나무 위를 쳐다보며 말했다.

"서방님, 서방님, 죽어서 오셨거든 울면서 내려오고 살아서 오셨거든 웃으면서 내려오시오."

황우양이 웃으면서 내려와 부인의 두 손을 마주잡으니 그리움과 반가움에 부부가 어쩔 바를 모른다.

"소진랑이 지금 집안에 있는데, 서방님이 오신 것을 알면 문을 닫고 오방신장을 불러내어 지킬 것이니 몰래 들어갑시다."

황우양이 도술을 부려 파랑새로 둔갑해서 부인의 치마폭에 숨어 집안으로 들어갔다. 그때 소진랑은 대청마루에 누워서 코를 드르렁 드르렁 골면서 잠을 자고 있다. 황우양이 얼른 달려들어 가져온 연장으로 결박한다. 집게로 팔을 집고, 작은 톱 큰톱으로 양쪽 다리에 벌려놓아 꼼짝을 못하게 한다. 그러고는 ㄱ자 물푸레나무 먹자[墨尺]를 짚고 큰 소리로 호령하였다.

"네 이놈, 소진랑아 듣거라. 나를 속여 옷과 말을 바꾼 것은 용서하되 남의 집 세간 재물을 약탈하고 더구나 남의 아내를 윽박질러 데려간 죄는 절대로 용서하지 못한다."

소진랑이 정신을 차려보니 온몸이 결박을 당했고 팔다리가 연장에 잡혀있어 꼼짝할 수 없으니 틀림없이 죽었구나. 소진랑은 넋이 빠져 아득했으나 사는 길은 빌고 또 비는 수밖에 없기에 머리를 조아리고 손바닥을 비비며 용서를 구했다. 그리고 가져온 세간재물은 다 돌려주고, 부인도 땅굴에서 구메밥을 먹고 다른 탈 없이 지냈으니 오로지 목숨이나 살려달라고 애걸하였다.

"구메밥이나마 먹여준 탓으로 목숨은 살려주겠으나 앞으로 3년 동안 서낭당 돌 항아리 속에서 지나가는 사람들이 뱉어주는 침이나 받아먹고 살거라."

황우양은 소진랑을 항아리 속에 가두어 놓고 3년간은 나오지 못하게 마련하고는 부부가 황산들로 돌아왔다.

집에는 왔으나 잡초만 무성하니 잠잘 방도 없다. 그래서 우선 억새를 베어 울타리를 치고 부인의 아홉 폭 치마를 빙 둘러서 담을 치고는 부부가 못 다한 정담을 나눈다. 부부는 서로에게 그간 어떤 재주를 배웠느냐고 물었다.

"저는 개똥밭 땅굴에서 살면서 누에를 키워 명주실을 뽑는 일을 밤낮으로 하였기에 이제는 한나절에 명주실 마흔 자를 짜서는 옷 한 벌을 짓습니다."

"나는 천하궁을 짓다가 점을 치니 흉패가 나와 얼른 집에 가고자 1년의 일을 하루에 하고, 3년 걸릴 집을 3달에 지었습니다. 그것이 재주라며 재주지요."

부부는 합심하여 그간 배운 재주로 열심히 일을 하여 아주 잘 살게 되었고, 오래오래 백년해로하였다. 나중에 황우양은 성주신이 되고

부인은 터주신이 되었다. [(赤松智城 · 秋葉隆, 朝鮮巫俗の硏究)(上) / 서정오, 우리 신화]

❖ 〈성주본풀이〉 중 육지에서 전승하는 ①은 '동래본'이라 하고 ③은 '성주본가'라고 한다. 그리고 ②는 제주도에서 전승하는 무속신화이다. 이들은 같은 〈성주본풀이〉지만 구성이 제각기 달라서 스토리텔링의 모범을 보여준다.

전통사회에서 신앙하는 집안의 가신(家神) 중에서 가장 큰 제사를 받는 성조신(成造神) 또는 성주신(城主神)의 근본을 풀이하는 〈성주본풀이〉는 상달(시월)에 행하는 성주굿이나 성주 맞이를 할 때 또는 집을 지어 낙성식을 할 때 부르는 무가이다.

성주신(城主神)은 가내의 평안과 부귀를 관장하는 최고의 가택신이다. 우리의 전통신앙에서는 집이 있는 곳은 어디나 성주가 있다고 믿었다. 그래서 성주의 신체(神體)로 안방의 천정이나 대청의 대들보 위에 하얀 창호지 묶음을 현납(懸納)하는데, 그 종이 속에는 쌀이나 엽전을 넣는다. 이사를 가면 새 곡식을 넣은 봉지를 새로 만들어서 대들보에 매단다. 곡식을 넣는 이유는 농사가 잘 되고 무병을 기원하는 뜻이라고 한다. 성주신은 대개 가정에서 제사를 지낼 때 '성주상'이라 해서 따로 한 상 차려 올리는 민속이 전승한다.

성주는 그 집안의 기둥이라고 하는 대주(호주)를 지켜주는 신격이며, 집을 지키는 수호신인 동시에 목수의 수호신이기도 하다.

제주도에서 〈성주풀이〉를 할 때는 강태공서목수를 불러다가 목신(木神)을 축출한다. 즉 집을 지을 때 쓴 기둥이나 처마목에는 여전히 '낭낭서패도목'이라는 귀신이 있어서 그 집에 입주한 사람에게 동티를 줄 우려가 있으므로 강태공서목수를 데려다가 굿을 하고 도끼로 살짝살짝 찍어대면 그들이 달아나 집안이 편안해진다고 한다.

신화에 등장하는 우리나라의 최고 건축가로 '성주'가 있다면 그리스 신화에 등장하는 최고의 건축가, 조각가, 발명가, 예술가는 아테나이의 다이달로스(Daedalus)이다. 다음에 제시하는 〈다이달로스〉 신화를 읽고, 양쪽 신화의 변별성을 논의하여 보자.

『다이달로스는 도끼, 송곳, 자를 발명했고 올림포스의 신들을 최초로 조각했다. 그는 조카 탈로스가 톱을 발명하자 그 재주를 시기하여 아크로폴리스 꼭대기에서 떨어뜨려 죽였다. 그리고 범행이 드러나자 사형을 피해 크레타 섬으로 도망쳤다.

크레타의 미노스왕은 다이달로스를 이용했다. 즉, 왕비가 황소와 간통해서 낳은 괴물 미노타우로스를 가두기 위한 누구도 빠져나올 수 없는 미궁(迷宮)을 짓도록 했다. 다이달로스는 죽어서도 나올 수 없는 미궁을 지어 바쳤다. 미노스는 괴물이 난폭해질 때마다 아테나이로부터 공물로 받은 각 7인의 남녀를 먹이로 집어넣고 입을 막았다.

이때 아티카의 영웅 테세우스가 괴물을 퇴치하려고 스스로 공물이 되어 왔다. 그는 미노스의 공주가 다이달로스로부터 알아낸 방법을 이용해서 미궁으로 들어갔다. 그는 괴물을 처치하고, 앞으로 나가면서 실꾸리를 풀어 갔던 길을 되돌아 나오는 방법으로 미궁을 빠져나왔다.

미노스왕은 테세우스가 미궁을 빠져나올 수 있게 방법을 가르쳐준 다이달로스의 죄를 물어 아들 이카로스와 함께 미궁에 감금한다. 그러나 다이달로스는 깃털과 밀납으로 날개를 만들어 어깨에 붙이고 공중으로 날아 탈출을 감행한다.

그때 철부지 아들 이카로스는 비행이라는 놀라운 경험에 취해 아버지의 신신당부도 잊은 채 태양에 너무 가까이 다가간 나머지 밀랍이 녹아 추락사했다. 다이달로스는 태양과 적절한 거리를 유지하여 비행함으로써 극적으로 살아남는다. 그리고 추격하는 미노스를 피해 시칠리아로 가서 카마코스의 왕 코칼로스의 궁전에 몸을 숨긴다.

미노스는 군대를 대동하고 다이달로스를 추격하여 카마코스에 왔으나 왕은 그가 없다고 시치미를 떼었다. 그래서 미노스는 계략을 쓰는데 곧 달팽이껍질과 실을 놓고, 나선형(螺線形)의 달팽이 속으로 실을 통과시킬 수 있는 자에게 상을 주겠다고 했다.

코칼로스 왕은 아무도 풀지 못하는 이 문제의 해법을 알고 싶어서 은밀히 다이달로스에게 물었다. 다이달로스는 개미에 실을 묶어 달팽이껍질 속으로 넣으면 된다고 하였다. 코칼로스는 미노스에게 당당히 해답을 제시하였다.

미노스는 그런 답을 풀 수 있는 건 영리한 다이달로스뿐임을 확신하고 코칼로스를 회유하여 마침내 그를 넘겨주겠다는 답을 받아내었다. 그러나 코칼로스는 미노스의 계략에 말려 어쩔 수 없이 다이달로스를 넘기겠다고 했으나 다이달로스를 구하고자 딸들에게 목욕물을 아주 팔팔 끓게 데우도록 시켰다. 미노스는 목욕을 하다가 특별히 다이달로스가 장치해놓은 수도관으로 흘러들어온 끓는 역청으로 인하여 죽임을 당하였다. 미노스에게서 벗어난 다이달로스는 코칼로스를 위해서 수많은 건축물을 세웠다.』[이윤기, 그리스 로마 신화]

(3) 지장본풀이(지장아기)

남산국과 여산국은 슬하에 자식이 없어 은수저 놋수저에 명주 모시 삼베를 마련하고 대백미 소백미(小白米)를 갖추어 정성으로 수륙재를 드렸다. 그 공덕으로 '지장아기'가 탄생하였다.

아기는 한 살 때에는 어머니 무릎에서 재롱을 피우며 놀고, 두 살 때는 아버지의 무릎에서 놀았다. 세 살 때는 할머니 무릎에서, 네 살 때는 할아버지 무릎에서 어리광을 부리며 행복하게 자랐다.

그런데 다섯 살 때부터 액운이 끼기 시작하여 고생길에 접어들었다. 그 해에 어머니가 돌아가셔서 집안일을 거들어야 했고, 다음 해에는 아버지가 돌아가셨으며, 또 그 다음 해 일곱 살 때에는 할아버지와 할머니마저 돌아가시어 의지할 곳이 없어졌다.

어쩔 수 없이 외삼촌댁에 수양딸로 갔으나 개가 먹던 그릇에 밥을 받아먹고, 쥐가 먹던 대접에다 음식을 받아먹을 정도로 구박하였다. 공부도 시키지 않아 외사촌들 공부할 때 어깨 너머 공부를 했는데, 참을 인(忍)자 하나는 확실히 배웠다.

외삼촌은 그나마 지장아기가 귀찮아져서 삼전도거리로 내쫓았다. 다행히 하늘에서 옷과 밥을 내려주어 굶어 죽거나 얼어 죽지는 않았다. 그리고 옥황에서 부엉이가 내려와 요와 이불을 대신해 두 날개를 펴서 보호하여 주었다.

지장아기가 열다섯 살이 되자 부모 없는 자식이지만 착하다는 소문이 돌아 서수왕의 문씨 일가에서 혼담이 들어왔다. 지장아기는 좋은 집안으로 시집가 아들 낳고 오랜만에 행복하게 살았다. 그러나 이것도 잠시뿐, 두 해도 안 되어 시어머니가 돌아가시더니 다음 해에는 시아버지가 돌아가셨다. 스무 살이 되던 해에는 낭군이 죽더니 이듬해에는 설운 아이까지 죽고 말았다. 지장아기는 어처구니없는 팔자에 통곡을 멈추지 못했다.

"이 년의 팔자여, 이 년의 사주여, 어디로 가리오!"

지장아기는 산 목숨은 살아야 하기에 시누이집으로 갔다. 그러나 시누이는 "집안 식구 다 잡아먹은 년"이라고 구박하기를 쉬지 않았으며 하녀처럼 부렸다. 게으른 시누이는 더럽기가 짝이 없어서 마루에는 벼룩이 닷 되, 안방에는 서캐가 닷 되, 건넌방에는 이가 닷 되가 우글거려 지장아기씨는 합이 한 말 닷 되를 잡아야 했다.

이렇게 청소를 마치고 하루는 빨래를 이고 주천강으로 나갔다. 흘러가는 강물을 바라보노라니 자신의 신세가 참으로 가련하다.

"무슨 년의 팔자가 이리도 기구하단 말인가?"

신세 한탄을 하고 있을 때 대사가 지나간다. 그래서 다짜고짜 사주

팔자를 봐달라고 조르니 대사가 허락하였다.

"초본(처음)은 좋지만 중본은 궂구나. 중본은 나쁘나 말본은 좋구나."

"그러면 앞으로 어찌해야 합니까?"

"삼전도거리로 나가 어욱 닷 뭇, 새 닷 뭇으로 움막을 짓고, 명진국 할머니께 축원하고 누에고치를 치며 사시오."

지장아기는 명진국 할머니께 축원해서 뽕나무 씨와 누에씨를 받아 누에를 치고 명주실 짜는 법을 배웠다. 그리고 뽕나무 씨를 주천강 연못가에 심었다. 뽕나무 씨는 그날로 싹을 내고 무성한 잎이 달렸다. 누에에게 뽕잎을 먹여 누에가 3번 잠잘 때까지 키워서 명주 10필을 마련하였다. 그리고 머리를 깎아 비구니 스님이 되어 동네마다 적선(積善)하고 다니면서 백일 동안 시주 쌀을 받았다.

지장아기는 쌀을 방아와 절구에 넣고 빻아서 고운 가루로 만들었다. 그리고 굵은 가루로는 시루를 찌고 고운 가루로는 백돌래떡을 지었다. 또 명주 열 필을 펴서 초공신, 이공신, 삼공신, 명진할머니, 시왕, 차사 등이 들어오는 다리를 놓고 제물(祭物)을 진설하여 제사를 지냈다. 아울러 돌아가신 부모, 조부모, 낭군님, 설운 아기의 명복을 빌었다.

지장아기는 적선을 하면서 살다가 죽어 하늘을 훨훨 나는 새가 되었다.

그런데, 이 새가 집안에 들면 집에 재앙이 들고, 머리에 들면 두통이 생기고, 눈에 들면 안질이 생기며, 코에 들면 호흡하기가 힘들고 가슴에 들면 열화(熱火)가 난다. 그때 정성으로 빌면 본래 마음이 선(善)한 지장아기이므로 드는 액(厄)을 막아준다고 한다. 그래서 사람들은 궂은 일이 생기거나 병이 들면 지장아기를 생각하면서 〈지장본풀이〉를 읊어 병을 구완하고 액땜을 하게 되었다. [고대경, 神들의 고향]

❖ 〈지장본풀이〉 : 지장신의 근본을 풀이한 무가로서 '지장아기'라는 기구한 운명의 여인(비구니)이 주인공이다. 이 신화는 무속이 불교의 지장보살을 무속화(巫俗化)하는 과정에서 만들어진 버전이다.

지장아기는 지극히 한(恨)이 많은 여인으로서 죽어서는 어떤 사람들에게 고통을 주지만 결국에는 인간의 재앙을 막아주고 소멸해주는 착한 선신(善神)으로 정좌한다.

이러한 이중적인 캐릭터의 모습은 '죽음'을 관장하는 신으로 알려진 인도의 칼리(kali) 여신이 그러하다. 즉 파괴의 신(神)인 시바(Shiva)의 아내이기도 한 칼리는 죽음과 공포를 관장하는데, 어떤 때는 생명 탄생과 양육의 신으로 등장함으로써 일반의 상식을 뒤집는다. 윤회사상에 따르면 탄생은 죽음으로 가고 그 죽음은 탄생으로 이어지기에 칼리는 죽음의 신이면서 동시에 탄생의 신이 될 수 있는 것이다.

한편, 지장아기는 불교의 지장보살이 지닌 캐릭터와 근본은 같다. 지장보살은 석가모니부처님 입멸 후로부터 미래세에 모든 중생을 구제하러 오신다는 미륵부처님이 출현하실 때까지의 기간인 56억 7천만 년 사이에 천상에서 지옥까지 6도를 순회하면서 모든 중생을 구제하신다는 대자대비의 보살이다.

지장보살의 전신은 브라만 사제의 아름다운 딸이었다. 그녀의 어머니는 방탕한 인생을 살다가 비참하게 죽었다. 그녀는 어머니를 구제할 결심을 하고 석가여래의 인도로 지옥세계를 구경하였다. 그리고 거기서 고생하는 어머니와 뭇 중생을 발견하고 대자비심이 발동하여 서원을 세웠다. 곧 지옥에 떨어진 중생 하나까지도 모두 구제하지 않으면 결코 부처가 되지 않겠다는 대서원이 그것이다. 지장보살을 흔히 '대원본존(大願本尊)'으로 칭하는 것이 그 이유이다.

이런 까닭에 지장보살은 선망자(先亡者)를 위한 천도재(遷度齋)부터 인간의 대소사 등에 이르기까지 두루두루 가피력이 미치는 보살로서 불자의 존경과 신앙의 대상이 되고 있다.

(4) 원천강본풀이(오늘이)

어떤 연유인지는 모르나 황량한 들판에 예쁜 소녀가 홀로 살고 있었다. 아기 때부터 학이 날아와 한쪽 날개로 요를 삼아 깔고 다른 쪽 날개로 이불 삼아 덮어서 키웠으며, 늘 야광주를 입에 물려주곤 하였다.

사람들이 이 소녀를 처음 발견하고서는 이름을 지어야겠는데 생년월일을 모르니 발견한 날로 생일을 삼아 '오늘이'로 부르자고 했다.

일가친척이 없는 오늘이는 여기저기 문전걸식을 하며 살았다. 어느 날 걸식하려고 박이왕의 어머니인 백씨 부인의 집에 이르렀다. 부인이 오늘이를 보더니 대뜸 이름을 불렀다.

"너는 오늘이가 아니냐?"

"어찌 제 이름을 아십니까?"

"너의 부모가 계신 곳을 알고 있느냐?"

"알지 못합니다. 어떻게 하면 알 수 있겠습니까?"

"너의 부모는 원천강(袁天綱)*에 살고 있느니라. 서천강의 백모래사장 옆 별층당에서 동자 하나가 글을 읽고 있을 것이니 물어보면 길을 알려줄 것이다."

오늘이는 공손히 절을 하고 물러나와 서천강가의 별층당을 찾아갔다. 과연 거기에는 한 동자가 똑바로 앉아 글을 읽고 있었다. 오늘이는 백씨 부인이 일러준 대로 동자에게 자기가 부모님을 찾으러 원천강으로 가는 사정을 말하고 길을 가리켜 주기를 간청하였다. 그러자 동자가 말했다.

"나는 '장상'이라고 합니다. 옥황상제의 분부로 언제나 여기서 홀로 책만 읽어야 하는데, 무슨 영문인지 모르겠습니다. 내가 원천강으로 가는 길을 일러 줄테니 대신에 그곳에 가면 내가 왜 책만 읽어야 하는지 그 이유를 알아다 주시오. 가고 또 가면 연화못에 이를 것이고 그곳에 연꽃나무가 있을 테니 가서 물으면 알려줄 것이오."

오늘이는 그리하겠다고 약속하고 연화못으로 가서 연꽃나무에게 원천강으로 가는 길을 물었다.

"길을 알려 줄 테니 거기 가거든 내 팔자나 알아다 주오. 나는 움이 겨울에는 뿌리에 있고 정월이면 몸속에 있다가 2월이면 가지가 나고 3월이면 꽃이 핀다오. 그런데 웃가지에만 피고 다른 가지에는 피지 않으니 무슨 영문인지 모르겠오. 그 까닭을 좀 알아다 주오. 원천강으로 가는 길은 청수바닷가에서 뒹굴고 있는 '천하대사'에게 물어보면 될 것이오."

오늘이는 천신만고 끝에 청수바닷가에 이르러 천하대사(天下大蛇)를 만나 그간의 사정을 말하고 도와줄 것을 간청하였다.

"길을 알려주는 것은 어렵지 않으나 내가 부탁할 것이 하나 있으니 들어주겠느냐? 다른 이무기들은 야광주를 하나만 물어도 용이 되어 하늘로 승천하는데 나는 셋이나 물어도 승천하지 못하는 이유가 무엇인지 알아다오. 내가 바다를 건네줄 테니 가다가 책만 읽고 있는 '매일이'를 만나면 물어 보거라."

대사의 등에 타고서 청수바다를 건넌 오늘이는 과연 장상처럼 별층당에서 책만 읽고 있는 매일이를 만나 길을 물었다. 매일이는 혼자 책만 읽고 있는 자기 팔자의 이유를 알아다 달라면서 옥황의 시녀들을 만나서 물어보면 될 것이라고 하였다.

매일이와 헤어진 오늘이는 길을 재촉하였다. 가다가 그녀는 울고 있는 여인들을 만났다. 그녀들은 옥황상제의 시녀들로서 옥황에게 죄를 지어 그 벌로 물을 긷고 있으나 바가지에 구멍이 뚫려 긷지를 못하므로 어쩌지 못하고 있다는 것이다. 딱한 사정을 들은 오늘이는 정동덩굴로 구멍을 막고 송진을 녹여서 구멍을 막아 물을 긷게 해주었다. 시녀들은 기뻐하면서 원천강으로 가는 길을 알려주었다.

오늘이는 지친 몸을 이끌고 겨우겨우 원천강에 이르렀다. 그런데 강 둘레에는 만리장성이 턱 버티고 있었다. 오늘이는 성문을 지키는 문지기에게 들어가기를 청했으나 거절당하였다. 혈혈단신 처녀의 몸으로 산전수전을 겪으면서 수백만 리를 왔는데 여기까지 와서 부모님을 뵐 수 없다니..... 오늘이는 속절없이 주저앉아 슬피 울며 한탄하였다.

몇 백만 리 인간세상
멀리서 처녀 혼자 외로이
산전수전 온갖 고생 겪으며
부모의 나라라고 이곳까지 왔건만
이렇게도 박정하게 대할 줄이야
이 문 안에 내 부모 있으련만
이 문 앞에 내가 여기 왔건마는
원천강 신인들은 너무 매정하구나
빈들에서 홀로 울던 서러운 처녀
천산만하 넘어온 외로운 처녀
부모의 나라 이 문 앞에 외로운 처녀
부모는 날 보았나 내 할 일 다 하였나
강남가서 무엇하리 차라리 죽으리라
팔자 부탁 어이하며 받은 은혜 어찌하리
박정한 문지기야 무심한 신인들아
그리웁던 어머님아 그리웁던 아버님아

이 모습을 보고 불쌍히 여긴 문지기가 부모궁에 가서 아뢰어 허락받고 문을 열어 오늘이를 들여보내 주었다. 이때 오늘이가 올 것을 미리 알고 있던 부모가 나와서 딸을 맞이하였다. 그리고 그간의 사정을 듣고 말하였다.

"너를 날 때에 옥황상제가 우리를 불러서 원천강을 지키라고 하니 어느 명령이라고 거역할 수가 있겠느냐. 우리가 여기 있었으나 네가 하는 일을 다 보고 있었으며 너를 보호하고 있었느니라."

그리 말하고 춘하추동 사시사철이 모두 모여 있는 만리장성 안의 경치를 모두 구경시켜 주었다. 구경을 모두 마치고 돌아갈 때가 되자 오늘이는 오던 중에 부탁받은 일들을 부모에게 얘기하니 해답을 다 알려주었다.

"장상이와 매일이는 부부가 되면 천년만년 영화를 누릴 것이다. 연꽃나무는 웃가지의 꽃을 꺾어 처음 만나는 사람에게 주면 꽃이 피게 된다. 그리고 대사는 야광주를 한 개만 물으면 용이 되는데 욕심 많게 셋을 물고 있어 용이 못되니 둘을 남에게 줘버리면 된다. 너도 그 야광주와 연화를 가지면 신녀(神女)가 될 것이다."

오늘이는 부모님을 하직하고 돌아오는 길에 약속한 것에 대한 해답을 각각 알려주었다. 그리하여 떨어져 태어나 행방을 모르던 장상이와 매일이는 서로 만나 혼인을 해서 행복하게 살았다. 연꽃나무는 웃가지의 꽃을 꺾어 오늘이에게 주니 다른 가지들이 죄다 꽃을 피워 만발하였다. 대사는 야광주 두 개를 뱉어 오늘이에게 주고서 용이 되어 승천하였다.

오늘이는 야광주 하나를 백씨 부인에게 선물하고 나머지 꽃 하나와 야광주 하나를 갖고 옥황에 올라가 신녀(神女)가 되었다. 그리고 인간세상으로 내려와 절마다 다니면서 '원천강'을 베껴 쓰도록 하였다. [(赤松智城 · 秋葉隆, 朝鮮巫俗の研究)(上) / 한상수, 한국인의 신화]

❖ 원천강(袁天綱)은 일이 확실하고 의심이 없음을 가리키는 말이고, 당나라 때의 유명한 점쟁이 이름이기도 하다, 그리고 사주팔자를 알아내는 지식과 지혜를 담은 이상국으로서의 신국(신국)을 가리킨다.

〈원천강본풀이〉는 신녀인 무당이나 박수가 사주팔자를 보는 것에 대한 정당성을 부여하고 증명하려는 제주도의 무속신화이다. 주인공 오늘이는 그러한 지혜(신국)를 얻기 위한 수행자로서 모진 고통을 감내하며 신국에 이르고 마침내 신통력이 있는 신녀가 된다.

사람은 누구나 자신의 팔자를 알고 싶어 한다. 자기가 현재 당하고 있는 이 처지와 고통은 어디서 연유한 것일까? 모든 것이 자기가 지은 업(業, karma)인 욕심에 의해 결정되는 것이지만 그것을 알지 못하는 사람들은 하느님, 조상, 이웃을 탓한다. 〈원천강본풀이〉는 그러한 인과의 고를 푸는 메시지이다. 그리고 그 해답은 연꽃나무와 천하대사 등의 캐릭터가 보여주듯이 나눔과 보시의 공덕이다.

(5) 세경본풀이(자청비)

옛날 옛적 주년국의 오로대감이 늙도록 자식을 못 얻어서 근심하다가, 동쪽 산 너머 동개남상주절에서 온 스님이 제 절에 시주하면 자식을 볼 수 있을 거라 하여 동개남상주절로 시주하러 갔다. 검은 암소에 명주 백 필과 쌀 백 석과 금은 백 냥을 싣고 동개남상주절로 가는데, 도중에 마침 서쪽 산 너머 서개남금수절에서 온 스님을 만났다.

"동쪽 산 너머 동개남상주절에 시주하면 자식을 볼 수 있다 하여 시주하러 가는 길이오."

"그 절 신령보다 우리 서개남금수절 신령이 더 영험하니 우리 절에 시주하십시오."

오로대감은 그 말에 귀가 솔깃해서, 가던 발길을 돌려 서쪽 산 너머 서개남금수절로 갔다. 싣고 간 옷감 백 필과 쌀 백 석과 금은 백 냥을 시주하고 정성들여 기도하니, 아니나 다를까 부인이 아기를 갖게 됐다.

그런데 동쪽 산 너머 동개남상주절 스님은 아무리 기다려도 오로대감이 안 오기에 사람을 보내 알아 봤더니, 제 절에 시주를 안 하고 서개남금수절에 시주를 했다고 전했다. 그만 화가 나서 제 절 신령님께 빌기를, 대감 부인에게 점지할 아기를 그 집 여자 종에게 줘 버리라고 빌었다. 그래서 오로대감집 여자 종 정수덕이도 똑같이 아기를 갖게 되었다.

열 달이 차서 오로대감 부인과 그 집 여종 정수덕이가 같은 날 같은 시에 아기를 낳았는데, 대감 부인은 딸을 낳고 정수덕이는 아들을 낳았다. 대감 딸은 이름을 자청비라 짓고, 정수덕이 아들은 이름을 정수남이라 지었다. 이때 하늘 옥황궁에서 문관 벼슬을 하는 문곡성도 같은 날 같은 시에 아들을 낳았는데, 그 이름을 문왕성 문 도령이라 했다.

자청비는 무럭무럭 잘 자라서 어느덧 나이 열다섯 살이 되었다.

하루는 자청비가 우물가에 빨래를 하러 갔는데, 이때 마침 하늘 옥황궁 문곡성의 아들 문왕성 문 도령이 그 옆을 지나게 됐다. 문 도령은 주년국 동개남상주절 주청당의 거무 선생에게 글 배우러 가는 길이었다. 마침 더운 여름날이라 목이 몹시 마른데, 우물가에서 웬 처녀가 빨래를 하고 있기에 물 한 바가지를 청했다.

"아기씨, 내 지금 목이 몹시 마르니 물 한 바가지만 얻어먹읍시다."

그러자 자청비가 바가지에 우물물을 가득 떠다가 문 도령에게 주는데, 그냥 주는 게 아니라 옆에 있는 버들잎을 주르르 훑어서 바가지에 띄워 주거든. 문 도령이 물을 먹는데, 버들잎을 후후 불어가며 먹으려니 얼마나 성가시고 귀찮아? 그래서 불평을 했지.

"아기씨는 겉모습과 달리 속마음은 고약한가 보오. 어찌 물도 마음대로 못 먹게 심술을 부린단 말이오?"

"도련님, 그런 게 아니라 급히 물을 마시다가 체할까 봐 천천히 드시라고 그랬습니다."

말을 듣고 보니 제가 생각한 것처럼 속마음이 고약한 게 아니라 참으로 어질고 똑똑한 처녀였다. 그래서 문 도령이 뉘우치고 사과를 했다.

"그런 것도 모르고 불평을 했으니 용서하십시오."

“괜찮습니다. 그런데 도련님은 어디 가시는 길입니까?"

“동개남상주절 주청당에 가는 길입니다.”

“거기는 무슨 일로 가십니까?”

“거기 사는 거무 선생에게 글 배우러 갑니다.”

자청비가 가만히 생각하더니 말하기를,

“도련님, 우리 오라버니가 벌써부터 동개남상주절 주청당 거무 선생에게 글 배우러 가고 싶어 하더니, 글동무가 없어서 못 가고 있었습니다. 함께 가시는 것이 어떻습니까?”

라고 말했다. 그러나 그건 지어낸 말이었다.

“그것, 참으로 좋습니다. 글동무가 있으면 나도 심심하지 않아서 좋지요.”

“그러면 도련님은 여기서 잠시 기다리십시오. 제가 집에 가서 오라버니께 그 말씀을 전하겠습니다.”

자청비가 바삐 집으로 돌아가 어머니, 아버지 앞에 꿇어앉아 간청했다.

“어머님, 아버님. 동개남상주절 주청당에 좋은 스승이 있다 하니 글공부 하러 가게 허락해주십시오.”

“딸자식이 무슨 글공부를 하려고 하느냐? 물 길어 밥하고 베 짜서 옷 짓는 일만 배우면 그만이지.”

얼른 허락을 안 해주자 자청비는 굽히지 않았다.

“어머님, 아버님. 그런 말씀 마십시오. 딸자식이라고 글 못 배우게 하면, 나중에 어머님, 아버님 돌아가신 뒤 제사에 축문, 지방은 누가 쓴단 말입니까?”

“그 말은 그럴 듯하구나. 그러면 어서 가서 글공부 많이 하고 돌아오너라.”

겨우 허락을 얻고 나서 길 떠날 채비를 하는데, 남자 옷 입고 남자처럼 꾸며 가지고 집을 나섰어. 우물가에 가서 문 도령을 만나, 처음

보는 것처럼 인사를 했지.

"나는 자청비의 오라버니 자청 도령이라 하오."

"나는 문왕성 문 도령이라 합니다."

나이를 따져 보니 두 사람이 같은 해 같은 날 같은 시에 태어나서 누가 위고 아래고 할 것도 없으니 서로 허물없는 동무로 지내기로 하고, 둘이 함께 동쪽 산 너머 동개남상주절 주청당에 갔다. 그리고 그 날부터 거무 선생 아래서 글공부를 시작했다.

둘이서 한솥밥 먹고 한 방에서 잠을 자며 공부를 하는데, 자청비는 잠을 잘 때 제 곁에 은대야를 갖다 놓고 물을 가득 채운 뒤에 은저, 놋저를 걸쳐 두고 잠을 잤다. 문 도령이 물었다.

"자청 도령은 무슨 일로 은대야에 물을 떠다 놓고 잠을 자는가?"

"이렇게 하면 글공부가 더 잘된다기에 그런다네."

문 도령은 글공부가 더 잘된다는 말에 자기도 은대야에 물을 가득 떠나 놓고 은저, 놋저를 걸쳐 두고 잠을 잤다. 행여 물이 엎질러질세라 젓가락이 떨어질세라 조심조심하느라고 문 도령은 밤에 잠을 잘못 잤다. 밤에 못 자고 낮에 꾸벅꾸벅 조느라고 글공부가 뒤졌지. 그런데 자청비는 젓가락이 떨어지거나 말거나 밤에 마음 놓고 잠을 자고 낮에 맑은 정신으로 공부하니 늘 문 도령보다 앞섰다.

문 도령은 자청비에게 뒤지는 것이 몹시 부끄럽고 속상했다. 그래서 하루는 자청비에게 내기를 걸었다.

"글공부는 내가 자네한테 뒤질지 모르나 활 솜씨로 말하면 내가 나을 걸세. 어디 한 번 겨루어 볼 텐가?"

자청비가 그러자 하고 내기를 해보니, 문 도령이 쏜 화살은 삼백 걸음 나아가는데 자청비가 쏜 화살은 육백 걸음이나 나아갔다. 자청비는 똑똑하기만 할 뿐 아니라 힘도 무척 세었다.

문 도령은 글공부에다가 활쏘기까지 자청비에게 뒤지자 더 부끄럽고 속상했어. 대체 무엇으로 자청비를 앞서 보나 궁리하다가, 하루는 또 다른 내기를 걸었다.

"글공부와 활쏘기는 내가 자네한테 뒤질지 모르나 오줌 멀리 갈기기로 말하면 내가 나을 걸세. 어디 한 번 겨루어 볼 텐가?"

아뿔싸, 오줌 멀리 갈기기 내기라니! 자청비가 어찌할 바를 모르고 있는데, 문 도령은 벌써 오줌을 여섯 발이나 갈겨 놓고 자랑스러워하였다. 자청비는 궁리 끝에 대나무 대롱을 몰래 바지춤에 감추고 그리로 오줌을 갈기니 열두 발이나 나아갔다. 그래서 이번 내기에도 자청비가 이겼다. 그러고 나니 다시는 문 도령이 내기하잔 말을 안 했다.

이렇게 한 삼년이 지났는데, 하루는 문 도령의 아버지 문곡성이 하늘에서 기별을 보내기를, 서수대왕 딸아기와 혼례를 치러야 하니 속히 돌아오라는 것이었다. 문 도령이 기별을 받고 하늘로 돌아가려고 하니, 자청비는 마음속으로 서운하기 짝이 없었지만 내색하지 않고 같이 돌아가기로 했다.

둘이 같이 집으로 돌아가다가 냇가에 이르렀는데, 마침 여름철이라 날씨가 몹시 더웠다. 문 도령이 말하기를, "자청 도령, 삼 년 동안 글공부하느라 우리 몸에 글 때는 안 올랐을까? 여기서 미역이나 감고 가세." 하였다.

그래서 미역을 감으러 냇물에 들어갔어. 문 도령은 옷을 벗고 아랫물에 들어가서 미역을 감고, 자청비는 옷을 입고 윗물에 들어가서 미역을 감았지. 자청비가 미역을 감으면서 가만히 생각해 보니, 제 마음을 모르는 문 도령이 야속하기 그지없건마는 속마음을 전할 길이 없거든. 궁리 끝에 버들잎을 따다가 글자를 써서 물에 동동 띄웠어. 그러고 나니 부끄러운 생각이 들어 저 혼자 먼저 집으로 돌아가 버렸지.

문 도령은 그것도 모르고 미역을 감다 보니 버들잎이 동동 떠내려오는데, 거기에 글자가 까뭇까뭇 씌어져 있거든. 건져서 읽어 보니 이렇게 써 놨어.

'바보 같은 문 도령아. 삼 년 동안 함께 지내며 남녀 구별도 못하고,

자청 도령인지 자청비인지도 몰라본단 말이냐?"

깜짝 놀란 문 도령이 그제야 내막을 알았다. 삼 년 전 우물가에서 바가지 물에 버들잎 띄워 주던 그 아기씨가 바로 자청비이고, 삼 년 동안 함께 지낸 글동무 자청 도령이 같은 사람이라는 걸. 어쩐지 닮았다 하면서도 오누이 사이니까 그러려니 하고 지냈었는데.

문 도령이 부랴부랴 자청비를 찾으니 벌써 어디론가 가 버리고 자취도 없었다. 허겁지겁 물에서 나와 옷을 입는다는 것이 저고리 소매에 두 다리를 꿰고 바짓가랑이에 두 팔을 꿰었다. 그 모양을 해 가지고 헐레벌떡 자청비 뒤를 좇아갔다. 삼 년 전 물 얻어먹던 우물가에 이르러 동네 사람들에게 물어서 자청비 집을 찾아갔다. 대문가에서 큰 소리로 자청비를 불렀지.

"자청비 아기씨, 자청비 아기씨. 문 도령이 왔으니 문을 열어 주십시오."

"어머님, 아버님 허락을 얻으면 열어 주겠습니다."

문 도령이 자청비 어머니, 아버지 있는 문 앞에 가서 엎드려 고했어.

"저는 하늘 옥황궁 문왕성 문 도령으로, 자청비 아기씨와 함께 글공부하던 글동무입니다. 잠깐 들어가서 아기씨를 만나게 해주십시오."

"그러면 내 묻는 말에 대답을 해 보게. 꽃 중에 중한 것은 무엇인가?"

"벼꽃이 가장 중하고 목화꽃이 그 다음입니다."

"왜 그런가?"

"사람에게는 먹는 것, 입는 것이 중한데, 벼꽃은 곡식을 만들고 목화꽃은 옷감을 만들기에 그렇습니다."

"그러면 사람 중에 중한 것은 무엇인가?"

"부모형제가 가장 중하고 동무가 그 다음입니다."

"그건 왜 그런가?"

"사람의 몸과 마음은 수레의 두 바퀴와 같은데, 부모형제는 내 몸을 지키고 동무는 마음을 지키므로 그렇습니다."

"그만하면 내 딸의 동무가 될 만하다."

겨우 허락을 받고 집안으로 들어가니, 자청비가 그새 남자 옷을 벗어버리고 열두 폭 홑단치마에 깨끼적삼을 고이 받쳐 입고 나오는데, 그 모습이 선녀처럼 고왔다. 둘이서 이런 이야기 저런 이야기를 나누다가 밤이 깊어 헤어질 때가 됐다. 문 도령이 박씨 한 알을 꺼내어 자청비에게 주면서,

"이 박씨를 대문간에 심어, 줄이 벋고 열매가 익으면 반드시 다시 놀아오겠소."

하고 굳게 약속을 했다. 또 얼레빗을 반으로 잘라 한쪽은 제가 갖고 한쪽은 자청비에게 주면서, 나중에 다시 만날 때 증표로 삼자 했다. 그러고 나서 문 도령은 하늘로 올라갔다.

자청비는 문 도령이 떠나간 뒤에 곧 박씨를 대문간에 심었다. 물을 주고 거름을 주며 가꾸었더니 금세 줄이 벋고 열매가 열리고, 얼마 안 있어 박이 토실토실 익었다. 그런데도 문 도령한테는 아무런 소식이 없었다. 가을이 가고 겨울이 가고, 해가 바뀌어 이듬해 봄이 되어도 문 도령은 죽었는지 살았는지 감감무소식이었다.

자청비가 슬픔에 잠겨 지내다가, 하루는 밖에 나가보니 동네 장정들이 저마다 지게에 나무를 한 짐씩 해서 지게머리에 울긋불긋 진달래를 꽂아 가지고 왔다. 그런데 자청비 집 종 정수덕의 아들 정수남은 양지쪽에 멍석 깔고 누워 쿨쿨 낮잠만 자고 있었다.

"정수남아, 정수남아. 다른 집 장정들은 나무 한 짐씩 해서 지게머리에 고운 진달래까지 꽂아 지고 오는데 너는 어인 일로 낮잠만 자느냐?"

정수남이 잠을 깨어 대답하기를,

"아기씨, 아기씨. 말 아홉 마리에 소 아홉 마리만 있으면 나도 나무 많이 해오겠소."

하기에, 말 아홉 마리에 소 아홉 마리를 내어 줬다. 그랬더니 정수남이 말과 소를 몰고 오동산에 나무를 하러 갔다. 가다가 다리가 아프니까 말 아홉 마리와 소 아홉 마리를 모두 동서로 뻗은 버드나무 가지에 단단히 붙들어 매어 놓고서는, 자기는 양지쪽에 드러누워서 낮잠을 잤다. 낮잠을 얼마나 길게 잤는지 일곱 번 해가 뜨고 일곱 번 해가 지도록 잤다. 그렇게 실컷 자고 일어나 보니, 글쎄 말 아홉 마리와 소 아홉 마리가 죄다 굶어서 애가 말라 죽어 버렸다.

정수남은 죽은 마소의 가죽을 벗겨내고 마른 삭정이를 모아다가 불을 피워 고기를 구웠다. 익었는가 한 점, 설었는가 한 점 먹다보니 말 아홉 마리와 소 아홉 마리를 다 먹어버렸다. 남은 것은 말가죽 아홉 장과 쇠가죽 아홉 장인데, 이것을 짊어지고 집으로 돌아갔다.

가다가 보니 연못 가운데 오리가 동동 떠서 놀고 있었다.

"죽은 마소 대신 저놈이나 잡아가야지."

정수남이 오리를 잡으려고 도끼를 연못에 던졌어. 그런데 오리는 못 맞추고 도끼만 물에 풍덩 빠뜨려 버렸다. 하릴없이 도끼를 찾으러 옷을 벗고 연못에 들어갔다. 한참 동안 물속에서 헤매다가 찾지 못하고 빈손으로 나오니, 아 그새 말가죽 아홉 장과 소가죽 아홉 장에 벗어 놓은 옷까지 몽땅 도둑이 훔쳐가고 말았다.

정수남이 발가벗고 빈손으로 집에 돌아가는데, 밝은 낮에는 남부끄러워 못 가고 밤이 되기를 기다려 몰래 갔다. 집에 돌아가서도 남부끄러워 앞문으로는 못 들어가고 샛문으로 들어가 장독 속에 숨어 있었다. 자청비가 밤늦게 장을 뜨러 장독간에 갔더니, 아닌 밤중에 홍두깨 격으로 장독 뚜껑이 들썩들썩 하였다. 이게 뭔가 하고 뚜껑을 열어 보니 그 안에 시커먼 것이 옷도 안 입고 웅크리고 있었다.

"이크, 네가 사람이냐, 귀신이냐?"

"사람 중에서도 정수덕의 아들 정수남이오."

"아니, 너는 마소를 끌고 산에 나무하러 가더니, 마소는 어디 두고 도끼는 어디 두고 옷은 어디 두고 이 꼴이 되어 있느냐?"

정수남이 거짓말로 얼렁뚱땅 둘러댄다.

"아 글쎄, 내가 나무하러 오동산에 올라갔더니 하늘 옥황궁 문 도령이 제자 삼천 명을 거느리고 내려와 꽃구경을 하기에 정신없이 구경하다 깜빡 잠이 들었는데, 잠을 깨어 보니 마소도 간 곳 없고 도끼도 간 곳 없고 옷도 간 곳 없더이다."

자청비는 문 도령이라는 말에 그만 귀가 솔깃하여 새빨간 거짓말에 홀딱 속아 넘어갔다.

"그게 정말이냐? 문 도령이 아직도 게 있느냐?"

"그래, 당장 가 보자꾸나."

날이 밝아 자청비가 어머니, 아버지께 오동산에 꽃구경 가게 허락을 해 달라 하니 어머니, 아버지가 허락을 안 해주었다. 몇 번 졸라도 허락을 안 해주니, 마음은 바쁘고 해는 자꾸 가고 해서 몰래 가기로 했다. 문 도령을 만나는 데 아무 옷이나 입고 갈 수 없어서 열두 폭 홑단치마에 깨끼적삼을 고이 받쳐 입고 오동산으로 올라갈 채비를 했다.

"정수남아, 정수남아. 점심은 무엇으로 싸 갈까?"

"메밀범벅을 만들되, 아기씨 것일랑 메밀가루 닷 되에 소금 닷 되 넣고, 내 점심일랑 메밀가루 닷 말에 소금은 넣는 둥 마는 둥 하십시오."

정수남이 말대로 메밀범벅을 만들어 싸 가지고 산으로 올라갔다. 정수남이 앞장서고 자청비가 뒤를 따라 올라가는데, 산길이 하도 험하여 고운 옷은 다 찢어지고 팔다리는 가시에 찔려 피가 났다. 그래도 자청비는 문 도령을 만날 생각에 힘들다 말 한마디 안 하고 부지런히 올라갔다.

어느 만큼 가니 시장기가 돌아 싸 가지고 간 메밀범벅을 먹는데, 정수남은 메밀가루 닷 말에 소금은 넣는 중 마는 둥한 것이라 괜찮지만, 자청비 점심은 메밀가루 닷 되에 소금 닷 되를 넣은 것이라 너무 짰다. 먹고 나니 목이 말라 견딜 수가 없었다.

"정수남아, 정수남아. 샘물은 어디에 있느냐?"

"저어기 콸콸 흐르는 내를 건너가야 샘물을 마실 수 있지요."

자청비가 샘물을 마시러 내를 건너는데, 치마 · 적삼을 벗어 놓고 속옷만 입은 채로 내를 건넜다. 샘물을 마시고 나서 도로 내를 건너오니, 정수남은 옷을 어디엔가 감춰 버리고 능글능글 웃으면서 서 있었다.

그제야 자청비가 정수남에게 속은 것을 알았다. 속으로 화가 부글부글 끓었지만 겉으로는 은근히 좋은 말로 달랬다.

"정수남아, 정수남아. 그리 말고 옷을 다오."

"아기씨 손이나 한 번 잡게 해주면 옷을 주지요."

"내 손 잡기보다 집에 가서 토시 한 짝 끼어 보면 더 좋을 게다. 그리 말고 옷을 다오"

"아기씨 입이나 맞추게 해주면 옷을 주지요."

"내 입 맞추기보다 집에 가서 꿀단지나 핥아 보면 더 좋을 게다. 그리 말고 옷을 다오."

"아기씨 허리나 안아 보게 해주면 옷을 주지요."

"내 허리 안기보다 새 솜 넣어 만든 베개 안아 보면 더 좋을 게다. 그리 말고 옷을 다오."

정수남이 하릴없이 옷을 내주고 나서, 제풀에 화가 나서 동으로 펄쩍 서로 펄쩍 뛰뛰기만 하였다. 자청비가 또 좋은 말로 달랬다.

"정수남아, 정수남아. 그리 말고 오늘 밤이나 지내게 돌을 주워 담을 쌓아 움막이나 지어보자."

정수남이 왈각달각 움막을 짓는데, 돌을 주워 담을 쌓고 풀을 베어 지붕을 이으니 금방 어엿한 움막이 됐다. 그런데 돌 사이에 틈이 생겨 구멍이 여기저기 숭숭 뚫렸다. 자청비가 움막 안에 들어가 불을 켜 놓고 하는 말이,

"정수남아, 정수남아. 돌 틈 구멍이 숭숭 뚫려 찬바람이 들어오니, 밖에서 보고 불빛이 새어 나오는 곳을 찾아 풀을 베어다가 막아다오."

정수남이 이리 뛰고 저리 뛰며 풀을 베어 돌구멍을 막는데, 자청비가 움막 안에 있다가 열 구멍을 막으면 아홉 구멍을 빼고, 다섯 구멍을 막으면 네 구멍을 빼니, 막아도 막아도 끝이 없었다. 이러구러 이튿날 아침 날이 밝으니, 정수남이 제풀에 화가 나서 동으로 펄쩍 서로 펄쩍 뛰뛰기만 했다. 자청비가 또 좋은 말로 달랬다.

"정수남아, 정수남아. 그리 말고 이리 와서 내 무릎이나 베고 누우면 쑥대밭 같은 머리나 빗겨 주마."

정수남이 좋아라고 자청비의 무릎을 베고 누우니, 자청비가 쑥대밭같이 흐트러진 머리를 싸리나무 꼬챙이로 올올이 빗겨 줬어. 정수남은 밤새 돌구멍을 막느라고 한잠도 못 잔데다가 머리를 만져주니 그만 잠이 소록소록 쏟아져서 이내 드르렁드르렁 코를 골며 잤다. 이때 정수남의 머리 빗겨 주던 싸리나무 꼬챙이가 잘못하여 귀를 찌르니, 정수남은 그만 먼 산에 봄눈 녹듯이 스르르 죽어 버렸어.

자청비가 깜짝 놀라 정수남을 흔들어 깨웠지만 한 번 죽은 사람이 다시 살아날 리 없었다. 하릴없이 혼자서 산을 내려와 집으로 돌아갔다. 집에 가니 어머니, 아버지가 기다리고 있다가 허락도 얻지 않고 꽃구경 간 것을 나무라며 정수남은 어찌하고 혼자서 오느냐고 물었다.

"어머님, 아버님. 정수남은 싸리나무 꼬챙이에 귀가 찔려 죽었습니다."

"네가 얌전치 못해서 사람 목숨까지 잃게 했구나. 그렇게 부정한 딸을 집에 둘 수 없으니 당장 나가거라."

자청비가 집에서 쫓겨나 가만히 생각하니, 집에 다시 들어갈 길은 죽은 정수남을 살리는 길뿐이요, 죽은 정수남을 살릴 길은 서천꽃밭에 가서 죽은 사람 되살린다는 환생꽃을 얻어 오는 길뿐이었다. 그래서 그 날로 신들메를 고쳐 매고 길을 떠났다.

몇 달이 걸려 갖은 고생 끝에 서천에 이르렀다. 서천꽃밭 꽃감관 사라대왕의 집을 찾아가니 소슬대문이 하늘에 닿을 듯 높이 솟았는데, 문 앞에는 문지기가 지키고 서서 들여보내 주지를 않았다. 하릴없이 동네를 빙빙 돌다 보니, 들리는 말이 꽃감관 사라대왕의 집에 밤마다 부엉이가 날아와 안뜰에 심어 놓은 꽃을 쪼아 먹는 바람에 아주 골머리를 앓고 있다, 이런 소문이 돌고 있었다.

그 소문을 듣고 동네를 빙빙 돌다 마침 한 곳에 이르니, 아이 둘이 죽은 부엉이 한 마리를 두고 서로 다투고 있었다.

"너희들은 무슨 일로 다투느냐?"

"이 부엉이를 보기는 내가 먼저 보았고 잡기는 저 아이가 먼저 잡았는데, 나는 내 것이라 하고 저 아이는 제 것이라 합니다."

"내 붓 한 자루씩을 줄 터이니 그 부엉이 나를 다오."

부엉이를 얻어다가 화살로 양쪽 귀를 꿰어 가지고 서천꽃밭 꽃감관 사라대왕의 집으로 갔다. 담 밖에서 집 안뜰로 부엉이를 던져 넣고, 대문으로 가서 시치미를 뚝 떼고 문지기에게 말했지.

"날아가는 부엉이를 활로 쏘았더니 맞아서 이 댁 뒤뜰에 떨어지기에, 화살이나 찾아가려고 왔소이다."

안뜰에 가보니 아니나 다를까 두 귀에 화살을 맞은 부엉이가 떨어져 있었다. 집 주인 사라대왕이 놀라워하며 반갑게 맞아들여 밥 한 상 잘 차려 대접을 하고 나서 부탁을 했다.

"우리 집 안뜰에 밤마다 부엉이가 날아와 꽃잎을 쪼아 먹는 바람에 귀한 꽃이 다 망가져 가니, 아기씨는 부디 우리 집에 머물면서 부엉이를 잡아 주시오."

자청비가 허락을 하고 그 날부터 사라대왕의 집에 묵는데, 먼저 흰 옷에 알록달록 꽃 그림을 앞뒤로 가득히 그려 넣었다. 그래 놓고 밤만 되면 꽃을 그린 옷을 입고 안뜰에 나가 꽃밭 고랑에 가만히 누워 있었다. 며칠 동안 그렇게 했더니 과연 며칠 뒤에는 한밤중에 부엉이가 날아와 자청비 배 위에 앉는 거야. 알록달록 꽃 그림이 그려져 있으니까 꽃인 줄 알고 앉는 것이었다.그때 자청비가 부엉이 다리를 꽉 붙잡아 가지고 주인에게 갖다 줬다.

사라대왕이 고마워하며 무엇이든지 소원을 말하라 하니, 자청비는 다른 것은 말고 오직 서천꽃밭에 핀 꽃 중에서 죽은 사람 되살리는 환생꽃을 갖고 싶다 했다. 사라대왕이 꽃밭에 가서 뼈살이꽃, 피살이꽃, 살살이꽃, 숨살이꽃, 혼살이꽃을 한 송이씩 꺾어 주기에 품에 품고 나와, 곧바로 정수남이 죽은 산으로 달려갔다.

몇 달이 걸려 갖은 고생 끝에 산 속으로 돌아오니 정수남이 움막 옆에 잠자는 듯이 누워 있었다. 죽은 몸 위에 뼈살이꽃을 올려놓으니 뼈가 살아 붙고, 살살이꽃을 올려놓으니 살이 살아 돋아나고, 피살이꽃을 올려놓으니 피가 살아 돌고, 숨살이꽃을 올려놓으니 숨이 살아나오고, 혼살이꽃을 올려놓으니 혼이 살아 생겨서, 하늘 보고 옥황상제께 절 한 번 하고 물푸레나무 회초리로 세 번 치니 정수남이 기지개를 켜며 벌떡 일어났다.

"아이구, 봄잠을 너무 오래 잤구나. 아기씨, 어서 집으로 돌아갑시다."

정수남을 앞세워 집으로 돌아와 어머니, 아버지께 고했지.

"어머님, 아버님. 죽었던 정수남을 되살려 왔습니다. 용서해 주십시오."

"사람을 죽였다가 살렸다가 네 마음대로 하는구나. 그 짓이 점점 더 괴이하다. 보기 싫으니 당장 나가거라."

자청비는 또 집에서 쫓겨나와 정처 없이 길을 갔다. 몇날 며칠 동안 가다 보니 날은 저물어 어두워졌는데 어디선가 짤깍짤깍 베 짜는 소리가 들렸다. 그 소리를 따라 가 봤더니, 조그마한 초가집에 등불이 은은한데 웬 할머니가 베틀에 명주실을 걸어 놓고 비단을 짜고 있었다. 들어가서 할머니께 하룻밤 묵어 갈 것을 청했다. 할머니가 허락을 하고 저녁상을 차리러 나간 사이에 자청비가 베틀에 앉아 짤깍짤깍 비단을 짰다. 저녁상을 들고 들어온 할머니가 짜 놓은 비단을 보더니 감탄을 했다.

"아기씨는 누구이기에 이리도 곱게 비단을 짜는가?"

"저는 자청비라 하는데, 부모에게 쫓겨나 집도 절도 없이 떠돌아다니는 몸입니다."

"나는 베 짜는 마리할멈일세. 나도 혼자 살기 적적하니, 만약 갈 곳이 없으면 나와 함께 사는 것이 어떤가?"

"만약에 저를 거두어 주시면 어머니처럼 모시고 살겠습니다."

그 날부터 자청비는 마리할멈 집에 머물면서 비단 짜는 일을 거들었다. 마리할멈은 누에를 먹여 명주실을 잣고, 자청비는 베틀에 앉아 짤깍짤깍 비단을 짰는데, 얼마나 잘 짜는지 이레 만에 한 동씩 짰다. 마리할멈이 비단을 한 동씩 짤 때마다 공단보에 열두 겹으로 정성스레 싸두기에 자청비가 물어 봤다.

"이 비단은 어디에 쓸 건가요?"

"하늘 옥황궁 문왕성 문 도령이 서수대왕 따님에게 장가 들 때 쓸 비단이란다. 일곱 동을 다 짜면 하늘 옥황궁에 갖다 줄 거야."

문왕성 문 도령이란 말에 자청비 귀가 번쩍 뜨였다. 그 다음부터 자청비는 비단을 짤 때마다 끝자락에 '가련하다 자청비' 일곱 글자를 수놓았어.

드디어 비단 일곱 동을 다 짜서 마리할멈이 머리에 이고 하늘 옥황궁으로 올라갔다. 문 도령이 받아 보니 비단결이 얼마나 고운지 절로 탄성이 나오는데, 한 동마다 끝자락에 '가련하다 자청비' 일곱 글자가 수놓여 있어 깜짝 놀라 마리할멈에게 물었다.

"할머니, 이 비단은 누가 짠 것입니까?"

"내 수양딸 자청비가 짠 것입니다."

문 도령이 그 말을 듣고 자청비를 만나러 아무 날 내려가겠다고 약속을 했다. 할머니가 돌아와서 자청비에게 그 말을 전했다.

드디어 약속한 날이 됐다. 자청비는 온종일 이제나저제나 하고 문 도령을 기다렸지만 해가 질 때까지 문 도령은 오지를 않았다. 이슥고 밤이 되어 자청비는 방안에 혼자 앉아 마음을 달랠 겸 바느질을 하고 있었다. 그때 밖에서 사람 그림자가 어른어른하더니 헛기침 소리가 나며 문틈으로 손이 살짝 들어와 문을 열려고 하는 것이었다. 자청비가 깜짝 놀라 엉겁결에 들고 있던 바늘로 그 손을 쿡 찔러 버렸다. 그랬더니 바깥에 있던 사람은 깜짝 놀라 손을 도로 거두며 탄식하기를,

"자청비 아기씨는 겉모습과 달리 속마음은 고약한가 보오. 어찌 오랜만에 찾아온 사람을 이리 박대한단 말이오?"

그 목소리가 틀림없는 문 도령 목소리기에 놀랍고 반가워 얼른 문을 열고 나갔더니, 어느새 문 도령은 하늘로 올라가 버리고 자취도 없었다.

자청비는 눈물로 한탄하며 밤을 새웠다. 아침이 되어 날이 밝으니 할머니가 와서 자초지종을 다 듣고는 한숨을 쉬면서 말하였다.

"네가 얌전치 못하고 덤벙대는 바람에 도련님을 쫓았구나. 나도 너를 더 거둘 수 없으니 이제 그만 네 갈 길로 가거라."

자청비는 하릴없이 할머니 집을 나와 또 정처 없이 길을 갔다. 마음 같아서는 당장이라도 하늘 옥황궁에 올라가서 문 도령을 만나고 싶지만, 하늘가는 길도 모르고 가는 법도 모르니 어쩔 수 없었다.

몇날 며칠 동안 여기저기 떠돌아다니다가 어느 마을에 들어서니, 냇가에 웬 선녀 셋이 물동이를 앞에 놓고 울고 있네.

"선녀 아기씨들은 웬일로 여기서 울고 있습니까?"

"우리는 하늘 옥황궁 선녀들이온데, 문왕성 문 도령님이 자청비 아기씨와 목욕했던 물을 떠오라 하여 내려왔으나 그 물이 어디에 있는지 찾지 못해 웁니다."

"만약 내가 그 물을 가르쳐 주면 나를 하늘 옥황궁에 데려다 주겠습니까?"

"물만 찾아 주시면 그리하지요."

자청비가 선녀들을 예전에 문 도령과 글공부하다 돌아오는 길에 함께 목욕했던 냇가에 데려다 줬다. 선녀들이 물동이에 물을 떠서 줄을 타고 하늘로 올라갈 때, 자청비도 줄을 타고 함께 갔다.

하늘 옥황궁에 이르자 선녀들이 문 도령 집을 가르쳐 주기에, 그 집 앞 쾌나무에 기대어 가만히 서 있었다. 해가 지고 날이 어두워지니 둥근 달이 휘영청 떠오르는데, 때마침 문 도령이 집에서 나와 뜰을 거닐다가 밝은 달을 보고 슬픈 목소리로 노래를 불렀다.

"저 달이 곱다마는 인간 땅 주년국의 자청비만큼 고우랴."

자청비가 노랫소리를 듣고 저도 따라 노래를 불렀다.

"저 달이 훤하다마는 하늘 옥황궁 문 도령님만큼 훤하랴."

문 도령이 노랫소리를 듣고 깜짝 놀라 소리 나는 곳을 찾아가 보니, 집 앞 쾌나무에 자청비가 기대어 서 있었다. 서로 품에 품고 있던 얼레빗을 한 쪽씩 내어 맞춰 보니 딱 들어맞았다. 너무나 반가워서 둘이서 손을 잡고 눈물을 하염없이 흘렸다.

그런데 이 일을 어쩌나. 문 도령이 서수대왕 딸아기에게 장가 갈 날이 바로 내일이었다. 문 도령이 궁리 끝에 아버지 문곡성과 어머니 문곡부인을 찾아가 조용히 여쭈었어.

"아버님, 어머님. 옷은 새 옷이 따습니까, 묵은 옷이 따습니까?"

"묵은 옷이 더 따습지."

"장은 새 장이 맛납니까, 묵은 장이 맛납니까?"

"묵은 장이 맛나지."

"사람은 새 사람이 좋습니까, 묵은 사람이 좋습니까?"

"묵은 사람이 좋지."

그제야 문 도령이 지난 일을 다 이야기하고, 새 사람 서수대왕 딸아기 대신 묵은 사람 자청비에게 장가들고 싶으니 허락해 달라고 간청을 했어.

그러자 문곡성과 문곡부인이 말하기를, "인간 땅 사람이 내 며느리가 되려면 쉰 자 구덩이를 파고 쉰 섬 숯에 불을 붙인 다음 불 위에 작두를 걸어 놓고 작둣날을 타고 걸어야 되느니라." 하였다. 문 도령이 돌아와 자청비에게 그 말을 전하니, 자청비는 죽을 때 죽더라도 해보겠다고 했다.

문곡성과 문곡부인이 사람을 시켜, 쉰 자 구덩이를 파고 쉰 섬 숯에 불을 붙인 다음 불 위에 작두를 걸었다. 작둣날이 불에 벌겋게 달아서 보기만 해도 무시무시했다. 자청비가 작둣날에 오르려 하니 문 도령이 울면서 잡아당기고, 또 오르려 하니 울면서 잡아당겼다. 여러 번 실랑이 끝에 자청비가 말하기를, "문 도령님, 문 도령님. 살아서 이별하기보다 죽어서 다시 만나는 게 나으니 부디 놓아 주십시오." 하기에 문 도령도 어쩔 수 없이 놓아줬다.

자청비가 벌겋게 단 작두 위에 맨발로 사뿐히 올라서서 작두를 타는데, 한 발짝 두 발짝 작둣날을 밟고 걸어서 드디어 나는 듯이 땅에 내렸다.

"그만하면 되었다. 우리 며느릿감이로다."

문곡성과 문곡부인이 허락을 하니, 자청비와 문 도령은 날을 받아 혼례를 올리고 부부가 되었다. 오랜 소원을 이뤘으니 서로 아껴 주고 위해 주며 재미나게 잘 살았다.

그러던 중 하늘에 난리가 났다. 저 멀리 서역에서 백귀군대가 쳐들어온 것이다. 옥황상제가 명을 내려 문 도령을 선봉장군으로 삼아 나가 싸우게 했다. 이때 자청비가 나서서, "서방님 대신 제가 나아가 싸우겠습니다." 하고는, 갑옷 입고 투구 쓰고 백마 타고 싸움터에 나아갔다.

갈 때 서천꽃밭에 들러 사라대왕한테서 수리멸망악심꽃을 얻어 가지고 갔다. 수리멸망악심꽃은 보기만 하면 서로 죽이고 죽는 꽃이었다.

싸움터에 가서 백마 타고 적군 앞에 나아가 수리멸망악심꽃을 공중에 흩뿌리니, 적군이 그걸 보고 저희들끼리 서로 죽이고 죽어 삼밭에 늙은 삼대 쓰러지듯 즐비하게 쓰러졌다. 이렇게 백귀군대를 물리치고 돌아오니 옥황상제가 크게 칭찬하며 온갖 보물을 상으로 내려줬다.

그런데 자청비는 다 사양하고, "다른 것은 그만두고, 주시려면 가지가지 곡식 씨앗이나 주옵소서." 하니, 옥황상제가 가지가지 곡식 씨앗을 내려줬다. 그 곡식 씨앗을 얻어 가지고 땅에 내려왔다.

어머니, 아버지 살던 집에 가보니 어머니, 아버지는 벌써 세상을 떠나고, 하인 정수덕이도 저 세상 사람이 되고, 텅 빈 집에 정수남이 혼자 있다가 반겼다.

"아이고, 아기씨. 배가 고파 죽겠으니 밥 좀 주십시오."

마침 한 곳을 보니 큰 밭이 있는데, 어떤 젊은 부부가 말 아홉 마리와 소 아홉 마리에 머슴 아홉을 거느리고 쟁기로 밭을 갈아 씨를 뿌리고 있었다.

"정수남아, 정수남아. 저 밭에 가서 밥 한 술 달라 하여 먹고 오너라."

정수남이 그 밭에 가서 밥 한 술 달라 하니 주인이 밥은 안 주고 욕만 실컷 하기에 그냥 돌아왔다. 자청비가 그것을 보고 괘씸하다 하여 그 밭에는 씨앗을 하나도 주지 않았다. 그래서 그 밭에는 흉년이 들었다.

또 한 곳을 보니 작은 밭이 있는데 두 늙은이가 쟁기도 없이 호미로 밭을 갈아 씨를 뿌리고 있었다.

"정수남아, 정수남아. 저 밭에 가서 밥 한 술 달라 하여 먹고 오너라."

정수남이 그 밭에 가서 밥 한술 달라 하니 반갑게 맞아 밥을 나누어주기에 잘 얻어먹고 돌아왔다. 자청비가 그것을 보고 고맙다 하여 그 밭에는 씨앗을 많이 나누어 주었다. 그래서 그 밭에는 풍년이 들었다.

이렇게 가지가지 곡식 씨앗을 다 나누어주고 나니 씨앗 한 가지를 잊어버리고 안 가져왔다. 그게 무슨 씨앗인고 하니 메밀 씨앗이었다. 할 수 없이 다시 하늘로 올라가 옥황상제께 메밀 씨앗을 얻어 가지고 뒤늦게 땅에 내려와 뿌렸다. 요즘도 메밀 씨앗을 다른 씨앗보다 좀 늦게 뿌리는데, 거기에는 이런 까닭이 있는 것이다.

그 뒤로 문 도령은 상(上)세경으로 큰 농신이 되고, 자청비는 중(中)세경으로 작은 농신이 되어 인간세상 농사짓는 법을 잘 다스렸다. 정수남은 하(下)세경으로 목축신이 되어 온갖 집짐승 기르는 일을 다스리게 됐지. [(赤松智城 · 秋葉隆, 朝鮮巫俗の硏究)(上) / 한상수, 한국인의 신화 / 서정오, 우리신화, 현암사]

(6) 차사본풀이(강림)

차사(差使)는 죽은 자의 이름을 세 번 부른다. 그러면 무거운 육신에 묶여 있던 영혼이 홀연히 몸을 떠나 창밖으로 나간다.

느닷없이 오면서도 어김이 없고 비정하기로는 죽음의 사자, 차사만한 이가 없을 것이다. 차사는 염라대왕으로부터 적패지(赤牌旨)를 받아 이승으로 온다. 적패지는 붉은 천으로 돼 있는데 저승으로 가야

할 자의 이름이 쓰인 영장인 셈이다.

그는 복장부터 서슬이 퍼렇다. 남색 바지에 백색 저고리, 자주색 행전을 차고 백색 버선에 미투리를 신고 있다. 까만 쇠털 전립(戰笠)을 머리에 쓰고 한산모시 겹두루마기를 두르고 남색 쾌자를 걸친다.

옆구리에는 붉은 오랏줄을 달고 옷고름에는 적패지를 단단히 묶어 차고 팔뚝에는 자신의 신분을 상징하는 석자 다섯 치짜리 팔찌걸이를 맨다. 가슴에는 용(勇)자, 등에는 왕(王)자가 새겨져 있고 상여의 용두머리를 매어 끌고 갈 행차 베를 지고 온다. 눈은 부릅뜬 것이 날카롭기가 봉황의 눈매이다.

하늘에서 심부름을 하는 천황차사(天皇差使)는 '일직사자(日直使者)', 땅의 일을 보는 지황차사는 '월직사자(月直使者)'다. 사람의 일을 보는 인황차사가 금부도사라면 이승에서 죽은 자의 영혼을 잡아가는 이승차사는 '강림'이고 저승의 일을 보는 것은 저승차사 '이원사자'다. 또 '명부차사'가 있어 사람의 명단을 관리하여 제 명을 다하지 않으면 아무나 죽는 일이 없도록 한다.

우물가에는 '단물차사'가 기다렸다가 세상 떠나는 영혼을 인도하고, 바다에서 풍랑을 만나거나 불의의 사고로 세상을 등진 영혼을 인도하는 '용궁사자'도 있으며, 객지나 노중에서 저세상으로 간 영혼을 인도해 가는 '객사차사'도 있다. 나뭇가지에 걸려 죽은 영혼을 인도하는 '의사차사', 멱(수영)을 감다가 갑자기 세상을 하직한 영혼을 데려가는 '엄사차사', 날아온 돌에 맞아 비명에 간 영혼을 인도하는 '탄석차사', 불에 타죽은 영혼을 인도하는 '화덕차사', 옥에서 목숨을 잃은 영혼을 인도해 가는 '무죄차사'도 있다.

이 중에 이승차사는 똑똑하고 용맹하여 염라대왕도 오랏줄로 묶는다는 '강림'이다. 강림차사는 적패지를 들고 그 마을사람들의 생명을 관장하는 본향당신(本鄕堂神)에게 가서 호적과 장적을 맞춰본다. 죽을 때가 된 사람이면 그 사람의 집으로 찾아간다.

신심이 깊어서 집안의 가신들이 지켜주면 영혼을 잡아가는데 번거로움을 겪는다. 문 앞에는 일문전신(一門前神)이 있어 못 들어가고 뒷문으로 들어가려고 하면 뒷문전신, 부엌으로 들어가려면 조왕신이 있어 가로막는다.

차사는 지붕 상마루로 들어간다. 집을 지키는 신들이 많지만 상마루를 지키는 신은 없다. 그래서 차사가 상마루로 들어가면 막을 길이 없다. 일단 집에 들어서면 평소에 덕이 많아 가속을 지켜주는 조왕할망일지라도 어떻게 손을 쓰지 못하는 법이다.

강림차사가 결박하여 한 발로 밟고 죽을 자가 누운 방을 일르라고 호통을 치면 아무리 조왕할망이라도 꼼짝없이 일러바치게 된다.

차사는 죽을 자가 누운 방문을 활짝 열고 우뢰같은 소리로 나이와 이름을 세 차례 부른다. 죽을 나이가 됐음을 선고하는 것이다.

초혼(初魂), 이혼(二魂), 삼혼(三魂).

산 사람의 귀에는 아무 소리도 안 들리지만 죽을 자의 귀에는 우뢰와 벼락이 치듯 어마어마하게 크게 들린다. 세 번을 다 부르면 몸은 차갑게 굳어지고 영혼은 오래 깃들었던 몸을 떠난다.

벌떼같이 달려드는 차사는 망자(亡者)의 손을 오랏줄로 꽁꽁 묶고 발에 족쇄를 채운다.

"차사님아, 한 배만 늑여주면 부모, 처가속, 어린 자식 불러 앉혀 일러놓고 갈 말이 있습니다."

"행차길이 바빴으니 어서 가자." 인정 없는 차사가 허용할 리 없다. 오랏줄을 다시 옥죄면 손톱·발톱에는 검은 피가 맺힌다.

"차사님, 마지막으로 냉수나 한 모금 마시고 가오리다." 해보지만 허사다. 눈동자는 벌써 사색이 완연해진다. 오랏줄에 묶인 채 창밖을 나서면 그곳이 벌써 저승길이다. 명부가 멀다하지만 망자에게는 문밖이 바로 명부다.

강림차사가 망자의 영혼을 포박하여 저승으로 가서 저승차사에게 인계하면 저승차사가 명부의 세계로 끌고 간다.

먼저 초군문(初軍門) · 이군문 · 삼사도 군문을 지나면 저승의 열두 대문이 나타난다. 열 번째 저승문까지는 시왕(十王)이 관할한다.

첫 번째 문을 열면 진광(秦廣)대왕의 도산(刀山)지옥이 있다. 도산지옥은 깊은 물에 다리를 놓아 건네준 공적도 없고, 배고픈 자에게 밥을 준 공덕도 없는 죄인이 들어가는데 칼을 심어놓은 험한 산으로 돼 있어 그 위를 걸어 다녀야 한다.

제2지옥은 목마른 사람에게 물을 주거나 벗은 사람에게 옷을 준 공덕이 없는 자가 가는 곳으로, 화탕(火湯)지옥이며 초강(初江)대왕이 관장을 하고 있다. 이 지옥에서는 불이 훨훨 타오르는 가운데 끓는 물에 죄인을 담갔다 꺼냈다 한다.

제3지옥은 부모에 효심이 없고, 가정에 화목하지 못하고, 동네어른을 존경하지 않은 죄인이 가는 지옥인데, 백년이고 천년이고 얼음 속에 갇혀 지내야 하는 송제(宋帝)대왕의 한빙(寒氷)지옥이다.

오관(五串)대왕이 차지한 네 번째 검수(劍樹)지옥은 함정에 빠진 사람을 그냥 둔 사람, 길 막힌 사람 길 뚫어준 공덕을 못 쌓은 사람이 가는 곳이다. 나무가 다 시퍼런 칼로 돼 있어서 걸어갈 때마다 살이 한 점씩 떨어진다.

제5지옥은 염라(閻羅)대왕의 차지이다. 부모조상 말에 불손한 대꾸를 한 자, 입으로 일가 화목을 깨뜨린 자, 동네어른을 박대한 자가 가는 곳으로 집게로 혀를 뽑는 발설(拔舌)지옥이다.

여섯 번째는 살인 · 강도 · 고문 · 도둑질 한 자가 가는 곳인데 독사들이 우글거리며, 몸을 감아 물어뜯는 독사(毒蛇)지옥으로 변성(變成)대왕이 있다.

일곱 번째, 태산(泰山)대왕의 거해(鉅骸)지옥은 돈을 듬뿍 받고도 나쁜 음식을 대접한 자, 쌀을 팔아도 되를 속여 적게 준 자가 가는 곳으로 큰 톱 · 작은 톱으로 열두 가지 뼈를 썰어낸다.

제8지옥은 평등(平等)대왕의 철상(鐵床)지옥이다. 세상살이 중에 남의 등을 친 재물로 떵떵거리던 이들을 쇠못으로 빼곡하게 박은 침대에 눕혀놓고 죄를 다스린다.

아홉 번째는 도시대왕의 풍도지옥으로 살을 에이는 바람이 부는 곳이다. 자기 남편 놓아두고 남의 남편 우러른 여자, 자기 아내 놔두고 남의 아내 넘본 남자가 가는 곳이다.

열 번째, 전륜대왕(轉輪大王)의 지옥은 낮도 깜깜, 밤도 깜깜, 아무것도 보이지 않는 흑암(黑暗)지옥인데, 살았을 때 남녀 구별을 못해서 자식하나 보지 못한 죄인을 벌준다.

열한 번째는 살데없어 헤매는 영혼을 구원하는 어진 보살 지장대왕이 있는 곳이다. 열두 번째는 서천꽃밭의 생불대왕이 열다섯 살이 되기 전 어려서 죽은 영혼들을 다스린다.

열 두 대문을 다 지나면 좌두대왕, 우두대왕이 앉았다가 공정하게 심사를 하고 그 아래 동자판관이 있어 영혼들 중에서 죄가 많은 자는 짐승으로 환생시켜 인간으로 귀양을 보내되 소, 말, 구렁이, 지네 같은 짐승과 풀이나 나무 같은 식물로 태어나게 한다.

죄 없이 공을 쌓은 사람은 시왕(저승) 상 · 중 · 하 마을, 살기 좋은 곳으로 원하는 대로 보내거나 향교훈장, 좌수, 별감, 통정대부등 양반으로 환생시키고, 여자는 삼천 선비와 선녀들이 노는 들로 보내거나 청나비, 흑나비, 줄진나비, 나비몸으로 소원대로 환생시킨다. [고대경, 신들의 고향]

세상 사람 강림이가 어찌해서 서릿발 같고 모질은 무서운 차사(差使)가 됐는가?

옛날 옛적 동경국에 버물왕이 살았다. 그는 세상에서 부러울 것이 없었으나 슬하에 자식이 없는 것이 한이었다. 그래서 부처님께 수륙재(水陸齋)를 올렸다.

그 뒤 얼마 되지 않아 아들을 낳았는데 연이어 아홉이나 얻었다 그러나 어쩐 일인지 위로 세 아들이 죽더니 다음에 또 아래로 세 형제가 아무런 까닭도 없이 죽고 말았다. 그러니까 가운데 삼형제만 살아남은 셈이다.

어느 날 삼형제가 네거리에 있는 팽나무 그늘 아래서 장기를 두고 있었다.

그때 마침 중이 하나 지나가다가 그들을 보고 말했다.

"얘들아, 너희들 삼형제가 재미있게 장기를 두고 있지만 내일 모레면 죽을 상이구나!"

삼형제는 두던 장기를 집어 던지고 집으로 달려왔다. 아이들이 울면서 뜰에 들어서는 것을 보고 그의 어머니가 왜 우느냐고 물었다. 삼형제는 그제야 중한테 들은 이야기를 하였다. 이야기를 다 들은 버물왕은 종들에게 그 중을 찾아오라고 명령하였다. 중은 그럴 줄 알았다는 듯이 그 집 대문밖에 와 있었다.

"소승 시주 왔습니다."

중은 종들이 대문을 나서자 목탁을 두들기며 염불을 하기 시작했다. 버물왕은 달려 나가 시주를 하며 물었다.

"아까 우리 집 아이들이 내일 모레면 죽는다고 했다지오."

"예, 그러하옵니다."

"그렇다면 너는 남의 자식 명과 복이 떨어질 줄만 알고, 명과 복을 이을 줄은 모르느냐?

"예, 알고 있습니다. 이 아이들 삼형제가 우리 법당에 와서 공양을 한다면 명과 복을 이을 수 있을 것 같습니다."

"어허, 이거 양반집에 큰일 났구나 큰일 났어."

버물왕은 곰곰이 생각하였다. 그러나 자식을 살리자니 양반이고 뭐고 따질 일이 못 되었다. 부모의 마음으로야 자식을 차마 고생시키고 싶지 않았지만 그래도 죽는 것보다는 나은 일이기 때문에 중으로 보내기로 하였다.

아들 삼형제를 불러 놓고 우선 머리부터 깎았다. 그리고 장삼을 입히고 가사를 걸쳐 놓으니 이건 완연한 중의 모습이었다.

삼형제는 중을 따라 절로 갔다. 삼형제는 가는 날부터 목욕재계하고 불공을 드리기 시작했다. 날이 가고, 달이 가고, 해가 바뀌었다.

어느덧 삼년이란 세월이 흐르고 불공을 끝맺는 날 밤이 되었다. 창밖에는 달이 휘영청 밝고, 이름 모를 벌레들은 풀숲에서 구슬프게 울어대고 있었다. 삼형제는 밖으로 나와 둥근달을 바라보았다. 그러자 갑자기 고향이 그리워졌다. 삼형제는 스님에게 고향이 그립다는 이야기와 부모님이 보고 싶다는 이야기를 하였다. 스님은 뜻밖에도 삼형제에게 고향에 가도 좋다고 했다.

"그러나 한 가지 일러둘 것이 있는데 그것은 너희들이 집에 가는 도중에 연하못이라는 연못이 있는, 그곳에 있는 여인을 조심하여야지 그렇지 않을 때는 지금까지 공양한 것이 허사가 되느니라."

중은 이렇게 신신당부를 하고 난 뒤에 그들의 봇짐을 내 주었다. 삼형제는 중과 하직하고 절을 떠났다.

그들은 동경국으로 향하는 길이라 발걸음이 퍽 가벼웠다. 얼마를 가지 아니하여 중이 말하던 연하못에 이르렀다. 연못을 보자 갑자기 갈증이 일고 시장기가 느껴졌다. 그들은 연못가에 앉아서 쉬다가 길 건너에 있는 기와집으로 가서 물이라도 한 모금 얻어마시기로 했다. 그 집은 과양선이라는 여자의 집이었다.

여자는 삼형제를 보더니 들어오라고 했다. 삼형제는 과양선의 환대를 고맙게 여기면서 그의 사랑방으로 따라 들어갔다. 피로한 몸을 조금이라도 풀고 싶었던 것이다. 그들이 잠시 쉬고 있노라니 과양선은 술상을 차려들고 들어왔다.

"이 술을 드세요. 한 잔만 먹으면 천년을 살고, 두 잔을 먹으면 만

년을 살고, 석 잔을 먹으면 구만 년을 산다고 하옵니다."

삼형제는 오래오래 산다는 말을 듣고 술을 사양하지 않고 서너 잔씩을 받아 마셨다. 그들은 빈속이라 술기운이 금방 돌아서 단번에 취하여 깊은 잠에 빠져 들었다.

과양선은 이때를 놓칠세라 얼른 광으로 들어가 삼년 묵은 참기름을 뜨겁게 펄펄 끓여서 삼형제의 왼쪽 귀에 소로록 부어 넣었다. 그리고 그들의 집에서 가지고 온 은그릇과 놋그릇을 꺼내어 이리 만지고 저리 만져 보며 좋아서 어쩔 줄을 몰랐다.

이때 마침 동냥 온 거지가 있어서 삼형제의 시체를 연하못에 갖다 버리게 하였다.

이런 일이 있은 뒤에 과양선은 연못으로 물을 길러 갔다. 물은 아무 일도 없었다는 듯이 여느 때와 같이 맑고 깨끗했다. 그러나 이상한 것은 연못가에 예쁜 연꽃 세 송이가 두둥실 피어있는 것이었다. 과양선은 그 꽃이 탐이 났다. 그는 그 꽃을 꺾어서 가지고 들어와 대문 위에 한 송이 꽂아놓고, 그리고 뒷문과 앞문 위에다 각각 한 송이씩을 꽂아 두었다. 그는 집을 들락날락 할 때마다 구경하자는 속셈이었다.

그런데 이상한 일이 생겼다. 그 연꽃은 다른 사람들이 드나들 때는 머리를 쓰다듬어 주지만, 과양선이 드나들 때는 머리를 때려 머리카락을 헝클어 놓기가 일쑤였다. 화가 난 그는 그 꽃을 화롯불에 집어 던졌다. 꽃은 불에 타 버리고 말았다.

조금 뒤에 뒷집의 청태국 마귀할머니가 불씨를 얻으러 왔다. 과양선은 사랑방에 있는 화로를 헤쳐 보라고 했다. 화로를 헤쳐 보니 불은 없고 세 개의 구슬이 나오는 게 아닌가. 마귀할머니는 이상한 일도 다 있다고 생각하면서 구슬 이야기를 하였다.

"아유 그래요? 그것을 내가 얼마나 찾았는지 몰라요."

과양선은 얼른 이렇게 말하며 마귀할머니가 주는 구슬을 받아들고 좋아서 어쩔 줄을 몰랐다. 구슬은 여간 곱지 않았다. 과양선은 구슬을 이리 굴리고 저리 굴리며 한참 동안 재미있게 놀았다. 그러나 차츰 싫증이 나자 이번에는 구슬을 입에 물고 이리저리 굴리다가 그만 구슬을 삼켜버리고 말았다. 그날부터 과양선은 이상하게도 태기가 있었다. 그런 후에 어느덧 달이 차서 그는 아기를 낳았다. 아들만 삼형제였다.

동네에서는 과부가 아들을 낳았다고 야단이었지만 그까짓 것쯤은 문제가 아니었다.

삼형제는 자라면서 머리가 영특했다. 십오륙 세에 이르러서는 능히 과거를 볼 수 있게 되었다. 그들은 마침내 과거에 응시하여 모두 급제하였다. 삼형제는 과거기(科擧旗)를 앞세우고 집으로 들이와 이머니에게 고개를 숙여 절을 하였다.

그런데 놀라운 일이 벌어졌다. 삼형제가 하나같이 차례로 그 자리에서 죽어 버렸다.

"이게 어쩐 일인가!"

과양선은 달려들어 아들을 안아 보았으나 아들의 몸에서는 벌써 찬바람이 돌고 있었다.

삼형제가 한날한시에 나서 한날한시에 과거에 급제하고, 한날한시에 죽고 보니 어처구니가 없었다. 과양선은 하늘이 무너지는 듯했다. 과양선은 삼형제의 무덤 앞에 앉아서 생각하니 이처럼 억울한 일이 없을 것 같았다. 그는 하도 원통해서 아들이 죽은 원인이나 알아보려고 김치운이란 원님에게 소지원정을 드렸다. 하루에 세 통씩 석 달 열흘간을 드리니, 소지(所志)가 아홉 상자 반이 넘었다. 그래도 원님한테서는 아무런 해명이 없었다.

과양선은 분한 생각이 들어서 원님의 집을 지날 때마다 욕설을 퍼부었다. 욕설을 들은 원님은 화가 나지 않을 수 없었다. 자기로서는 죽은 이유를 찾아내려고 무진 애를 쓰고 있는데도 과양선은 그런 줄도 모르고 욕만 하니 화가 나지 않을 수 없었다. 그렇지만 어쩔 수 없는 일이었다.

이것을 보다 못해 원님 부인이 소지를 처리하는 방법을 강구하려고 나섰다. 원님부인은 원님에게 제일 영특한 나졸이 누구냐고 물었다. 강림이라고 했다. 그는 열여덟의 처를 거느리고 있는데 아주 재치 있는 사람이었다.

그렇다면 자기가 생각한 것을 해낼 수 있는 사람이라고 단정하였다. 그리고 원님에게 한 계교를 가르쳤다.

이틀 후였다. 마침 강림의 외삼촌 소기일(小忌日)이었다. 원님은 아침 일찍이 제삿집에 가서 기다리고 있었다. 한참 뒤에 강림이 터덜터덜 들어섰다.

"외삼촌 제사에 왜 늦었느냐? 고얀 일이로다. 너는 죽어 마땅한 줄 알아라."

원님은 대뜸 호령을 하며, 강림의 목에 칼을 씌웠다. 강림은 갑자기 당한 일이라 얼떨떨하였다.

"한 번만 살려주십시오. 그러면 무슨 일이든지 하겠습니다."

"그러면 저승에 가서 염라대왕을 잡아 올 터이냐, 이승에서 목숨을 바칠 터이냐."

"황송하옵니다. 분부대로 염라대왕을 모셔 오겠사오니 부디 목숨만 살려 주십시오."

이 말을 들은 원님은 큰 칼을 벗겨주고 강림을 풀어주었다. 그 대신 원님은 흰 종이에 글을 한 장 써주며 얼른 저승에 가서 염라대왕을 잡아 오라고 호령을 하며, 이레 동안 말미를 주었다.

"이 일을 어찌하면 좋나."

얼떨결에 염라대왕을 잡아 오겠다고 하기는 하였으나 어디 가서 어떻게 염라대왕을 잡아 온단 말인가. 그는 눈앞이 캄캄했다.

강림은 남문 바깥동산에 앉아서 곰곰이 생각하니 큰부인이 생각났다. 결혼할 때 처음 만난 후 다시 한 번 만나본 일이 없는 그는 큰부인을 찾아갔다. 큰부인은 한 번도 오지 않던 남편이 찾아오는 것을 물끄러미 바라보고만 있었다.

강림은 아무 말 없이 들어가 방문을 잠그고 이불을 덮어쓰고 누웠다. 큰부인은 생각하니 이제까지 얼굴 한 번 비치지 않던 남편이라 섭섭하기는 했지만 그래도 내 집에 찾아왔으니 박대하여 보낼 수는 없었다. 큰부인은 밥상을 차려들고 들어갔다. 방문이 굳게 잠겨져 있었다.

"이 문 여세요. 이 문을 여세요."

그는 아무리 사정을 하여도 문을 열어 주지 않았다. 큰부인이 할 수 없이 문을 뜯고 들어가보니 강림은 울고 있었다.

"이게 웬 일입니까? 죽을 일이든지 살 일이든지 이야기나 하여 보시오."

큰부인이 안타까워 이렇게 사정을 하자 강림은 그제야 모든 것을 이야기하고 염라대왕을 어디 가서 어떻게 잡아 오겠느냐고 하며 한숨을 지었다.

"아이고, 그까짓 일 가지고 무얼 그럽니까? 내가 다 해결할 테니 가만히 계시오."

큰부인은 이렇게 말하고 그길로 떡쌀을 담가 떡을 하였다.

첫째 시루는 문전에 놓고, 둘째 시루는 부뚜막에 놓고, 셋째 시루는 강림이 저승 갈 때 줄 시루다. 떡을 쪄 놓고 큰부인은 두 손을 합수하고 조왕님께 축원하였다.

"조왕님, 강림의 저승 가는 길을 인도하여 주십시오."

이렇게 이레 동안 빌었다. 그때 문득 조는데, "얘야 무얼 하고 있느냐? 어서 빨리 강림을 저승으로 내보내어라. 조금 있으면 새벽닭이 울게 된다."하고, 조왕님의 말이 들렸다. 강림의 부인은 얼른 강림을 깨웠다.

"어서 저승으로 떠나야 합니다."

"그게 무슨 말이오? 저승을 어떻게 가며 어디로 간단 말이오."

"염려 말고 일어나 은대야에 세수나 하시오."

강림 부인은 강림이 세수를 끝내자 옷을 입혔다. 그리고 저승 행차 차림을 해 주고 나서, "그런데 원님이 저승 가는 증거물은 줍디까?"

강림은 원님한테 받은 종이를 내어 보였다.

"염라대왕을 모시러 가는 데 어찌 이런 글씨가 있단 말이오."

"산사람의 소지는 흰 종이에 검은 글씨이지만, 저승글씨야 어찌 이렇습니까? 붉은 종이에 흰 글씨여야 합니다."

큰부인은 원님한테 달려가서 새로 글씨를 받아왔다. 그때 낸 법으로 사람이 죽으면 명정(銘旌)을 쓸 때 붉은 바탕에 흰 글씨를 쓰는 법이 생겼다.

강림은 저승의복을 입고 나니 언제 이렇게 준비를 해놓았는가 감탄이 되었다.

"이 옷은 언제 이렇게 해놓았소?"

"벌써 이런 일이 있을 줄 알고 지어 놓았습니다."

이때 낸 법으로 사람이 죽기 전에 미리 수의(壽衣)를 마련하게 되었다.

강림의 큰부인은 명주로 된 전대를 남편의 허리에 감아주며, "저승문을 들어가기 전에 급한 일이 있으면 이 명주 전대를 풀어 보시오." 하고 신신당부를 하였다. 그리고 귀가 없는 바늘 한 쌈을 강림의 잠옷 앞섶에 몰래 찔러 놓았다.

"그럼 어서 가소서."

강림은 부인과 작별하고 남문 밖에 있는 동산에 올라서니 어느 곳이 저승으로 가는 길인지 알 수가 없었다. 한참 우두커니 서 있노라니 어떤 할머니가 보였다. 그는 물 묻은 행주치마를 입고 꼬부랑 지팡이를 짚고 허위허위 걸어가는 것이었다. 강림이 뒤쫓아 가는데 그는 어찌나 걸음이 빠른지 두 주먹을 불끈 쥐고 쫓아가도 도저히 따를 수가 없었다. 강림은 지쳤다. 이젠 어디 앉아서 점심이나 먹고 가려고 생각하며 길가에서 쉬려고 하니 할머니도 긴 한숨을 쉬며 길옆에 앉는다.

"저 할머니가 필연코 산 사람이 아니구나."

이렇게 생각하고 있는데, "젊은 양반, 점심이나 먹고 가십시다." 하고는 할머니는 점심을 펴 놓았다. 강림도 가지고 온 점심을 내놓았다. 그런데 두 사람이 똑같은 시루떡이 아닌가. 강림은 이상한 생각이 들었다.

"할머니, 어찌 점심이 이렇게 똑같습니까."

그제야 할머니가 화를 벌컥 내며, "이놈아, 나를 몰라? 네가 하는 짓이 괘씸하지만 네 큰부인의 하는 정성이 너무 기특하여 네 저승길을 인도하러 왔다. 나는 네 큰부인집 조왕할머니야." 하고 말했다. 강림은 고마워서 얼른 일어나 큰절을 하였다. 그러니까 할머니는 다시 입을 열었다.

"강림아, 여기서 이리로 가다가 보아라. 일흔 여덟 갈림길이 있을 것이다. 거기에 앉아 있으면 어떤 노인이 올 것이니 그 분에게 큰 절을 하면 길을 가르쳐 줄 것이다."

강림은 너무 고마워서 다시 일어나 큰절을 하고 고개를 드니 할머니는 간 곳이 없었다.

강림은 할머니가 가르쳐 준대로 걸어갔다. 얼마나 걸었을까. 드디어 일흔여덟 갈림길이 나타났다. 강림은 어느 길로 가야할지 몰라서 머뭇거리고 있었다.

이때 웬 하얀 할아버지가 앞에 걸어가고 있었다. 아까 만난 할머니보다 더 걸음이 빨랐다. 마치 바람에 휙휙 나는 것 같았다. 강림은 있는 힘을 다하여 쫓아갔다. 한참 가더니 할아버지는 다리를 쉬려는 듯이 길가에 주저앉았다. 강림이 가까이 가자 그는 강림에게 쉬어가라고 권하였다. 그러더니 요기나 하라고 하며 떡을 내어 놓았다. 그것도 강림이 가지고 있는 떡과 똑같은 떡이었다.

"할아버지, 할아버지 떡하고 제 떡하고 똑같은데 웬일입니까?"

"이놈아, 나를 몰라? 네가 하는 짓이 괘씸하지만 네 큰부인의 하는 정성이 너무 기특하여 네 저승길을 인도하러 왔다. 나는 네 큰부인집 문전신(門前神)이야."

강림은 벌떡 일어나 큰 절을 했다. 그러자 할아버지는 부드러워졌다.

"강림아, 이곳이 일흔여덟 갈림길이다. 이 길을 다 알아야만 저승에 가는 법이란다."

할아버지는 이렇게 말하고 일흔여덟 갈림길을 차례로 세었다. 그러고 나서 맨 마지막 남은 길을 손으로 가리켰다.

"이 길이 바로 네가 갈 길이다."

강림이 길을 보니 조그만 길에 가시덩굴이 이리저리 뒤엉킨 데다 돌멩이가 깔린 험로였다.

"이 길로 가다 보면 중늙은이가 길을 닦다가 시장기에 몰려서 양지쪽에 앉아 졸고 있을 것이다. 가까이 가서 네가 가지고 간 떡을 주어라. 그렇게 하면 알 도리가 있느니라."

강림은 다시 일어나 고맙다고 절을 하고 나니 할아버지는 온데간데없다. 강림은 팔을 걷어붙이고 그 험한 길을 걸어가기 시작했다. 한참 가다가 보니 정말 중늙은이가 있었다. 할아버지가 시킨 대로 그의 앞에 떡을 꺼내어 놓았다. 그는 시장했던지 떡을 세 번이나 베어 먹었다. 그제야 그는 정신이 드는지 눈이 왕방울만 해가지고 강림에게 누구냐고 물었다.

"나는 이승에서 김치운이란 원님을 모시고 있는 강림입니다."

"그런데 왜 이 곳에 왔소?"

"나는 저승의 염라대왕을 모시러 갑니다."

"아, 저런! 그게 무슨 말입니까? 저승을 어떻게 간단 말이오? 검은 머리가 백발이 되도록 걸어보십시오, 저승을 가는가 못 가는가."

"그러지 말고 좀 가르쳐 주십시오."

중늙은이는 남의 떡을 공으로 먹은 것이 마음에 걸렸던지, "이 길로 가다보면 연못이 하나 있을 터이니 서슴지 말고 물속으로 뛰어들게." 하고 가르쳐 주었다.

강림은 그가 가리켜 준대로 가니 정말 연못이 나왔다. 강림은 두 눈을 딱 감고 연못 속으로 텀벙 뛰어들었다. 한참 뒤에 정신을 차려 보니 저승문 앞에 와 있었다. 강림은 안도의 숨을 쉬고 거기서 염라대왕이 나타나기를 기다렸다. 마침 염라대왕은 영기를 앞세우고 삼만 관속을 거느라고 이쪽으로 오고 있었다. 강림은 마음을 단단히 먹고 기다렸다.

첫째, 둘째, 셋째 가마가 지나가고 염라대왕이 탄 가마가 지나간다. 강림은 이때를 놓치지 않고 봉황 같은 눈을 부릅뜨고 삼각수염을 나부끼며, 구리 같은 팔뚝을 걷어붙이고 우레같이 소리 지르며 달려들었다. 강림이 단번에 몇 놈을 메다치니 삼만 관속이 간 데 없이 흩어졌다. 이 틈을 타서 염라대왕의 손목을 밧줄로 묶고 몸을 묶었다.

염라대왕은 일이 그릇된 줄을 알고 한숨을 길게 쉬며 고분고분하게 말을 들으며 사정을 했다.

"이 아랫녘에 굿을 하는 집이 있는데 굿을 받아먹고 이승에 가는 게 어떻냐?"

강림은 염라대왕과 같이 한참 내려갔다. 드디어 굿하는 집에 이르렀다. 강림은 권하는 대로 술을 받아먹다 보니 어느새 술에 흠뻑 취해서 사자상 밑에 쓰러져 잤다. 얼마나 잤을까, 눈을 뜨고 보니 염라대왕이 보이질 않았다. 강림은 겁이 벌컥 나서 문 밖을 내다보니 저쪽에서 조왕할머니가 손짓을 하고 있었다.

"염라대왕은 새가 되어 저 깃대 꼭대기에 앉아 있으니 큰 톱으로 깃대 밑을 자르면 되니라."

할머니의 말을 듣고 보니 정말 깃대 꼭대기에 새 한 마리가 앉아 있었다. 강림은 할머니가 시킨 대로 톱을 가져다 나무 밑동을 자르려 하니 염라대왕이 얼른 내려왔다.

"너는 속일 수가 없구나. 굿이 거의 끝나게 되었으니 네가 먼저 이승에 가 있으면 모레 밤에 가겠노라."

"그럼 이 약속을 지키겠다는 도장이나 찍어 주십시오."

염라대왕은 강림의 적삼에 저승글자 셋을 써 주었다.

"그러면 가는 길을 가르쳐 주옵소서."

"이 강아지에게 여기 있는 이 떡을 조금씩 떼어 주면서 강아지의 뒤를 따르면 알 도리가 있느니라."

염라대왕은 흰 강아지 한 마리를 내어주고 떡을 세 덩이 주면서 이렇게 말했다.

강림은 강아지를 앞세우고 따라가면서 강아지가 싫증 난 것 같으면 떡을 떼어 주면서 걸어갔다. 얼마쯤 걷노라니 올 때 보이던 못이 보였다. 못 가까이 이르니 강아지가 강림의 목을 물고 못 속으로 풍덩 빠지는 것이었다. 강림은 정신이 아찔했다. 한참 뒤 마치 꿈꾸듯이 눈을 뜨고 보니 강림은 바로 이승에 와 있었다.

이때 강림이 흰 강아지에게 목을 물렸기 때문에 남자에게는 목울대가 튀어나왔다고 한다.

강림이 이승에 도착했을 때는 별도 없는 캄캄한 밤이었다. 여기가 이승임엔 틀림없는데 어느 곳인지 분간할 수가 없었다. 한참동안 사방을 살펴보았다. 멀리서 가느다란 불빛이 비치었다. 강림은 불빛을 향해 더듬더듬 걸어갔다. 조그만 오막살이 집이었다. 이때 마침 집 안에서 한 여인이 나오더니 음식물을 뿌리며, "남편이여, 살았거든 어서 빨리 돌아오고 죽었거든 제삿밥이나 받아 자시소서." 하고 들어가는데 보니 큰부인이었다.

강림은 얼른 달려가 문을 열려하니 어느새 문이 굳게 잠겼다. 그는 문을 두드리며 남편이 왔다고 말했지만 아내는 믿으려 하지 않았다.

"내 남편이거든 장옷 앞섶 한 자락만 내놓으시오."

장옷 앞자락을 문구멍으로 내미니 큰부인이 만져 보았다. 저승 갈 때 귀 없는 바늘 한 쌈을 꽂아 둔 것이 삭아서 바스락 거렸다. 그것을 본 뒤에 그는 강림의 두 손을 잡고 방안으로 들어갔다.

"대체 무슨 제사요?"

"당신이 저승에 간 지 삼 년이 되어 첫 제사입니다."

"내가 저승 가서 사흘 살았는데 삼 년이 되다니."

그래서 저승의 하루가 이승의 일 년과 같이 생각하게 되었다.

이튿날 아침 뒷집의 김서방이 강림의 큰부인을 찾아왔다. 지금까지 그는 강림의 큰부인에게 마음을 두고 매일같이 찾아와서 치근치근하게 굴었다. 그때마다 부인은 귀찮아서 남편의 삼 년상 첫 제사만 넘기면 개가하겠다고 미루어 왔었다. 그래서 오늘은 아주 담판을 지려고 온 것이다.

김서방은 문을 들어서다 깜짝 놀랐다. 대청마루 기둥에 강림의 갓과 관대가 걸려있는 것이다. 거기다가 강림의 목소리까지 들리는 것이 아닌가. 김서방은 속았다는 생각이 나자 화가 나서 견딜 수가 없었다. 김서방은 그 길로 원님한테로 달려갔다.

"아뢰옵니다. 강림은 저승에 가서 염라대왕을 잡아오겠다고 해놓고 낮에는 숨었다가 밤에는 나와서 부부 살이를 하고 있습니다."

그렇지 않아도 원님은 강림이 염라대왕을 잡아 올 날만 기다리고 있다가 이런 말을 듣고 나니 화가 나지 않을 수가 없었다. 그는 당장에 강림을 잡아들이라고 했다.

"그동안 어디서 숨어 있었느냐?"

"염라대왕을 만나고 오는 길입니다."

"뭐라고?"

"등을 보면 알 수 있습니다."

원님이 강림의 등을 보자 모레 사오(巳午)시에 염라대왕이 온다고 쓰여 있었다.

"흠, 그렇다면 염라대왕이 올 때까지 하옥을 시켜라."

원님은 강림을 감옥에 넣었다.

드디어 그 날이 왔다. 그러나 사시(巳時)가 되어도 염라대왕은 오지 않았다. 강림은 이제 죽는구나 생각하고 절망에 빠졌다. 그런데 오시(午時)가 지날 무렵, 갑자기 하늘에서 먹구름이 일며 우레 소리가 요란하고 번개가 일더니 염라대왕이 동헌 마당에 들어섰다. 그러나 그곳에 있던 사람들은 천둥소리에 놀라 모두 숨어버린 뒤였다.

염라대왕이 사방을 둘러보아도 아무도 없었다. 방안으로 혼자 들어가 보았다. 그가 들어간 곳은 마침 감옥이라 강림이 혼자 감옥에 갇혀 있을 때였다. 그는 강림을 끌어 내놓고 원님은 어디 있냐고 물었다. 강림이 알 리 없었다. 그는 사방으로 원님을 두루 찾아보았으나 보이지 않았다. 염라대왕은 할 수 없다는 듯이 이 집을 지은 목수를 데려 오라고 하였다.

"이 집의 기둥을 전부 세어 보아라."

염라대왕은 허겁지겁 들어서는 목수에게 말했다. 목수는 한참 헤아려보더니 꼭 한 개가 더 있다고 했다. 염라대왕은 한 개를 자르라고 명령했다. 목수가 톱으로 기둥을 하나 자르려고 하니 원님이 나타났다.

"어찌하여 나를 불렀느냐?"

그제야 원님이 정신을 차리고 사실을 이야기하였다.

염라대왕은 즉시 과양선을 붙잡아 들이도록 하였다.

"너는 아들을 어디에 묻었느냐?"

"앞에 있는 밭에 묻었습니다."

"그러면 그곳을 파 보아라."

과양선이 아들의 무덤을 파 보니 무덤 속에는 아무것도 없고 칠성판(七星板)만 있었다.

"어디에 네 아들이 있느냐?"

과양선은 사색이 되었다.

염라대왕은 곧 연화못으로 갔다. 염라대왕은 금부처를 내놓고 연화못 물을 세 번 때리니 못 물이 순식간에 말라붙었다. 밑바닥이 드러나고 거기에 버물왕 아들 삼형제의 뼈가 살그랑하게 남아있는 것이 보였다. 염라대왕은 그 뼈들을 가지런히 모아놓고 금부처를 세 번 때렸다. 그러니까 삼형제는 벌떡 일어났다.

염라대왕은 이들을 보내고 과양선을 처형했다. 그리고 그를 방아에 빻아서 바람에 날리니 파리, 모기 등 온갖 잡벌레가 되었다. 살아서 남의 피만 빨아먹고 살던 과양선은 죽어서도 남의 피를 빨아먹으려고 달려드는 것이다.

염라대왕은 과양선을 벌주고 나서, "강림은 너무 똑똑하다. 이승에 살기엔 너무 아까우니 저승에 데려가 살도록 하겠노라." 하고, 욕심을 내었다.

원님은 그 자리에서 거절했다.

"그럼 우리 반반씩 나눕시다."

"그렇다면 육신을 가지겠습니까? 영혼을 가지겠습니까?"

"그야 육신을 가져야지요."

어리석은 원님은 육신을 데리고 있어야 일을 시킬 수 있다고 생각한 것이다.

염라대왕은 강림의 쌍가마에서 머리털 세 개를 뽑아 가지고 저승으로 가 버렸다. 순간 강림은 마당에 우두커니 서는 것이었다.

"그간 수고했네, 술 한 잔 하세!"

원님은 흐뭇한 마음으로 강림에게 이렇게 말했다. 그러나 강림은 아무 말도 하지 않고 서 있는 것이었다. 원님은 부아가 났다. 그는 사령들에게 강림의 뺨을 치게 했다. 그러자 강림은 그 자리에서 픽 쓰러지는 것이었다. 깜짝 놀라 자세히 보니 강림은 죽어 있었다. 그제야 원님은 염라대왕이 혼을 빼앗아간 줄을 알았다.

이렇게 해서 강림은 저승에 가서 염라대왕의 사자(使者)가 되었다. 하루는 강림이 염라대왕의 분부를 받았다.

"이승에 가서 남자는 팔십, 여자는 칠십이 되거든 차례로 저승에 오도록 전하고 오너라."

강림은 염라대왕의 분부대로 적패지(赤牌旨)를 등에 지고 이승을 향했다. 얼마쯤 왔을까. 다리도 아프고 힘도 겨워 쉬노라니 까마귀가 날아왔다.

"형님, 그 적패지를 내 날개에 끼워 주시오. 내가 가서 붙여놓고 올 테니까."

강림은 마침 힘겹게 걷고 있는데 이런 말을 들으니 반가웠다. 그는 얼른 그의 날개에 끼워 주었다. 까마귀는 훨훨 날았다. 한참 날아가다 보니 말을 잡는 광경이 보였다. 까마귀는 말피나 조금 얻어먹으려고 나무에 앉아서 기다렸다. 아무리 기다려도 작업은 쉽게 끝나지 않았다. 까마귀는 기다리기가 지루해서 까욱까욱 하고 울었다.

말을 잡던 사람은 말발굽을 잘라서 까마귀를 향해 휙 던졌다. 까마귀는 저도 모르게 날개를 펴고 일어났다 앉았다. 그 사이 적패지가 땅에 떨어졌다. 그때 마침 굴속에서 고개를 내밀고 있던 뱀이 얼른 받아 물고 들어갔다. 그래서 뱀은 지금도 아홉 번 죽었다가도 열 번째 다시 사는 것이다. 까마귀는 금방 떨어뜨린 적패지가 없어진 것이 이상했다. 까마귀가 두리번거리니 옆에 솔개가 한 마리 앉아 있었다. 까마귀는 솔개가 훔친 게 틀림없다고 생각했다.

"내 적패지 내어 놓아라, 까욱."

"못 보았다, 끼루룩."

까마귀와 솔개는 한참 다투었다. 그래서 까마귀와 솔개는 지금도 사이가 나쁜 것이다.

까마귀는 아무래도 소용없다는 것을 알고 무턱대로 이승으로 날아와 아무렇게나 되는 대로 지껄였다.

"아이 갈 데 어른 가시오, 꺄욱."

"어른 갈 데 아이 가시오, 꺄욱."

"부모 갈 데 자식 가시오, 꺄욱."

"자식 갈 데 부모 가시오, 꺄욱."

"자손 갈 데 조상 가시오, 꺄욱."

"조상 갈 데 자손 가시오, 꺄욱."

이렇게 했기 때문에 사람이 순서 없이 죽어가게 되었다. 며칠 새에 저승은 발 디딜 곳이 없었다.

최 판관은 연일 밀려드는 사람들 때문에 쉴 틈이 없었다. 어찌된 일인가 하고 강림을 불렀다.

"차례차례로 오라고 했는데 어째서 열 살도 안 된 아이까지 오는 것이냐?"

강림은 할 말이 없었다. 강림은 한참동안 꾸중을 듣고 나와 까마귀를 불러서 따졌다. 까마귀는 지금까지 있었던 일을 모두 이야기했다.

강림은 화가 나서 까마귀를 보릿대 형틀에 묶어놓고 밀대곤장으로 아랫도리를 후려 갈렸다. 그래서 까마귀는 지금도 바로 걷지를 못하고 아장아장 걷는 것이다.

그때 염라대왕은 명을 다한 동방삭(東方朔)을 잡아오지 못하여 곤경에 빠져 있었다. 염라대왕은 생각다 못하여 강림을 불러 분부를 내렸다.

"동방삭을 잡으려고 아이 차사(差使)를 보내면 어른이 되고, 어른 차사를 보내면 아이가 되어도 잡아 오지를 못하니 네가 가서 잡아오도록 하라. 그러면 한 달간 놀려주마."

강림은 염라대왕의 말을 듣고 묘책을 생각했다. 곧 이승으로 내려와서 숯을 몇 말 얻어다가 사람들이 많이 다니는 시냇가에 가서 숯을 씻기 시작했다. 며칠을 계속해서 씻고 있으니 어떤 사내가 지나다가 보고 물었다.

"무엇하려고 숯을 씻으오?"

"검은 숯을 백 일만 씻으면 백탄이 되어 백 가지 약이 된다 해서 씻고 있습니다."

"뭐라고? 나 동방삭이는 삼천 년을 살아도 그런 소리를 듣기는 처음이오."

이때 강림이 날쌔게 달려들어 '동방삭이'를 밧줄로 묶었다.

이래서 '삼천갑자 동방삭'은 삼천 년을 살다 강림의 손에 잡히고 말았다. 동방삭은 모든 것을 체념하고 순순히 강림의 뒤를 따랐다. 이로부터 강림은 사람을 잡아가는 차사가 되었다. [(赤松智城 · 秋葉隆, 朝鮮巫俗の研究)(上) / 한상수, 한국인의 신화]

❖ 제주도 신화(수명장자 사만이)에는 동방삭이 대신에 사만이가 등장한다. 주년국 사람인 사만이는 사냥꾼이었는데, 하루는 산에 버려져 굴러다니는 백년 묵은 해골을 주어다가 집에 모셔두고 조상님으로 정성껏 위하였다. 그로부터 그 조상님 은덕으로 하는 일마다 잘 되고 또 저승사자들이 잡으러 오면 그 조상님이 계책을 알려주어 三十七세에 죽을 것을 차사들이 동자판관의 수명부를 몰래 고치는 바람에 三千七三를 살게 되었다.

그러나 마침내 위와 같은 강림차사의 꾀에 걸려들어서 저승으로 끌려오게 된다. [현용준, 제주도신화]

(7) 세민황제본풀이

세민황제가 인간세계에 임금으로 있었다. 고집이 세고 마음이 사나운 양반이어서 만민백성을 괴롭게 굴고 불법(佛法)을 무시하여 불도(佛道)를 믿는 사람을 엄한 벌로 처단하여 포악한 짓을 하다가 죽었다.

죽어서 저승에 갔더니 먼저 와있던 인간들이 방망이를 들고 세민황제에게 원수를 갚으려고 덤벼들었다. 저승차사가 이를 말려 대별왕에게 데리고 들어가서 감옥에 가둬버렸다.

대별왕이 만사를 생각하며 수심에 잠겨 있을 때 저승의 백성들이 대별왕 앞으로 모여들어 탄원을 했다.

"세민황제는 이승에 있을 때 우리들에게서 억울한 돈을 많이 빼앗았으며, 죄 없는 사람에게 죄 있다고 하여 못 견디게 굴고, 죽여 버리곤 하였습니다. 살았을 때 포악하고 악한 짓만 했으니 이제 원수를 갚게 해 주십시오."

대별왕이 세민황제를 불러서 말했다.

"너 이 고약한 놈아, 이승에서 못할 짓을 많이 하여 애매한 사람을 괴롭히고 죽이고, 남의 돈을 공짜로 빼앗아 먹었으니 그때에 못할 짓 한 만큼 못하는 사람 잘 살게 하고, 죽은 사람 살리고 공짜로 먹은 돈을 죄다 갚아주어라."

"옳은 일은 할 수 있겠지만 돈이 저승에 어디 있어 빚을 갚겠습니까?"

세민황제가 난감하여 대답했다.

대별왕이 화를 내며 말했다.

"네가 이승에서 공짜로 모은 돈은 다 어찌 했단 말이냐. 뱀 통에 빠져서 만년을 살아보겠느냐?"

겁에 질린 세민황제가 빚을 갚으려고 자신의 저승 궤에 가 봤더니 나락 한 단밖에 없었다.

"어찌하여 나의 궤에는 나락 한 단밖에 없습니까?"

"너는 세상에서 남의 것을 공짜로 많이 먹고, 남에게 주어본 적은 없다. 어릴 때 동네 늙은이에게 나락 한 단을 준 것밖에 없으니 그것뿐이다. 살았을 때 활인(活人)을 많이 해야 저승 궤에 재산이 많아지는 것이다."

"그러면 어떤 것이 활인의 덕입니까?"

"배고픈 사람에게 밥을 주고, 추운 사람에게 옷을 주고, 가난한 사람에게 돈을 주는 것이 활인의 덕이다."

"이승에서는 과연 잘못하였습니다."

세민황제는 대별왕에게 손이 발이 되도록 빌었다.

"대별왕께서 돈을 얼마만 빌려주고 저를 살려주시면 이승에 가서 나쁜 버릇 고치고 마음 먹어 만인(萬人)적선하여 돈을 벌어 갚아드리겠습니다."

대별왕이 말했다.

"이승의 매일이와 장상을 아느냐?"

"모르겠습니다."

"매일 장상의 저승 궤에 돈이 많으니 여기서 빌려 쓰고 이승에 가서 그 사람들에게 갚아주어라."

대별왕이 돈궤지기를 불러서 세민황제에게 내어주라고 명령하여 빚을 갚도록 했다. 또 덕을 쌓아 빚을 갚으라고 이승으로 도로 내려보냈다.

"어서 이승으로 내려가 적선을 많이 하고 오너라. 가다가 송아지가 나서서 길을 인도하여 주겠다고 하리라. 그러나 그 송아지의 말을 듣지 말고 곧은길로만 나가거라. 또 가다 보면 흰 강아지가 길을 인도하여 주겠다 하리라. 그러나 그 말도 듣지 말고 곧은길로만 바로 가다보면 검천낭(劍天郎)이라는 차사가 있을 터이니 그 차사에게 물으면 이승으로 갈 수 있을 것이다."

이승으로 오다보니 과연 얼룩송아지와 흰 강아지가 나타나서 길을 알려 주겠다고 말했다. 세민황제는 그 말을 듣지 않고 곧은길로만 걸어가서 검천차사를 만났다.

검천차사는 문을 하나 열고 "속히 가시오." 하며 어두컴컴한 속으로 등을 걷어찼다. 천지소(天地沼) 같은 데로 텀벙하고 떨어져 깜짝 놀라 깨어보니 이승이었다.

세민황제는 즉시 만조백관을 모아 조회를 열고 매일이와 장상이 어디에 사는지 조사해 보도록 했다. 얼마 후에 남편은 신을 만들어 팔고 마누라는 술장사를 하면서 살고 있다는 것을 알았다.

세민황제는 거지의 행색을 하고 밤에 길을 가다가 매일이와 장상의 집으로 들어갔다.

"외방(外方)에서 온 사람입니다." 하고 인사하니 매일이와 장상이 다정스럽게 맞아들였다.

술 석 잔을 마시고 술값을 물으니 여섯 푼 밖에 받지 않았다.

"무슨 술값이 이렇게 싸오?"

"다른 집에서 두 푼을 받으면 우리 집에서는 한 푼을 받고, 다른 집에서 네 푼을 받으면 우리는 두 푼을 받고 있습니다."

세민황제는 '이것이 적선인가!' 하고 생각했다.

세민황제는 며칠 후에 다시 매일 장상의 집으로 가서 신을 한 켤레 팔아주겠다고 했다. 값은 한 켤레 값을 냈는데 두 켤레를 내어주었다.

"왜 신발을 두 켤레나 주시오?"

"신 한 켤레를 사는 자에게 두 켤레를 내주고 두 켤레를 사는 자에게 네 켤레를 내주는 것은 우리 집에서 전부터 해온 일입니다."

세민황제는 '이것도 적선인가!' 하고 생각했다.

또 며칠 후에는 매일이와 장상의 집으로 가서 "돈을 열 냥만 빌려달라."고 했다. 매일이와 장상은 선선히 열 냥을 내어줬다.

세민황제가 말했다.

"모르는 사람에게 돈을 주었다가 안 가져오면 어쩌리오."

"옹색하시거든 가져가서 썼다가, 생기거든 갚아주시오. 그러나 돈이 생기지 않으면 언제까지라도 안 가져다주어도 좋으니 조금도 걱정하실 것 없소." 하고 기꺼이 웃으면서 대답했다. 세민황제가 돈 열 냥을 받고 나오면서 '이런 것이 정말 만인적선(萬人積善)이로구나.' 하고 생각했다.

이렇게 하면서 매일이와 장상은 수만 명의 불쌍한 사람들을 살려주고 수만 냥의 돈을 다른 사람에게 잃기도 했을 것이다. 세민황제는 감탄했다.

"그러니 매일이와 장상의 저승 궤에는 돈이 그득히 차는 것이로구나."

궁으로 돌아 온 세민황제는 즉시 조회를 열고 적선의 도를 닦기 위한 방침을 의논하도록 했다. 한 대신이 말했다.

"완전무결한 적선의 도를 닦으려면 팔만대장경을 내어 와야 합니다."

"그러면 누가 어디를 가서 내어올 것인고?"

신하들과 의논을 거듭하던 끝에 호인대사(好仁大師)라는 신하를 극락세계에 보내어 팔만대장경을 내어오게 하자는데 의견의 일치를 보았다.

어느 명령이라 거역하랴. 세민황제의 명을 받은 호인대사는 팔만대장경을 구하기 위해 극락세계로 길을 떠났다. 그러나 극락의 어느 땅 어느 구석에 붙었는지 알 수 없었던 호인대사는 무작정 걷고 있었다.

험한 절벽 길로 들어섰는데 가운데쯤 갔을 때 길을 잃어 오도 가도 못하게 되어 버렸다.

"호인대사!"

사람은 보이지 않는데 어디선가 자기를 부르는 소리가 들렸다.

"누구요? 나 좀 살려주시오."

"나도 죽어가는 사람이어서 어찌 다른 사람을 살릴 수 있겠소마는 이쪽으로 뛰어내려 보시오."

절벽 밑에서 들리는 소리였다.

"그 쪽으로 떨어지면 죽지 않소?"

"죽지 않으니 뛰어내리시오."

망설이던 호인대사는 어차피 죽을 목숨, 말이라도 들어보자는 심정으로 절벽 아래로 뛰어내렸다. 그 밑에는 작은 평지가 있고 한 사람이 산 같은 바위틈에 끼어 간신히 머리만 내밀고 있었다.

"당신 이름은 뭐요?"

"빠른개비요."

"왜 이곳에 와서 이런 곤경을 당하고 있소?"

"세상에 다니면서 포악한 짓을 많이 했기 때문에 옥황상제로부터 천 년간이나 이런 벌을 받고 있소. 그리하여 천 년이 지나면 죄가 사하여 호인대사가 이곳을 지나가거든 이 돌을 열게 한 후 나와서 그를 도와주라고 하였는데 지금이 꼭 천 년이 되었소."

"그러면 내가 이 돌을 어찌하여 열 수 있겠소?"

"당신 손으로 밀면 얼마든지 열릴 것이오."

호인대사가 연약한 손으로 한 번 밀치니 산 같은 바위가 훤하게 열리고 빠른개비는 펄쩍 뛰어나와 무한히 사례했다.

"내 어깨에 매달려 떨어지지만 마시오."

빠른개비가 호인대사를 업고 한 번 용을 쓰니 절벽 위로 번개같이 뛰어올랐다. 절벽 끝에서 다시 바다로 풍덩 떨어지자 거기로 넓은 길이 열려 한없이 걸어갔다. 가다가 보니 끝없는 망망대해가 나왔다. 작은 배를 얻어 타고 뱃길을 수만 리 갔는데 청수바다, 황수바다, 백수바다, 흑수바다, 적수바다를 지나 극락세계로 올라갔다.

극락에 도착한 호인대사는 옥황상제에게 내막을 일일이 아뢰고는 팔만대장경을 받아들고 희색이 만면하여 고향으로 돌아왔다.

호인대사는 세민황제 앞으로 돌아와서 팔만대장경을 올렸다. 밤낮으로 축원하며 팔만대장경을 구하여 무사히 돌아오기만을 기다리던 세민황제는 기쁨은 못 이겨 호인대사를 칭찬하고 즉시 높은 벼슬을 내렸다.

만조백관을 모아 조회를 열고 매일이와 장상 부부를 불렀다. 이들이 앞에 오자 자신이 저승에 갔을 때 당한 일을 상세히 이야기하고 이승에 온 후에 변장하여 매일 장상의 집에 찾아가던 일까지 모두 말했다.

"네가 그렇게 많이 적선을 한 것을 나에게 큰 교훈이 돼서 나도 다음부터는 활인의 덕을 베풀게 되었다." 하며 매일이와 장상을 칭찬하고 고마워했다. 또 "너희는 나에게 칭찬 받는 것보다도 죽어 저승에 가면 그 칭찬이 몇 곱절은 될 것이다. 너의 저승 궤는 내가 본 때보다도 지금에는 더욱 불어나고 있을 것이며 네가 죽어가서 차지할 때는 다시 몇 곱절이나 더 불어나게 될 것이다." 하고 말했다.

매일이와 장상은 오히려 비웃는 듯 미소를 지으며 말했다.

"소인은 칭찬받기를 즐거워하지 않습니다. 그 뿐만 아니오라 오히려 부끄러워합니다."

세민황제가 이상스럽게 생각했다.

"그것은 웬일인고. 네가 일삼던 만인적선(萬人積善), 활인의 도가 장하지 아니한가. 네 덕분으로 나까지도 이제는 선한 마음을 먹어서 선행을 하여 저승에서 칭찬을 받게 되지 아니하였는가."

매일이와 장상이 머리를 가로 흔들면서 말했다.

"소인은 원래부터 남에게 칭찬을 듣기 싫어합니다. 소인이 생각한 만인적선 활인의 도는 수만 분의 일도 닦지 못하였습니다. 아직도 밥 없어 굶는 사람, 옷 없어 떠는 사람, 온갖 불쌍한 사람이 세상에 가득하니 어찌 만인적선을 하고 활인이 덕을 닦았다고 하겠습니까. 소인은 세상에 모든 불쌍한 사람들을 구제하지 못한 오늘, 저승을 간다고 할지라도 낮이 없어서 저승왕을 대할 수가 없겠습니다."

세민황제는 크게 감동하여 지금까지 자기가 얼마나 잘했는지 매일 이와 장상에게 떠들던 것을 부끄러워하고 온 세상의 불쌍한 사람들을 모조리 구제하여야 하리라는 것을 새삼스러이 통감했다.

그리하여 세민황제는 모든 것을 매일 장상에게 의논하며 팔만대장경을 기준으로 불도, 법당, 기도, 활인, 적선의 도(道)를 마련했다. [현용준, 제주도무속자료사전 / 고대경, 신들의 고향]

❖ 〈세민황제본풀이〉는 고전소설인 〈당태종전〉과 유사한 스토리를 지니고 있다. 저승을 다녀온 당태종이 개과천선하여 적선을 베풀고 나아가 삼장법사로 하여금 팔만대장경을 가져오도록 해서 불법을 널리 홍포한다는 내용이다. 장르의 발전단계로 볼 때 〈당태종전〉은 〈세민황제본풀이〉의 번안물일 것이다.

(8) 삼신할머니본풀이

① 삼신애기씨

먼 옛날, 동해바다 용왕이 서해바다 용녀를 아내로 맞아들여 부부가 됐다. 용왕 부부는 먹는 것, 입는 것 다 풍족하고 내외 금실도 좋아 부러울 것이 없었지마는, 단 한 가지 걱정이 있었으니 혼인한 지 삼십 년이 넘도록 자식을 못 얻었다. 그래서 부부가 의논한 끝에 옥황상제 천지왕께 빌어 보기로 했다.

석 달 열흘 동안 날마다 아침저녁으로 목욕재계하고 온 정성을 다해 빌었더니 옥황상제가 감동했는지 과연 그 뒤에 용녀부인에게 태기가 있었다. 열 달이 차서 아기를 낳았는데, 어여쁜 딸아기를 낳았다.

용왕 부부는 늘그막에 얻은 외동딸이 얼마나 귀여운지, 불면 꺼질세라 놓으면 깨질세라 애지중지 금지옥엽으로 키웠다. 아기가 아무리 잘못한 일이 있어도 한마디도 나무라는 법 없이, 그저 귀엽다고

'허허, 하하' 웃으며 키웠다. 이렇게 키웠더니, 크면 클수록 점점 버릇이 고약해져서 못된 짓만 골라가며 하였다. 어떤 못된 짓을 하는고 하니,

한 살 때는 어머니를 때리고,
두 살 때는 아버지 수염을 뽑고,
세 살 때는 물건을 집어던지고,
네 살 때는 남의 집 곡식과 채소를 뽑고,
다섯 살 때는 남의 집에 돌을 던지고,
여섯 살 때는 남의 집 어린아이를 울리고,
일곱 살 때는 마을 어른들한테 욕을 하고,
여덟 살 때는 나쁜 말을 동네방네 옮기고,
아홉 살 때는 거짓말로 마을사람들 싸움을 붙이고....

글쎄 이런 망나니짓을 하루가 멀다 하니 용궁 백성이 견딜 수가 없었다. 참다못해 늙은 백성들이 용왕 앞에 나아가 아뢰었다.

"공주님은 나쁜 짓만 하고 다녀서 백성들 원성이 자자합니다. 원컨대 공주님을 멀리 보내시든지 집안에서 나오지 못하게 하여 백성들에게 피해가 없도록 해주십시오."

용왕이 그 말을 듣고 탄식하기를,

"늘그막에 딸을 얻어 귀엽다고 버릇없이 키웠다가 저 모양이 되었으니 우리 내외가 화를 자초했구나. 저 아이를 그냥 두었다가는 백성들 원성이 우리 내외에게 돌아올 것인즉, 늦기 전에 멀리 내쫓는 수밖에 없다."

하고, 쇠철이 쇠도령을 시켜 무쇠로 커다란 함을 만들었다. 쇠도령이 무쇠 서 말을 녹여 튼튼한 쇠함을 만들어 바치니, 용왕이 딸을 불러 그 안에 들어가라 하였다. 아예 딸을 그 안에 넣어 바닷물에 띄워 보내려고

한 것이다.

딸이 하릴없이 쇠함 안에 들어가기는 했는데, 얼른 뚜껑을 못 닫고 목을 내놓고 어머니한테 물었지.

"어머니, 어머니. 나는 이제 어디로 갑니까?"

"쇠함이 바다 위에 떠서 물결을 타고 흘러가면 인간 세상에 닿을 것이다."

"인간 세상에 가면 나는 무엇을 하고 살아야 합니까?"

"거기에는 아직 삼신이 없다 하니, 삼신이 되어 집집마다 아기를 점지해 주며 살아가거라."

어머니가 이렇게 일러 주며 삼신의 옷이라고 남색 저고리와 흰 바지, 자주색 치마와 분홍색 장옷을 쇠함 속에 넣어 주었다. 또 삼신이 쓸 물건이라고 은가위와 참실도 쇠함 속에 넣어 줬다. 딸은 옷과 물건은 받았으되 어떻게 하면 아기를 낳게 하는지 몰랐다. 그걸 알아야 삼신 노릇을 제대로 할 수 있기 때문이다. 그래서 어머니에게 다시 물었어.

"어머니, 어머니. 아기는 어떻게 낳게 합니까?"

어머니 서해용녀가 딸에게 삼신으로서 할 일을 차근차근 일러주었다.

"아기 낳을 어머니 몸에 피 살려 석 달 열흘, 살 살려 석 달 열흘……"

하고 막 말문을 꺼내는데, 아버지 동해용왕이 그걸 보고서 벼락같이 고함을 질렀다.

"부인은 죄를 지어 쫓겨 가는 아이한테 무엇을 가르치려 하십니까?"

그만 쇠함 뚜껑을 탁 덮고 삼백 근 자물쇠로 철커덕 잠가 버렸다. 그래서 딸은 어머니 말을 채 다 듣지 못하고 깜깜한 쇠함 속에 갇혀 버렸다. 용궁 장사들이 쇠함을 들어다 용궁 밖으로 던져내니, 쇠함이 물속에서 둥둥 떠가기 시작했다.

이렇게 내던져진 쇠함은 그 뒤로 아홉 해를 떠돌아다녔는데, 물속에서 삼 년, 물 위에 떠서 삼 년, 물가에 닿아서 삼 년, 이렇게 아홉 해를 하염없이 떠다녔다. 그 동안 쇠함 속에 들어 있던 동해용왕의 딸도 나이를 아홉 살이나 더 먹어서 열여덟 살이 됐지.

그러던 어느 날 쇠함이 동해 바닷가 어떤 모래밭에 올라가 멈추었는데, 마을 사람들이 와서 보고는 이상히 여기고 쇠함 뚜껑을 열었다. 그러자 쇠함 속에서 아리따운 처녀가 나왔다. 남색 저고리에 흰 바지, 자주색 치마에 분홍색 장옷을 입고 은가위와 참실을 들고 있었다. 마을 사람들이 모두 깜짝 놀랐다.

"아기씨는 대체 누구요?"

"나는 동해용왕의 외동딸입니다."

"용궁의 귀한 몸이 어떻게 여기까지 오셨소?"

"사람들에게 아기를 낳게 해주는 삼신 노릇을 하려고 왔습니다."

그때까지 인간 세상에는 삼신이 없었거든. 그래서 아기가 어머니 뱃속에서 태어나지 못하고 큰 산 바위 밑이나 우물가에서 생겼다. 사람들은 아기를 얻고 싶으면 부처님이나 옥황상제께 빌었고, 운이 좋으면 부처님이나 옥황상제가 보내 준 아기를 바위 밑이나 우물가에서 주워 올 수 있었던 거지. 그러다 보니 아기가 너무 귀해서, 평생 아기를 못 얻고 사는 사람이 열에 아홉은 되었다. 그러던 차에 삼신이 와서 아기를 낳게 해준다 하니 얼마나 반가웠겠는가? 마을 사람들은 무척 기뻐하면서 동해용왕의 딸을 맞아들여 잘 대접했다. 그리고 그 뒤부터 복을 가져다주는 신이라고 따르며 극진히 섬겼다.

동해용왕의 딸은 그 뒤로 여기저기 돌아다니며 삼신 행세를 하느라고 아낙네들에게 아기를 낳게 해줬다. 그런데 뭘 아는 게 있어야 제대로 아기를 낳게 할 것이 아닌가? 용궁에서 어머니한테 묻다 말고 그냥 떠나왔으니 아무 것도 아는 게 없었다. 그래서 그냥 아무렇게나 대충대충 했다. 여기저기 떠돌아다니면서 여인네들만 보면 마음 내키는 대로 아기를 낳게 했다.

그러다 보니 결혼 안 한 처녀도 아기를 배고, 호호백발 할머니도 아기를 낳고, 누구든지 동해삼신 눈에만 띄면 그 자리에서 아기를 갖게 되니 엉망이었다. 또 결혼한 부인이 제대로 아기를 가졌더라도, 삼신이 그냥 마음 내키는 대로 해 버리는 바람에 골탕을 먹었다. 명색이 삼신이 아기를 몇 달 만에 낳는지 어떻게 낳아야 하는지 아무것도 모르니까 그럴 수밖에 없었다. 어떤 사람은 아기 밴 지 석 달 만에 낳고, 어떤 사람은 삼 년이 지나도록 아기를 못 낳고, 이러니 이것도 난장판이었다.

또 삼신이 아기를 키울 줄도 몰라서 그냥 제멋대로 자라도록 내버려두니까 이것도 낭패였다. 아이들이 태어난 지 한 달 만에도 죽고 일 년 만에도 죽어서, 집집마다 울음소리가 그칠 날이 없었다. 용케 죽음을 면하고 자라는 아이들도 가르치는 사람이 없으니 버릇없이 망나니짓이나 하면서 컸다. 그러니까 이게 더도 말고 덜도 말고, 한 치도 다를 것 없이 동해삼신 아홉 살 때까지 크던 모습 그대로였다. 제 부모를 때리고, 남의 물건을 훔치고, 남의 집에 돌 던지고, 어린아이를 보면 울리고, 어른을 보면 욕하고, 나쁜 말을 퍼뜨려 싸움 붙이고, 이러니 동해삼신 클 때 모습과 하나도 다르지 않았다. 이러니 인심이 흉흉해지고 풍속이 사나워져서 세상이 날로 어지러워졌다. 견디다 못해 늙은 백성들이 높은 산에 단을 쌓고 옥황상제께 세상을 바로잡아 달라고 빌었다.

옥황상제 천지왕이 하늘에서 굽어보니, 인간 세상 늙은 백성들이 높은 산에 단을 쌓고 무언가 열심히 빌고 있어 가만히 들어 보니 엉망으로 된 세상을 바로잡아 달라고 비는 것이었다. 옥황상제가 깜짝 놀랐다.

“내가 잠시 인간 세상을 돌보지 않았더니 그새 어떤 일이 벌어졌기에 백성들이 저렇게 괴로워하는고?”

급히 황금산 도단절 무야스님을 불러서 영을 내렸어.

“대사는 당장 인간 세상에 내려가 무슨 일이 생겼는지 소상히 알아오라.”

“그리하겠습니다.”

무야스님이 흰 장삼 입고 누른 가사 걸치고 붉은 염주 목에 두르고 검은 바랑 등에 지고, 한 손에 목탁 들고 한 손에 지팡이 짚고 인간 세상에 내려갔다. 내려가서 집집마다 돌아다니며 동냥을 하는데, 어느 집도 문을 열어 주는 집이 없었다. 모두들 대문을 꽉꽉 걸어 잠그고 내다보지도 않았다. 가만히 살펴보니 어떤 집에서는 처녀가 아기를 낳아서 온 식구가 부끄러워 문을 닫아걸고 탄식하고, 어떤 집에서는 태어난 지 석 달도 안 된 아기가 죽어서 통곡을 하고, 어떤 집에서는 크는 아이들끼리 주먹다짐을 하며 싸우느라 야단이고, 이런 꼴이었다. 그제야 삼신이 함부로 아기를 낳게 하는 바람에 이런 일이 벌어진 것을 알았다.

무야스님이 곧바로 하늘로 올라가 옥황상제께 보고 들은 것을 낱낱이 아뢰니, 옥황상제가 천하궁 벼슬아치들을 다 불러 모았다.

“지금 인간 세상에는 못된 삼신 때문에 질서가 무너져 백성들이 고통 받고 있다 하니, 당장 새 삼신을 내려 보내야겠다. 누구를 새 삼신으로 보내면 좋을지 말해 보라.”

사천왕이 나서서 말하기를,

“인간 땅 명진국에 천왕보살 지왕보살의 따님이 있는데, 나이 일곱 살에 부모에게 효도하고 형제간에 우애 있고 어른을 공경하고 아기들을 사랑하고, 아름답기는 꽃과 같고 슬기롭기는 별과 같아 삼신이 될 만합니다.”

옥황상제가 그 말을 그럴 듯하게 여기고 옥황차사를 명진국에 보내 천왕보살 지왕보살의 따님을 불러왔다.

명진국 천왕보살 지왕보살의 따님아기씨가 옥황차사를 따라 하늘로 올라가는데, 걸어가면아홉 달이 걸리지마는 선녀머리동아줄을 타고 올라가서 사흘밖에 안 걸렸다. 선녀머리동아줄은 하늘 천하궁 선녀들의 머리카락을 모아 만든 동아줄인데, 튼튼하기가 사람 삼천 명이 한꺼번에 매달려도 견디고, 그 길이는 아무도 알 수 없는 줄이다. 그 줄을 타고 올라가 사흘 만에 하늘에 이르렀다. 아기씨가 천하궁 큰 마루에 썩 들어서서 인사를 드리니, 옥황상제가 아기씨 지혜를 떠보느라고 다짜고짜 물었다.

"네가 타고 올라온 선녀머리동아줄의 길이가 몇 자더냐?"

아기씨가 그 물음을 듣고 조금도 놀라거나 머뭇거리지 않고 대납을 하는데,

"그 동아줄 길이만한 자로 재면 한 자요, 그 길이의 반 만한 자로 재면 두 자가 됩니다."

하니 옥황상제 천지왕이 똑똑하다고 칭찬하고, 그 자리에서 삼신되기를 명했다.

"너는 이제부터 삼신이 되어 인간 세상에 내려가거라. 가서 아기낳기를 바라는 여인들에게 아기를 낳게 해주어라."

"저는 아직 그 법을 모릅니다."

옥황상제가 선녀들을 불러 아기씨에게 삼신의 법을 하나하나 일러주게 했다.

"아기 낳을 어머니 몸에 피 살려 석 달 열흘, 살 살려 석 달 열흘, 뼈 살려 석 달 열흘, 이렇게 한 지 열 달 만에 어머니 몸에 늘어진 뼈 당겨 주고 오그라든 뼈 늦춰 주어 순산하게 하여라. 아기가 나오면 머리를 동쪽으로 하고 가위로 탯줄을 세 치 남기고 잘라 명주실로 꼭 매어 준 뒤 더운 물에 씻겨 주어라. 어머니에게는 미역국을 먹이고 아기에게는 젖을 먹이며, 잡귀가 범접 못하도록 금줄을 쳐 주어라.

아기를 키울 때는 어머니 품에서 삼 년, 아버지 손길로 삼 년, 젖 먹여 삼 년, 밥 먹여 삼 년 키우게 하여라. 아기를 가르칠 때는 옳은 것은 좇게 하고 그른 것은 멀리하고, 부모에 효도하고 형제간에 우애 있고 친척 간에 화목하고 남에게 어질도록 가르치라 일러라."

아기씨가 새겨듣고 삼신 차림으로 인간 세상으로 내려가는데, 남색 저고리에 흰 바지 입고 자주색 치마에 분홍 장옷 걸치고, 한 손에 은가위 들고 한 손에 참실을 들었다. 정월 초하룻날 선녀머리동아줄을 타고 땅으로 내려가 보니, 과연 듣던 대로 세상이 몹시 어지러웠다. 아기 낳는 때도 제각각이요, 낳은 아기 크는 법도 제각각이요, 아기 낳다가 죽은 어머니와 태어나서 죽은 아기들이 길에 널렸으며, 다 큰 아이들은 버릇이 없어서 온 세상이 도둑질과 싸움질로 편할 날이 없었다.

아기씨가 탄식하며 여기저기 다니다가 어느 한 집 옆을 지나는데, 집 안에서 애끓는 울음소리가 들렸다. 웬일인가 문을 열고 들여다보니, 배가 남산만한 어머니가 문고리를 붙잡고 살려 달라고 소리치며 울고 있었다. 웬일인가 물어 보니 아기 밴 지 일 년이 넘도록 낳지를 못해 그런다 하였다. 얼마나 불쌍한가? 하늘에서 배운 대로 아기를 낳게 해주었다. 어머니 몸에 늘어진 뼈 당겨 주고 오그라든 뼈 늦춰 주어 순산하게 하고, 해산한 다음에는 아기 머리를 동쪽으로 하고 가위로 탯줄을 세 치 남기고 잘라 명주실로 꼭꼭 매어 준 뒤 더운 물에 씻겨 주었다. 그러고 나서 어머니에게는 미역국을 먹이고 아기에게는 젖을 먹이고 잡귀가 범접 못하도록 금줄을 쳐 주었다.

그런데, 이때 느닷없이 웬 처녀가 도끼눈을 뜨고 집안에 들어서서 호통을 쳤다.

"너는 누구기에 내가 뿌린 씨를 내 허락도 없이 거두어들이느냐?"

가만히 보니 옷차림도 저와 같고 손에 가위와 실을 든 것도 저와 같았다. 본디 여기에서 삼신 노릇을 하던 동해용왕의 딸이 온 거지. 이 옛 삼신이 나타나서 호통을 치며 새 삼신아기씨를 빗자루로 마구 때렸다. 새 삼신아기씨는 영문도 모른 채 실컷 얻어맞고, 그 길로 높은 산에 올라가 단을 쌓고 옥황상제께 빌었다.

"상제님, 상제님. 인간 세상에 삼신은 하나만 있으면 족한 것을, 무슨 일로 이미 삼신이 있는 곳에 저를 또 보내어 이런 설움을 주십니까? 옛 삼신을 버리시든지 저를 버리시든지 하나는 버리시고 하나만 쓰십시오."

동해삼신도 높은 산에 올라가 단을 쌓고 옥황상제께 빌었다.

"상제님, 상제님. 저는 동해용왕의 딸로서 어머니 분부를 받고 오래 전부터 인간 세상에서 삼신 노릇을 해 왔는데, 무슨 일로 새 삼신을 또 내려 보내어 남의 일을 가로채게 하십니까? 새 삼신을 버리시든지 저를 버리시든지 하나는 버리시고 하나만 쓰십시오."

옥황상제가 듣고 동해삼신과 새 삼신을 모두 천하궁으로 불러 올렸다. 두 삼신이 천하궁으로 올라가니 옥황상제가 말하기를,

"옛 삼신이 일을 잘 못하여 새 삼신을 내려 보냈으나, 한 세상에 삼신이 둘 있어서는 안 된다는 너희들 말이 옳다. 내 너희들을 시험하여 더 슬기롭고 현명한 이를 인간 세상의 삼신으로 정할 터이니 그리 알라."

하고는, 두 삼신에게 각각 은대야 하나와 꽃나무 한 포기를 주면서,

"이 꽃나무를 은대야에 심어 석 달 열흘 뒤에 누구의 꽃이 더 잘 피었는지 보리라."

하였다.

두 삼신이 그 날부터 온갖 정성을 다해 꽃을 가꾸었다. 처음 며칠 동안은 옛 삼신의 꽃이 더 잘 피더니 나중에는 다 시들어버리고 새 삼신의 꽃이 더 잘 피었다. 석 달 열흘이 지나서 보니 옛 삼신의 꽃은

다 시들어 남은 것이 없는데, 새 삼신의 꽃은 사만오천육백 가지로 눈부시게 피었다.

별 수 없이 지게 된 옛 삼신이 옥황상제에게 따졌다.

"상제님, 상제님. 삼신이 꽃만 잘 가꾸어서 뭣합니까? 모름지기 아기 낳는 일을 잘 알아야 좋은 삼신이 아니겠습니까?"

옥황상제가 가만히 듣고 있다가 하는 말이,

"그 말도 옳다. 그러면 너희들 중 누가 삼신의 일을 잘 아는지 물어보리라."

하고는, 먼저 옛 삼신에게 물었다.

"아기는 몇 달 만에 낳게 하느냐?"

"바쁘면 석 달, 안 바쁘면 삼 년 만에 낳게 합니다."

"아기를 낳은 때는 어떻게 하느냐?"

"배꼽을 북 찢어서 낳게 합니다."

"아기가 나오면 어떻게 하느냐?"

"도끼로 탯줄을 끊고 아기를 얼음물에 씻습니다."

"아기는 어떻게 키우고 가르치느냐?"

"가만히 내버려 두면 저절로 잘 큽니다."

그 다음에는 새 삼신에게 물었지.

"아기는 몇 달 만에 낳게 하느냐?"

"아기 낳을 어머니 몸에 피 살려 석 달 열흘, 살 살려 석 달 열흘, 뼈 살려 석 달 열흘, 이렇게 한 지 열 달 만에 낳게 합니다."

"아기를 낳을 때는 어떻게 하느냐?"

"어머니 몸에 늘어진 뼈 당겨 주고 오그라든 뼈 늦춰 주어 순산하게 합니다."

"아기가 나오면 어떻게 하느냐?"

"머리를 동쪽으로 하고 가위로 탯줄을 세 치 남기고 잘라 명주실로 꼭꼭 매어 준 뒤 더운 물에 씻겨 줍니다. 어머니에게는 미역국을 먹이고 아기에게는 젖을 먹이며, 잡귀가 범접 못하도록 금줄을 쳐 줍니다."

"아기는 어떻게 키우고 가르치느냐?"

"아기를 키울 때는 어머니 품에서 삼 년, 아버지 손길로 삼 년, 젖 먹여 삼 년, 밥 먹여 삼 년 키웁니다. 아기를 가르칠 때는 옳은 것은 좇게 하고 그른 것은 멀리하고, 부모에 효도하고 형제간에 우애 있고 친척 간에 화목하고 남에게 어질도록 가르칩니다."

두 삼신 말을 다 듣고 난 옥황상제가 드디어 두 삼신에게 명을 내렸다.

"새 삼신은 열두 선녀를 거느리고 인간 세상의 산 아기 낳는 일을 맡아보아라. 그리고 옛 삼신은 혼자 저승에 가서 죽은 아기의 영혼을 맡아 길러라."

그리고 새 삼신에게는 서천에 넓은 밭을 주어 갖가지 꽃을 심게 하고, 그 꽃이 가리키는 대로 아기를 점지하게 마련해 줬다. 새 삼신은 열두 선녀를 거느리고 서천에 가서 넓은 밭에서 돌을 주워 내고 밭을 깊이 갈아엎어 흙을 고르고 곱게 다듬었다. 그리고 옥황상제께 다섯 가지 꽃씨를 얻어 서천꽃밭에 뿌렸다.

동쪽에는 푸른 꽃, 서쪽에는 하얀 꽃, 남쪽에는 붉은 꽃, 북쪽에는 검은 꽃, 가운데는 누른 꽃을 심어서 오색 꽃이 만발하니, 그 꽃이 가리키는 대로 인간 세상 사람들에게 아기를 점지해 줬다. 아기 갖기를 바라는 사람이 있으면 꽃밭의 꽃들에게 물어서, 동쪽의 푸른 꽃이 일어서면 용감한 아기가 태어나게 하고, 서쪽의 하얀 꽃이 일어서면 슬기로운 아기가 태어나게 하고, 남쪽의 붉은 꽃이 일어서면 복 많은 아기가 태어나게 하고, 북쪽의 검은 꽃이 일어서면 수명이 긴 아기가 태어나게 하고, 가운데 누른 꽃이 일어서면 예쁜 아기가 태어나게 해 줬다.

그러다가 서천꽃밭에 함부로 들어가 꽃을 꺾어 가는 이들이 많아지니, 삼신이 옥황상제께 청하여 서천꽃밭을 지키는 꽃감관을 보내달라고 했다. 옥황상제가 소별왕을 불러서 인간 세상에 꽃감관을 시킬 만한 사람이 있느냐고 물으니, 주년국 땅에 사라 도령이 쓸 만하다 하였다. 그래서 사라 도령을 불러다가 꽃감관을 시켰는데, 나중에는 사라 도령의 아들 신산만산할락궁이가 꽃감관 자리를 물려받았다.

삼신은 그 뒤로도 줄곧 사람들에게 아기를 점지해 주고 아기 낳는 일을 도와주었는데, 처음에는 어린 아이여서 삼신아기씨라 했지만, 나중에는 호호 백발 할머니가 돼서 모두들 삼신할망이라 부르게 됐다. 그리고 살았을 때 산파 노릇을 잘 한 할머니가 죽으면 삼신할망의 시녀가 됐는데, 나중에 그 수가 많아지니까 집집마다 내보내서 아기 낳는 일을 도와주게 했다. 집집마다 삼신이 있게 된 내력이다. [서정오, 우리신화 / 고대경, 신들의 고향]

② 삼신할망과 대별상

저승에 사는 대별왕의 신하 대별상은 마마(천연두)를 일으켜 아이들의 혼을 잡아오거나 심한 열병을 앓게 하고 얼굴을 곰보가 되게 했다. 인간세상으로 내려오던 삼신은 역시 인간으로 올라오는 대별상의 행차와 만났다. 그래서 삼신할망은 자기가 곱게 태어나게 한 아기들에게 아무쪼록 마마를 곱게 시켜달라고 대별상에게 간청하였다. 그러자 대별상은 거들떠 보지도 않고 심하게 면박을 주었다.

"여자란 꿈에 보여도 재수가 없는데 대장부 행차에 웬 핏(血)내 나는 여자냐. 썩 물 아래로 비켜서라."

대별상은 그길로 더욱 심하게 마마를 시켜 고운 아기들의 얼굴을 벌집처럼 만들어버렸다. 삼신할망은 분하고 슬펐다. 할망은 복수할 것을 단단히 별렀다.

할망은 생불꽃 하나를 들고 대별상네 며느리에게 가서 생불꽃을 흔들어 태기를 주었다. 생각지도 못한 임신인데, 열 달이 되어 배가 집채만 해도 아기가 도시 나올 생각을 않았다. 아기가 마구 배를 발로 차면서도 나올 생각을 않았다. 며느리는 배가 아파 죽을 지경이 되었다. 대별상이 며느리를 걱정하여 점쟁이에게 어쩐 이유인지 점을 치게 했다. 그랬더니 이게 다 삼신의 탓이라 했다. 삼신이 노하여 해복시키지 않는 것이니 빨리 삼신에게 빌어야 한다는 것이다.

대별상은 난처하기 짝이 없었다. 전에 삼신에게 큰 무안을 주었는데 어떻게 가겠는가. 엉기적거리던 대별상은 아우성치는 며느리를 보고는 체면을 따질 때가 아니었다. 그래 할 수 없이 할망을 찾아갔다. 그리고 전번의 실수를 용서하라고 빌고 며느리의 해산을 부탁하였나. 삼신할망의 표정은 싸늘하였다. 그러나 대별상은 물러날 수가 없었다. 그래서 머리를 깎고, 고깔을 쓰고, 장삼을 입고, 맨버선 바람으로 댓돌 아래로 가 엎드려 빌었다.

그러자 할망은 마음을 풀고 용서하기로 했다. 대신에 아기들의 마마가 쉬 지나갈 수 있게 하고 또 아무쪼록 곱게 해 달라고 하였다. 대별상은 허락했다. 그리고 할망은 대별상집까지 무명천으로 다리를 놓도록 했다. 할망은 무명천 다리를 밟고 대별상 며느리에게 가서 배를 3번 쓸어내리자 아기가 쑥 태어났다.

감격한 대별상은 할망에게 감사하고 새로운 법을 내었다.

"앞으로는 길을 갈 때도 할망이 윗길로 가고 상을 받을 때도 할망이 위로 받으십시오."

그래서 아이들이 앓아 굿을 할 때면 삼신할망을 위로 모시고 대별상의 상은 아래쪽에다 차리게 되었다. [진성기, 남국의 신화 / 고대경, 신들의 고향]

③ 삼시랑바위와 마마바위

지리산 두메의 하동 화개마을에 쌍바위 고개가 있고, 거기에 쌍바위 또는 새암바위로 부르는 바위가 서있다. 쌍바위란 암벽이 곰보처럼 얽은 마마바위와 아이를 밴 배처럼 무겁게 아랫배가 처진 삼시랑바위를 말한다.

아득한 먼 옛날에 아기를 못 갖게 숙명 지어진 마마신이 아주 귀엽고 예쁘게 생긴 계집아이를 보고 저런 딸 하나를 가졌으면 하고 선망하였다. 그런데 알고 보니 그 아이는 삼시랑의 딸이었다. 그래서 마마신은 음모를 꾸미었다.

마마신은 아이에게 마마(천연두)를 걸어놓고 삼시랑과 흥정을 하였다. 저만큼 예쁜 아기를 낳게 해주면 딸아이의 마마를 낳게 해주겠다고 협박하였다. 생산신인 삼시랑은 할 수 없이 하늘의 법도를 어기고 마마신의 마누라에게 아기를 갖게 해주었다. 그래서 딸아이의 마마가 나았다.

그러나 만만한 삼시랑이 아니다. 마마신의 마누라가 10달이 넘어 12달이 되어 배가 장구통처럼 퍼지고 아기가 뱃속에서 들고뛰어도 도대체 나오지를 않았다. 이번에는 삼시랑이 마마신을 협박하였다. "아기들 마마를 쉽게 해줄래, 안할래?" 마마신은 할 수 없이 수락하고 아기를 얻었다.

한편 하늘의 천신은 법도를 어기고 암투를 벌이는 이들을 내려다보고 "몹쓸 것들……" 하며 혀를 끌끌 찼다. 그리고서는 쌍바위로 굳혀 버렸다. 영원히 무거운 아랫배와 얽어서 볼썽사나운 곰보바위로 굳혀버렸다. 사람들은 이 쌍바위가 질투 때문에 벌 받아 바위가 됐다면서 '새암바위'로도 부른다. [이규태, 한국학에세이, 질투]

❖ 삼신 : 산신(産神)으로서 아기를 태워주고(잉태시키고) 또 길러주는 신이다. 《규원사화》에 보면 삼신(三神)은 환인, 환웅, 환검 등 3분을 이

른다. 이 삼신은 잉태나 해산은 물론 인생사의 모든 사항을 챙기는 역할을 담당하는 신격으로 등장한다.

삼신의 신체(神體)는 보통 안방의 시렁에 모신 곡식단지이다. 안방의 시렁 귀퉁이에 대를 걸고 길이 1m, 폭 20cm 정도의 자루 양쪽에 쌀을 넣고 그 중간을 횃대에 걸어 놓기도 하였다. 그 속에 넣는 살은 햅쌀이나 햇밀이다.

출산이 있으면 '삼신상'을 차린다. 상에다 물 · 밥 · 미역국 한 그릇씩을 산모 방의 장롱 앞에다가 놓고 절을 하고 부정을 가린다. 부정은 정화수를 3번 갈고 축원을 한다. 축원의 사설은 일정한 것은 없고 점지해 준 아기가 잘 자라도록 보살펴 달라는 내용이다. 아기가 아플 때는 미역국과 밥을 올리고 4~7배를 한다. 삼신에게 빌 때는 물그릇 속에다 숯을 띄워 마시고 또 주위에다 뿌려서 부정을 씻은 후에 비손한다.

전하는 바에 의하면, 삼신은 원래 집 안에서 사는 신인데 가정이 불화하거나 삼신을 잘 받들지 않으면 집을 나가버린다고 한다. 그렇게 되면 아이를 낳지 못하거나 아이가 아프다는 것이다. 집을 나간 삼신할머니는 은행나무에 붙어서 사는데, 다시 모셔 들이려면 대나무를 은행나무에 대고 정성을 들여 빌면 대나무에 접신한다는 것이다. 이 대나무를 이불 같은 것으로 꼭 싸서 산모가 있는 방이나 병이 난 아이의 방에 모셔 놓으면 순산을 하고 아이의 병도 낫는다고 한다.

(9) 이공본풀이(할락궁이)

옛날에 김진국과 원진국이라는 사람이 살고 있었다. 김진국은 가난하고 원진국은 부자였는데 둘 다 자식이 없어서 근심하고 있었다. 하루는 동개남상주절의 대사가 시주를 받으러 와서 절을 하였다.

"소승 인사 올립니다."

"어느 절 어느 중입니까?"

"동개남상주절의 대사인데 시주를 받으러 왔습니다."

시주를 내주고 물었다.

"주역을 가지고 있습니까?"

"예, 있습니다."

"그러하면 우리가 자식이 없어서 근심이 되니 사주팔자나 보아주십시오."

"소승의 절에 공양을 드리면 자식을 볼 것입니다. 백 근의 황금을 가지고 공양을 드리러 오십시오."

원진국과 김진국은 서로 친한 사이여서 함께 공양을 드리기로 약속하였다. 그러나 김진국은 가난하여서 황금을 준비 못하고 좋은 쌀을 깨끗이 씻어서 이슬을 맞혀서 정성껏 공양을 드리니 원진국은 딸을 낳고 김진국은 아들을 낳았다.

십오 세 때에 둘을 결혼시키니 일 년이 못 되어서 옥황상제로부터 편지가 왔는데, '김진국 생원은 꽃감관[花監官]을 하라.'는 내용이었다.

김생원이 서천 꽃밭의 꽃감관으로 갈 때에 원진국 따님되는 부인이 말하기를, "까마귀도 부부가 있고 짐승도 부부가 있는데 나만 홀로 두고 어찌 혼자 갑니까?" 하였다. 이에 김생원이 동행하자 하여 옥황사자와 세 명이 서천 꽃밭으로 향하여 떠났다.

가는 길이 멀고 험해서 가도 가도 끝이 없었다. 결국 김생원 부인이 발병이 나서 움직이지 못하니 산중에서 유숙을 하기로 하였다. 산중에서 자다가 날이 밝아 오자 개와 닭이 우는 소리가 들렸다. 지나가는 사람에게, "개와 닭이 우는 곳은 어디입니까?" 하고 물으니 김장자 집의 개와 닭이라 하였다.

부인이 김생원께 말하기를, "저는 서천 꽃밭에 가기도 어렵고 집에 들어가기도 어려우니 여기에서 김장자 집에 종으로나 팔아두고 가십시오." 했다. 김생원이 말하기를, "어떻게 이럴 수 있겠는가? 그러나 죽는 것보다 사는 것이 더 나으니 알아서 하시오." 하였다.

결국 종으로 팔기로 하고 김장자와 의논하니 김장자가 종을 사는

게 좋은지 어떤지를 딸 삼형제에게 물었다. 장녀와 둘째 딸은 종을 사지 말라고 했으나 셋째 딸이 종을 사도 좋다고 하여 종문서를 만들었다. 그리고 원진국 부인은 부엌으로 들어가라 하고 김생원은 사랑으로 부르니 김생원이 말하기를, "이곳 풍속은 모르나 우리 풍속은 종과 한집에서 이별을 할 때는 한 방에서 말하고 한 방에서 먹고 한다." 하였다. 김장자가 그렇게 하라고 하여 원진국 부인이 김생원 있는 방으로 왔다.

원진국 부인이 말하기를, "복중에 있는 태아를 장차 어찌하면 좋겠습니까?" 하니 김생원이 하는 말이, "딸을 낳거든 할락덕이라 이름을 짓고, 아들을 낳거든 할락궁이라 이름을 지으라." 하면서 징표로 참실 한 꾸러미와 빗을 한 짝 주고 떠났다.

주인 김장자가 움막을 짓고 원진국 부인을 종으로 기르는데 하룻밤은 김장자가 찾아와서 배필로 삼기 위해 동침을 하려 했다. "복중에 있는 태아가 나서 빨리 자라 노래하고 죽마(竹馬)를 타고 긴 장대를 짊어질 수 있어서 밭을 갈 때가 오면 허락하겠소." 하니 할 수 없이 장자가 돌아갔다.

얼마 후에 아이가 태어나고 점점 커서 밭을 갈게 되니 김장자가 다시 와서 전에 약속대로 배필을 하자 하니 "이 무지한 장자님아. 주인과 노비는 부자(父子)와 같은데 어찌 배필을 할 수 있으리오." 하였다. 장자가 분하게 여겨서 "너를 죽이겠다." 하고 돌아가서 자객을 시켜서 죽이고자 하였다. 이에 막내딸이 하는 말이 "그 종을 죽이면 도리어 해로우니 힘든 일을 많이 시키는 것이 좋겠습니다.

할락궁이에게는 낮에는 나무 오십 바리, 밤에는 새끼 오십 발을 꼬게 하고 어미 종에게는 하루 종일 물명주 다섯 동, 광명주 다섯 동을 만들라고 하시지요." 했다. 그런데 할락궁이가 나무 한 바리를 해서 소 한 마리에 실어놓으면 소 오십 마리에 나무 오십 바리가 되고, 새끼 한 동을 꼬아놓으면 오십동이 되고, 명주도 한 필을 짜면 다섯 필이 되어서 힘든 일을 다 해놓았다. 이에 장자가 더 괴롭게 해야겠다고 생각하여 좁씨 한 섬을 주며 깊은 산중에 들어가 나무를 베어서 밭을 만들고 씨를 하루에 다 뿌리고 오라고 했다. 깊은 산중에 가서 나무를 베고 밭을 만들려고 하는데 갑자기 큰 멧돼지가 나와 나무를 베고 밭을 갈아주어서 씨를 뿌리고 돌아왔다.

장자가 하는 말이 오늘은 씨뿌리기에 좋지 않은 날이니 좁씨를 다시 주워 오라 했다. 할락궁이가 조 밭에 가서 보니 개미떼가 모여들어서 한 곳에 좁씨를 모아두었다. 기뻐하며 모아놓은 좁씨를 가지고 오니 장자가 하는 말이 “좁씨를 세어보니 씨 한 개가 부족하다. 다시 가서 찾아오라.” 하였다. 할락궁이 할 수 없이 문 밖으로 나가는데 왕개미가 좁씨 한 알을 물고 와 있었다. 가지고 가서 김장자에게 주고 소 오십 마리를 몰고 나무를 하러 산으로 갔다.

세 명의 신선이 바둑을 두다가 나무하러 가는 할락궁이를 불러서 말하기를 “오늘 백록 사슴을 보게 될 것이니 집으로 끌고 가서 매어 두었다가 도망하거든 사슴을 찾는다는 핑계로 아버지를 찾으러 가라.” 하였다. 소 오십 마리에 나무 오십 바리를 싣고 돌아오는 길에 사슴이 보이니 올라타고 집에 돌아왔다. 장자가 사슴을 보고 깜짝 놀라며 할락궁이에게 하루 동안을 쉬고 일하라고 하였다.

이때 할락궁이가 어머니한테 가서 아버지 간 곳을 물으니, “너 아버지는 서천 꽃감관 김생원이다.”고 답했다. “징표가 무엇입니까?” 하니 참실과 빗을 내어 주었다. 할락궁이가 어머니께, “소금 닷 되에 밀가루 닷 되를 섞어서 범벅을 하여주십시오.” 해서 봇짐에 넣어 둘러메고 아버지를 찾으러 천 리 길을 떠났다.

장자가 할락궁이가 없어진 것을 알고 천리동이 개를 시켜서 잡아오라 하니 천리동이 개가 가서 할락궁이를 잡아오려 했다. “너나 나나 생명이 있는 자이니 물고 가지 않아도 가겠다.” 하고, “범벅이나 먹어라.” 하니 천리동이 개가 범벅을 먹고 너무 짜서 천리수(水)를 먹으러 가버리니 그 틈에 할락궁이는 만 리를 갔다.

그때 장자가 만리동이 개를 보내고 할락궁이를 잡아오라 하니 만리동이 개가 가서 할락궁이 물어오려고 했다. "범벅이나 먹어라" 하고 내어주니 먹고 목이 짜서 만리수(水) 먹으러 가버리니 그 틈에 할락궁이는 억만 리 길을 갔다.

그때 헌집 고치는 곳이 있어서 그곳에서 묻기를, "서천 꽃밭을 어디로 갑니까?" 하니 "여기서 우리와 같이 삼 년을 일하면 알려주리라." 하였다.

삼 년을 있은 후에 다시 물으니 "가다보면 얕은 물이 있고 깊은 물이 있으니 넘어가라." 하였다. 가다가 그 물을 넘어가니 까마귀 일곱 마리가 울었다. "너희들 어찌하여 우느냐?" 하니 "칠성왕까마귀입니다." 하고 답했다. "너희들 무엇을 먹고 사는가?" 하니 "벌레를 먹고 삽니다." 하였다. 그래서 벌레를 잡아서 주고 서천 꽃밭가는 길을 물으니, "가다보면 신녀(神女) 세 사람이 울고 있을 터이니, 물어보라." 하거늘 정말로 가다보니 세 신녀가 울고 있었다.

"어떤 신녀가 길에서 우느냐?"

"우리는 옥황신녀인데 죄를 지어 벌어진 동이에 물을 길어오라 하니 못 길어가고 울고 있습니다."

할락궁이 마(麻)의 줄기와 칡덩굴을 걷어다가 얽어 메고 송진으로 막아서 물을 길어주고 시천 꽃밭을 물으니 같이 가다가 "여기가 서천 꽃밭입니다." 하고 가버렸다.

꽃밭에서는 여자 아이들이 와서 꽃에 물을 주고 있어서 여자아이에게 꽃감관이 있는 곳을 물으니 꽃감관이 나왔다.

"너는 어떤 인간이냐. 어찌하여 여기에 왔느냐?"

"아버지 꽃감관 김생원을 찾으러 왔습니다."

"그러면 어머니는 누구냐?"

"원앙부인입니다."

"징표는 무엇이냐?"

"네, 여기에 있습니다."

징표를 내어놓으니 아들이 분명하였다.

김생원이 반갑기도 하고 놀랍기도 하여, "네가 올 때 구경한 일을 말하라." 하니 올 때 사실을 모두 말하였다. 이에 김생원이 말하기를, "얕은 물과 깊은 물은 너의 어머니가 죽어서 원한 깊은 눈물이다. 네가 여기에 찾아올 때 네가 없어지니 장자가 네 어머니를 죽였다." 하니 할락궁이 이 말을 듣고 슬프고 분하였다.

원수 갚을 길을 생각하다가, "이 꽃은 무슨 꽃 입니까?" 하고 아버지에게 물으니, "이 꽃은 사람 죽이고 살리는 꽃이다."고 하였다.

꽃사령에게 꽃을 일일이 가르쳐 달라하여 환생꽃, 웃음 웃는 꽃, 싸움하는 꽃, 살인하는 꽃, 멸망꽃 등을 일일이 꺾어놓았다. 아버지는 아들에게, "이 꽃으로 원수를 갚고 어머니를 살려오되 셋째 딸은 죽이지 말고 살려 오너라." 하였다.

할락궁이가 출발하여 주인 장자집에 도착하였다. 장자가 하는 말이, "네가 백록 사슴 잡아온다 하고 수년을 돌아오지 아니하니 너 같은 놈은 죽이리라." 하였다. 할락궁이 하는 말이, "백록 사슴 찾아오려 하는 것이 서천 꽃밭까지 갔습니다. 가서 보니 한 번 보면 천 년 살고 두 번 보면 만 년 사는 꽃이 있어 그것을 구하여 왔습니다." 하였다. "그러하면 그 꽃을 내여 보이라." 하니, "장자님 일가친척 모두 모이면 구경시켜 드리겠습니다." 하였다.

일가친척 모인 후에 웃음꽃을 내놓으니 사람마다 웃음을 참지 못하였다. 또 싸움꽃을 내놓으니 서로서로 싸움을 하고, 살인하는 꽃을 내놓으니, 모두 죽었다. 막내딸만 다시 살려내서 "우리 어머니 죽은 시체 어디 있느냐?" 물으니, "청대[靑竹]밭 속에 있습니다." 하거늘 청대밭 속에 가보니 죽은 뼈만 남아있었다. 그리고 시체의 이마에서는 동백나무가 나있고 배에는 오동나무가 나 있었다. 분노한 할랑궁이는 셋째 딸마저 죽였다.

어머니의 뼈를 모은 할락궁이는 일곱 가지 꽃을 꺼내놓고 종나무 화초리로 세 번을 치고 시체에 뼈오를 꽃을 놓으니 뼈가 서로 붙었고, 살이 오를 꽃을 놓으니 살이 차츰 붙었다. 또 피 생기는 꽃, 오장육부 생기는 꽃을 놓고 옥황상제께 기도한 후에 나무 회초리로 세 번 치니 깜짝 놀라며 어머니가 환생하게 되었다.

어머니가 "가련한 나의 아들아, 이게 어찌된 일이냐?" 하고 물으니 상세히 다 설명하고 나서, "어머니 죽은 시체 이마에서 동백나무가 나고 배에서 오동나무가 나옴은 무슨 까닭입니까?" 하고 물으니 "나의 이마의 동백나무는 열매로 기름을 짜서 세상의 여자들 머리에 바르게 하고, 애절하게 죽은 내 배의 오동나무는 끊어다 어머니가 돌아가신 아들의 상장(喪杖)으로 쓰게 하려는 것이었다." 하였다.

할락궁이가 어머님을 모시고 서천 꽃밭에 가니 아버지가 기특하다 칭찬하였다.

"나는 살아서 서천 꽃밭대왕이 되고 너는 꽃감관이 되라."

원앙부인에게는 저승으로 온 아이들의 영혼을 돌보게 했다. 그리하여 생불(生佛)꽃, 환생꽃, 유을꽃을 차지하여 십오 세 전에 죽은 혼은 이 꽃밭으로 올라가게 되었다. [(赤松智城 · 秋葉隆, 朝鮮巫俗の硏究)(上) / 서대석, 한국의 신화, 집문당]

❖ 〈이공본풀이〉는 제주도에서 전승되는 서사무가인데, 《월인석보》 소재의 〈안락국태자경安樂國太子經〉을 수용한 하여 무속신화이다. 번안물로 고전소설인 〈안락국전〉이 있다. 소설의 줄거리는 이러하다.

『대원국 사라수왕과 원앙부인은 세존의 권능에 감복하여 서역국으로 가다가 부인이 만삭이 되어 갈 수 없으므로 할 수 없이 사라수왕은 떠나고, 부인은 자현장자의 종으로 팔리게 된다. 얼마 후에 부인은 아들 안락국을 낳는다. 이후 장자는 끊임없이 부인에게 수청을 강요하나 거부한다.

안락국은 몰래 아버지를 찾으러 떠나서 고생 끝에 상봉한다. 그리고 어머니가 죽임을 당한 것을 알고 청, 홍, 홍색의 연꽃을 받아와 뼈만 남은 어머니를 소생시킨다. 그때 장자의 집은 청천벽력이 떨어져 연못이 된다.』

(10) **삼공본풀이(감은장아기)**

옛날에 한림수좌(翰林首座) 강이영성은 윗상실에서 살았고 구에궁전(宮殿)의 너설부인은 아랫상실에서 살았다. 한 해는 흉년이 들어서 거리에서 걸식을 하다가 서로 만나 인연을 맺고 부부가 되어 아이를 얻었는데 큰딸은 인장아기이고, 둘째 딸은 놋장아기이고, 막내딸은 감은장아기이다.

막내딸을 낳은 후에 부자가 되어 부부가 세 딸을 불러놓고 "너희들은 누구 덕으로 사느냐?" 물었다. 큰딸과 둘째 딸은 대답하기를 "부모덕으로 삽니다." 하니 기특하다고 칭찬하였다.

그런데 셋째 딸은 대답하기를 "첫째 덕은 하느님 덕이요, 둘째 덕은 따님 덕이요, 셋째 덕은 부모님 덕이요, 넷째 덕은 배 아래의 선금[立線] 덕입니다." 하였다. 이에 부부가 요망스러운 년이라 하며, 검은 암소에 의복행장을 실어놓고 계집 하나 붙여서 쫓아내 버렸다.

문 밖으로 나가다가 차마 떠나기 어려운 듯이 서서 부모님 거동을 살폈다. 부모님도 미안하여, 큰딸을 불러서 하는 말이, "문 밖에 나가서 막내딸 거동 봐라. 정말로 가고 있는가 보고 와서 말해 달라." 했다. 큰딸 아기가 나가더니 막내 아기를 보고 하는 말이 "어서 속히 도망가라. 너를 죽이러 나오려 한다." 하였다. 큰딸 아기의 나쁜 마음이 미워서 막내딸이 도술을 부려서 지네로 만들었다.

또 부부가 둘째 딸을 불러서 하는 말이 "문밖에 나가서 막내아기 거동 봐라. 정말로 가고 있는가 보고 와서 말해 달라." 했다. 둘째딸 아기가 하는 말이 "부모님이 너를 죽이려 나오려 하시니 어서 속히 도망가라.” 하니 막내아기 생각에 둘째 아기 나쁜 마음이 미워서 말똥버섯으로 만들어 버렸다.

딸들이 돌아오지 않자 당황한 부부는 딸들을 찾으러 내닫다가 문지방에 걸려 넘어져 모두 소경이 됐다. 그 바람에 그 많던 재산은 다 없어지고 막대 짚고 다니며 얻어먹는 신세가 되고 말았다.

막내딸 아기가 가다가 마(麻)를 캐고 있는 총각 둘을 보고 하녀를 시켜서 “인간 사는 곳이 어디 있느냐?” 고 물으니 “별 고약한 년 처음 본다.” 고 욕설만 하였다. 할 수 없이 다시 가다가 보니 마를 캐는 또 다른 총각이 다시 보여서, “인간 사는 곳이 어디 있느냐?” 고 물으니 친절히 대답하는 말이, “이 아랫녁에 가면 초막살이 늙은 할머니가 사는 곳이 있습니다.” 하였다. 거기를 찾아가서, “오늘밤 유숙하고 가겠습니다.” 하니 할머니가 하는 대답하는 말이, “초막살이 집이 좁고 사람이 많이 있어서 유숙하기 곤란하오나 어서 자고 가십시오.” 하였다.

그래서 그 날 밤 유숙하게 되었는데 마를 캐러 갔던 아들 형제가 돌아와서 하는 말이 “먹을 것도 없고 집도 좁은데 쓸데없이 손님을 재운다.” 하며 어머니 앞에서 원망하는 말을 하였다. 그리고 마를 삶아서 잔등은 떼어서 자기들이 먹고 목은 어머니를 먹이고 꼬리는 손님을 주었다.

참 고약한 인간들이라고 생각하고 있을 때, 막내아들이 마를 캐고 와서 “어떤 손님 들었습니까?” 물으니 어머니 말씀이 “길 가다가 날이 저물어 들어온 손님이다.” 하니, “잘 유숙케 하였습니다.” 하였다. 그리고 마를 삶아서 잔등은 어머니께 드리고 목은 손님께 드리고 꼬리는 자기가 먹으니 그 마음씨 고운 것을 칭찬하고 아기씨가 직접 밥을 지어서 주인에게 모두 대접하였다.

그날 밤에 막내아들을 불러서 깨끗이 목욕시키고 의복 한 벌 내서 입히고 부부의 인연을 맺어서 사니 큰아들과 둘째아들은 ‘우리도 저런 각시나 얻어 살아봤으면……' 하고 매우 부러워했다.

하루는 막내아들이 마를 캐러 밖에 나가니 마를 캐는 곳마다 황금이 가득가득하여 일시에 엄청난 무자가 되었다.

아기씨가 부모를 만나고 싶은 마음이 간절하여 "필경 걸식하러 돌아다니실 것이니 걸인 잔치나 하리라." 생각하고 연 석 달에 걸쳐서 걸인 잔치를 하였다. 하루는 맹인이 된 두 노인이 들어왔는데 자세히 살펴보니 분명히 아기씨의 부모였다. 한쪽으로 인도하여 두었다가 밤이 되어서 사랑으로 청하여 앉히고 전후 사정을 모두 말하였다. "제가 막내 아기 감은장아기입니다." 하니 "이게 무슨 말이냐, 어느 게 내 딸이냐?" 하고 깜짝 놀라할 때, 맹인이 된 부모의 눈이 번쩍 뜨여 서로 기뻐하였다.

아기씨 하는 말이 "인장아기와 놋장아기 두 형님은 마음이 나빠서 죄를 받아, 큰형은 지네로 환생하고 둘째 형은 말똥버섯으로 환생하였습니다. 저는 원래 전상❖을 맡아서 인간 세상에 나왔으니 부모님이 부자로 살게 된 것도 제가 있었기 때문이었습니다." 하였다.

부모가 물었다.

"전상은 어떤 것이냐?"

감은장아기씨가 대답하였다.

"전상은 다름이 아니오라, 인간 세상 장사하는 것도 전상이요, 목수일도 전상이요, 농사짓는 것도 전상이요, 술 먹는 것도 전상이요, 담배 먹는 것도 전상이요, 노름하는 것도 전상이요, 밥 먹는 것도 전상이요, 인간살이 모든 일이 전상으로부터 오는 것입니다." [(赤松智城·秋葉隆, 朝鮮巫俗の硏究)(上) / 서대석, 한국의 신화, 집문당]

❖ "습관은 운명이다"는 명제가 있다. 여기서의 '전상'은 운명 또는 습관을 뜻한다. 전상은 개인이 지은 인과에 의한 업이기에 쉬 바뀌는 것이 아니고 마치 DNA처럼 그 전상에 따라 자기의 운명이 결정되는 것이다.

여기서의 전상은 전생과도 연관이 있는 말인데, "전생을 알고 싶은가 / 이승의 자기 모습을 보라 / 후생을 알고 싶은가 / 이승에서의 자기 행위를 보라."는 〈법구경〉의 말씀과 연관성을 갖는다. 현재 이승에서의 처지는 전생에 내가 지은 전상 때문이요, 현재 이승에서 내가 짓고 있는 전상은 미래의 나를 만들어낸다.

제주도의 무속신화인 이 〈삼공본풀이〉에는 〈심청전〉의 맹인잔치, 〈서동요〉의 마를 캐는 마퉁, 〈리어왕〉에 보이는 막내딸 추방과 발복 등의 모티프(motif)를 지니고 있어서 흥미롭다.

(11) 서귀포 당신(堂神)(바람운이)

제주도 서귀포의 수호신은 바람운이라는 남신이고, 이웃 서홍리의 수호신은 고산국이라는 여신이며, 그 이웃 동홍리의 수호신은 고산국과 자매간인 지산국이다.

태초에 남신 바람운은 여신 고산국과 결혼했다. 그러나 고산국은 얼굴이 얽은 추녀였다. 바람운은 미모인 처제 지산국에게 눈독을 들였다. 그리하여 은밀한 불륜의 만남이 계속되었다. 이런 기미를 알아차린 본처 고산국의 질투가 폭발하기 시작했다.

바람운과 지산국은 고산국을 피해 한라산으로 사랑의 도피행각을 떠났다. 고산국은 이들을 추격하여 한라산에 이른다. 본래 바람운은 바람을 다스리는 풍신(風神)이요 고산국은 별을 다스리는 광신(光神)이며 지산국은 안개를 다스리는 무신(霧神)이다. 한라산에서는 이들 바람과 별과 안개가 뒤엉켜 늘 난투극이 벌어졌다. 안개가 끼면 바람이 불고 별이 났다 하면 다시 안개가 끼고 바람이 불었다. 변화무쌍한 한라산의 날씨는 바로 이들 신들의 질투전쟁 때문이다.

그러자 싸움에 지친 신들은 휴전을 모색하기로 하였다. 부부간이며 자매간이고 또 연인간이라는 연분을 단절하고 각기 신역(神域)을 갈라 그 신역의 수호신인 본향당신(本鄕堂神)으로 좌정하기로 약정하였다. 그리하여 풍게라는 투석기로 돌을 쏘아 그 돌이 가 닿는 곳을 신역으로 삼기로 하였다. 그 결과 바람운이는 서귀포, 고산국은 서홍리, 지산국은 동홍리의 당신(堂神)으로 좌정하게 되었다.

그러나 그때의 앙금은 일제시대까지 남아서 동홍리와 서홍리의 주민들 사이에는 품앗이나 거래를 하지 않았고 서로 혼사도 갖지 않았다. [이규태, 한국학 에세이, 질투 / 현용준, 제주도 신화 / 고대경, 신들의 고향]

(12) 조왕본풀이(여산부인)

옛날 옛적에 인간세상인 주년국의 남선고을에 남선비와 여산부인이 부부가 되어 살고 있었다. 집안이 가난하여 끼니조차 때우기가 어려운데 아이들은 일곱이나 되었다. 거기다가 흉년까지 들었다.

하루는 여산부인이 남편에게 쌀장사라도 해보는 것이 어떻겠는가 하는 의견을 내었다. 남선비는 좋은 생각이라면서 동의하였다. 그리하여 남선비는 가족과 이별하고 은 백 냥 금 백 량과 배를 한 척을 마련해서 오동나라 오동고을로 쌀을 사러 갔다.

그런데 오동고을에는 노일제대귀일의 딸이라는 간악한 여자가 살고 있었다. 여자는 남선비가 돈을 많이 가지고 쌀을 사러왔다는 소문을 듣고 돈을 긁어내고자 부둣가로 갔다. 그리고 아양을 떨면서 남선비에게 내기 장기나 한판 두자고 하였다. 남선비는 아름다운 여인이 그러는 게 싫지 않아서 그러자고 했다.

이어서 여자는 남선비에게 혼인을 하자고 하였다. 남선비는 여자에게 완전히 홀려서 가족과 장사도 잊은 채 노일제대귀일의 딸과 결혼을 하였다. 그리하여 남선비가 가져온 돈을 몽땅 빼앗아 쓰고 배까지 팔아버렸다. 이제 남선비는 돌아갈 수조차 없는 형편이 되었다.

남선비의 돈이 떨어지자 여자는 남선비를 구박하기 시작하였다. 남선비는 겨우겨우 죽으로 연명하면서 살았다. 몸은 쇠약할 대로 쇠약해져 눈까지 멀어 장님이 되었다. 그렇게 삼 년여의 세월이 지났다.

여산부인은 쌀 사러간 남편이 3년이 되어도 돌아오지 않자 남편을 찾아 떠났다. 부인은 오동고을로 와서 남편의 소식을 수소문했다. 하루는 길을 가는데 밭에서 새를 쫓고 있는 아이의 노래소리를 듣게 되었다.

훠이 훠이 이 새 저 새야 약은 체 마라
남선비는 약아도 노일제대귀일의 딸에게 속아
수수깡기둥에 나무돌쩌귀로 거적문을 단 집에서
멀어버린 눈으로 먼 산만 바라보고 있다네.

부인은 '남선비'라는 소리를 듣고 깜짝 놀라 아이에게 소식을 물으니 "여기서 고개 둘을 넘으면 수수깡기둥에 나무돌쩌귀로 거적문을 단 집이 있어요. 거기 들어가 보세요." 했다.

부인은 아이에게 댕기 하나를 달아주고 고개를 넘으니 과연 그런 집이 있었다. 부인이 주인을 찾으니 인기척이 있는데 틀림없는 남선비의 목소리였다. 그래서 부인이 모른 척하고 하룻밤 자고 가자고 하니 먹을 것이 없다면서 거절하였다. 그래도 좋다고 하여 허락을 받고 들어가 보니 죽그릇을 끼고 앉아있는 남편은 알아볼 수조차 없을 정도로 쇠약하고 눈마저 멀었다.

기가 막힌 부인은 자초지종을 밝히고 눈물로 밥을 지어 대접하였다. 남선비는 모두가 자신의 잘못이라고 후회하고 부인에게 용서를 빌었다.

그때 노일제대귀일의 딸이 들어와서는 부인에게 누구냐고 따졌다. 부인은 남선비의 본부인인데 3년간이나 돌아오지 않자 찾으러 왔다고 말했다. 그러자 여자는 반가운 척하며 반겼다. 그리고 더운데 샘에 가서 등물이나 하자고 청했다. 부인은 여자가 친절하게 하기에 따라갔다. 여자는 부인의 등을 밀어주는 척하다가 샘 속으로 밀어 넣어버렸다.

노일제대귀일의 딸은 부인의 옷으로 바꿔 입고 남선비에게 돌아가 부인의 목소리를 흉내내어 말했다.

"여보, 노일제대귀일의 딸이 행실이 나빠서 죽이고 왔소."

"부인 잘 했소. 이제 원수를 갚았으니 고향으로 돌아갑시다."

노일제대귀일의 딸은 여산부인으로 가장하고 남선비와 함께 남선고을로 향했다.

고을로 들어선 부부를 아들 7형제가 맞이하였다. 형제들은 옷은 어머니인데 행동거지로 보면 어머니가 아니라고 여겼다. 집으로 가는 길을 잘못 들고, 밥그릇을 바꿔서 뒤죽박죽으로 푸는 것이다. 그런데도 아버지는 "네 어머니가 아버지를 찾느라고 고생해서 정신이 헷갈려 그러는 것이라."고 하였다.

노일제대귀일의 딸은 자기의 정체가 드러나면 큰 일이라고 여겨 아들들을 죽여야겠다고 마음을 먹었다. 그래서 "아이고, 배야 아이고 배야" 하며 죽는다고 뒹굴었다. 그리고 영문을 모르고 있는 남선비에게 빨리 동쪽 길로 가서 점쟁이에게 물어보고 오라고 하였다. 남선비가 동쪽으로 가니 점쟁이라는 자가 앉아 있었다. 점쟁이는 남선비를 보내놓고 얼른 여기로 와서 미리 앉아있던 노일제대귀일의 딸이었다. 여자는 목소리를 바꿔 자기를 찾아온 이유를 묻고는 "7형제의 간을 먹어야 부인이 살 수 있다."고 하였다.

집으로 돌아온 남선비가 점쟁이의 말을 사실대로 여자에게 말하니 이번에는 서쪽으로 가서 다른 점쟁이에게 물어보라고 했다. 거가서도 동쪽에 갔던 것과 똑같이 7형제의 간을 먹어야 낫겠다고 하였다. 남쪽과 북쪽의 점쟁이도 똑같이 말했다. 모두 여자가 꾸며낸 짓이었다. 남선비도 이제는 그렇게 믿었다. 그러나 남선비가 머뭇거리니, "4쌍둥이로 두 번만 낳으면 되니까 빨리 형제들을 죽여 간을 달라."

고 하였다.

남선비는 결심하고 부엌으로 가서 칼을 갈기 시작하였다. 이때 옆집 할머니가 불을 빌리러 왔다가 칼을 갈고 있는 남선비를 보고 왜 칼을 가느냐고 하니, 남선비가 그러한 사실을 말해주었다. 할머니는 곧 아들 형제들에게 일렀다. 형제들은 놀라고 황망해서 어찌할 바를 몰랐다.

그때 막내아우가 나서서 집으로 가보니 과연 아버지가 칼을 갈고 있었다. 막내가 사유를 물으니 아버지는 네 어머니를 살리기 위해 너희들의 간을 꺼내야 한다고 하였다. 막내는 아버지가 수고할 것 없이 산으로 형들을 데리고 가서 죽여 간 여섯을 한꺼번에 갔다드리면 어머니가 빨리 나을 것이고, 또 효험이 있으면 자기의 간을 빼어드리겠다고 했다. 아버지가 옳게 여기고 그리하라고 하였다.

형제들은 산골짜기로 가서 노루를 잡아 간을 꺼내어 대신 가져다주기로 하였다. 그래서 노루 한 마리를 먼저 잡았다. 그리고 칼을 꺼내어 간을 꺼내려고 하였다. 그러자 노루가 말했다.

"애들아, 나를 죽이려고 하지 말고 조금 있으면 어미 산돼지가 새끼 여섯 마리를 데리고 내려올 것이니 어미는 놔두고 새끼돼지를 잡아 간을 가져가면 쉬울 것이야."

형제들은 그 말을 믿고 노루를 놓아 주면서 그 노루를 구별하기 쉽게 하기 위해 꼬리를 짧게 끊고 엉덩이에 흰 종이를 한 장 붙여 놓았다. 이래서 노루는 몸뚱이가 알록달록하고 꼬리가 짧아졌다.

형제들이 기다리고 있으니 과연 돼지들이 내려왔다. 그래서 어미는 놔두고 새끼들의 간을 꺼내어 들고 아버지에게 드렸다. 아버지는 노일제대귀일의 딸에게 간을 주었다. 막내는 몰래 숨어들어가 어찌하나 보려고 창구멍을 내고 들여다보았다. 여자는 먹는 척하다가 입술에 피만 묻히고는 얼른 자리 밑에다 감추었다.

막내는 방으로 들어갔다.

"어머니, 약 다 잡수셨습니까?"

"그래, 나아지는 것 같구나. 하나만 더 먹으면 다 낫겠다."

"그러면, 마지막으로 머리의 이나 잡아드리겠습니다."

"효도도 좋지만 아픈 사람 머리의 이를 잡는 게 아니란다."

"그러면 방이나 치워드리겠습니다."

막내는 확 자리를 걷어 올리고 거기에 있는 간을 끄집어내어 들고 나와서는 소리 질러 외쳤다.

"동네사람들이여, 이것 보시오. 우리 의붓어머니는 이렇게 모질고 모집니다. 형님들 얼른 들어오시오."

그러자 밖에서 형제들과 동네사람들이 우르르 몰려들어 왔다. 아버지와 노일제대귀일의 딸은 크게 놀라 도망을 쳤다. 그 바람에 아버지 남선비는 달아나다가 대문에 걸려 죽었다. 그리고 여자는 간신히 뒷간으로 달아가 쉰다섯 자 머리털로 목을 매어 죽었다. 그래서 여자는 뒷간의 귀신인 측도부인(厠道婦人)이 되었다.

일곱 형제들은 여자에게 달려들어 두 다리를 찢어 디딜방아를 만들었다. 머리로는 독을 만들고, 머리털을 끊어 던지니 바다 속의 수초가 되었다. 손톱발톱을 끊어 던지니 딱지조개가 되고, 배꼽을 끊어서 던지니 굼벵이가 되고, 항문을 끊어 던지니 대전복과 소전복이 되고, 육신을 가루로 만들어서 바람에 날리니 인간의 고혈을 짜던 여자의 버릇대로 모기와 벼룩과 빈대가 되었다.

이렇게 분풀이를 한 다음에 형제들은 배를 타고 오동고을로 가서 노일제대귀일에게 딸이 우리 어머니 시신을 당신 딸이 어디다 버렸냐고 다그쳐 물었다. 노일제대귀일이 가리켜준 대로 샘을 찾아갔다. 그리고 형제들이 이레 동안 슬피 울부짖으니 갑자기 샘이 마르고 어머니의 시체가 나타났다.

그때 곽새 하나가 나타나 말했다.

"내가 서천 꽃밭에 가는 길이니 갈려면 빨리 타거라. 거기에 가면 뼈살꽃, 살살꽃, 도환생꽃을 구할 수 있으니 그걸로 어머니를 살려내어라."

형제들은 곽새를 타고 서천 꽃밭으로 가서 꽃감관에게 사정하여 도환생꽃을 가져와서는 어머니의 시체 위에 올려놓았다. 이윽고 어머니가 기지개를 켜면서 일어났다.

일곱 형제는 어머니가 누운 자리의 흙을 모아 시루를 만들었다. 그리고 여섯 형이 주먹으로 한 번씩 찍으니 여섯 개의 구멍이 터지고, 막내가 발뒤꿈치로 한번 차니 가운데에 구멍이 크게 터졌다. 이때부터 시루구멍이 일곱 개가 되었다.

형제들은 어머니를 모시고 집으로 돌아왔다.

"어머니, 춘하주농 사시사철 물속에서만 계셨으니 몸인들 얼미나 추웠겠어요. 그러니 하루 세 번 더운 불을 쪼면서 조왕할머니로 앉아 얻어먹고 계십시오."

이리하여 여산부인은 조왕할머니*로 들어서게 되었다. 그리고 다섯 형은 각각 동서남북과 중앙의 신령인 오방신(五方神)이 되었다. 여섯째는 뒷문신이 되었고, 막내는 앞문전의 신이 되었다.

그래서 명절날 제사 때는 문전제(門前祭)를 지내고 그 제물을 조금 떼어 지붕 위에다 올린 후에 조왕신에게 올린다. 그리고 뒷간의 측도부인과 부엌의 조왕과는 처첩 사이이므로 서로 멀리 떨어져 있어야 좋다고 해서 측간을 부엌에서 떨어져 세우는 법이 나왔다. [진성기, 제주도 무가집 / 현용준, 제주도 신화 / 한상수, 한국인의 신화]

❖ 조왕할머니 : 조왕신은 우리의 토착신앙 위에 도교적인 영향을 받아 형성된 신앙체계이다. 조왕은 본래 불신(火神)에서 조왕신으로, 다시 가정의 수호신으로 변화하여 왔다.

구비전승에 의하면, 조왕은 연말이 되면 낱낱이 기록한 집안의 대소사를 갖고 하늘로 올라가 옥황상제에게 보고한다. 그리고 그 결과에 따라서 다음해의 운수가 결정된다고 한다. 그러므로 조왕이 천상에 올라갔다가 내려오는 연말의 이레 동안 각 가정에서는 문간과 부뚜막에 불을 밝혀 조왕의 길을 맞이하는 풍속이 있었다.

(13) 오구본풀이(바리공주, 바리데기)

옛날에 삼나라를 다스리는 오구대왕이란 임금이 있었다. 나라를 잘 다스렸는데, 정전(正殿)이 비어 있는 것이 흠이었다. 여러 종실과 시신백관들이 간택할 것을 아뢰었다. 대왕은 간택할 것을 허락하는 전교를 내렸다. 나라에 영을 내려 간택을 하는데, 이간택, 삼간택을 하여 길대부인을 국모로 모시게 되었다.

"국가에 길흉을 알고 싶은데 어디 용한 복자(卜者)가 있더냐?"

대왕마마가 시녀 상궁에게 물었다.

"천하궁의 갈이박사, 제석궁의 소수각씨, 지하궁의 소실각씨, 명도궁의 주역박사, 명도궁의 강림박사가 용하다고 하더이다."

"천하궁에 가서 문복(問卜)하여라."

대왕의 전교를 받은 상궁은 생진주 석 되 서홉, 금돈 닷 돈 자금 닷 돈을 간추려 싸가지고 천하궁의 갈이박사를 찾아갔다.

천하궁의 갈이박사는 백옥반에 백미를 흩어놓고 점을 치기 시작했다.

"초산은 흐튼산이요, 이산은 상하문(上下門)이요, 세 번째는 이로성이외다."

상궁에게 점괘를 일러 주었는데, "아뢰옵기 황송하나, 금년에 길례를 하면 칠 공주를 보실 것이오, 내년에 길례를 하면 세자대군(三子大君)을 보시리이다."

상궁은 돌아와 그대로 아뢰었다. 상궁의 말을 들은 대왕은 웃으면서 말했다.

“문목이 용하다고 한들 제 어찌 알소냐, 일각이 여삼추요, 하루가 열흘 같은데 어떻게 기다리겠느냐.”

오구대왕은 예조에 택일을 명했다.

삼월 삼일을 초간택을 봉하시고 오월 오일 단오는 이간택을 봉하시고, 칠월 칠일 견우직녀가 상봉하는 날을 길례로 정하고 길례도감을 설치한 후 혼례식을 거행하였다.

세월은 유수와 같아 몇 달이 지나가니 길대부인의 몸에 이상이 생겼다. 수라에서는 생쌀 내가 나고, 물에서는 해감내(썩은 내가 나고, 담배 금광초에서는 풋내가 나고 탕국에서는 날장 내가 나 모든 음식을 먹을 수 없었다.

대왕마마에게 아뢰사 내왕마마가 묻는다.

“몽사가 어떠하더이까?”

“예. 품안에 달이 돋아 뵈고 오른 손에 청도화(靑桃花) 한 짝을 꺾어 들고 있더이다.”

대왕마마는 상궁에게 문복을 가라고 명했다.

천하궁의 다지막사는 점을 쳐 상궁에게 일러준다.

“길대 중전마마의 태기가 분명하구나. 자식을 보시는데 공주를 볼 것이요.”

그대로 상달하자. “문복이 용하다고 한들 제 어찌 알소냐.” 하시고 웃어넘긴다.

열 달이 되어 낳으니 과연 공주였다. 공주의 탄생을 대왕마마께 아뢰자, “공주를 낳았으니 세자(三子)인들 아니 날쏘냐, 귀하게 길러라.” 하신다.

공주 애기가 태어난 지 석 달이 되자 청란공주라 하고 별호로 다리당씨라 하였다.

세월이 흘러 길대부인은 또 잉태했는데 몽사를 말하기를, “품안에 칠성별이 떨어져 보이고 오른손에 홍도화 한 가지를 물고 있더이다.”

또 딸을 낳아 이름을 홍란공주라 하고 별호로 별이당씨라고 하였다.

그리고는 아들이 태어나기를 기다렸는데, 계속 딸이 태어나 딸만 육형제를 두게 되었다.

육형제를 낳은 후 길대부인은 다시 잉태하였다.

"이번 몽사는 어떠하더이까?"

"이번 몽사는 연약한 몸이 부지하기 어려울까 하나이다. 대명전 대들보에 청룡 황룡이 엉켜져 보이고 오른손에 보라매, 왼손에 백마를 받아 보이고 왼 무릎에 흑거북이 앉아 뵈고 양 어깨에는 일월이 돋아 뵈더이다."

길대부인의 말을 들은 대왕은 크게 기뻐했다.

"그대가 이번에는 세자대군을 낳겠구려."

그리고는 상궁에게 문복갈 것을 명했다.

문복을 다녀온 상궁이 아뢰었다.

"이번에도 공주를 본다고 합니다."

"점복이 용하다 한들 점복마다 맞출소냐. 이번 몽사는 세자 대군을 얻을 몽사로다." 하며 사대문에 방을 붙여 옥문을 열어 중죄인을 용서하게 하였다.

드디어 열 달이 되어 해산을 하였는데 또 딸이었다. 길대 중전마마는 그만 울음을 터뜨렸다. 대왕은 길게 탄식하며 말하였다.

"내 전생의 죄가 남아 옥황상제가 일곱 딸을 점지하였구나. 서해 용왕에게 진상이나 보내리다."

옥장이 불러서 옥함을 짜게 하여 함 뚜껑에 '국왕공주'라 새기게 했다.

중전마마가 탄식하며 말했다.

"대왕마마는 모질기도 모지시다. 혈육을 버리려 하옵시니, 신하 중 자식 없는 신하에게 양녀로 주시지"

대왕마마는 중전마마의 말을 듣지 않았다.

"버리는 자손 이름이나 지읍시다."

"버려도 버릴 것이요 던져도 전질 것이니 '바리공주'라 지어라."

양 마마의 생월 일시와 아기의 생월 생시를 옷고름에 맨 후에 옥병에 젖을 넣어 아기 입에 물린 후 함에 넣었다. 금거북 금자물쇠, 흑거북 흑자물쇠를 채운 후에 신하를 시켜 바다에 버릴 것을 명했다.

앞에는 황천강 뒤에는 유사강이 흐르는 여울에 한 번 던지니 용솟음하여 뭍으로 다시 나오고 두 번째 던져도 뭍으로 다시 나온다. 세 번째 던지니 물속으로 들어가는데 하늘이 안던 자손이라 깊이 가라앉지 않고 금거북이 나타나 지고 간다.

이때, 석가세존이 삼천세자를 거느리고 사해도 구경하고 인간도 제도할 겸 해서 세상으로 나오다가 타향산 서촌을 굽어보니 밤이면 서기가 하늘에 가득하고 낮에는 안개가 자욱한 것이 이상했다.

"목련존자 들어라. 저곳에 하늘이 하는 천인이 있을 것이니, 네가 가서 살펴보아라."

다녀온 목련존자가 석가세존에게 아뢰었다.

"소승의 눈에는 보이지 않습니다."

석가세존은 "네 공부 아직 멀었다." 하시며 돌배를 바삐 지어 가까이 가보니 국왕의 일곱째 공주였다. "남자 같으면 제자나 삼으련만 여자니 부질없구나." 하고 석가세존은 탄식하였다.

주위를 살펴보니 비리공덕 할아비와 비리공덕 할미가 바랑을 둘러메고 노감투 숙여 쓰고 황천경을 손에 들고 자지곡을 노래삼아 외우면서 온다. 석가 세존이 묻는다.

"어떤 할아비, 할미가 시름없이 다니는고?"

"저희는 비리공덕 할아비, 비리공덕 할미 입고, 절을 지어 승인(僧人)공덕, 다리 놓아 만인 공덕, 원을 지어 행인 공덕을 할지라도 옷 벗어 주는 대시주와 부엌공덕이 가장 크고 젖 없는 자손 젖 먹여 주는 공덕이 제일입니다."

"여기에 하늘이 아는 자손이 있으니 데려다가 길러라"

석가세존의 말을 듣고 할미가 말했다.

"봄과 가을에는 들에서 머무르고 겨울에는 굴속에 머무는데 어찌 중한 자손을 데려다 기르겠습니까?"

"이 아기를 데려다 기르면 집도 생기고 옷과 밥이 절로 생길 것이니 데려다 길러라."

말을 마친 석가세존은 온데간데없이 바람처럼 어디론가 자취도 없이 사라졌다. 그제야 할아비와 할미는 부처님인 줄 알았다.

함을 굽어보니 국왕 칠 공주라 써 있었다. 함 앞에서 효성경과 애정경과 금강경, 법화경, 천지팔양경을 차례로 외우니 함 뚜껑이 열린다. 함 속에 든 아이를 보니 입에는 왕거미가 가득하고 귀에는 불개미가 가득하고 허리에는 구렁이가 감겨 있었다. 아이를 데려다가 물로 깨끗하게 씻었다. 가사장삼을 벗어 씻은 아이를 안고 돌아서니 난데없는 초가삼간이 절묘하게 지어져 있다. 비리공덕 할아비, 비리공덕 할미는 거기서 아이를 키우기로 하였다.

아기는 점점 자라나 어느 덧 일곱 살이 되니 배우지 않은 학문에도 능통하여 상통천문 하달지리 육도삼략 모두가 무불통지하여 모를 것이 없다.

하루는 아기가 묻는다.

"할미 할아비야, 내 아바마마 어마마마는 어디 계시냐?"

할아비와 할미가 아뢴다.

"아바마마는 하늘이고 어마마마는 땅이로소이다."

"할아비, 할미, 거짓말 마소. 천지가 인간을 골육으로 두던가."

할미는 뜰로 내려가 옷깃을 여민 후 눈물을 흘리며 아뢴다.

"무주고아(無主孤兒)인 아기씨에게 의탁하려 하였더니 부모를 찾습니까. 전라도 왕대(王竹)이 아바마마이시고, 뒷동산 옆 넓은 머구나무가 어마마마이십니다."

"할미 거짓말 마소, 금수와 초목도 인간 골육을 두던가, 전라도 왕대는 아바마마 승천하시면 아랫동 윗동 잘라낸 후 두건 숙여 쓰고 짚는 데 쓰는 것이고, 뒷동산 머구나무는 어마마마 승하하시면 아랫동 윗동 잘라내고 두건 숙여 쓰고 짚으라는 것이니 그게 어찌 부모 되겠나."

이럭저럭하여 세월은 자꾸 가고 아가씨는 십오 세의 나이가 되었다.

한편 대왕마마 내외가 한날한시에 똑같이 병이 들어 시녀상궁들은 걱정이 많았다. 하루는 대왕마마가 상궁을 부르더니, "옛날의 문복이 용하더구나. 가서 점 한 번 쳐보아라." 하고 문복할 것을 명했다.

상궁이 천하궁의 갈이박사를 찾아가 점괘를 들었다.

"동쪽에는 해가 떨어지고 서쪽에는 달이 떨어지니 양전마마가 한날한시에 승하하리다. 바리공주의 사처를 찾으소서."

상궁으로부터 점괘를 들은 대왕마마는 길게 탄식하였다.

"종묘사직을 뉘게다 전하고 조정 백관은 뉘게 의지할고, 만백성은 뉘게 의탁하고, 시녀상궁은 뉘게 의지할소냐?"

눈물을 흘리다가 언뜻 잠이 들었는데 뜰 가운데에 난데없는 청의 동자가 나타나 절을 한다.

"어떠한 동자인데 깊은 궁중에 들어왔느뇨?"

동자가 올라와서 아뢴다.

"양전 마마가 한날한시에 승하하시게 될 것입니다. 지금 사자들이 오고 있습니다."

"조정 백관에 원망이 있더냐? 시녀 상궁에게 원책이 있더냐? 만인에게 원한이 있다더냐?"

대왕이 묻자 동자가 대답한다.

"원책도 아니오. 원망도 아닙니다. 옥황상제가 점지한 칠 공주를 버린 죄로 그러합니다."

"그러면, 어찌 다시 회춘하리오?"

"다시 회춘하려면 동해 용왕과 서해 용왕이 있는 용궁에서 약을 잡수시거나, 삼신산 불사약과 봉내방장 무장승의 양현수(藥水)를 얻어 잡수시면 회춘하리다. 바리공주 사처를 찾으소서", 하고는 동자는 온데간데없이 사라졌다. 그제야 깨어보니 남가일몽 꿈이었다.

대왕마마는 신하들을 불러 물어보았다.

"약수를 얻어다가 나를 회춘시킬 신하가 있는가?"

"동해 용왕도 용궁이고 서해 용왕은 천궁이고 봉내방장 무장승의 향현수는 수용궁이라 살아 육신은 못 가고 죽어 혼백만 갈 수 있는 곳입니다. 거행할 신하가 없습니다."

신하들이 아뢰는 말을 들은 대왕은 눈물을 흘리면서 용상을 치며 탄식하였다.

"바리공주 찾는 자는 천금상에 만호후를 봉하리라."

신하들에게 바리공주 찾을 것을 명령했다.

한 신하가 나와 대왕마마에게 아뢴다.

"소신은 대대로 구록을 먹어 국은이 망극합니다. 간밤에 천기를 잠깐 보니 서쪽에 밤이면 서기가 하늘에 가득하고 낮에는 운무가 자욱하니 그곳에 공주가 계신 것 같습니다. 소인이 찾으러 가겠습니다."

그러자 중전마마가, "간 곳도 없이 한번 버린 자손을 어디 가서 찾으리요." 하면서 탄식하였다.

"그리하여도 가려하나이다."

신하는 거듭 청했다.

"그러면 가라."

대왕마마는 어주 삼배를 내린 후에 하직하고 길을 떠나보냈다.

대궐문을 나서자 어딘지 갈 바를 몰라 신하가 망설이고 있는데, 까막까치가 나타나 고갯짓을 하며 길을 인도하고 풀과 나무들도 한곳으로 쏠리며 방향을 알려 인도해 태양 서촌으로 찾아 들어갔다.

마을에 들어가니 월직사자와 일직사자가 나타나 묻는다.

"인내가 나는구나. 그대는 사람인가 귀신인가. 길짐승, 날새도 못 들어오는 곳에 어떻게 왔는가?"

"나는 양전마마의 명을 받들고 바리공주를 찾기 위해 생사를 결단하고 왔나이다."

사자들은 신하를 대문으로 안내했다. 쇠문을 두드리며 소리쳐 부르니 비리공덕 할아비, 할미가 나온다.

"귀신이냐 사람이냐? 날새 길짐승도 못 들어오는데 천궁을 범하느냐?"

"저는 국왕마마의 분부로 바리공주를 찾아왔나이다."

바리공주가 나와서 신하에게 묻는다.

"표적을 가져왔는가?"

"아기의 칠일 안저고리를 가져왔습니다. 죄가 많아 국왕 자손을 이 산중에 버렸구나 하시면서 용루를 흘리시며 표적을 주더이다."

바리공주가 표적을 받아보니 양전마마의 생월생시며 애기의 생월생시가 꼭 같았다.

"그래도 못 가겠구나. 다른 표를 가져오너라."

금쟁반에 정안수를 담고 대왕마마 무명지를 베어 피를 흘리게 하고 아기 무명지를 베어 섞으니 한 데로 합친다. 그제야 바리공주는, "틀림없는 혈육이니 가겠노라."고 하며 따라나선다.

"그리하면 금연(金輦)을 드리리까. 옥교(玉轎)를 드리리까?"

공주는 사양하였다.

"그러하오면 거동 시위를 하오리까?"

"거동시위를 내 어찌 알겠느냐. 그대로 가리라."

바리공주는 자기가 살던 곳을 정리한 후 대궐을 향해 떠났다. 일행은 몇 날을 걷고 또 걸어서야 대궐에 당도했다.

"궐문 밖에 도달하였나이다."

신하가 먼저 들어가 대왕마마에게 아뢰었다.

"그러냐, 궐문에 들게 하라"

바리공주가 대명전에 읍하고 통곡하니 대왕마마는 용루를 흘리시며 "저 자손아 울음을 그쳐라. 네가 미워 버렸으랴. 역정 끝에 버렸도다. 봄 삼월은 어찌 살고 겨울 삼삭은 또 어찌 살았으며, 배고파서 어찌 살았느냐?"

바리공주는 울음을 그치며 말했다.

"추위도 어렵고 더위도 어렵고 배고픔도 어렵더이다."

"그래 어허, 저 자손아 부모 목숨 구하러 가겠느냐?"

"아흔 아홉 빗장 속에서 청사 흑사 이불에 진주 안석으로 귀하게 기른 여섯 형님네는 어찌 못 가나이까?"

여섯 형님네가 옆에 있다가 "뒷동산 후원에 꽃구경 가서도 동서남북을 분간치 못하고 대명전도 찾지 못하는데 서천서역을 어찌 갈 수 있겠느냐?"고 하는 말이 오뉴월의 악다구리 우는 소리 같다. 바리공주가 드디어 가겠다고 나섰다.

"소녀는 열 달 동안 부모님 뱃속에 있었으니 그 은혜가 커서 가도록 하겠나이다."

대왕마마는 바리공주에게 비대 창옥, 비단 고의, 고운 패랭이, 무쇠 질방, 무쇠 주령, 무쇠 신을 내려 주었다. 바리공주는 그것을 받아 몸에 걸친 후 대궐문을 나섰다. 나서니 동서를 분간치 못하고 갈 곳도 아득했다. 망설이고 서 있는데 까막까치가 날아와서 길을 인도해 준다. 바리공주가 무쇠 지팡이를 한 번 짚으니 천 리를 가고, 두 번 짚으니 이천 리를, 세 번 짚으니 삼사천 리를 간다.

때는 춘삼월 호시절로 백화는 만발하고 시내는 잔잔했다. 푸른 버들 속에 황금 같은 꾀꼬리는 벗을 부르느라 지저귀고 앵무 공작은 서로 희롱한다.

금바위 밑을 보니 반송이 구부러졌는데 석가여래와 지장보살이 바둑을 두고 있다. 바리공주는 나가 재배하였다. 그러자 석가세존님은 눈을 감으시고 지장보살이 말씀하신다.

"귀신인가 사람인가? 날짐승 길짐승도 못 들어오는데 천궁을 범하였구나."

"소신은 조선국왕의 일곱째 대군인데 부모님 목숨 구할 약수 가지러 왔다가 길을 찾지 못하고 있습니다. 부처님께서는 소신의 길을 인도하소서."

그제야 석가세존님은 눈을 뜬다.

"나는 국왕의 칠 공주란 말은 들었지만 일곱째 대군이란 말은 듣던 중 처음이로다. 네가 하늘은 속여도 나는 못 속이리라. 너를 태양서촌에 버렸을 때 잔명을 구한 게 나인데 나를 속일소냐? 부처님 속인 죄는 팔만사천지옥을 가는 죄이다. 그래도 네가 용하구나, 육로 육천 리를 왔으니 험한 길 삼천 리가 남았는데 어찌 가려느냐?"

"가다가 개죽음을 당할지라도 가려 하나이다."

석가세존님은 감동한 듯 머리를 연신 끄덕인다.

"정성이 지극하면 감천이다. 네 말이 기특하니 내가 길을 인도하리라. 무과화(無果花)를 가져 왔느냐?"

"촉망중이라 가져오지 못했나이다."

석가세존님은 낭화 세 가지와 금주령(금지팡이)을 주시며 일러준다.

"이 주령을 끌고 가면 험로가 평탄해지고 대해는 물이 되느니라."

바리공주는 두 손으로 받고 하직인사를 올린 후 길을 떠났다.

한 곳에 당도하니 칼산지옥, 불산지옥, 독사지옥, 한빙지옥, 구렁지옥, 배암지옥, 문지옥 등 팔만사천 지옥이 펼쳐져 있었다. 철성(鐵城)이 하늘에 닿았는데 구름도 쉬어 넘고 바람도 쉬어 넘는 곳이었다.

귀를 기울이니 죄인 다스리는 소리가 나는데 육-칠월 악마구리 우는 소리 같았다. 낭화를 흔드니 칠성이 무너지고 죄인들이 쏟아져 나왔다. 눈 없는 죄인, 팔 없는 죄인, 다리 없는 죄인, 목 없는 죄인, 귀졸들이 나와 바리공주에게 매달리며 구제해 달라고 애원한다. 바리공주는 그들을 위해 염불을 외어 극락 가기를 빌어 주었다.

바리공주가 이곳을 지나니 또 커다란 바다가 펼쳐 있다. 이곳은 날짐승의 깃도 가라앉는 곳으로 배도 없는 곳이다. 망설이던 바리공주는 부처님의 말씀을 생각하고 금주령을 하늘로 던졌다. 그러자 무지개가 서서 건너갈 수가 있었다. 건너가니 키는 하늘에 닿고, 눈은 등잔 같고 얼굴은 쟁반 같은 무장승이 서있다.

"사람인가 귀신인가? 열 두 지옥을 어찌 넘어오며 바람도 쉬어 넘고 구름도 쉬어 넘고 산진이 수진이 해동청 보라매도 쉬어 넘는 철성을 어떻게 넘어 왔는가? 또 모든 것이 가라앉는 삼천리 바다[弱水]는 어찌 넘어 왔는가?"

"나는 국왕의 일곱째 대군인데, 무장승의 약수를 얻어다가 부모님 살리고자 왔나이다."

"그대 길 값을 가져왔는가?"

"촉망 중에 못 가져 왔나이다."

"길 값으로 나무 삼년 하여 주오."

"그리 하오이다."

"삼 값으로 불 삼 년 때 주오."

"그리 하오이다."

"물 값으론 물 삼 년 길어 주오."

세월은 흘러 어느덧 석 삼 년 아홉 해가 되니 하루는 무장승이, "그대의 상이 남루하여 보이나 앞으로는 국왕의 기상이요, 뒤로는 여인의 몸이니 나와 천생 배필이라. 혼인하여 아들 일곱을 낳아 주오." 한다.

바리공주와 무장승은 천지로 장막을 삼고, 일월로 등촉을 삼고, 썩은 나무 등걸로 원앙금침을 삼고 살림을 시작했다. 세월은 또 흘러서 바리공주는 마침내 아들 일곱을 낳아 주었다.

바리공주는 이제 그만 돌아가겠다고 했다.

"부부의 정도 중하지만 부모님께 효행이 늦어지니 바삐 가야겠나이다."

무장승이 청했다.

"앞바다의 물 구경을 하고 가소."

"물 구경도 싫소."

"뒷동산 꽃구경 하고 가소."

"꽃구경도 싫소. 초경에 꿈을 꾸니 금관자가 부러져 뵈고 이경에 꿈을 꾸니 신관자가 부러져 뵈더이다. 양전 마마가 승하할 꿈이니 급히 가야겠소."

"그리하면 그대가 길어다 쓰는 물이 약수이니 가져가고, 베던 풀은 개안초이니 가져가오. 뒷동산 후원의 꽃은 숨살이, 뼈살이, 살살이 꽃이니 가져가오. 숨살이, 뼈살이, 살살이의 삼색 꽃은 눈에 넣고 개안초는 몸에 품고 약수는 입에 넣으시오."

바리공주는 물을 넣어 짊어지고 하직 인사를 한 후 길을 떠나려 하자.

"그 전에는 혼자 살았으나 이제는 혼자 살 수 없소. 나도 공주 따라가리다."

무장승도 가겠다고 나섰다. 갈 때는 한 몸이더니 돌아올 때에는 아홉 몸이었다.

갈치산 불치 고개 대세지 고개를 넘어오니 피바다에 배들이 떠다닌다.

"염불을 외우고 아미타불 소리 요란하고 연꽃이 사방에 바쳐져 있고 거북이 받들고 청룡 황룡이 끄는 배는 어떤 밴고?"

바리공주가 그 중의 한 사람에게 물었다.

"그 배는 오는 망자는 세상에 있을 적에 다리 놓아 만인공덕, 원을 지어 행인 공덕, 절을 지어 중생 공덕, 옷을 벗어 시주하고 배고픈 사람에게 밥을 주고 염불 열심히 하고 만인에게 시주하여 극락세계 연화대로 소원 성취하러 가는 배입니다."

그 뒤에 배 한 척이 또 따르고 있어 바리공주가 물어보았다.

"풍류로 잔치하고 화기가 만발하여 웃음으로 열락(悅樂)하고 고운 향기가 가득하여 맑은 기운을 띠고 오는 배는 어떤 밴고?"

"그 배에 오는 망자는 세상에 있을 적에 나라에 충신이요 부모에 효성하고 동기간에 우애 있고 일가에 화목하고 동네 사람에게 유순하고 가난한 사람 구제하며 선심으로 평생을 살다가 죽은 후에 초단에 사제 삼성 지노귀굿 받고 이단에 새남굿 받고 삼단에 법식 받고 시왕제 사십구제 백일제 받아 극락세계에 왕생극락하러 가는 배로소이다."

"또 그 뒤에 오는 활 든 사람, 창 든 사람이 둘러있고 머리 풀어 산발하고 의복도 벗기고 결박하여 울음소리 가득하고 모진 악기가 충만하니 그것은 또 어떤 배인고?"

"그 배에 오는 망자는 세상에 있을 때에 나라에 역적이요, 부모에게 불효하고, 동기간에 우애 없고 일가에 살(煞)이 세고 동네 사람에게 불순하고 시주도 못하고 남의 험담 잘하고 남의 말 엿듣고 역매홍정하고 이간질하여 싸움 붙이기와 사람 죽이기 심하고 탐이 많아 작은 되로 주고 큰 말로 받고 짐승 많이 죽이고 불법을 비방하였기에 화탕지옥 칼산지옥으로 가는 배로소이다."

또 한 배가 보이는데 그 배는 불도 없고 달도 없고 임자도 없고 조용히 흘러가고 있었다.

"저 배는 어떤 밴고?"

"그 배에 있는 망자는 무자귀신(無子鬼神)과 해산길에 죽은 망자와 시왕제(十王祭) 사십구제 지노귀 새남도 못 받고 길을 읽고 세계를 몰라 임자 없이 엎혀 있는 배로소이다."

바리공주는 크게 슬퍼하며 염불하여 그들이 극락왕생 하도록 해주었다.

바리공주가 유사강을 지나 세상으로 나오니 소여대여가 나온다. 산에서 나무를 베는 초동들에게 어떤 연고의 소여, 대여냐고 물었다.

"대가를 받아야 말하겠소."

바리공주가 아기 업었던 수건 일곱 자 일곱 치 고를 풀어서 주니 초동들은 그제야 대답한다.

"양전마마 한날한시에 승하하셔서 북망산천으로 가시는 상여로이다."

그제야 명정을 보니 임금 왕자가 뚜렷했다. 바리공주는 머리 풀어 산발하고 무장승과 일곱 아들을 감춘 후 상여 앞으로 나가 소여꾼과 대여꾼을 물리게 하고 관을 뜯어서 양전 마마를 묶은 안매 일곱매, 밖매 일곱매, 소대렴을 풀고 좌수와 우수를 편안하게 한 후에 바리공주는 조정 백관과 시녀 상궁들이 지켜보는 가운데 양전마마의 입에 서천서역에서 가져온 약수를 넣고 또 개안수를 양전 마마의 품에 넣고 또 뼈살이 꽃, 살살이 꽃, 피살이 꽃을 눈에 넣으니, 양전마마가 후-하고 긴 숨을 내쉬며 기지개를 키고 일어나 앉으면서, "이게 잠결이냐 꿈결이냐? 시녀상궁들이 무슨 일로 다 모였느냐? 앞바다 구경하고 왔느냐? 뒷동산 꽃구경 갔다 왔느냐?"

조정 백관들이 아뢰었다.

"버렸던 자손이 약수를 구해 와서 양전마마 회춘하셨나이다. 바삐 환궁하시이다."

나오실 적에는 곡성을 하며 인산이었는데 돌아가실 제는 거동 시위가 분명했다. 상궁 시녀가 뒤따르고 별감이 시위하여 환궁하는데 녹의홍상이 꽃밭을 이루어 나라 안은 기쁨으로 가득 찼다. 환궁하여 정좌한 후에 대왕마마는 바리공주에게 물었다.

"이 나라 반을 베어 너를 주랴?"

"나라도 싫소이다."

"그러면 사대문에 들어오는 재산 반을 나누어 너를 주랴?"

"그도 다 싫소이다. 그간 저는 죄를 지어 왔나이다."

"무슨 죄를 지어 왔는가?"

"부모 위해 약수 구하러 갔다가 무장승을 만나 일곱 아들을 낳아 왔나이다."

"그 죄가 네 죄가 아니라 우리 죄라."

대왕마마는 무장승 입시할 것을 명했다. 잠시 후 신하들이 돌아와 아뢴다.

"광화문에 사모뿔이 걸려 못 들어오나이다."

"옥도끼로 찍고 들어오게 하라."

무장승이 입시하니 대왕마마는 깜짝 놀라, "몸 생김이 저만하고 일곱 아들 있다 하니 먹고 살게 하여 주마." 하자, "비리공덕 할아비와 할미도 먹고 입게 제도하여 주옵소서." 하고, 바리공주는 자신의 양부모인 비리공덕 할아비 할미의 은덕을 아뢰었다.

대왕마마는 모두에게 골고루 은덕을 베풀어 제도해 주었다.

무장승은 산신제와 평토제를 받아먹고 살게 점지하였으며, 비리공덕 할미는 지노귀새남굿을 할 때 영혼이 저승으로 들어가기 위해 거쳐 가는 가시문과 쇠문 그리고 시왕문에 지켜 섰다가 별비(別費)를 받아먹고 살게 점지하고, 바리공주의 일곱 아이들은 저승의 십대왕이 되어 먹고 살게 점지하였다.

그리고 바리공주는 인도국 보살이 되어 절에 가면 만반 공양을 받고, 들로 내려오면 큰 머리 단장에 은아몽두리 입고 언월도와 삼지창 그리고 방울과 부채를 손에 든 무당이 되어 죽은 영혼을 저승으로 인도하도록 마련하였다.

❖ 〈오구본풀이〉 : 죽은 자의 영혼을 천도하는 오구굿 계통의 무의 곧 사령굿, 지노귀굿, 씻김굿, 오구굿, 망묵이굿 등에서 불려 지는 서사무가이다. 이 본풀이는 전국적으로 널리 전승하고 있는데 〈바리데기〉 〈바리공주〉 〈오구풀이〉 〈칠공주〉 〈무조(巫祖)전설〉이라고도 부른다. 제주도에서는 전승하지 않는다.

(14) 제석본풀이(당금애기)

칠성님이 명을 주고, 제석님이 복을 주고, 석가여래 제도함으로 삼신제왕에 인도받아 인간 세상에 탄생하니, 식신(食神)이 주는 복록, 안호대덕(安護大德)을 점지할 때 명복수를 빌어주자. 명이 길기는 (800년을 살은) 팽조 같고 창해같이 명복수를 내려줄 때에, 명이 단명하다 하면 강태공에 명을 빌어 선팔십을 빌어주시고 동방삭에 나이를 빌어 후팔십을 빌어가자. 억조창생을 못할망정 선팔십 후팔십 이팔이 십육 일 백 육십씩을 내려줄 때에, 단명은 이어주고 길고 긴 명은 서려 감아, 무쇠 목숨에 돌끈 달아 수명장수 넘치게, 이 집에 자손들을 살피시고 도우시길 천만복축에 비나이다. 삼불제석님은 이 가중(家中)에 인간의 소원성취 내리시고 이 정성을 즐겁게 받으시고 길이길이 내리소사.

제석님은 어찌하여 제석님이 되셨으며 어찌하여 내 땅에 만인들이 위성하게 되셨을까? 제석에 근본을 찾아보자. 제석의 근본이 어디인가?

제석의 근본은 서천서역국 천축국 왕불암 정반왕의 태자인데, 태자이면 어찌하여 제석님이 되셨을까? 서서히 알리리다.

때는 어느 때냐? 국태민안하고 시화년풍 시절인데, 서천국을 누리고 있는 왕이로다. 성은 왕가요 이름은 부설씨, 왕부설씨인데, 그때에 하느님의 덕분으로 유지로 있어, 또한 왕의 벼슬을 누리고 있어, 그리워할 것은 없지마는 자손이 하나 없었세라.

이때에 왕께서 문전에 나와 서산을 바라보시니, 일락서산(日落西山)에 해는 지고 월출동령(月出東嶺)에 달이 받들어 돋는 것을 보시더니, 마음이 좋지 못하셨더라.

"인간 세상에 태어나서 살다가 자손을 못 이으면, 우리 재산 누가 맡으며 우리 봉제사는 누가 받드나?" 하여 마음이 좋으시지 못한 연고로, 그때나 이때나 부인께서 남자보다 한층 더하여 정반왕께 말씀하시되, "우리가 하느님의 덕분으로 유지로 있어, 또한 서천국을 누리고 있는 왕으로서 그리울 것은 없지만은 자손이 하나 없어 그렇지 않습니까?"

이와 같이 말씀하시니 정반왕께서 하시는 말씀이, "그런 줄을 이제 아오? 팔자에 없는 자손을 어찌하오?" 하니 부인이 말씀하시되, "그런 줄을 이제 안 것이 아니오나, 우리 정성이 부족하여 자손을 못 이루니, 명산대천에 빌어 자손 하나 낳아 봅시다." 하시거늘, 반왕이 대답하되, "요사한 마음이지. 정성 드려 자손을 본다 하면 이 세상 사람마다 자손 없는 사람이 어디 있으며, 부자 아니 될 사람이 어디 있으리오?"

이와 같이 말씀하옵시니, 부인이 말씀하길, "그런 것도 아니에요. 정성이면 다합니까? 정성드리기가 자손 두기보다도 어려운 일입니다. 나의 정성만 지극하면 세상만사 안 되는 일이 없습니다. 정성이 지극하면 지성이 감천이라 하옵는데 아니 될 리 만무하옵니다."

이와 같이 말씀하옵시니, 반왕께서는 말이 맞지 못하여서 부득이 허락을 하시거늘, 부인께서는 허락을 받으신 이후로, 가정청결 고이 하고, 명산에 올라가서 황토로 단을 높이 모으고, 상탕에 머리 감고 중탕에 목욕하고 하탕에 수족 씻고, 향로 향합에 불 받치고 황초 한 쌍에 불 켜놓고, 신령 앞에서 소지 석 장을 드린 후에, 두 무릎 꿇고 두 손 합장하여 비는 말이, "비나이다 비나이다. 명철하신 하느님, 산신국사, 후토신령, 태상노군(노자)이 감응하사, 빌기는 다름이 아니오라 서천 서역국을 누리고 있는 왕이요, 성은 왕가요, 이름은 부설이옵는데, 하나님의 덕분으로 유지로 있어, 또한 왕의 벼슬을 누리고 있어 그리울 것은 없지만은, 자손이 하나 없어 그러하오니 자손 점지하시길 비나이다."

이와 같이 빌기를 시작하여 일심정기 다 드려서, 하루 빌고 이틀을 빌어, 세월은 흘러 흘러가는 연고로 어언간에 석 달 열흘 백일기도를 다 드리고, 본가로 내려와서 침실에 누워 숙식을 하는데, 이때 밤 삼경쯤 되어 꿈을 꾼다. 꿈에 현몽하옵기를 어떤 소동 하나 나타나더니만, "부인은 놀라지 마옵소서. 소동은 다름이 아니오라 전상선관이었는데, 천상에서 죄를 많이 졌으므로 명산에 내려 보내 갈 곳이 없더니만, 산신국사 후토신령전에서 부인댁으로 지시하여 부인과 저와 모자의 상봉이옵니다." 하고 품안에 아이가 덥석 안기거늘, 깜짝 놀라 깨어보니 남가일몽이로구나.

이때에 반왕을 불러 말씀하시되 "금일 밤 꿈이 여차여차 하옵니다." 하고 말씀하오시니, 반왕께서 그 꿈을 해몽을 하시더니만, "아차 이제는 우리 집안에 좋은 영화가 있겠구나. 꽃이 피겠구나." 하고 웃음으로 즐거워하며 그 날 밤을 넘기셨다.

때는 어느 때냐? 계해년 음력 칠월이었는데. 이제서부터 댁이 태기 있으신 줄 이미 아시고서, 몸을 고이 곱게 길러 내실 때, 옆으로도 돌아눕지 아니하고, 누추한 자리 아니 앉으시고, 자리 끝이나 마루 끝이나, 끝자리 아니 앉으시며, 이와 같이 좋고 좋은 자리로만 앉아 정성을 드려 이와 같이 세월을 보낸다.

때는 어느 때냐? 계해년이 다 지나가고 갑자년이 돌아오며, 이 달은 어느 달이냐? 갑자년 사월 초칠일이 되었는데, 그날은 별안간 팔다리 속속, 등골이 득득, "아이고 데이고" 하고 병석에 눕더니만 팔일 오시가 되더니 옥남자가 탄생하였다.

그 남자가 탄생하여 그 아기의 얼굴을 바라보니, 얼굴은 관옥 같고 풍채는 두목지라. 선풍도골의 귀한 남자 효자 충신 탄생일세. 그러나 형상은 사람이 아닌 듯, 앞으로 바라보니 삼태성이 응해 있고, 뒤로 바라보니 북두칠성이 응했거늘, 부인이 생각하여 보시더니, "아차 그런 것이 아니오라 내가 명산대천에 빌어난 자손이라 응했나보다." 하고 그 아이를 기를 때에 이름을 뭐라고 지었을까?

이름은 석가여래라고 지어놓고 그 아이를 길러 낼 때, 불면 날아갈까, 쥐면 꺼질까. 어허둥둥 내 사랑아. 어여뻐라 귀여워라 하며 그 자식을 길러낼 때 세월 가는 줄 모르겠구나.

석가여래 부친과 모친은 하루도 몇 번씩 안고, "둥기둥실 내 사랑아. 어여뻐라 귀여워라. 네가 하늘에서 떨어졌나? 땅에서 솟아났나? 바람에 불려왔나? 네가 정말 내 아들이냐?" 하고 웃음으로 세월이라.

석가여래 거동보소. 세월 흘러가는 대로 가지가 자라듯이 무럭무럭 자라날 때, 무병하고 충실하게 자라난다. 한두 살에 걸음을 배우기 시작하여 아장아장 걷는 걸음 참으로 진정 볼만하다.

갑자년이 다 지나가고 을축년이 돌아옴에 이제 두 살 자손이 되었구나. 석가여래 부친과 모친은 하루도 몇 번씩 안고, "둥기둥실 내사랑. 어여뻐라 귀여워라." 하고 길러낼 때 무병하고 충실하게 자라난다. 가지가 자라듯이 무럭무럭 자라날 때 석가여래 부친 모친은 하루도 몇 번씩 웃음으로 세월이라.

세월은 물결같이, 유수같이 흘러가는 연고로, 을축년이 다 지나가고 병인년이 돌아옴에 이제 나이가 몇 살이냐? 어언간에 세 살 자손이 되었구나. 석가여래 거동보소. 한두 살에 걸음을 배우기 시작하더니만, 세 살이 되고부터 말을 배우기 시작하여 야죽야죽하는 말 참으로 진정 볼만하다.

석가여래 거동보소. 무병하고 충실하게 자라난다. 석가여래 부친과 모친은 기뻐하고 신기하게 여기시며, 나가면 재수 열락(悅樂), 집에서는 웃음으로 열락하며 세월을 보낼 때에, 흘러가는 세월이라. 어느 자가 막을 것인가? 석가여래 부친 모친 한편 생각하면 기쁘거니와, 한편 생각하면 슬프도다. 슬프게 생각하긴 왜냐하면 한 해 두해 갈수록 자기네들은 점점 늙어가는 것을 생각할 때 슬프도다. 한 해 두 해 갈수록 석가여래 점점 자라나며 재롱떠는 것을 볼진대는 기쁘구나 하며 세월을 보낸다.

흘러가는 세월이라. 병인년이 다 지나가고 정묘년이 돌아오니 이제 나이가 몇 살이냐? 네 살 자손 되었구나. 석가여래 거동보소. 삼사세에 온갖 말을 지어낸다. 충실하고 무병하게 자라나며, 소명하고 똑똑하고 상냥하게 자라나는 석가여래를 보시는 부친 모친은 너욱 기뻐 생각하며 세월을 보낸다.

때는 어느 때냐? 정묘년이 다 지나가고 무진년이 돌아옴에 이제 나이 몇 살이냐? 다섯 살이 되었구나. 석가여래 거동보소. 충실하게도 자라난다. 석가여래 부친 모친은 하루도 몇 번씩 안고, "둥기둥실 내 사랑아. 어여쁘구나 귀엽구나. 네가 진정 내 아들이냐?" 하고 이와 같이 고이 곱게 길러낸다.

세월은 유수같이 흘러가는 세월이라. 무진년이 다 지나가고 기사년이 돌아옴에 이제 나이 몇 살이냐? 여섯 살이 되었거늘 석가여래 이와 같이 한 해 두 해 갈수록 가지가 자라듯이 무럭무럭 자라난다.

때는 어느 때냐? 경오년이 돌아옴에, 이제 나이 몇 살이냐? 일곱 살이 되었구나. 칠 세가 되었으니 공부를 가르치겠다 하고, 석가여래 부친 모친은 의론공론 하시면서, 그 아이를 이때부터 글공부를 가르치기 시작하여 천자 유학 동몽선습 시전 서전 논어 맹자 주역팔괘 삼전사가 사서삼경 백가서를 십 세 안에 모두 읽으니, 무불능통하기 한퇴지요, 글 잘 짓는 석가여래 막힐 것이 없도다.

이와 같이 공부를 가르치신 연후에 석가여래 부친 모친이 더욱 기빼 생각하시고, "신기하구나. 소명하구나. 똑똑하구나. 네 그다지 정신 좋게 공부 잘하였으니, 앞으로 아무쪼록 출세하고 득세하여 고이 곱게 잘 되거라."

이와 같이 축원하며 그 아이를 기를 때에, 웃음으로 열락하고 근심 없이 수심 없이 석가여래 십 세를 길렀는데, 그러나 저러나 흥진비래(興盡悲來) 고진감래(苦盡甘來))라. 사람이 한 번 흉하면 한 번 길하고, 한 번 길하면 한 번 흉하다는 말과 같이, 석가여래 탄생 이후로 근심 없이 수심 없이 이와 같이 길렀는데 석가여래 슬프도다. 이제 나이 십 세가 되었는데 석가여래 부친이 우연히 득병하여 병석에 누우셨거늘, 이제 나이 십 세지만 자기 부친의 병환을 고치려고 면면촌촌 방방곡곡 모든 곳을 다니면서 약을 구해다가 쓰니, 백약이 무효로다.

석가여래 슬프도다. 자기 부친 사별을 당했거늘 어쩔 수 없는지라. 명산에다 모시고 혼자 하는 말이, "하느님도 무심하오. 산신국사도 야속하오. 나를 인간에 탄생시켜 고이 곱게 부모 앞에 자라났다 하지마는, 이제 어린 나이 십 세에 부친 이별을 시키시다니 나의 앞길을 어찌하라고 이리하시옵니까?"

하고 꾸중하니 소용 있나 쓸 곳 있나? 할 일 없이 본집으로 내려와 세월을 보내는데, 흘러가는 세월이라 빠른고로 그 해는 다 지나가고.

이때는 어느 때냐? 갑술년이 돌아옴에 이제 나이 몇 살이냐? 십일 세가 되었거늘, 슬프도다 석가여래. 모친이 우연히 득병하여 병석에 누우시거늘, 자기 부친과 같이 병을 고쳐드리려 하고, 면면촌촌 방방곡곡 산지사방 약을 구해드려 쓰나 백약이 무효로다. 자기 모친 또 사별을 당했거늘, 슬프도다 석가여래. 슬프도다, 십 세에 부친 이별, 십일 세는 모친 이별을 당했으니, 이 노릇을 어찌하나?

"하느님도 무심하오. 산신국사 야속하오. 나를 이다지 양친을 다 잃게 하여 놓으니, 나는 어린 나이 십이 세에 나의 앞길을 어찌하라고 이리하시옵니까?" 하고 떠들으니 소용 있나? 할 일 없이 자기 모친 명산에 모신 연후에 자기 앞길 생각하니 기막히도다.

그러나 저러나 서천국 백성들이 떠드는 소리가 들려오는데, 서천국 백성들이 하는 말이,

"국상이 나서 어린 태자 하나 남아있으니, 그 몫으로 벼슬을 옮기리라." 하는 소리 석가여래 귀에 쟁쟁 들렸거늘, 어린 나이 십이 세지만, 자기 부친 쓰시던 옥새를 찾아다가 명산에 감춰두고, 자기 몸을 피신하여 명산으로 쫓겨올라가, 깊은 산중 들어가서 혼자 생각하니 기막히도다.

"어린 나이 십이 세에 부친 모친 다 잃고서, 나 혼자 남아있으니 나의 앞길은 어찌해야 좋은가?" 하고, 수심하고 근심하고 한숨 쉬니, 어느 누가 보아주는 사람 없고 도와주는 자 없으니, 내가 나의 앞길 찾아 볼 수밖에 없다.

이때는 어느 때냐? 병자년 봄이로다. 이제 나이 몇 살이냐? 십삼 세 되었는데, 이제부터 빌기로 세월을 보내리다 하고, 이때 황토로 단을 모으고서 두 무릎 꿇고 두 손 합장하고 비는 말이, "비나이다 비나이다. 명철하신 하느님 산신국사 후토신령 태상노군 감응하사, 빌기는 다름이 아니오라, 나는 인간에 탄생하여 십 세까지 부모 앞에 호의호식하고 부모 앞에 자라다가 십 세에 부친이별, 십이 세에 모친이별, 십이 세에 명산에 쫓겨 와서 나의 앞길 찾을 길이 없어, 십삼 세부터 빌기로 다 세월을 보내니, 나의 앞길 찾으려하면 어찌해야 좋겠습니까?" 하고 이와 같이 빌기로 세월을 보내는데, 하루는 별안간 광풍이 불더니만 석가여래 앞에 염주 하나가 떨어진다.

석가여래 거동보소. 그 염주를 집어 들고 하는 말이, "네가 하늘에서 떨어졌나? 땅에서 솟았느냐? 광풍에 날러 왔나? 네가 나의 앞길을 찾아주자 하는 염주더냐?" 하고 기뻐하며, "에라 별 수 없다. 염주 한 알을 가지고 많이 생산시켜 볼 수밖에 없으리라." 하고 높은 데는 밭을 갈고, 물 깊은 곳에는 논을 갈아, 좋은 토지 골라서 그 염주 한 알

을 심어놓고, 이때 세월가는 대로 그 염주가 싹이 터서 나오기만 기대하고 기다린다.

그의 염주 거동보소. 땅에 묻히더니만 땅의 기운으로 아귀 트고, 음기로 뿌리 뻗고, 양기로 싹이 터서 나오기 시작한다. 석가여래 거동보소. 그 염주가 싹이 터서 나오는 것을 보더니만 자기 부모를 본 듯이 반가이 여기면서, "오냐 네가 나의 앞길을 찾아주자 하는 염주걸랑 어서어서 자라나서 염주 알이 많이 달려보자." 하고 이때 세월을 보내면서 그 염주나무를 기를 때에, 수(水)직이가 물을 주고, 후직(后稷)이가 매고 가꾸어, 동진보살이 북돋을 때, 그 염주나무 거동보소. 바늘 같은 소나무가 점점 자라 소부등이 되었구나. 소부등이 점점 자라 대부등이 자라더니, 꽃이 지니 능히 열매를 맺음이로다. 꽃이 피어 떨어지더니만 능히 열매가 맺기 시작하였구나.

때는 어느 때냐? 정축년 봄이로다. 그 염주 거동보소. 석가여래 그 염주나무 바라다보니, 겨우 다섯 가지 뻗었거늘, 동편으로 뻗은 가지 열은 염주를 바라다보니 정성이 지극한 자에게는 식신복록 안호대덕을 점지하려고 열은 염주로다. 남쪽으로 뻗은 가지에 열은 염주를 바라다보니, 정성이 지극한 자에게는 '당상부모천년수'요, '자식창성' '내외화락'하라고 열은 염주로다. 서편으로 뻗은 가지에 열은 가지에 염주를 바라다보니, 정성이 지극한 자에게는 영구수복 노적봉이 비쳤으니 태산같이 흔한 복을 점지하려고 열은 염주로다. 북편으로 뻗은 가지에 열은 염주를 바라다보니, 정성이 지극한 자에겐 영화 나고 경사 나고 영화 경사 점지하고, 나가면 재수열락 집으로 들어오면 웃음으로 열락하게 운수 재수 길러주자고 열은 염주로다. 중앙으로 뻗은 가지에 열은 염주를 바라다보니, 정성이 지극한 자에게는 부귀공명 누려주자고 열은 염주로다.

석가여래 거동보소. 이와 같이 다 염주나무 바라다 본 연후에, 그 염주가 결실이 다 되었거늘, 에라 결실 다 되었으니 염주를 따보자

하고 좋은 청명일에 한 개 따고, 생기복덕에 한 개 따고, 좋고 좋은 청명일에 한 개 따고, 생기복덕에 한 개 따고 좋고 좋은 날로만 그 염주를 따서 숫자를 헤아려보니 서 되 서 홉이 후히 되었다.

석가여래, "신기하구나, 기쁘구나. 염주 하나를 심었더니 이다지 많이 생산되었구나. 나의 정성이 지극하여 이다지 되었을까? 나의 앞길 찾아 주려고 하느님과 산신국사가 굽어 살피셨나?" 하고 그 염주를 꿰어 보리라 하고 중국에서 나는 명주실을 디려, 딸 때와 같이 좋은 청명일에 한 개 꿰고 생기복덕에 한 개 꿰고, 좋고 좋은 날로만 다 꿰어서 옥반에 받쳐 들고 명산에 내려와서 혼자하는 말이, "하느님 산신국사 후토신령 태상노군이 감응하사 나의 정성은 이 뿐입니다. 나의 정성은 이 뿐이요. 나의 정성 이 뿐인네 이걸 가지고 앞길을 찾자하면 어찌해야 옳겠습니까?"

이때 명산에 나가서 허공을 바라보고 이와 같이 말을 하니, 꿈결인지 잠결인지 자기도 모르게, 별안간 광풍이 일더니만, 안개로 병풍치고 무지개발로 다리를 놓고 자기 몸이 하늘로 날아오르게 되었거늘, 무슨 곳인지는 모르겠으나, 천상에 올라가서 한 곳에 들어가니 무섭기는 한량없고 두렵기는 마찬가지였다.

또 한 곳에 들어가니 상통천문 하달자리 기문 팔문 둔갑하는 신장님들은 삼대같이 벌여 섰고, 또 한 곳에 들어가니 최 판관이 문서잡고 옥사장이 분부할 때, 형구제구 차려놓고 태산 같은 호령 기다리는 걸 잠깐 서서 구경하고, 또한 곳에 들어가니 그제야 옥황님께서 내다르시며 하시는 말씀이, "너는 아직 여기 올 때 아니 되었는데 웬일이냐?"

"그런 것이 아닙니다. 저를 인간 세상에 탄생을 시키셔서 십 세까지 부모 앞에 호의호식으로 자라나다, 십 세에 부친과 이별하고, 십이 세에 모친과 이별하여, 여러 백성들에 쫓기어 깊은 산중에 쫓겨가서 생각하니 어찌 할 도리 없는지라 깊은 산중 쫓겨나서 정성 드리기를 시작하였더니, 염주 하나 내려주시기에 그 염주를 집어 들어, 좋은 토지 골라 심었더니 염주남기 나와 자라더니, 이와 같이 서 되서 홉되는 염주를 따 가지고, 저의 정성을 바치려고 왔으니 이 염주를 받으시고, 나의 앞길 찾아 주시길 소원하니 어찌하여야 앞길을 찾나이까?"

석가여래가 이와 같이 말씀 올리니 옥황상제께서 하시는 말씀이, "너의 정성 그다지도 지극한 줄은 몰랐구나. 너의 정성 그와 같이 지극하니 너는 또다시 인간에 내려가서 도를 더 닦고 오너라." 하니 그 염주를 꺼내 목에 걸어주고, 모자 고깔 주고 세죽(細竹)삿갓 주고, 육환장과 목탁을 주시면서, 내려가서 도를 더 닦아라 하시거늘, 석가여래 옥황상제께서 주시는 것을 고이 받아들고 명산에 다시 내려와 생각하니, 꿈인지 생시인지 도무지 분간치를 못하겠노라.

이때 생각하더니만, 다시 정신 차려 손에 들은 것을 바라보니 생시는 분명히 생시인데, 이것이 어찌 된 일인지 도무지 생각이 아니 나는 일이로구나 하고, 목에 걸린 염주를 꺼내 세어 보니 백여덟 개가 분명하였구나. 에라 그러면 이것이 백팔염주로다 하고, 나를 백팔염주를 걸어 주셨으니 나는 절을 기성(期成)할 수밖에 없는지라 하고, 이때에 절을 기성하려 한다.

이때는 어느 때나? 무인년 봄인데, 이제 나이가 몇 살이냐? 십 오세가 되었거늘, 이제부터 절을 기성하려하고 인간처에 내려가서 부자사람에게는 금전을 내고, 없는 사람에게는 힘을 빌려서 절을 기성하기 시작하는 때라.

석가여래 이와 같이 절을 기성할 때에, 염주 숫자대로 백여덟 칸 절을 기성하였구나. 이때에 석가여래 그 절을 이룩하고 금불암이라 하여, 이제부터 온몸으로 부처님 위성, 혼백을 부쳐 신장님 위성, 돌을 깎아 미륵님 위성을 하고 있는 때인데 석가여래 생각한다.

절을 백여덟 칸을 세워놓고 백팔염주를 목에 걸었으니, 우리 절에 중들도 모두 백여덟 명이 되어야만 할 텐데, 어찌 그리 모을까 하고 세월을 넘기는데, 여러 만인간들은 금불암이라는 소리를 듣더니만 절에 공부가 좋다하니, 있는 집 자손들은 공부차로 중이 되어 절로 오고, 올데갈데없는 자들 중이 되어 절로 오고, 명이 단명한 자는 명을 빌러 중이 되어 절로 오고, 그렇게 저렇게 모이는 사람 모두 석가여래까지 백팔 인이 모였것다. 석가여래 생각한다.

"기쁘구나 신기하구나. 무엇이든지 맘먹은 대로 다 되는구나. 공수성가(空手成家) 하였구나. 빈손으로 절을 기성하고 여러 선비들을 이와 같이 많이 모았으니 참 신기한 일이구나. 그러나 너의 상좌(행자)들도 아무쪼록 이 절에 계신 부처님과 미륵님과 신장님을 정성껏 위성하면 소원을 이룰테니, 있는 힘을 다하여 쓸데없는 생각 말고 일심 단결하여 부처님하고 신장님을 위성하라."

이와 같이 당부하고, 석가여래는 그제서부터 풍운둔갑법을 배우기 시작하는지라.

때는 어느 때냐? 기묘년이 되었는데, 이제 나이가 몇 살이냐? 십육 세가 되었거늘, 이제서부터 풍운둔갑법을 배우기 시작한다. 육환장을 짚고 재주를 한 번 넘어 풍운둔갑법을 이루면 범이 되어보기도 하고, 또 한 번 재주를 넘어 풍운둔갑법을 이루면 깊은 산중에 암석 같은 바위도 되어보고, 또 한 번 재주를 넘어 풍운둔갑법을 이루면 티끌이 되어 광풍에 날려 온데간데 없어도 보고, 또 한 번 재주를 넘어 풍운둔갑법을 이루면 자기 나이는 십육 세지만 백 팔십 세 먹어보이는 노인의 얼굴 모습도 되어보고, 에라 이제는 막힐 것이 없구나.

무불능통하게 배운 연후에 여러 상좌들을 모아놓고 하는 말이, "나는 풍운둔갑법까지 다 이루었으니, 인간처에 내려가서 인심을 구경하고 올테니, 너희들은 아무쪼록 이 절에 부처님 미륵님 신장님을 잘 위성하여라." 하고 당부한다.

또한 이때는 어느 때냐? 경진년이 되었구나. 이제 나이가 몇 살이냐? 십칠 세가 되었거늘, 이제 육 년 도통을 다하였구나. 육 년 도통을 한 연후에, 인심을 구경하고자, 석가여래는 이제 나이 십칠 세지만 풍운둔갑법을 이루어 자기 몸을 변장한다. 백팔십 여 세 먹어 보이는 노인의 화상을 하여, 청포장삼 떨쳐입고 자주색 주머니 걸쳐 메고, 백팔염주 목에 걸고 모자고깔 접어 쓰고, 세대삿갓 숙여 쓰고 육환장을 들고, 금불암을 떠나서 인간처를 향하고서 층층거려 내려온다. 명산대천 금불암에서 중이 하나 내려온다. 인간처를 향하고서 헐헐층층 내려온다.

어떤 인간이 저 중상 내려오는 걸 바라보니, 검고 얽고 찡그린 중상, 귀밑에 때는 푸른 줄기 얼기설기 흘러있는데 범상한 사람은 아니더라. 앞으로 바라보니 삼태성이 응하여 있고, 뒤로 바라보니 북두칠성이 응하여 있고, 양위 어깨에는 일월성신이 응해 있거늘, 형상은 사람이 아니거든.

석가여래는 인간처에 내려와서 인심을 구경할 때에 선한 업을 쌓은 사람은 복을 주고 악한 업을 쌓은 사람은 벌을 주고, 이와 같이 인심을 구경할 때에, 별별 사람이 다 있도다. 천상에서 내려와 인간을 구경하니 별별 사람 다 있도다. 지나가는 형세로는 고르지 못하도다.

선한 업을 쌓은 사람은 복을 주고 악한 업을 쌓은 사람은 벌을 줄 때에, 부자 사람에게 살펴보니 재산은 많으나 자손 없어 애쓰는 자에게는 자손을 조금 덜고 재산 주고, 자손도 많고 재산도 많고 맘은 악한 자에게는 재산, 자손 다 빼앗고서 고생을 주고, 재산도 없고 자손도 없고 맘은 착한 사람에게는 재산, 자손 다 주고, 재산도 없고 자손도 없는데 마음조차 악한 자에게는 목을 베어 옥황전에 보내놓고, 이와 같이 석가여래는 면면촌촌 방방곡곡이 다니면서 인심을 구경하고 있는 때라.

또 한 곳은 어디냐 하면, 조선 성도 성안에서 이조판서 댁이 있었는데 이와 같이 세월을 보낼 때에 벼슬을 누리고 있어 그리워할 것은 없지만, 딸 자손 하나 없어 그리는 댁이 있더라.

이때 부인께서 사주를 보거나, 관상을 보거나, 중 사위 둘 팔자라 하였거늘, 이때 부인 하시는 말씀, "딸도 없는 사위 본다는 말이 웬 말이오?" 하고 세월을 보낼 때에 남은 딸을 낳고 아들을 낳고 하여, 딸에 사랑 사위에 사랑하고 지내는 것을 볼 때는 항상 부러웠더라.

"그러나 나는 아들은 구형제지만 딸은 하나 못 낳았으니 저런 세월 못 보는구나." 하고 항상 오랫동안 딸 자손 하나 두기를 한사코 원하는 때인데, 이때 하루는 생각하기를, "에라 별수 없다. 내가 팔자에는 딸 자손이 있는 모양인데, 나의 정성이 부족하여 못 이루나보다."

이조판서를 불러 말씀하시되, "우리가 하느님의 덕분으로 유지로 있어 아들도 구형제요. 그리워할 것은 없지만, 딸 자손 하나 없어 그립지는 아니 하옵니까?"

이조판서(남편) 하시는 말씀, "요사한 마음이지. 그게 새삼 무슨 말씀이오. 그런 줄 이제 아오?"

부인이 말씀하시길, "그런 줄 이제 안 것은 아니오나, 우리 정성이 부족하여 딸 자손을 못 이루니 명산대천에 백일기도 드려 딸 자손 하나 낳아 봅시다." 하시거늘 남편이 하시는 말씀, "요사한 마음이지. 정성 드려 자손 둔다 하면 이 세상 사람마다 자손 없는 사람 어디 있으며 부자 아니 될 사람 어디 있으리오."

이와 같이 말씀하시니, 부인께서 하시는 말씀, "그런 것도 아닙니다. 정성이면 다 합니까? 정성드리기가 자손 두기보다 어렵습니다. 나의 정성이 지극하면 아니 될 리 만무합니다. 옛날 옛적 성인들도 명산대천에 빌어 났습니다. 정성이 지극하면 지성이면 감천이라 하는데 아니 될 리 있겠습니까?"

이와 같이 말씀하시니, 남편이 말을 마치지 못하고 부득이 허락하시거늘, 부인께서 허락받으신 연후로 가정청결 고이하고, 명산대천에 올라가서 황토로 단을 높이 모으시고, 상탕에 목욕재계 차게 하고 하탕에 수족 씻고, 향로향합에 불 갖추시고 양초 한 쌍에 불 켜놓고 석 장의 소지 드린 후에, "비나이다 비나이다. 명철하신 하느님 산신 국사 후토신령 태상노군이 감응하사, 빌기는 다름이 아니오라, 우리는 하느님의 덕분으로 조선국의 유지로 있어 아들은 구형제요, 그리울 것은 없지만, 딸 자손 하나 없어 그렇사오니 딸 자손 점지하시길 비나이다."

이와 같이 한 마음으로 정신과 기를 다하여 빌기로 세월인데, 세월은 유수같이 물결같이 빠른고로, 하루 가고 이틀 가고 열흘 가고 한 달, 두 달, 석 달 열흘, 어연간 백일기도를 다 드리시고 본집으로 내려와 침석에 누워 숙식을 하시는 때인데, 밤 오경쯤 되어 꿈을 꾸시거늘, 이때에 꿈에 현몽하옵기를 어떤 선녀 하나 나타나더니만, "부인 놀래 깨시지 마옵소서. 저는 다름이 아니오라 천상 선녀였었는데, 천상에서 죄를 많이 졌으므로 명산에 내려 보내져 갈 데가 없더니, 산신국사 후토신령전에서 부인 댁으로 지시하여 저와 부인과 모녀의 상봉이옵니다." 하고 품안에 아이가 덥석 안기거늘, 깜짝 놀라 깨어 보니 침상일몽(寢上一夢) 한바탕 꿈이로구나.

이때에 남편을 불러 그날 밤 꿈 얘기를 하거늘, 남편이 그 꿈을 들으시더니만, "아하 나도 그와 같은 꿈을 꾸었는데......" 하고 한참 앉아 해몽을 하시더니만, "아하 이제는 좋은 일이 있겠구나. 좋은 영화 있겠구나. 좋은 경사 있겠구나. 우리 집안에 꽃이 피겠구나." 하고 웃음으로 열락하고 그 날 밤을 넘겼다.

때는 어느 정묘년 맹춘 정월달이었거늘, 부인께서 그달 그날부터 태기 있는 줄을 이미 아시고서, 그날부터 몸을 고이 곱게 정갈하게 길러낼 때에, 높은 데를 뛰어내리지 아니하고, 자리 끝이나 마루 끝이나 끝자리 아니 앉으시고, 누추한 자리 아니 앉으시어, 이와 같이 고이 곱게 세월을 넘기셨는데, 흘러가는 세월이 빠른 고로 한 달, 두 달 다 지나가고 어언간에 맹동 시월달이 돌아왔다.

이제 몇 개월이냐? 십 개월이 되었는데, 이 날은 어느 날이냐? 하면, 정묘년 맹동 시월 십육일 날이 되더니만, 팔다리 속속, 등골이 득득, 아이고 데이고 하고 병석에 누우시더니만 그날 그 시에 딸 자손이 탄생하시거늘, 그 딸을 바라보니 유한부덕(有閑婦德) 요조숙녀 천상선녀가 하강한 듯, 열녀효부 탄생일세. 또한 김씨 집안에서도 한날한시에 딸 자손이 탄생하였고, 또한 최씨 집안에서도 한날한시에 딸 자손이 탄생하였다.

이때에 아이의 이름을 지으려하고 부인께서 옥편을 내어놓고 좋은 글자 찾으려하니 별로 지을 자가 없었노라. "금이라고 짓자하니 어찌 금이라고 지을 수 있나? 옥이라고 짓자하니 금순 옥순 아니거든 어찌 옥이라고 지을 수 있나?" 하다가 한참 궁리하시더니 "에라 별수 없다. 마땅히 딸을 낳았으니 마땅 당(當)자 한 자 빼고, 이제야 원을 풀었으니 이제 금(今)자를 한 자 떼고, 부모가 자손을 귀여워하는 건 한 살을 먹으나 열 살을 먹으나 일반이라, 애기라고 한자 지어, '당금애기'라고 지어 줄 수밖에 없는 때이다."

이와 같이 이름 지어놓고, 또한 김씨 집안에서도 딸 자손을 한날한시에 탄생하였으니 당금애기를 받들라는 자손이니, 그 애기 이름조차 지어보자. 그대는 '금단춘'이라고 지어놓고, 또한 최씨 집안에서도 한날한시에 딸 자손을 탄생하였으니 당금애기를 받들라는 자손이니 그대도 이와 같이 이름 지어보자. 그대는 '옥단춘'이라고 지어놓고, 이조판서의 따님은 '당금애기'요 김씨 집안의 딸은 '금단춘'이, 최씨 집안의 딸은 '옥단춘'이 이와 같이 이름 지어 놓고 그 아이들을 길러낸다.

당금애기 부친과 모친은 당금애기를 하루도 몇 번씩 안고, "둥기둥실 내 사랑. 어여뻐라 귀여워라. 이제야 원을 풀었도다. 이제 한을 풀었도다."

바람이 불면 날아갈까 쥐면 꺼질까 하고, 어허둥둥 내 사랑 하고 그 아이를 길러낼 때, 춘하추동 입는 의복을 입혀가며 딸들 셋을 고이 곱게 길러낼 때 당금애기 거동보소. 무병하고 충실하게 자라난다. 잔병 없이 잘 커간다.

당금애기 부친과 모친은 세월 가는 줄을 모르게 웃음으로 세월을 보낼 때에 이제야 그리울 것이 없구나. 오복이 두루 갖추어졌다. 하느님의 덕분으로 유지로 있어 아들은 구형제요, 딸은 하나. 십남매를 탄생하여 고이 곱게 길러내니 이런 복이 또 어디 있을까? 하고 이때 세월을 보낸다.

때는 어느 때냐? 정묘년이 다 지나가고 무진년이 돌아옴에 이제 나이가 몇 살이냐? 당금애기 두 살 자손이 되었거늘. 당금애기 거동보고. 한두 살에 걸음을 배우기 시작하여 아장아장 걷는 걸음 참으로 진정 볼만하오. 당금애기와 금단춘이와 옥단춘이는 무병하고 충실하게 가지가 자라듯이 무럭무럭 자라날 때 당금애기 부친과 모친은 세월 가는 줄을 모르는구나. 웃음으로 세월이라. 그리울 것이 없도다 하고, "어여뻐리 귀여워라. 네가 진정 내 딸이냐? 어서어서 고이 곱게 자라나서 좋은 경사 두고 보자." 하고 세월을 넘기는데 흘러가는 세월 가는 세월이라 유수같이 빠르구나.

이때는 어느 때냐? 기사년이 돌아옴에 이제 나이 몇 살이냐? 세 살 자손이 되었구나. 당금애기와 금단춘이 옥단춘이는 이와 같이 자라날 때에 무병하게 충실하게 자라나며 삼사 살 되더니만 말을 배우기 시작하여 얄미울 정도로 찬찬히 지껄이는 말 참으로 진정 볼만하오. 앵두 같은 입술로 하는 소리 그것을 볼 때에는 어떤 사람이든 아니 부러워할 사람 없었세라.

그 가정을 볼 때는 산천초목이 방긋방긋 웃는 듯 집안에 꽃이 피고 남남 간에 잎이 핀 듯 고이 곱게 자라난다. 유수 같은 세월이라. 어언간에 세 살이 지나고 네 살 자손이 되었구나.

때는 어느 때냐? 경오년이 되었는데 당금애기는 삼사 세에 온갖 말을 다 지어낸다. 당금애기 부친과 모친은 한편 생각하면 기쁘지만 한편 생각하면 슬프도다. 당금애기 한 살, 두 살 먹을수록 점점 재롱떠는 것을 볼 때는 기쁘지만 한 해, 두 해 갈수록 자신들이 점점 늙어지는 것을 생각할 때는 슬프도다.

경오년이 다 지나가고 신미년이 돌아옴에 이제 나이가 몇 살이냐? 다섯 살이 되었구나. 당금애기와 금단춘이와 옥단춘이는 충실하게도 잔병 없이 무병하게 가지 자라듯이 무럭무럭 자라나니 세월이 빠르도다. 당금애기 부친 모친은 하루도 몇 번씩 당금애기를 안고, "어허둥둥 내 사랑아. 어여뻐라 귀여워라." 하고 그 자손을 길러낼 때 세월은 유수같이 물결같이 빠르도다.

이때는 어느 때냐? 임신년이 돌아옴에 이제 나이가 몇 살이냐? 여섯 살이 되었구나. 여섯 살이 되었으니 신기하구나 기쁘구나 하고 세월을 보내는데 당금애기 금단춘이 옥단춘이는 잔병 없이 무병하게 충실하게 자라났다.

흘러가는 세월이라 세월이 빠른 고로, 임신년이 다 지나가고 계유년이 돌아옴에 이제 나이 몇 살이냐? 칠 세가 되었거늘 당금애기 부친 모친은 의론 공론하시더니, "이제 나이 칠 세가 되었으니 공부를 한 번 가르쳐 봅시다." 하고 독 선생을 드리고서 공부를 가르칠 때 천자서부터 배우기 시작하여 천자문, 동몽선습, 시전, 서전, 논어, 맹자, 주역팔괘, 삼전사가, 사서삼경, 백과서를 십 세 안에 읽었으니 능히 통하지 않는 것이 없음이오. 글 잘 짓기는 당금애기 막힐 것이 없도다.

이와 같이 공부를 가리치고 당금애기 부친 모친께서는 참 신기하구나, 기쁘구나, 소명하구나, 똑똑하고 상냥하구나 하고 딸을 길러낼 때 근심 없이 상심 없이 어김없이 나가면 재수열락, 집으로 들어오면 웃음으로 열락하며 세월을 보내는데 당금애기와 금단춘이, 옥단춘이

어연간 십 세가 되었도다.

당금애기 거동보소. 십 세가 되더니만 배운 공부 많은 고로 손윗사람과 손아랫사람도 알아보고 오륜삼강 지키는데 어른 앞에 어렵게 생각하고 마음대로 떠들지 아니하여 당금애기 부친, 모친은 의론공론 하시다가 후원별당 지어주자 하고 후원별당을 지어 주었다.

때는 어느 때냐? 정축년 봄이로다. 이에 나이가 몇 살이냐? 십일 세가 되었는데 당금애기와 금단춘이는 후원별당 안에서 저희들끼리 놀기 시작할 때 버드나무 사이의 꾀꼬리 놀 듯 꽃을 찾아다니는 벌과 나비가 춤을 추듯 이렇게 매일매일 놀고 있는 때인데 당금애기 부친께서는 하루도 몇 번씩 후원별당 문을 열어보며, "어디보자. 당금애기 내 딸이야. 오늘도 어제같이 몸 성히 잘 노느냐?" 한다.

이렇게 웃음으로 세월을 보내는데 당금애기와 금단춘이 옥단춘이는 풍계묻기(물건을 감추고 서로 찾는 내기), 자세묻기(누가 자수를 더 잘하나 뽐내는 내기), 수침묻기(수놓은 베개)로 세월을 보내간다. 흘러가는 세월이라 빠르기도 하다.

때는 어느 때냐? 무인년이 되었는데 이제 나이가 몇 살이냐? 십이 세가 되었거늘 한 살, 두 살 먹을수록 점점 몸태도가 예뻐진다. 그대로 볼 때는 돋아오는 반달 같고 물찬제비 같고 씻은 배추줄기 같고 참나무 끝 부티끈 같다. 그대를 볼 때는 어느 누구든지 아니 부러워할 사람 없었에라.

당금애기 부친은 하루도 몇 번씩 후원별당 문을 열고서서, "어디보자. 당금애기 내 딸이야. 어여쁘구나 귀엽구나. 아무쪼록 잘 놀아라, 잘 있거라." 하며 세월을 보낸다.

때는 어느 때냐? 무인년이 다 지나가고 기묘년이 돌아옴에 이제 나이 몇 살이냐? 십삼 세가 되셨거늘 당금애기와 금단춘이와 옥단춘이는 시시때때로 나날이 풍계묻기, 수침묻기로 세월을 보낸다.

사람이 한 번 홍하면 한 번 길하고 한 번 길하면 한 번 홍한다는 말과 같이 당금애기 가정에서는 당금애기 탄생 이후로 근심 없이 액운 없이 우환 없이 웃음으로 세월을 보내는데 그 가정을 어느 누가 부럽게 생각하였는지 어떠한 간신이 생기거늘. 간신 생기어서 천자에게 고하기를, "조선 성도 성안에서는 십 부자(아버지와 아들을 합하여 열 사람)가 무슨 흉계를 꾸며 천자를 들이치려하오니 어찌하시렵니까?" 하고 고한다.

이때 천자 그 말씀을 듣더니만, "아, 그렇다 하오면 그냥 둘 수 있나? 사형을 내려라."

하시다가 다시 생각하시더니, "그렇게는 할 수 없으니 만리타국으로 귀양을 보내면 제가 할 일 못 할 테니 그들 십 부자를 전근차로 타국으로 귀양을 보내라."

당금애기 가정에서는 그 명령을 받으신 연후에 당금애기 부친과 집안 식구 다 모여앉아 의론공론 하시다가 생각하길 이것이 무슨 죄로 이렇게 하였을까? 무슨 죄가 있길래 이다지 명령하시는가? 하고 생각하여도 도무지 생각이 아니 나시는데 어서어서 시간되었으니 가시자고 재촉하는 때라 어찌할 수 없다.

어느 명령이라 아니 갈 수 없고 가자하니 귀여운 내 딸 당금애기 어찌하고 내가 가나? 하다가 십 부자가 만리타국으로 가자하고 문간으로 나오시는 때인데 당금애기는 자기 부친 전송하러 문간까지 쫓아 나왔는데 당금애기 부친께서 하시는 말씀, "당금애기 내 딸아. 아무쪼록 잘 있거라. 잘 크거라. 내가 만약 살아오면 너를 다시 만나 좋은 경사 이룰 거요. 내가 만약 살아오지 못하면 죽어 황천길에나 가서 너를 다시 만나 볼 터이니 아무쪼록 잘 있거라. 잘 크거라." 하고 가신다.

이때 당금애기 부친은 한 발짝 띠고 눈물이오, 두 발짝 띠고 한숨이라. 일보, 이보, 삼보, 오보 가다보니 자기 집은 점점 멀어지고 갈 길은 가까웠세라.

이때에 당금애기는 자기 부친이 하시는 소리를 듣더니만 그 자리에 엎드려서 인사정신 모르는 때라. 금단춘이 옥단춘이는 자기 상전 당금애기씨를 모셔다가 후원 별당에 누여놓고 목숨 보전을 시키거늘 당금애기 생각하니 기막히도다. 꿈이거든 깨어나거라, 생시면 어찌하나? 하고서 이때 생각하여 보고 해가 지도록 세월을 지내봐도 그날은 종일토록 자기 부친 목소리 아닌가 하고 자기 부친 문턱에서는 생시는 분명히 생시인데 이 노릇을 어찌하나? 어찌하다 이리되었을까? 하고 이때에 세월을 보낸다.

또한 당금애기 모친께서 하시는 말씀이, "내가 너를 날 적에도 명산대천에 백일기도를 드려 너를 낳았는데 정성이 지극하면 아니 되는 일이 없느니라. 너의 십 부자를 집에 그냥 앉아 어서 오실 때를 기다릴 수 없으니 한 사람 앞에 백일기도씩 삼년 작정 기도로 갈 테니 너희들은 아무쪼록 집을 잘 지키고 잘 있어라."

모친은 삼년기도 드릴 물건과 음식을 모두 갖추고 명산으로 올라가시거늘 당금애기 또한 슬프도다. 부친 이별하고 모친 이별하야 어찌 될라고 이리 되었을까? 하고 세월을 보내는데 당금애기씨 올케들 모두 집안에 어른이 없고 가장이 없어놓으니 한심하고 답답하여 "에라 친가에나 다녀오리다." 하여 모두 친가로 돌아간다.

그럭저럭 팔십여 간 너른 집에 팔십여 명 식구가 다 빠져나가고 당금애기와 금단춘이, 옥단춘이 단 삼인만 남게 되었거늘 당금애기 생각하니 기막히도다. 어찌 할 수 없는지라 소슬대문 모두 잠궈 놓고 울안에서만 살아도 몇몇 해를 살겠노라 하고 당금애기와 금단춘이, 옥단춘이 이와 같이 세월을 보내는데 당금애기 하루도 몇 번씩 자기네 부모 생각하여 도무지 견딜 수가 없는지라. 눈물로 세월이라.

이때, "내가 이러다가 병이 나서 고치지 못하고 또 나를 도와주는 자 없는데 병이 들어 죽으면 우리 부모 나오셨다가 내가 죽은 것을 보시면 얼마나 애절통곡하실까? 에라 내가 이래서는 아니되겠구나."

하고 마음을 가다듬었다.

“부모 보고 싶은 마음 잊어버리리라.” 하고 붓과 종이 한 장 내어놓고 먹을 갈아서 글씨를 써 부모 보고 싶은 마음 잊어버리리라 하고 이때 글씨를 쓴즉 눈물이 앞을 가려 되라는 글자는 아니 되고 부친 이별자만 되었구나. 에라 내가 이걸로도 못 잊겠구나 하고 집어치우고 생각하니 그래도 도무지 견딜 수가 없는지라.

“에라 아니 되겠구나. 수를 놓아 잊어버리리라.” 하고 수틀을 내어놓고 학의 날개를 놓으려고 수를 놓은즉 눈물이 앞을 가려 되라는 학의 날개는 아니 되고 부모 이별수만 되었구나.

“에라 이걸로도 못 잊겠구나.” 하고 집어치우고 당금애기 금단춘이, 옥단춘이 후원 별당 안에서 이와 같이 세월을 넘기고 있는 때라.

이때 서천 서역국 금불암절에서 내려온 석가여래는 서천국에 백성들 모두 휘돌아다니며 인간처에 다니면서 인심을 구경 다 하고서 그제야 조선 땅으로 건너오신다. 조선 땅으로 건너서 살펴보니 소국이지만 명국이라 하며 팔도강산 구경할 때 경기도 삼각산도 구경하고 임진강수도 구경하고 충청도 계룡산도 구경하고 금강수 구경하고 경상도 태백산도 구경하고 낙동강 수 구경하고 전라도 지리산도 구경하고 백마강수도 구경하고 함경도 백두산도 구경하고 압록강수도 구경하고 의주강수(압록강) 구경하고 황해도 구월산도 구경하고 영덕강수 구경하고 평안도 묘향산도 구경하고 대동강 수 구경하고 팔도강산을 구경하고 팔도강수를 구경하신다.

한 곳에 당도하니 글귀가 붙었거늘, 그 글귀를 바라보니 ‘월백설백천지백 산심야심객수심(月白雪白天地白 山深夜深客愁深)’ 이라 하였다. 참 글귀 잘 지었구나. 그러나 저러나 남필(男筆)이 아니라 여필(女筆)이라. “참 여필로서는 참 잘 지은 글이로구나. 에라 여기 여중군자(女中君子)가 있나보다.” 이때에 “에라 한번 찾아보리다.” 한다.

면면촌촌 방방곡곡 산지사방 다니면서 그중 대궐집만 찾는 때인데 조선 성도 성안에 이조판서 댁 근처를 가서 살폈세라. 그중 대뜰이 높다랗고 구중 대궐로 되었거늘 그곳을 당도하여 대문을 바라보니 거기도 역시 글귀 한 장 붙었거늘. '개문하니 만복래(開門萬福來)요. 소지하니 황금출(掃地黃金出)이라.' 참 그 글귀 잘 지었다. 그러나 저러나 그도 역시 남필이 아니라 여필이라.

"에라 여기 여중군자 사는 집이 분명하구나." 하고 그제야 대문을 바라보니 무게가 오십 근이 나가는 자물쇠로 덜컥 잠궜구나.

"이것 봐라. 잠근 문을 먼저 보았더라면 애초 맘도 아니 먹을 것을 가지고 글귀만 보고 달려들어 보니 대문을 잠궜으니 열쇠 없이 열자하니 그 문을 어찌 열 수 있나? 그러나 저러나 장부일언중천금이라 하였는데 한 번 마음을 먹었다가 쇠로 잠근 문을 두렵다하고 물러설 수는 없는 때다.

그러나 저러나 잠근 문을 열쇠 없이 어찌 여나? 나는 십이 세부터 십칠 세까지 육년 도를 닦아 도통하였지만 그 문을 어찌 열어 볼까? 나의 주문으로 아니 되면 우리 절에 부처님에 도술로라도 한번 열어 보리다."

이때에 그 문을 열자하고 주문을 치는 때다. 〈천수경〉을 한참 치더니만 오리만큼 물러나 섰다가 십리만큼 달려드는 힘을 가지고 육환장을 머리위로 휠씬 쳐들어 한번 눌러 치니 동지섣달 설한풍에 백설이 펄펄 날리듯이 쉰 근들이 자물쇠로 잠근 문이 잠깐 사이에 열린다.

이때 후원별당 안에 있던 당금애기와 금단춘이, 옥단춘이 이날 이 때까지 부모 보고 싶은 마음 간절하다 겨우 잊어버릴 만하니까 하루는 별안간 벼락 치는 소리가 난다.

"아차 이것 보아라. 이 소리가 왠 소리냐? 금단춘아 너 나가 살펴봐라.” 하니 이때 금단춘은 후원별당 문을 열고 나와 앉아보고 서서보고 촘촘히 살펴보더니만 “쥐도 감감 새도 잠잠 아무 기척이 없습니다.” 하고 알렸세라.

이때 당금애기씨는 그 소리를 듣더니만 “아무 것도 없단 말이 웬말이냐? 그러면 팔십여 칸 너른 집에 우리 삼인만 남아 있어 도깨비가 모여들어 도깨비장난이 분명하다. 에라 이것쯤이야. 내가 쫓아버리리라.” 하고 이때에 도깨비 쫓는 주문을 친다. 안에서는 사람을 도깨비로 취급하여 주문을 외우고 바깥에서는 문을 열기 위해 주문을 치는지라.

이때 석가여래 거동보소. 그 문을 하나 열고나서 하는 말이, “아하, 그러면 그렇지. 아니 될 리가 만무로나.” 하고 이때 안을 들여다보니 그래도 대문이 또 하나 잠겨 있었세라. 그 문을 바라보니 그것은 마흔 근들이 자물쇠로 잠궜거늘 “에라 별 수 없다. 쉰 근들이 자물쇠로 잠근 문도 열었는데 마흔 근들이야 못 열까?” 하고 이때 그 문을 열려고 또 다시 주문을 친다.

한참 치더니만 육환장을 머리 위로 훨씬 쳐들어 한 번 눌러 치니 마흔 근들이 자물쇠로 잠근 문이 덜컥 열리거늘 이때 후원 별당 안에 있던 당금애기가, “아차 이것 보아라. 벌써 두 번째 소리가 나는구나. 이번에는 옥단춘이 네가 나가 살펴보아라.” 하니 이때 옥단춘이 후원별당 문을 열고 나와 앉아 보고 서서 보고 촘촘히 살펴본다.

“쥐도 감감 새도 잠잠 아무 기척이 없습니다.” 하구 알렸거늘 이때 당금애기가, “그러면 그 소리가 웬 소리냐? 그러면 팔십여 칸 넓은 집에 우리 단 삼인만 남아 있어 집터가 허술해서 귀신이 모여들어 귀신의 장난이 분명하구나. 에라 그것쯤이야. 내가 쫓아버리리라.”

이때 귀신 쫓는 경문을 외운다. 이 집안에서는 사람을 귀신으로 취급하고 경문을 외우니 쫓겨 갈 리가 만무로다. 바깥에선 문을 열려고 주문이라.

석가여래 거동보소 그 문을 열어 놓고 하는 말이, "아하 그러면 그렇지. 아니 될 리 만무로다. 마음만 먹으면 다 되는구나." 하고 기분 좋아 안을 드려다 보니, 그래도 대문이 또 잠겨 있었세라.

석가여래 하는 말이, "아하 이거 보아라. 내가 미련하기 한량없구나. 이다지 대궐집에 대문이 하나둘로 생각한 내가 미련하였구나. 이 집이 12대문이 분명하구나. 이제 둘 열었으니 열 대문이 있을 터이니 남자 마음 급한 마음 어찌 하나씩 열 수 있나? 하나씩 열다 보면 몇몇 달을 열어도 못 열을 테니 이 노릇을 어찌하나? 에라 별 수 없다. 이 집이 열 대문이나 백 대문이나 대문 잠겨 있는 대로 한 번 주문에 다 열리도록 맘을 먹고 한 번 주문 외어봐서 되면 다행이고 아니 되면 그만 두는 한이 있더라도 그렇게 한번 해보자."

이때 일심 단결하여 또다시 주문 외우는 때라.

"신묘장구 대다라니……(중략)…… 나모라 다나다라 야아나막알야 바로기제 새바라야 사바하 ,관세음보살 관세음보살 관세음보살."

삼칠은 이십일 스물한 번 주문을 외우더니만 오리만큼 나섰다가 물러섰다가. 십리만큼 달려드는 힘을 가지고 육환장을 머리 위로 휠씬 쳐들어 한 번 눌러 치니 구시월 설한풍에 곳곳마두 단풍잎이 펄~ 펄펄 날리더니 열 대문이 편편쇠로 열렸거늘. 석가여래 거동보소. 그제야 들여다보니 대청마루 끝이 까마득하게 들여다보였거늘 층층 걸어 들어가면서 말한다.

"아하 그러면 그렇지. 아니 열릴 리가 만무로다. 그러나 저러나 나의 주문으로 열렸을까? 우리 절의 부처님 도술로 열렸을까? 우리 절의 부처님 도술로 열렸다 하면 너무하시는 일이지. 남의 집 잠근 문을 어찌하라고 열어주시나?"하며 기분 좋게 걸어 들어가서 마지막 대문 문돌쩌귀에 육환장을 기대 세워놓고 왼손에는 목탁을 들고 오른손에는 목탁 채를 들고 또드락 똑닥 두드리며 시주하라고 주문한다.

이때에 후원별당 안에 있던 당금애기, "아차 이것 보아라. 벌써 세 번째 소리가 났는데 무슨 일이 있기는 있나본데 너희들이 자세히 살피지 못 하나보다." 하고는 "금단춘아 앞에 서라. 옥단춘아 뒤에 서라. 우리 셋이 다 같이 나가서 살펴보자." 한다.

후원별당문을 열고 당금애기씨는 문간쪽을 향해 보더니만, "아이구머니" 하고 도로 뛰어들어온다.

"속담에 양반의 티눈만도 못 하다더니 너희 눈은 눈이 아니로구나. 분명히 그런 것을 두고 아무 것도 없다한 말이 웬말이냐?"

이때 금단춘이 하는 말이, "아니에요. 아까는 없었어요. 지금은 저희들도 보았습니다." 하거늘 당금애기 하는 말이, "그러나 저러나 그것이 사람인지 귀신인지 짐승인지 나는 도무지 분간할 수가 없으니 어서어서 아뢰어라."

이때 금단춘이 무서운 것을 간신히 참고 나가 하는 말이, "네 사람이면 말을 하고 짐승이면 물러가고 귀신이걸랑 쫓겨가라." 하면서 말을 하고나니 석가여래 저 중상이 하는 소리, "어찌 너는 그런 말을 하느냐? 내가 관상을 보니 너는 금단춘이가 분명하구나. 네 어찌 그런 말을 하느냐? 네 집이 산천초목이 아니면 짐승 올 리가 만무하다. 네 집이 공동묘지가 아니면 귀신이 올 리가 만무하다. 네 집이 너도 사람이라 나도 사람이라 찾아왔노라."

금단춘이 하는 말이, "사람이시면 무슨 일로 찾아 왔나이까?" 하니 석가여래 하는 말이,

"나는 서천 서역국 금불암에서 온 중이었는데 우리 절에 부처님은 앉아서 삼천리 서서 구만 리를 내여 보시며 여러 만인들을 도우시는 자비심이 있는 연고로 너의 집을 비쳐 보시더니 나에게 현몽하시길 너의 집이 상전 십 부자가 타국으로 귀양 가셔서 근심하는 일이 있으니 거기 가서 쌀 서 되 서 홉 시주를 받아다가 공양미 정성을 드리면 속히 풀려 나오리라 하시고 현몽하여 주시길 불원천리(천리를 멀다 하지 않고) 너의 집까지 찾아왔으니 군말 말고 어서 바삐 쌀 서 되 서

홉 시주를 하라." 하신다.

금단춘이 당금애기씨 전에 들어가 하는 말이, "분명히 사람은 사람인데요, 어찌 그리 우리 집 내용을 그리 잘 알아내는지 모르겠어요. 우리 집 상전들 십 부자가 타국으로 귀양 가신 것을 어찌 알고 쌀 서 되 서 홉 시주하면 속히 풀려 나오시길 정성 드려준다 하고 어서 바삐 시주하라 하오시니 어찌하시렵니까?"

이때 당금애기는 자기 부모위해 하는 정성이라 하니까는 귀가 번쩍 띄여, "그렇다 하면 마루 뒷문께 먹던 쌀이 있으니 서 되 서 홉 후히 떠다 시주하려무나." 하시거늘 금단춘이는 그 쌀을 서 되 서 홉 후히 떠다 저 중상더러 받으라 한다.

저 중상 하는 말이, "나는 원래 그 쌀은 안 되나니 우리 절에 부처님은 먹던 쌀은 절대적으로 아니 받으시니 그 쌀은 못 받겠노라." 하시거늘 이때 금단춘이 하는 말이, "그러면 우리 집에는 먹던 쌀밖에 없으니 어찌 하렵니까?"

석가여래 하는 말이, "아니 나를 속여? 귀신을 속이지. 너의 집이 어째 먹던 쌀밖에 없단 말이 어인 말이냐? 열두 개의 광문 안에 너의 상전들 명을 비는 쌀독이 있는데 거기도 먹던 쌀을 부어두었겠느냐?"

이때 금단춘이 하는 말이, "십이 광문을 잠궜으니 어찌 열고 떠오란 말이요?" 하였거늘 이때 석가여래 하는 말이 "십이 대문을 열었는데 십이 광문쯤이야 못 열까? 그 문을 열도록 하자면 너의 상전 당금애기씨가 광문 앞에 가 섰으면 자연히 문이 열리리라."

이때 금단춘이 당금애기 전에 알렸거늘 당금애기 그 소릴 듣더니만 12광문 앞에 가 서서 암만 문을 열 때를 기다려도 아니 열어지거늘 다시 알아오라 하기에 금단춘이 저 중상 앞에 가서 하는 말, "12광문 열어준다더니 아니 열리니 어쩐 뜻이오?"

석가여래 저 중상 하는 말이, "그것도 정성인데 그렇게 정성드리기가 힘이 아니 들어서야 누구든지 하여 보게. 그 문을 열자하면 상탕에 머리 감고 중탕에 목욕하고 하탕에 수족 씻고 새 의복을 갈아입고 의관정제하고 정화수 발원하면 그 광문이 열리리라."

금단춘이 당금애기씨 전에 알리거늘 당금애기 그 소리를 듣고 상탕에 머리 감고 중탕에 목욕하고 하탕에 수족 씻고 새 의복 갈아입고 증한수 발원을 하고나니 12광문이 열린다. 층층 걸어 들어가서 자기 부친의 명쌀독(명을 비는 쌀독)을 열고 보니 거미줄에 쓰였거늘 걷어치우고 한 되 한 홉 후히 뜨고 자기 오라버니들 명쌀독을 열고 보니 거기도 거미줄이 쓰였구나. 슬쩍 걷어내고 한 되 한 홉 후히 뜨고 자기 명쌀독을 열고 보니 거기도 거미줄이 쓰였거늘 슬쩍 걷어 넘겨치고 한 되 한 홉 후히 뜨고 보니 서 되 서 홉이 후히 되었거늘 그 쌀을 가지고 나와 문을 닫으려고 돌려다 보면 잠겨있고 또 하나 나와 닫으려고 달려다 보면 잠겨있고 십이 광문을 다 나와서 돌려다 보니 언제 누가 열었더냐 하고 그대로 모두 잠겨 있는 때라.

그때에 당금애기 생각하니 꿈인지 생시인지 모르겠거늘 그러나 자기 손에 든 쌀을 보니 분명히 생시는 생시인데 참 이상하고도 괴상한 일이로구나.

"금단춘아 어서 갖다 시주하라."

금단춘이 가지고 나와 저 중상더러 받으라 하니, "안 되나니. 안 되나니. 우리 절에 부처님은 누리고 비린 것은 절대 아니 받으셔서 안 되나니라. 너는 너의 부모가 너를 가지실 적에 비린 것을 많이 잡수고 너를 가진 연고로 비린 부정 타서 아니 되느니라."

이제 금단춘이 할 일 없어 당금애기씨 전에 알렸노라. 당금애기, "그러면 옥단춘이 네가 갖다 시주하려무나."

옥단춘이 가지고 나와 저 중상더러 받으라 하니 저 중상 하는 말이, "내가 너의 관상을 보니 너는 옥단춘이가 분명하구나. 그러나 우리 절에 부처님은 누리고 비린 것은 절대적으로 부정이 타서 아니 되느니라. 너는 너희 부모가 너를 가지실 때 누린 것을 많이 잡수고 나신고로 누린 부정이 가시지 않아서 누린 부정 타서 안 되느니라."

옥단춘이 하는 말이, "그러면 금단춘이나 내가 주는 쌀을 아니 받으면 누가 주는 쌀을 받으려하오?"

석가여래 하는 말이, "너희 둘만 사람이고 당금애기씨 너의 상전은 사람이 아니란 말이더냐?"

옥단춘이 하는 말이, "우리가 있는데 우리 상전 당금애기씨 더러 시주하란 말이 웬 말이오? 어서 가요. 바삐 가요."

석가여래 하는 말이, "내가 이 쌀을 받아가지고 가야 망정이지 그냥 가고 본다면 너의 상전들 나오실 길 전혀 없고 나간 지 삼일 만에 무슨 집안의 우환이 또 있을 테니 줄 테면 주고 말테면 말려무나."

옥단춘이 어찌 할 수 없어 당금애기씨 전에 알렸거늘 당금애기 그 소리를 듣더니만, "별수 없다. 금단춘이 앞에 서라. 옥단춘이 뒤에 서라. 언어 변통은 내가 나가 시킬 테니 쌀은 너희들이 부어 주려무나."

이때에 긴 명주치마 잘잘 끌려 입고 금단춘이 옥단춘이 전후좌우로 세우고서 후원별당 문을 열고 통통 걸어 나오면서 저 중상이 분명히 사람이라는 소리를 듣고 바로 바라보며 나오는 때인데 검고 얽고 찡그린 중생, 귀밑에 때는 푸른 줄기 얼기설기 흘려 있는데 나이는 몇 살이나 먹었나 하고 바라보니 백팔십 여 세나 먹어 보이는 노인 중이었다.

이때 석가여래 저 중상은 나오는 당금애기를 바라보니 서기가 뻗치거늘 돋아 오는 반달 같고 물찬제비 같고 씻은 배추줄거리 같고 참나무 끝의 부티끈 같다.

이때 당금애기 저 중상 앞에 나와 하는 말이, "어디서 오신 중상인지는 모르겠으나 내 집을 위하여 오셨다니 참 대단히 고마운 일이로구려. 그러나 이 쌀은 내가 주는 쌀이니 염려 말고 받아다가 정성이나 잘 드려 주시구려." 하고 말을 그치자 금단춘이는 그 쌀을 저 중상 바랑에 부어 주자고 달려드니 저 중상 거동보소.

화를 벌컥 내며 하는 말이 , "너는 어찌 그리 남 대신을 좋아하느냐? 남을 대신 하기를 좋아하걸랑 변소 길도 대신 가봐라. 황천길도 대신 가봐라."

이와 같이 말을 하니 서서 보던 당금애기 그 거동을 보더니만 언어변통 말시키나 그 쌀 내가 부어주나 일반이라 하고 그 쌀을 뺏어 가지고 저 중상 바랑에 부어 주고 나니 바랑에는 쌀이 하나도 아니 담겨 있고 땅으로 몽땅 쏟아졌다.

이때 당금애기 하는 말이, "미련한 중상 다 보았네. 시주를 다니면 성한 바랑이나 가지고 다니든지 밑 빠진 바랑에다 무슨 쌀을 담으려 하오?"

이때 석가여래 저 중상이 하는 말이, "내가 미련한 것이 아니오. 성한 바랑을 가지고 다닐 팔자라면 중노릇을 할 리가 만무로다. 중노릇을 할지라도 성한 바랑을 가지고 다닐 것 같으면 많은 집을 다 제쳐놓고 하필 잠긴 문을 열고 들어올 리가 만무로다."

이때 당금애기는 말이 맞지 못하여서 그 바랑을 뺏어 가지고 자기 방에 들어가 이층 문을 열고서 자기 치마폭을 쭉 뜯어 그 바랑을 눈 깜짝 할 사이에 기워가지고 나혼다.

"금단춘아, 옥단춘아. 키하고 비하고 가지고 오너라." 하니깐 저 중상 하는 말이, "안됩니다. 우리 절의 부처님은 키끝 비끝 간 곡식은 절대적으로 아니 받아요."

이때 당금애기 하는 말이, "세상에 곡식치고 비끝 키끝 아니간 곡식이 어디 있나니까?"

이때 석가여래 하는 말이, "그건 그렇지만 무엇이든지 보면 부정하고 아니 보면 정갈하다는 말과 같이 안 보는 데는 별 짓을 다 했어도 상관없지만 나 보는 데는 안 됩니다."

이때 당금애기가 하는 말이, "그러면 이 쌀은 쓸어 우리가 먹을 테니 광문을 다시 한 번 열어주면 다시 떠다 시주하리다."

이때 석가여래 하는 말이, "역력하시고 똑똑하신 당금애기씨 어찌 그런 말씀 하옵니까? 이부지자(二父之子) 아니거든 일구이언을 어찌하며 일부종사(一夫從事)하였지 이부종사 어찌하오? 하던 정성 아니 되면 그만이지 다시 하란 말이 웬 말이요?"

이때 당금애기 하는 말이, "그러면 이 쌀이 많지도 적지도 않아서 서 되 서 홉씩 되는 쌀은 어찌해야 지극한 정성이 되나이까?"

석가여래 저 중상이 하는 말, "이 쌀을 정성이 지극하게 하자면 후원동산에 나가 광대싸리 스물한 개 꺾어다가 젓가락을 지어 주워 담으면 지극한 정성이 되리로다.

"중의 버릇 다 그러냐? 중의 행실 다 그러냐? 남의 집에 귀중처자 문밖에까지 나오게 한 것만도 무엇한데 후원동산까지 가란 말이 웬 말이냐? 광대싸리커녕 무당싸리도 난 모르겠다."

이와 같이 말을 하니 석가여래 저 중상이 하는 말, "줄 테면 주고 말테면 마시구려. 내가 이 쌀을 받아다 정성 드려야 망정이지 그냥 가고 본다면 자기 부모네는 영이별이 될 것이고 나간 지 삼일 만에 무슨 가환이 또 있으리라."

이때 당금애기 부모 말만 하면 눈이 캄캄, 가슴이 답답, 아무 경황이 없는지라. 에라 별수 없다. 바람도 쐴 겸 바깥 구경도 할 겸 한번 나가 보리다. 12대문 밖을 나와 눈을 크게 뜨고 내다보니, "조선땅이 작다 하더니만 내 눈이 모자라도록 내다보아도 끝이 아니 보이는구나." 하며 후원동산을 올라가는데 이 날은 어느 날이냐? 시월 십오일 날이었거늘 이때도 가을이 퍽 늦은 연고로 산국화가 만발되어 있었세라.

당금애기 거동 보소. 잎은 뜯어 입에 물고 꽃은 꺾어 머리에 꽂고 하는 말이, "네 신세나 내 신세나 피차일반이로구나. 나는 우리 부모네가 젊어 소싯적에 나를 낳으셨다면 벌써 고이 곱게 길러 좋은 경사 이루셨을 텐데 늦게늦게 오십 당년에 나를 낳아 길러 이런 고생만 하는구나. 너는 따뜻한 일기 다 버리고 엄동설한 피어가지고 아침저녁 벌벌 떠는 네 신세나 내 신세나 피차일반이로구나. 네 팔자 내 팔자 두 팔자를 합하고 보니 이팔이 십육 열여섯 살에 이런 고생이 또 어디 있나? 공무 선생이 어디 가셨나? 내 팔자를 일찍 가려주지."

이 싸리 저 싸리 다 젖혀놓고 광대싸리만 고르고 다녀 듬뿍 움켜잡고 또드락 똑닥 따져서 셈을 해서 삼칠은 이십일 스물한 개를 꺾어 들고 본집으로 내려와 저 중상을 바라보니 금닢 파고 묻은 듯이 그대로 서서 무엇이라 주절주절 하는 때인데 광대싸리를 갖다 주고, "여기 있다. 이게 광대싸리인지 무당싸리인지 난 모르겠다." 하고 던져 준다.

석가여래 저 중상 한참 서서 바라보더니 "아차 틀림없는 광대싸리만 꺾어 왔구려. 열열하시고 똑똑하신 당금애기씨로구려." 하고 이때 당금애기는 금단춘이, 옥단춘이를 불러 너희들도 와서 주워 담자 한다.

석가여래 저 중상 하는 말, "안됩니다. 우리 둘이 하는 정성 저 사람들이 끼어들면 부정타서 아니 되오." 하고 말을 하니 당금애기 할 일 없이 그 쌀을 앉아 주워 담는데 석가여래 저 중상의 거동보소. 한 개 주워 담고 꺾어버리고 두 개 주워 담고 꺾어버린다. 당금애기 하는 말, "아니 여보 이 중상아. 그 애써 꺾어온 광대싸리를 한 개 주워 담고 꺾어버리고 두 개 주워 담고 꺾어버리면 이 쌀을 다 주워 담자면 몇 짐을 꺾어 드려도 못 당하겠구려."

석가여래 저 중상 하는 말, "열열하시고 똑똑하신 당금애기씨. 어찌 그런 말씀하옵니까? 당금애기씨는 부친의 진짓상을 차리실 때 잡수던 식기 씻지도 않고 그냥 놓으오?" 하거늘 당금애기 할 말 없어 그 쌀을 주워 담다 보니 광대싸리는 다 꺾어버렸는데 그 바랑을 보니 바랑에는 쌀이 하나도 아니 담겼거늘 그제야 하는 말, "아니 여보 이 중상아 아까는 밑 빠진 바랑이라 쌀이 아니 담겼다지만 분명히 내가 기웠는데 이번에는 아니 담기는 뜻이 무슨 뜻이오?"

석가여래 하는 말, "그거야 나만 나무라면 어찌하오? 우리들의 정성이 부족하여 아니 담기는 걸 어찌하오?"

당금애기씨 하는 말, "그러면 어찌해야 이 쌀이 바랑에 담길 수 있나이까?" 하고 말을 하니 석가여래 저 중상이 하는 말, "이 쌀이 바랑에 담겨 있게 하자면 당금애기 부친의 식기 수저를 내다가 식기에 주워 담아 바랑에 부면 쌀이 담길 것이외다."

이때 당금애기 하는 말이, "이조판서 댁의 식기 수저 내오란 말이 웬 말이오?" 하거늘 석가여래 하는 말, "현재 사람은 나가 살아오실지 죽어 오실지 모르는데 그릇만 위하고 있음 대단하오."

당금애기 생각하니 그도 그럴듯하여 할 수 없이 금단춘이더러 식기 수저 내오라 하여 식기에 주워 담아 바랑에 부으니 그제야 담기기 시작이다.

그 쌀을 다 주워 담고 나니 일락서산 해는 지고 월출동령 달이 돋는 때라. 일어서자마자 별안간 광풍이 일더니만 저 중상 떨어진 청포장삼 펄펄 날려 당금애기씨 어깨에 얹혀있고 당금애기씨 치마폭은 펄펄 날려 저 중상의 어깨에 얹힌다.

이때 당금애기씨 하는 말이 "미련한 중상 다 보았네. 남녀유별도 모르는가?" 하거늘 이때 석가여래 하는 말이 "남녀유별도 내가 알고 일부종사도 내가 알지만 자기는 조금 비켜나면 못할 노릇 되나니까?"

이때 당금애기씨 하는 말이 "그러나 저러나 일락이 되고 월출되어 밤이 돌아오니 어서 가오 바삐 가오." 한다.

석가여래 하는 말이 "열열하고도 똑똑하시구려. 일락이 되면 월출이 될 줄 어찌 알며 월출이 되면 밤이 되는 줄 어찌 아오? 그나저나 우리의 풍속과는 다르구려. 우리 서천국에서는 들밭에 나갔다가도

해가 져서 밤이 되면 인간처에 찾아와서 밤을 새우는 풍속인데 여기 풍속은 인간처에 왔다가 밤이 되면 들밭으로 나가는 풍속입니까? 나를 문간이라도 잠깐 빌려 주면 오늘 밤에 인간처에서 새고 가든 자고 가든 이 밤을 넘길 것이 아니요?"

당금애기 하도 귀찮고 괴로운 생각이 있으므로 문간을 허락하고 들어가니 이때 석가여래 거동 보소. 앉아 보고 서서보고 촘촘히 살피더니 "미안하오. 당금애기씨 미안하오. 여기서도 못 자겠오." "거기서는 왜 못 자오?" "여기서 밤을 새우려 했더니 멀고 가까운 곳에서 나는 소리가 두려워서 오늘밤을 못 자겠으니 안마당을 잠깐 빌려주시면 오늘 밤을 새고 가리다."

당금애기 생각하니 문간이나 마당이나 일반이라 마당을 허락하였거늘 석가여래 거동 보소. 종일토록 문지방 하나 새를 두고 싸우다가 마저 넘어서게 되었거늘 문간 넘어서서 안마당에 앉아보고 서서보고 촘촘히 살피더니 "미안하오. 당금애기씨 미안하오. 여기서 새우려 하였더니 벼락대신(벼락을 관장하는 신)이 두려워서 참 정말 못 새우겠소."

당금애기 하는 말이 "그러면 어디서 새우려 합니까?" 석가여래 하는 말, "나를 마루대청 빌려주면 편히 앉아 새우고 가리다."

이때 당금애기 생각하니 일반이라 마루를 허락하였에라. 저 중상에 거동 보소 앉아보고 서서보고 촘촘히 살피더니만 "미안하옵니다. 여기서도 못 새우겠소."

당금애기 하는 말, "거기서는 왜 못 새오?"

석가여래 하는 말이, "여기서 새우려 하였더니 성조지신(성조신과 터주지신)이 두려워서 참 정말 못 새우겠소."

당금애기씨 하는 말이, "우리 집이 팔십여 칸 넓은 집 실낱같은 자기 몸 하나 잘 곳이 없으니 초가삼간만도 못 하구려. 어서 가오 바삐 가오."

석가여래 하는 말, “나는 잘 곳이 있지만 허락하려는지 모르겠오.”

이때 당금애기씨는 귀찮고 괴로운 생각이 있으므로 허락할 곳임 허락하고 못할 곳이면 못 할 테니 그러지 말고 바로 정당하게 말을 하라고 재촉하는 때인데 석가여래 저 중상이 하는 말이 “나를 후원별당을 빌려주면 오늘밤을 새우고 가리다.”

당금애기 그 소리를 듣더니만 생산 같은(?) 입에 천둥같이 호령한다. “이때에 부모이별 내가 어찌 널더러 당하란 말은 아니 할테니 어서 가거라 바삐 가라. 동기일신이 아니거든 거기 달라는 말이 웬 말이요? 일가친척이 아니거든 한방 쓰잔 말이 웬 말이야? 어서 가거라, 바삐 가라.”

석가여래 저 중상이 하는 말, “후원별당이 한 칸 반이 아닙니까? 한 칸에다 병풍치고 왼 칸에 자기 삼인이 자고 반 칸은 나를 주면 내외 체통이 분명하지 않습니까?”

이때 당금애기 생각하니 그도 그럴 듯하여 어찌 할 수 없는 지라. 금단춘, 옥단춘이더러 후원별당에 병풍을 쳐라 하니 병풍 치고 나서 저 중상더러 들라 하였거늘 석가여래 저 중상 거동 보소. 그제야 신발을 벗어놓고 들어가 앉아서 살펴보니 참 진정 볼만하다. 동쪽의 벽 위를 바라보니 청학 쌍쌍 그려있고 남쪽의 벽 위를 바라보니 적학 쌍쌍 그려있다. 당금애기는 아랫 칸에 들고 석가여래는 윗 칸에 들었는데 이때 금단춘이, 옥단춘이는 그제야 저녁상을 차리는 때인데 당금애기씨 진지상은 은소반에 은식기에 은수저에 육첩반상을 차려드렸거늘 당금애기씨 하는 말, “저 중상도 저녁 줘라.”

금단춘, 옥단춘이는 그 중상의 저녁상을 차릴 적에 종일토록 고생한 생각을 하며 특별히 차리느라고 차리는 때이다. 귀떨어진 개다리 밥상을 놓고 절뚝발이 나무젓가락에 끝이 다 닳은 숟가락에다 밥을 한 사발 꽉 눌러 담아 저 중상의 저녁상을 갖다 주니 석가여래 저 중상 그 상을 받아 병풍을 걷어치우고 안방에 내려오며, “아차 놓쳤구

나. 이것도 내 복에 닿지 않아서 놓쳤구나." 하길래 당금애기 깜짝 놀라 쳐다보니 참 자기 눈으로도 볼 수 없는 상이 하나 놓였다.

이때 금단춘이, 옥단춘이를 불러 호령한다. "인간차별 어찌 그리 하느냐? 음식 층하 하느냐? 너희들은 어찌하여 그다지 음식 층하 하느냐? 나는 너희만 못 해서 종일토록 그 중상의 시중하였단 말이냐? 못하느니 못하느니 인간차별 못하느니 음식층하 못하느니." 하고 이때 그 상을 내주며 어서 갖다 다시 저 중상을 저녁상을 차려주라 하거늘 금단춘이, 옥단춘이 어느 영이라 아니 들을 수 없는지라.

저 중상의 저녁상을 다시 차려다 주었거늘 그제야 받아 놓고, "아미타불 아미타불 관세음보살 관세음보살." 하고 나더니만 감지덕지 먹었세라. 그 상을 물려내고 그대로 그 자리에 누워 잠을 이루는시라. 또한 당금애기씨도 종일토록 후원동산까지 갔다 온 연고로 몸이 고달파 그대로 누워 잠을 이루는 때인데 때는 어느 때냐? 밤 삼경이 되었는데 당금애기씨는 꿈을 꾸는 때다.

꿈에 현몽하기를 청룡, 황룡이 여의주를 다투어가며 하늘로 오르는 꿈을 꾸었거늘 이때 깨어보니 금단춘이, 옥단춘이 그때까지 앉아 풍계묻기, 자세묻기로 밤 시간을 넘기고 있는 때라. 이때 당금애기 하는 말 "어느 때나 되었느냐?" "예, 밤 삼경이 되었습니다." "그러면 꽤 오래 되었으니 어서 자자꾸나."

금단춘이 앞에 뉘고 옥단춘이 뒤에 뉘고 등촉을 돋우고 머리맡에 놓고 잠을 이루는 때인데 때는 어느 때냐? 밤 오경이 되었거늘 이제 또 다시 꿈을 꾸는 때인데 천상선관이 내려와서 구슬 세 개를 주길래 그걸 받아보니 몸도 곱고 빛도 좋아 손에 듬뿍 쥐어도 보고 입에 듬뿍 물어도 보고 옷고름에 넣어도 보고 허리춤에 넣어도 보다 깨어보니 꿈이더라.

그러다가 등촉이 꺼졌거늘 다시 등촉을 돋우고 보니 자기 덮고 자든 천여(얇은 이불)는 간 곳 없고 낮에 보던 떨어진 청포 장삼이 덮였거늘 병풍을 걷어치우고 저 중상을 보니 저 중상이 갖다 깔고 덮고 자는 때라. 버럭 잡아당기면서, "중놈의 버릇 다 그러냐? 중놈의 행실 다 그러냐?" 하고 이때 잡아당긴다.

석가여래 저 중상은 깜짝 놀라 일어나며, "내가 무슨 죽을 죄를 지었길래 이다지 무례 막대하게 굽니까?" 하니 당금애기 하는 말이, "아니 아니 이 중상아, 남의 집 귀중 처녀 덮고 자는 천여를 네가 어찌 갖다 덮고 자나니까?"

석가여래 저 중상 하는 말, "나는 빛도 좋고 탐도 나서 깔고 덮고 잤거니와 자기는 나의 떨어진 청포 장삼 무엇이 탐이 나서 깔고 덮고 잤냐니까?"

이에 당금애기 하는 말이, "내가 그것이 탐이 나서 그런 것이 아니라 하느님이 짐승으로 그리 하였나보오."

석가여래 하는 말, "나도 이것이 탐이 나서 그런 것이 아니라 하나님이 짐승을 시켜 그리하였나보오."

이와 같이 말을 하니 당금애기씨 하는 말이, "어서 가오 바삐 가오."

이때 석가여래 하는 말, "가기는 내가 가겠으나 찾을 일이 있을 테니 나의 주소 성명 잊지 마오. 나는 서천 서역국 금불암에 사는 중이오. 이름은 석가여래 나이는 갑자생 생일은 사월초팔일 오시 탄생이니 잊지 말고 찾으시오."

이때 당금애기씨 하는 말, "너 찾을 리가 만무로다. 일가족속 아니거든 너 찾을 리 만무로다. 동기일신 아니거든 너 찾을 리 만무로다. 어서 가오 바삐 가오."

하니 석가여래 저 중상이 하는 말, "가기는 가겠으나 당금애기씨가 밤 삼경쯤 되어 꿈 꾼일이 있을 테니 꿈 애기를 해주면 해몽이나 하고 가리다."

이때 당금애기씨 하는 말이, "남의 집 귀중 처녀 꿈을 꿨던 무얼 했던 너의 무슨 상관되어 어서 가오 바삐 가오."

석가여래 저 중상이 하는 말이, "여자로서 남자 앞에 꿈 얘기 어려와 못 할 테니 꿈 얘기도 내가 하고 해몽도 내가 할까? 당금애기씨 밤 삼경쯤 되어 꿈을 꾸되 청룡, 황룡이 여의주를 다투어 가며 하늘로 올라가는 꿈을 꾼 일이 있지 않소?"

당금애기 저 중상이 남이 꿈 꾼 것을 하도 이상하게 가르쳐 내는 것이 하도 이상하여 "그러면 그 꿈이 무슨 꿈일까요?" 하고 물었세라.

석가여래 저 중상이 하는 말, "그 꿈은 다른 꿈이 아니오라 청룡이 자기 직성(直星) 황룡은 내 직성." 이와 같이 해몽하니 당금애기씨 하는 말, "아니 청룡은 내 직성, 황룡은 자기 직성이라 하년 어씨한네 흩으러져 가며 하늘로 올라가는 뜻은 무슨 뜻이요?" 하고 물었세라. 석가여래 저 중상이 하는 말, "나는 서천 살고 자기는 조선 사는데 한 방에서 병풍으로 새를 두고 잠을 자다 천여를 다투는 뜻은 무슨 뜻이요? 이걸로 해득이라."

이때에 당금애기씨가 "그러면 오경쯤 되어 꿈을 꾸었는데 그땐 무슨 꿈을 꾸었겠오?" 하니 이때 석가여래 하는 말이 "당금애기씨 밤 오경쯤 되어 꿈 꾼 것은 천상선관 내려와서 구슬 세 개 주는 것을 받아들고 몸도 곱고 빛도 좋아 두 손에 듬뿍 쥐어도 보고 입에 듬뿍 물어도 보고 옷고름에 넣어도 보고 허리춤에 넣어도 보다 깬 일이 있지 않소?"

당금애기 하도 남 꿈 꾼 것을 어찌 그리 잘 알아내나 하고 "그 꿈 꾼 것은 무슨 꿈일까요?" 하고 묻는다.

석가여래 저 중상이 하는 말이 "그 꿈은 다른 꿈이 아니오라 아들 삼태(三胎)하리로다."

이때 당금애기 열이 벌컥 나서 베개로 넘겨 치며, "중놈의 행실 다 그러냐? 중놈의 행실 다 그러냐? 어서 가거라 바삐 가라. 남의 집 귀중 처녀 보고 삼태란 말이 웬 말이냐? 어서 가거라 바삐 가거라." 하고 재촉한다.

석가여래 저 중상이 하는 말, "가기는 가겠으나 나를 찾을 일이 있을 것이니 나 간지 칠 년만이면 나를 찾을 일이 있을 테니 주소 성명 잊지 마오. 나는 서천 서역국 금불암에 사는 성은 왕가요 이름은 석가여래, 나이는 갑자생, 생일은 사월 초팔일 오시 탄생이니 잊지 말고 찾으시오."

당금애기씨 하는 말, "너 찾을 일이 만무로다. 어서 가거라 바삐 가라." 하니 석가여래 그제야 신발을 부스럭 부스럭 신더니만 별안간 온데간데없었세라.

당금애기 저 중상 가는 자취를 보려고 살펴보니 별안간 온데간데 없어. 저 중상 앞에 있을 적에는 마음이 든든한 기가 있더니만 저 중상이 눈에 아니 보이니 무서운 생각 들었세라.

그제야 금단춘, 옥단춘이를 깨워 가지고, "저 중상이 간다고 나가더니 별안간 온데간데없으니 팔십여 칸 넓은 집에 어느 곳에 숨어 있다가 무슨 해코지를 하면 어찌하나? 우리 등촉을 밝혀 가지고 찾아보자." 하고 이리저리 사면 찾아 다녀 보니 간 곳이 없었세라. 문간에 나가보니 대문도 누가 열었드냐 하고 그대로 모두 잠겨있고 그제야 간 자취를 도무지 모르겠더라. 당금애기 하는 말이, "그 중상 하늘로 비상천(飛上天)하였나보다." 하고 그 날 밤을 새웠다.

이 날은 어느 날이냐? 시월 십육일 날이었는데 당금애기씨 생신날이로다. 금단춘이 옥단춘이는 당금애기씨 생신을 차려 드렸거늘 당금애기 그 날 밤에 들은 소리 분한 마음 도무지 풀리지 않는 연고로 밥을 먹지 못하고서 그대로 상을 물려내고 종일토록 생각하여 보아도 그 소리 들은 것이 도무지 분하여서 그 분함이 풀리지 않는 연고로 그 날은 진종일 궁금하게 지냈거늘. 그나저나 당금애기씨는 하루, 이틀, 한 달, 두 달 지나갈수록 그 분한 마음 도무지 풀리지 않는 연고로 그때부터 몸이 피곤해지고 밥맛을 잃어 밥을 제대로 못 먹는 때라.

이 달은 어느 달이냐? 맹동(孟冬) 시월이 되었구나. "금단춘아, 옥단춘아. 이것이 웬일이냐? 나의 몸이 점점 쇠약해지고 밥맛을 잃어 밥을 점점 못 먹으니 병이 드는 모양이니 이제 큰일 나겠구나."

이때는 어느 때냐? 이 달이 가고 저 달 온다. 섣달이 되었는데 한 달, 두 달, 석 달 되더니만 점점 밥맛을 잃어 도무지 밥을 먹지 못하는 때인데, "금단춘아, 옥단춘아. 화식(火食)에서 생쌀내가 웬일이냐? 옥수 같은 청수에서 해감내가 웬일이냐?" 동지섣달 설한풍에 풋대추 좀 구할 수 없나? 머루 다래 없거들랑 뿌리라도 캐어오너라. 맛맛으로 다려먹자."

이때 세월을 보내는데 섣달이 다 지나가고 해가 바뀌거늘. 이때는 어느 때냐? 맹춘 정월달이 되었는데 당금애기씨는 한 달, 두 달 지나갈수록 점점 몸이 괴로워지고 병석에 눕게 되었거늘 정월달이 되더니만 여기저기서 모여 다니며 풍계묻기, 자세묻기하는 소리 당금애기 귀에 쟁쟁 들렸거늘 당금애기 생각하니 더욱 처량하였세라.

"나는 어찌하여 부모도 집에 아니 계시고 온몸에 병이 들어 놀지도 못하게 되었으니 이 노릇을 어찌하나?" 하고 세월을 보내는데, 때는 어느 때냐? 이월 달이 돌아옴에 동지섣달 설한풍에 철썩 같이 쌓인 눈은 우수 경칩 만나서 슬슬 풀어져서 눈 녹은 물이 졸졸 흘러내리는 소리 당금애기씨 귀에 들렸거늘 처량하게 생각한다. "철썩 같이 쌓인 눈도 모두 풀려 물이 되어 흘러내리는데 우리 부모는 한번 가시더니 다시 풀려 나오시지 못하시니 어느 때나 나오시려 하나?"

그러나 세월을 민망하게 보내는데 때는 어느 때냐? 계춘 삼월달이 돌아옴에 당금애기 생각하니 기막히다. 삼월 초사흘이 되더니만 강남 갔던 제비들은 또 다시 날아와서 무어라고 지절지절하는 소리 처량하게 들리거늘 그나저나 삼월달이 되더니만 잎은 피어서 청산되고 꽃은 피어 화산이라. 이 산 저산에 꾀꼬리 소리 당금애기씨의 귀를 쟁쟁 울리거늘 처량하고 가련하다. 그나저나 어느 때나 우리 부모들 오시려나? 내가 만약 죽은 뒤에 오시면 그 애절 통곡 얼마나 하실까?

때는 어느 때냐? 사월달이 돌아옴에 이 날은 어느 날이냐? 사월 초사일 날이 되더니만 당금애기씨 모친께서는 삼년기도를 다 채우고서 돌아오게 되는 날이었고 당금애기 부친과 오라버니들은 그날서야 모두 풀려나오게 되었세라. 당금애기씨 부친께서 문간에서부터 당금애기를 찾는 때라. "당금애기 내 딸이야. 어여뻐라 귀여워라 하고 기르던 내 딸. 너 어서어서 내달아라. 이제야 아비 온다. 삼년 동안에 고생 어찌 하였느냐? 어서어서 내달아라." 별별 말씀 다 하시며 들어와도 아무 기척이 없었세라.

당금애기씨는 후원 별당 안에 누워 일어나지를 못하고 있는 때인데 당금애기 부친 전에서는 이제야 풀려나오면서 별별 소리를 다하여도 아무 기척이 없으니까 이게 웬일이야? 하고 후원별당 문을 열고 들여다보니 몸이 깍짓동만 해가지고 들어 누워 눈물을 번뜩 흘리면서 말 한 마디 못한다.

당금애기 부친은 깜짝 놀라 들어가서 하는 말, "웬일이야? 네가 웬일이야? 나의 보고 싶은 마음이 병이 되어 그다지 병이 컸구나. 이제 안심하여라. 내가 왔으니 이제 너의 병을 고쳐주리로다."

맘을 갈아 앉히시며 면면촌촌 방방곡곡 삼지사방에 맥쟁이 불러라 침쟁이 불러라 약을 지어 드려라 하고 모두 소문을 내어 용타하는 사람을 다 청해 다가 맥을 보니 맥쟁이 맥을 보더니만 "나는 그 맥 요리 모르겠어요." 하고 물러앉고 또 침을 놓으려하여도 침쟁이가 한참 보더니만 "나는 그 침 못 놓겠어요." 하고 물러앉고 안다는 사람은 다 불러들여도 모른다고만 하였지 안다는 사람은 하나 없었세라. 궁금하고 답답하기 한량없네.

당금애기 모친전에서는 돈 천 냥을 꺼내 가지고, "에라 별수 없다.

어디가 문복이나 하여 보리로다." 한다.

이때에 곽곽(곽박) 이순풍 선생님이 계셨는데 그들한테 점을 치러 가는 때이라. 당금애기 모친전에서는 곽곽 선생 순풍을 찾아가서 하는 말이, "나는 다름이 아니오라 내 딸이 작년 시월 십오일 날 병이 들어 약을 써도 백약이 무효라. 어찌하여 그 병이 되었나 자세히 알고자 하고 점을 한 장 치러 왔으니 어서 바삐 점 한 장을 잘 치어 주게나구려." 하고 말씀하오시니 곽곽 선생전에서 점상을 내어놓고 돈 천 냥 상에 얹고 팔마구리 산통을 높이 쳐들어 점을 치시는 때라.

"복(伏)이 추구 왈 …… 하옵시더니 조선 성도 성안에서 이조판서 댁에 따님이 병환이 났다하오니 자세히 알고자 하고 명찰하신 신령전에 문점을 드리오니 사손 병수는 사주에 응할 새 실흉화복 금일괘 중하옵소서." 하고 점을 치신다.

한참 앉아 풀으시더니만 "나는 그 점상 모르겠어요." 하시거늘 당금애기 모친전에서 하시는 말씀, "자네가 모른다하면 누가 알아? 그러지 말고 점사 나는 대로 얘기하면 될 것이 아닌가?" 하고 말씀하신다.

곽곽 선생전에서 하시는 말씀, "그러면 용서하시지요. 점사가 잘못 나는지는 모르겠으나 점사대로 말씀드리겠사옵니다." 하고 말씀하시기를, "다름이 아니오라 작년 시월 십오일 날 서천 사는 중 하나가 하루 저녁 자고 간 일밖에 아니 나옵니다." 하고 말을 한다.

당금애기 모친전에서는 그 소리를 들으시더니만 말 한마디 못하고서 그대로 돌아가시며 혼자 하시는 말씀이 "사주팔자는 못 속이는구나. 사주팔자 못 속이는구나. 내가 그 딸을 낳기를 전에 관상을 보고 사주를 보더니 중 사위 둘 팔자라 하더니만 어찌 그리 맞아가나." 하면서 집으로 휘돌아 가신다.

당금애기 부친전에서 그 소리를 들으시더니만 금단춘이 옥단춘이 불러다가 형틀에 높이 올려 앉혀놓고 태산 같은 매를 주니 금단춘이,

옥단춘이 매를 못 이겨서 바로 말한다.

"저들은 아무 죄도 없습니다만 작년 시월 십오일 날 어디 사는 중 하나가 찾아와서 자고 간 일밖에 없습니다." 하고 말을 하니 당금애기 부친은 그제야 사실인 줄 아시고서 그다지 어여뻐라 귀여워라 하던 딸을 죽이려고 날뛰신다.

그때나 이때나 부모가 자손 귀여워할 때인데 안부모가 바깥 부모보다 한층 더한 고로 당금애기 모친전에서 하시는 말씀, "금수도 제 새끼를 제가 아니 죽이는데 사람으로 어찌 내 자손을 내 손으로 살해하시렵니까? 후원동산에다 토굴을 이룩하고 넣어두면 제가 굶어서라도 죽을 거요. 엄동설한에는 얼어서라도 죽을 테니 그리하여 둡시다."

당금애기 부친이 생각해 보니 모두 그럴듯하여 분함을 참으시고 "후원동산에 토굴을 이루어라." 하신다.

이때 어언간에 토굴을 이루고서 "토굴 속에 들어라." 하니 당금애기 처량하도다. 후원별당을 버리고서 후원동산 토굴 속에 가서 누워 생각하니 기막히도다. 그나저나 한편 생각하니 편하기가 한량없다. 죽지 않으면 살기로다. 살지 않으면 죽기로다. 단지 두 가지 마음밖에 없으니 편하기가 한량없네.

당금애기 모친전에서는 이와 같이 하여놓고 식구 몰래 시시 때때로 화식을 내어다가 먹여 목숨을 보존시키거늘 생쌀을 내어 팔아다가 의복을 입혀 길러내며 세월을 보낸다.

때는 어느 때냐? 세월이 흘러가는 고로 맹추 칠월달이 돌아왔거늘 이 날은 어느 날이냐? 칠월 십사일이 되더니만 그날은 아침부터 비가 퍼붓기 시작하여 장대같이 퍼붓는다. 당금애기 모친전에서 집에서 혼자 발을 동동 구르면서, "하느님도 무심하오. 산신국사도 야속하오. 내 딸 후원동산 토굴 속에 있는 줄 아시면서 이다지 비를 많이 퍼부으시니 그 굴속에 물이 가득 고여 둥실둥실 떴을 테니 저 노릇 어찌하나?" 하고 애절 통곡한다.

당금애기씨는 그날에서야 몸을 풀게 되셨거늘. 이때에 천상천녀 둘이 내려와 그 아이를 받아 들고 옥병에 물을 내어 목욕시키고서 청띠를 띠여 뉘어놓고 나니 또 한 아이 탄생이라. 그 아이도 목욕시켜 황띠를 띠여 밀어놓고 나니 또 한 아이를 탄생하니 그 아이도 목욕시켜 그때는 백띠를 띠여 밀어놓고 나서 하는 말이, "부인 수고 많이 하셨습니다. 이거 하나 잡수시오." 하고 주길래 받아 먹어보니 고프던 배도 불러지고 춥던 몸도 더워진다.

천상선녀 하는 말이 "청띠 띤 아기는 큰 아기요, 황띠 띤 아인 둘째 아이, 백때 띤 아인 셋째 아이요. 아무쪼록 이 아이들을 고이 곱게 기르셔서 칠 세가 되거든 이 아이 부친 찾아 가시지요. 될 수 있는 데까지 우리가 도와 드리리다. 이 아이의 부친은 서천 서역국 금불암에 사시는 성은 왕가, 이름은 석가여래, 나이는 갑자생, 생일은 사월 초파일 오시 탄생이니 잊지 말고 찾으시오." 이와 같이 단 두 마디 하더니만 높아라 둥기둥실 떠나갔거늘 그제야 비가 그쳤세라.

당금애기 모친전에서는 그제야 후원동산으로 먹을 것도 준비 아니하여 가지고서 뛰어 올라 오는 때인데 여기저기 물이 펑펑 흘러나는지라 당금애기 모친전에서 토굴 옆에 와서 살펴보니 풀잎사귀 하나 아니 젖었거늘 토굴을 들여다보니 어언간에 네 사람이 되었세라. 당금애기 모친이 생각하시고 하는 말씀이, "아하 그러면 그렇지. 아니 도와주실 리가 만무로다. 하느님과 산신국사, 후토신령이 아니 굽어 살피실 리 만무로다. 너의 몸을 가리기 위하여 비가 그다지 온 것을 나는 생각지 못하고서 공연한 근심하였구나." 하며 도로 뛰어 내려가셔서 먹을 것을 준비하여 먹인다.

생각해봐도 여름철에는 날이 더워 살았다 하지만 엄동설한 어찌하나 하고 겨울철에 토굴에 들어가 보면 더운 운기가 돌아 있고 여름 삼복지경에 들어가면 시원한 바람이 불어 있다. 당금애기 모친전에서는 한해 여름 한해 겨울을 겪어 보신 연후에는 그것은 도무지 근심 아니 되었거니와 먹을 것만 준비하다 먹이면 살겠노라 하고 이와 같이 세월을 보낸다.

세월은 물결같이 빠른 고로 이 아이들 거동 보소. 한두 살에 걸음을 배워 삼사 세에 온갖 말을 다 지어낸다. 당금애기는 그 아이들이 무럭무럭 자라나는 것을 기쁘게 생각하고 세월 가는 줄을 모르고 세월을 넘기는데 아이들의 거동 보소.

어언간에 오륙 세가 되었는데 하루는 동네 아이들과 함께 가서 놀다오더니만 "어머니 우리는 별소리를 다 들었어요." "무슨 소릴 들었느냐?" "우리를 보고 하는 말이 성도 없고 아비도 없는 놈이라고 하니 우리 집은 왜 이래요? 우리 성은 무엇이에요? 우리 부친 어디 있어요?"

이와 같이 물었세라. 당금애기씨는 생각하니 한편 생각하면 부끄럽고 한편 생각하면 기가 막혀 어찌할 수 없는 때라. 그러나 저러나 반은 속이고 반은 바른대로 얘기한다. "성 없는 사람 어디 있으며 부친 없는 사람이 어디 있느냐? 너의 성은 왕가로다. 너의 부친은 서천 서역국 금불암에 사신단다. 성은 왕가, 이름은 석가여래, 나이는 갑자생, 생일은 사월 초팔일 오시 탄생이 너의 부친이로다."

아이들이 하는 말, "그러면 우리 집은 왜 이래요?" "그런 것이 아니란다. 너의 부친이 여기 나와 가지고 살다가 너의 외조부님께 눈 밖에 나서 쫓겨나 나를 데리고 가자하니 너희들을 가진 고로 갈 수 없다 하니까 여기다 토굴을 지어주고 너희들 낳아서 길러 가지고 너희들이 걸어 다닐 만하거든 찾아오라 하고 가셨단다."

아이들이 그 소리를 듣더니만 "그러면 우리 외조부님 그저 생존해 계십니까? 외가가 어느 댁이요?"

당금애기씨 하는 말이 "그저 생존해 계신다. 너의 외가는 저기 저 댁이란다." 하고 일러주니 아이들 셋이 하는 말이 "그러면 외주부님 찾아보고 오겠나이다. 어머니 그간 안녕히 계십시오."하고 아이들이 저의 외조부님 찾아보려고 나란히 내려가서 당금애기의 부친전에 찾아가 절을 나란히 한다.

"외조부님 처음 이리 뵙겠습니다만 그간 안녕히 계셨습니까?" 생게망게한 일이다. 당금애기는 죽은 줄만 생각하고 있었는데 별안간 아이들 셋이 찾아와서 외조부님이라 하기에 하도 이상하여, "너희들이 길을 잘못 들어 집을 잘못 찾은 게다. 나는 딸도 없는 사람이라 외손도 없는 사람이나 바로 얘기하여라 찾아주마."

이와 같이 말씀하시니 아이들 셋이 하는 말, "아니에요. 분명히 바로 찾아 왔습니다."

당금애기 부친전에서 하시는 말씀, "너희들이 바로 찾았다고만 하면 무엇 하니? 나는 딸이 없는 사람이라 외손도 없단다."

하시거늘 아이들이 그 소리를 듣더니만, "그게 무슨 말씀이에요. 당금애기씨가 따님이시라는데 아니란 말씀이 무슨 말씀이요?" 하고 말을 하니 당금애기 부친전에서는 유구무언이라. 말 한 마디 못하신다.

이 날 이때까지 아이들을 낳아서 기르도록 감쪽같이 모르고 있었다면 도무지 말이 안 될 말이로다 하고 있는 때인데 아이들이 하는 소리, "너무 하셨지요. 너무 하셨지요. 어찌 사람을 토굴 속에 몇몇 해를 살게 하신단 말이 무슨 말씀입니까. 이 나라의 이조판서며 유지인 분이 그렇게까지 하시면 백성들이야 더욱 말 할 것 있습니까?" 하고 아이들이 말을 한다.

이렇게 도무지 무어라고 말 한 마디 못하시고 있는 때인데 아이들 하는 소리, "우리 모친전에서 부리시던 금단춘, 옥단춘이 있다 하니 그 사람들이나 내어 주시옵소서." 하고 말을 하니 당금애기 부친전에서 금단춘, 옥단춘이 불러내어 "너의 상전 돌아가신 줄로만 알았더니 그저 생존해 계시단다. 어서 어서 이 아이들을 따라가서 너의 상전 받들어라."

당금애기씨 부친이 이와 같이 말씀하시니 금단춘이, 옥단춘이는 반갑기도 하고 어찌 할 수 없는지라. 아이들을 따라 갔거늘 아이들이 자기 모친한테 가 하는 말, "외조부님 찾아뵙고 왔습니다. 그간 안녕히 계셨어요." 하고는 "금단춘, 옥단춘이 부리시던 사람들도 찾아가지고 왔나이다."

이때 금단춘이, 옥단춘이 당금애기 서로 상봉하여 금단춘이, 옥단춘이 하는 말이, "죄송하옵니다. 용서하시지요. 생존해 계신 줄만 알았다면 어느 틈을 타서라도 찾아와 뵈었을 텐데. 돌아가신 줄만 알았구료."

이와 같이 반가이 인사하고 서로 상봉하여 만나가지고 세월을 보내는데 때는 어느 때냐? 아이들이 칠 세가 되어 이제 아이들 하는 말이, "우리가 천 리라도 갈 수 있고 만 리라도 갈 수 있으니 여기서 그다지 천대받지 마시고서 어서어서 우리 부친 찾아가서 호의호식하고 세월을 보내 보십시다." 하고 가자고 재촉하는지라. 당금애기씨는 그럼 "서천국을 찾아가자." 한다.

아이들 셋을 앞에 세우고 금단춘 옥단춘을 뒤에 세우고 하는 말이, "후원동산 잘 있거라. 후원동산 잘 있거라. 칠 년 동안 신세도 많이 졌고 그 신세 언제 갚나?" 하며 갈 때 한 달 가고 두 달 가고 그렁저렁 걸어가다 보니 대강수(大江水) 다다르니 그 강을 건널 수가 없었세라. 그 강을 건너야만 될 터인데 어찌 건너야 옳을까 하고 오르락내리락 하고만 있는 때인데 어떤 중이 나타나더니만 "어디를 가시는 분이기에 이 강을 건너려고 애 쓰십니까?"고 묻는다.

"우리는 서천 서역국 금불암을 갑니다."

"거기는 어찌 가십니까?"

"예. 성은 왕가, 이름은 석가여래, 나이는 갑자생, 생일은 사월 초파일 오시 탄생을 찾아 가옵니다."

"아 그러면 그 분은 우리 절의 우리 선생님이신데요. 그러시다면

제가 건너드리지요." 하더니만 동으로 뻗은 버들잎을 쭉 훑어 연엽선을 만들어 놓고 타시라고 재촉하여 그 배를 타고 건너가서 어서 내리라고 재촉하여 내리고 보니 중도 간 곳 없고 배도 간 곳 없고 연잎만 둥기둥실 떠나간다.

당금애기 생각하니 기막힌 노릇이고 이상하다. 우리가 저 연잎을 타고 건너왔단 말이 웬 말인고? 그 중상의 기술이 그다지 좋은 모양이로구나. 그나저나 그 절에 있는 사람 모두 재주가 다 좋은 모양이니 어서어서 가서 만나보리로다 하고 서천국을 건너가서 금불암 절을 찾는 때라.

명산대천 금불암을 찾아가서 보니 절도 크고 중도 많아 오글오글 와글와글 하는 때인데 어떤 중더러 물었어라.

"여기 성은 왕가, 이름은 석가여래, 나이는 갑자생, 생일은 사월 초팔일 오시 탄생이 어디 계십니까?"

"저기 저 방에 계십니다." 하고 일러 주길래 그 방문을 열고 보니 새파랗게 젊은 청춘 중 하나 들어 누웠거늘, 다시 나와 "그 분이 아니신데요?" 하니깐 "어떤 분을 찾으시기에 그 분이 아니라 하옵니까?" "예. 성은 왕가, 이름은 석가여래, 나이는 갑자생, 생일은 사월 초팔일 오시 탄생을 찾습니다." "예. 그러면 그 분이 분명한데 어째서 그 분이 아니라 하옵니까?" "아니에요. 내가 볼 적에는 백팔십 여 세 먹어 뵈는 노인 중이었는데 지금 보니 새파랗게 젊은 청춘이니 아니지요."

저 중이 하는 말 껄껄 웃으면서 "감쪽같이 속으셨군요. 우리 선생님은 풍운둔갑법을 배우셨기 때문에 별별 짓을 다 합니다. 분명히 그 분이니 염려 말고 찾으시오."

당금애기씨가 다시 생각해 보니 갑자생이라고 하길래 몇 십 년 전 갑자생인 줄만 알았더니 이제 나이를 따지고 보니 자기보다 세 살 더 먹었거늘 이때 기분 좋고 마음 좋게 찾아가서 그 문을 열고 들어가

보니 석가여래 저 중상은 잠을 자고 있는 때라. 그 앞에 가 앉아 하는 말이 "대사님. 일어나시오. 대사님. 일어나시오. 조선 성도 성안에 살던 당금애기 여기까지 찾아왔으니 어서어서 일어나시지요." 하니 석가여래 저 중상은 곤히 자다 일어나는 듯이 슬쩍 돌아누우며 하는 말, "꿈도 이상하였구나. 조선 살던 당금애기 꿈에 보이니 웬일인가?"

이와 같이 말을 하니 당금애기 하는 말, "아니에요. 생시로 분명히 내가 여기까지 찾아왔으니 어서어서 일어나시지요." 한다.

석가여래 저 중상 벌떡 일어나서 눈을 꽉 감고 하는 말이 "큰일 났구나. 꿈에도 보이더니 생시에도 무슨 소리가 들리니 당금애기가 죽어 귀신이 되어가지고 나를 해코지하러 찾아왔나보다. 에라 쫓아 버리리다." 하고 경문을 외우거늘, "복원 천존지비하니 건곤이 정의로다 재지성형하니 변화현의로다."

이와 같이 경문을 외우니 당금애기씨 눈물이 핑 돌며 하는 말이, "너무 하시는구료. 너무 하시는구료. 무슨 품앗이오? 앙갚음이오? 분명히 내가 살아 여기까지 찾아오느라 고생을 얼마나 하였는지 모르겠어요? 그 아이들을 낳아서 칠년 동안 고생한 생각을 하여서도 그렇게 못하리다."

이와 같이 말을 하니 아이들은 그 소리를 듣더니만 문을 열고 들어와 석가여래 전에 절을 나란히 하며 "부친 처음 뵙겠습니다만 그간 안녕히 계셨습니까?" 하고 절을 하니 석가여래 저 중상은 그제야 눈을 뜨고 아이들 셋을 끌어안고 당금애기씨 손을 마주 잡고 하는 말이 "칠년 동안 고생 많이 하셨구료. 그 죄는 모든 죄가 내 죄로다. 용서하시오."

아이들 보고도 하는 말이 "너희들 고생한 것도 모든 죄가 내 죄로다. 나를 용서하여라. 어린아이로서 여기까지 어찌 찾아왔나? 그나저나 어떤 아이가 큰 아이요? 어떤 아이 둘째 아이? 어떤 아이 셋째 아이요?"

이와 같이 말을 하니 당금애기씨 하는 말 "청띠 띤 아이 큰 아이요, 황띠 띤 아이 둘째 아이, 백띠 띤 아인 셋째 아이요."

석가여래 하는 말이 "그럼 이름은 무어라고 졌나이까?"

당금애기씨 하는 말이 "이름은 우리 부부가 서로 상봉하여 의론공론하며 지으려고 이름은 아니 졌나이다."

이때 석가여래가 하는 말이 "그러면 우리 고생한 이야기는 살아가며 두고두고 할지라도 어서어서 이름부터 지어봅시다." "생전 변치 않도록 한번 지어봅시다. 이 아이들은 이름을 지을 적에 생전 변치 않도록 지어 둡시다."

석가여래 하는 말이 "그거야 어려울 거야 무엇 있소. 그리하여 봅시다." "그러면 청띠 띤 아인 큰아이니 이름부터 지어 봅시다. 청산이라 지어 봅시다."

당금애기 하는 말이 "청산은 삼사월에나 청산이지 구시월에도 청산이오? 변해서 못쓰겠어요." 석가여래 하는 말이 "그러면 무어라고 지어야 옳겠나이까?"

당금애기 생각하더니만 "이 아이는 맏이로 낳았으니 맏형 자 한 자 떼고 부처불자 한 자 떼어 형불(兄佛)이라 지어 둡시다."

석가여래 그 소리를 듣더니만 "아, 참 그 이름 잘 지었소. 참 여중군자구료. 그렇게 이름을 잘 지면서 무얼 나를 만날 때까지 이름 아니 짓고 있었나이까? 그나저나 그러면 둘째 아이는 황띠를 띠었으니 황산이라 지어 둡시다."

당금애기 하는 말이 "그 이름 못 쓰겠소." "그러면 무어라고 지어야 옳소?" 당금애기씨 한참 궁리하더니만 "황산은 구시월에 황산이지 동지섣달에도 황산이오? 변해서 못쓰겠어요."

"그러면 무어라고 지어야 옳소?" 하니깐 "이 아이는 둘째 아이니 이재 자 한 자 떼고 부처불자 한 자 떼어 재불(再佛)이라 지어봅시다."

석가여래 하는 말이 "아하 그 이름 잘 지었소. 참 여중군자구료. 그나저나 아이들을 하나도 내가 이름을 못 지어서야 말이 되나? 셋째 아이는 내가 또 지어볼까? 조금 틀리더라도 그냥 두시구려. 이 아이는 백산이라 지어 봅시다."

당금애기씨 하는 말이 "아니 여보시오. 대사님이라 뫼산(山) 자만 배웠구료. 어찌 그리 산 자로만 나갑니까?" 석가여래 하는 말이 "어째서 못 쓰겠오?"

당금애기씨 하는 말이 "동지섣달에나 백산이지 오뉴월에도 백산이오? 변해서 못 쓰겠어요." 하고 당금애기씨 궁리하더니만 "이 아이는 셋째 아이니, 석삼 자 한 자 떼고 부처불자 한 자 떼어 삼불(三佛)이라 지어 봅시다."

석가여래 하는 말이 "참 여중군자구료. 참 그 이름 잘 지었소."

당금애기 이와 같이 이름 지어 놓고 하는 말이 "형불이, 재불이, 삼불이라 지어두면, 삼불조합이 맞아야 된단 말도 있을 것이고 이렇게 지어 두면 생전 이름 변치 않을 테니 이렇게 지어둡시다." 하였거늘.

석가여래 하는 말이 "참 그 이름 잘 지었소. 여중군자로구려." 하고 아이들을 이름을 지어놓고 세월을 보내는데 세월은 흘러가는 연고로 아이들은 무럭무럭 자라나며 세월을 보낸다.

석가여래 자초지종(自初至終)은 천상선관이었는데 도를 닦으려고 인간으로 태어나 이다지 고생하였고 당금애기씨는 천상선녀였는데 죄를 벗으려고 도를 닦기 위해 인간으로 태어나 고생 많이 한 연고로 도를 다 닦았거늘 석가여래는 칠십삼 세가 정년이고 당금애기씨는 칠십 세가 정년이라.

석가여래는 도를 닦고 다시 천상선관이 되고 당금애기씨는 도를 다 닦아 도로 천상선녀가 되어 선관선녀 되어 가지고 석가여래는 당금애기씨를 휘어 안고 안개로 병풍치고 무지개 발로 다리를 놓고 하늘로 비상천을 하였것다.

형불이, 재불이, 삼불이는 서천 서역국 금불암에서 불경을 배웠에라. 불도를 하였거늘 이때에 또다시 조선땅으로 건너가서 찾아와 어느 곳을 향했는냐? 강원도 금강산을 향하고서 금강산에 올라가 유점사를 이룩하고 절을 위성하여 놓고 불경 불도를 하는 때라.

그나저나 형불이, 재불이, 삼불이는 팔십 세가 정년이라. 어언간 팔십 세가 다 되어서 한날한시에 한곳으로 머리를 두고 운명을 하였거늘. 그런데 겨우 불경불도를 닦다가 남한테 많이 가르쳐주지 못하고 펼치지 못한 연고로 형불이, 재불이, 삼불이가 운명하여 그 절을 지킬 자가 없었세라.

이때부터 해마다 나라에 흉년이 들고 국상이 자주 나서 도무지 견딜 수가 없는데 어느 이인(異人)이 생각하더니만, "옛날 옛적에 조선 성도 성안에 사시던 당금애기씨가 낳으신 형불이, 재불이, 삼불이가 서천서 불경 불도를 가지고 나와 많이 펼치지 못하고서 운명하신 고로 연년이 흉년이 들고 국상이 자주 나니 유점사를 찾아 형불이, 재불이, 삼불이의 신체를 감장(勘葬)하여 놓고 불경 불도를 하면 국태민안 하리로다." 하시던 고로 그때부터 불경불도를 닦기 시작하여 불경이 성했다.

여러 만인간들은 형불이, 재불이, 삼불이 위성하면 운수 재수 태어주고 모든 일이 마음먹는 대로 된다는 말을 듣더니만, "그러면 절에까지 찾아갈 것 없이 우리 집에 삼불제석님을 위성하면 되겠지." 하고 삼불이를 위성하였다.

이날 이때부터 형불이, 재불이, 삼불이를 삼불제석님이라 하고 위성하는 뜻은 이 뜻이니 여러 만인들이 아무쪼록 삼불제석님을 위성하면 운수, 재수 태어주고 또 집안 무고하고 국태민안하고 여러 만인들께 소원성취 이뤄주니 형불이, 재불이, 삼불이는 제석님으로 받으시고 이 가중을 살피실 때에 운수, 재수 티여 주시길 비나이다. [1968년, 경기도 양평군 양근리 김용식(독경무)씨로부터 서대석 채록 / 한국의 신화(서대석), 집문당]

❖ 〈오구본풀이〉(바리공주)와 함께 가장 널리 전승되고 있는 〈제석본풀이〉는 세존굿(시준굿) · 제석굿 · 셍굿 · 중굿 등으로 불리는 무속굿판에서 가창되는 서사무가이다.

이 〈제석본풀이〉는 일명 〈당금아기〉로 유명한데 당금아기는 생산신, 삼불제석은 인간의 수복(壽福)을 관장하는 신격에 대한 본풀이이다. 〈제석본풀이〉는 무속을 비롯해서 불교와 신선사상이 한데 습합하여 이루어진 신화로, 천부지모형(天父地母型)을 포함한 규범적 신화구조의 모범을 보이고 있다.

5 일반신화

(1) 치우(蚩尤)

치우는 배달국(倍達國)의 제14대 천왕(천황)인 자오지환웅이다. 기원전 2707년에 즉위하여 109년간 나라를 다스렸다.

6개의 팔과 4개의 눈, 소의 뿔과 발굽, 구리로 된 머리와 쇠로 된 이마를 하고, 큰 안개를 일으킬 수 있었다.

81명의 형제가 있었고, 병기 제작 능력이 뛰어나 활 · 화살 · 창 · 갑옷 · 투구 등 각종 무기를 만들어 신농(神農)을 무찔렀다.

또 12개의 제후국을 합병하였는데, 70여 차례의 전쟁에서 한 번도 패하지 않았고, 헌원(軒轅)을 황제로 임명하였다. [환단고기(桓檀古記) / 규원사화(揆園史話)]

❖ 치우는 중국의 여러 고서와 한국의 문헌에 등장하는 신화적 인물이다. 흔히 군신(軍神) · 병주(兵主) 등 전쟁의 신으로 통한다. 치우천왕, 자

오지천왕(慈烏支天王), 자오지천황, 자오지환웅(慈烏支桓雄) 등의 이름으로도 불린다.

치우가 기록되어 있는 대표적 문헌은 1675년(숙종1) 북애노인(北崖老人)이 지은 《규원사화(揆園史話)》와 1911년에 계연수(桂延壽)가 저작한 《환단고기(桓檀古記)》이다.

이들 문헌에서는 치우를 우리 민족 최고의 전쟁 신으로 받들고 있다. 하지만 중국 쪽에서 치우의 강인한 인상과 믿음을 해학적으로 표현함으로서 도깨비처럼 전승하게 되었다. 따라서 고대 왕릉, 기와, 민담 등에 나타나는 도깨비 문양은 귀신인 도깨비가 아니라 용감하고 매서운 인상을 지닌 '치우환웅'의 상징적 표현이다. 2002년 제17회 월드컵축구대회(한일 월드컵) 때 한국 대표팀의 응원단인 붉은악마의 트레이드마크 도안도 치우(도깨비)의 이미지에서 딴 것이다.

한편, 중국 먀오족[苗族] 신화에서는 먀오족의 옛 이름인 구려(九麗)의 군주로 등장하고, 사마천(司馬遷)의 《사기(史記)》의 봉선서(封禪書)에는 한(漢)의 고조 유방(劉邦)이 치우를 패공(沛公)으로 칭한 뒤, 곧바로 치우에게 제사지내고 피로 북과 깃발을 붉게 칠했다는 기록이 보인다. 또 《산해경(山海經)》에 따르면, 치우는 탁록(涿鹿)의 싸움에서 황제(黃帝)와 싸우다 응룡(應龍)에게 죽었다고 한다.

중국의 역사는 3황5제로부터 시작된다. 3황은 수인씨, 복희씨, 신농씨인데, 이들을 인황(人皇), 지황(地皇), 천황(天皇)이라고도 한다. 오제는 황제(黃帝), 전욱(顓頊), 제곡(帝嚳), 요(堯), 순(舜)이다. 그런데 《사기(史記)》의 저자 사마천은 3황이 신화라 해서 수록하지 않고 대신에 5제 중 1제인 황제로부터 중국의 역사가 시작되는 것으로 본다.

그래서 《사기》는 황제족과 치우족의 대결로 시작된다. 황제는 한족(漢族)의 시조이고, 치우는 동이족(東夷族)의 일파인 구려족(九黎族)의 시조이다.(九黎君號蚩尤-사기의 주석서 사기정의)

구려족은 지금의 산동성, 하남성, 하북성에 거주해 동이족의 거주지와 일치한다. 황제족과 동이족이 싸웠던 곳이 북경 서북쪽 120 km 지점의

탁록이란 곳인데, 현재 황제성과 치우성의 유적이 남아있다. 1995년도에 중국인들은 황제성이 있던 지역에 중화삼조(中華三祖)를 모시는 삼조당을 세웠는데, 거기에는 신농씨와 황제 외에 동이족의 조상인 치우까지 모셔놓음으로써 동북공정(東北工程)의 속내를 노골적으로 드러내었다.

(2) 도깨비

철원에서 제일 부자가 누군가 하니 바로 김진해 씨야. 김진해 씨의 어머니가 혼자됐는데, 밤마다 푸른색을 띤 도깨비가 나타나 잠자고 가는 거야. 그리고 올 때마다 금덩이를 갖다 줘. 그래서 아주 부자가 됐어.

이 도깨비가 제일 좋아하는 음식은 뭔지 알아? 메밀묵이야. 메밀국수인 막국수도 아주 좋아한대. 김진해 씨의 어머니는 도깨비를 메밀국수로 잘 대접하였대. 그래서 큰 부자가 되었다지. 근데 이상한 것은 김진해 씨의 어머니가 몸에서 푸른 빛이 나드니 돌아가드래.

이 도깨비는 몰래 드나들지만 간혹 마을사람들을 만나면 누구에게나 무조건 "김 서방 잘 있었나?" 하고 말한대.

한번은 힘센 장사와 만나 씨름을 했는데, 장사가 이겨서 나무에 묶어놓고 갔어. 다음날 와서 보니까 다 닳아빠진 빗자루 몽둥이더래.
[1985.7., 철원(와수리) 채록]

❖ 〈도깨비〉 : 전래하는 우리의 신화에는 도깨비 이야기가 유난히 많다. 도깨비 방망이와 혹을 바꾼 혹부리 영감 이야기, 시골에서 늦은 밤에 장이나 마을갔다가 오다가 만난 도깨비와 밤새워 씨름을 하였는데 새벽에 보니 도깨비는 온데간데없고 닳아빠진 빗자루만 남아 있었다는 등등의 기이하고 친숙한 이야기 등이 그것이다.

도깨비는 민간신앙에서 믿어지고 있는 초자연적인 존재의 하나로 한국 전래문화의 특징을 가장 확실하게 보여주는 신령이다. "꼭 도깨비에 홀린 것 같다" 고 말할 때 그 도깨비는 우리 민중의 뇌리에 깊이 각인되어 있다.

도깨비는 도채비, 돗가비, 독각귀, 독갑이, 허주, 허채, 망량, 영감 등 다양하게 불린다. 한자로는 '독각귀(獨脚鬼)' 즉 다리가 하나인 귀신으로 일반적인 귀신과는 다른 존재로 등장한다. 도깨비는 불도깨비, 거인도깨비 등과 같이 형체가 있는 것과, 보이지 않고 사발 깨지는 소리, 말발굽소리, 기왓장 깨지는 소리와 같이 비가시적인 도깨비가 있다. 그리고 불을 켜고 다니는 등불도깨비, 굴러다니는 달걀도깨비, 멍석도깨비, 홑이불도깨비 등과 같이 그 모양과 생김새에 따라 여러 가지 종류가 있다.

사람이 죽은 다음 그 영혼이 변해서 되는 귀신과 달리 도깨비는 나무, 돌과 같이 오랜 수명을 지닌 것이거나 닳아빠진 빗자루와 같이 사람의 손때가 묻은 빗자루, 짚신, 체, 절굿공이, 부지깽이 같은 것에서 생긴다고 한다.

도깨비가 사는 곳은 일정하지는 않으나 어두운 숲이나 들판, 산길, 계곡, 절간이나 헌 집, 우물 등에서 흔히 나타난다. 도깨비는 음기(陰氣)의 영이고 음귀라고 불리고 있는 만큼, 음침하고 그늘진 곳에 있다가 어두운 때나 밤에 주로 나타난다. 낮이라 하여도 궂은비가 부슬부슬 내려 어두컴컴한 때에 나타나기 때문에 속담에 '도깨비 놀기 좋은 날이다'라는 뜻은 궂은 날을 가리킨다.

도깨비의 가장 두드러진 특징은 심술을 잘 부리고 장난을 즐긴다는 점이다. 예컨대 장에 다녀오는 사람에게 씨름을 청하여 하나뿐인 다리 때문에 자꾸 져도 끈질기게 덤비는 이야기라든지, 잔치가 벌어진 어느 집에 나타나 솥뚜껑을 솥 안에 우그러뜨려 넣고 황소를 지붕 위에 올려놓았다는 이야기는 도깨비의 심술성을 잘 나타내고 있다.

흔히 사람이 얼토당토않은 일을 당했을 때, '도깨비장난' 또는 '도깨비조화'라는 말을 한다. 이는, 도깨비는 장난기가 많아 인간이 상상할 수도 없는 일을 저지르기 때문이다. 가령 솥뚜껑이 종이쪽처럼 구겨지거나, 솥

안에 있던 떡시루가 뒷간에 있다든지, 국수가 뒷동산 소나무에 걸려 있고, 외양간 황소가 지붕 위에 앉아 있다는 식이다. 또 어떤 사람이, 밤에 신기하게도 게가 잘 잡혀 좋아라하며 밤새워 잡고 있는데 새벽녘에 누가 "김 서방, 게 많이 잡았소?" 해서 돌아보니, 키가 9척이나 되는 큰 사람이 킬킬거리며 달아나고 동이 터서 보니 망태기에 쇠똥만 가득 있더라는 것이다.

그러나 도깨비는 어리석은 면이 있어서 무엇을 한번 알게 되면 그것 하나가 전부인 줄 알고 계속 반복한다. 한 번 돈을 꾸어주었더니 매일 저녁 꾼 돈을 가져와 큰 부자가 되었다는 이야기는 그러한 예화이다.

그리고 귀신과는 달리 매우 인간적인 성격을 지닌 도깨비는 영악한 인간에게 속아 넘어가는 순진함을 지니고 있다. 또 먹고 마시며 춤추고 노래 부르며 노는 것을 즐기고 예쁜 여자를 좋아하는 인간적인 면모를 갖고 있다.

우리 민족은 예로부터 도깨비를 매개로 하여 부자가 되거나 소원을 이루게 되었다는 도깨비 이야기를 종종 들으며 살아왔다. 그러기에 도깨비야말로 경제적, 사회적 한계를 벗지 못하는 민중에게 꿈을 주는 존재이기에 한번쯤 만나보고 싶은 충동을 받는 신령이다.

(3) 손돌바람

경기도 김포시와 강화군 사이에 손돌목이라는 여울이 있다. 여기서는 음력 시월 스무날경이면 유난히 매섭고 차가운 바람이 거세게 불어댄다. 그 바람을 일러 '손돌바람'이라고 한다.

고려 때 몽고군의 침입으로 왕이 급박하게 강화로 피난하는데, 손돌이라는 뱃사공이 왕과 그 일행을 배에 태워서 건너게 되었다. 손돌은 안전한 물길을 택해 배를 초지(草芝)의 여울로 몰았다. 왕은 배가 곧장 가지 않고 돌려가는 것을 보고 사공인 손돌이가 자기를 해치려는 것으로 생각하고, 신하를 시켜 손돌의 목을 베도록 명하였다.

그때 손돌은 왕에게, 자신이 죽은 뒤 배에 있는 박을 물에 띄우고 그것을 따라가면 몽고군을 피하여 무사히 강화섬에 도착할 수 있다는 말을 남기고 죽었다.

손돌을 죽이자 배가 마구 흔들려 뱃길을 잡을 수가 없었고, 뒤에서는 몽고군의 배가 쫓아왔다. 급해진 일행은 왕에게 손돌의 말대로 박을 띄어 보자고 하였다.

일행은 박을 바닷물에 띄었다. 신기하게도 박은 물살을 타고 물길을 안내하여 무사히 연안에 도착했다. 왕은 성급하게 생각해 손돌을 죽인 것을 후회하고 그의 충성에 감복해서 후히 제사를 지내주고 영혼을 위로하였다.

그런데 손돌이 죽은 날인 시월 20일이 되면 그곳에 매번 매서운 강바람이 불어오는 것이다. 사람들은 이를 일러 억울하게 죽은 손돌의 원혼이 일으키는 바람이라고 해서 '손돌바람'이라 하고, 이 여울목을 '손돌목'이라 한다.

손돌바람이 부는 때가 되면 어부들은 바다에 나가는 것을 삼가고, 일반사람들은 겨울옷을 마련하는 풍습이 있다. [최상수, 한국민간전설집, 통문관]

(4) 영동할머니

바람할머니 '영동'은 2월 1일에 내려 왔다가 2월 15일에 옥황으로 올라간다는 바람신이다.

2월 1일에 바람이 심히 불면 '바람영동'이라 하고, 비가 오면 '물영동'이라 한다.

물영동 때에는 영동할머니가 며느리를 데리고 내려오고, 바람영동 때에는 딸을 데리고 내려온다. 할머니가 내려올 때는 며느리나 딸 중 어느 하나를 천상에 남겨놓아야 하고, 남아있는 사람은 15일 동안 베를 짜야할 의무가 있다. 그래서 귀여운 딸이 남아있을 때는 베짜기

쉬우라고 비를 내리게 하고, 며느리가 남아있을 때는 고생하라고 바람이 불도록 한다는 것이다. 베는 바람이 불면 올이 말라서 자주 끊어져 짜기가 어렵고, 비가 오면 올이 눅어서 짜기가 쉽기 때문이다.

❖ 영등(靈登) 혹은 '영동'으로 부르는 영동할머니는 풍신(風神)이다. 농촌에서는 풍재(風災)를 막아 달라는 뜻에서, 어촌에서는 출어 때에 풍랑을 모면하게 해 달라는 뜻에서 풍신을 모신다.

영동할머니에게 드리는 제사는 2월 1일에 지내는 사람도 있으나 대개 2월 14일 밤에 지낸다. 그해 첫 출어 때에 잡은 고기를 부엌 구석에 걸어 두었다가 이날 제수로 쓴다. 영동할머니가 드는 기간에는 새벽마다 정화수를 떠놓고, 음식물이 들어오면 먼저 풍신에게 바쳤다가 먹는다. 어느 마을에서는 정월 그믐날에 떡을 쪄서 풍신에게 제사지내고 떡을 돌리며, 다음날인 2월 초하루에는 메를 지어 제사를 지냈다.

제사 때는 팥밥이나 오곡밥을 지어서 나물과 물 그리고 식구수대로 숟가락을 놓고 제사를 지낸다. 비손을 할 때는 "풍신할머니 아무개네 터전에 오셨으니 금년 농사가 잘 되게 해 주시고 고기도 잘 잡히게 해 주시며 멀리 나간 자식이 무사하고 집안도 편안하게 돌봐 주십시오." 등으로 한다.

기도가 끝나면 제물을 조금씩 덜어서 사발에 담아 부엌 시렁에 놓아두는데, 이것은 영동할머니를 모시고 다니는 시종인 수부(수배)에게 드리는 음식이다.

(5) 금강내기

옛날, 외금강 산기슭의 한 마을에 옥이라는 아리따운 처녀가 양친 부모를 지성으로 모시고 평화스럽게 살고 있었다. 그녀는 마음씨가 곱고 복스럽게 생겨서 이웃의 칭찬이 자자할 뿐만 아니라 뭇 총각들의 마음을 설레게 하는, 방년 16세의 처녀이었다.

그런데 평화스럽던 이 마을에 비극이 찾아왔다. 날씨가 음산한 어느 늦가을 날에 왜구들이 갑자기 들이닥쳐 양민들을 마구 죽이고 물건을 약탈하였으며 여자들을 밧줄로 묶어 끌고 갔다. 이 통에 옥이의 부모님은 살해되었고, 예쁜 옥이도 줄에 묶이어 갖은 수모를 당하며 끌려갔다.

졸지에 당한 일이라 옥이는 정신이 없었으나 이런 사실을 관가에 빨리 알려 왜구들을 퇴치해야 한다는 생각이 앞서 도망칠 각오를 하고 있었다. 그래서 고분고분하게 대꾸하여 그들의 마음을 샀다. 그들은 옥이를 풀어주고 잔심부름을 시키었다.

어느덧 밤이 되었다. 왜구들은 으슥한 곳에 숨어 날이 새기를 기다렸다. 그때 가까운 곳에서 우리 쪽 사람들의 말소리가 들렸다. 관군이 왜구들을 쫓아온 것이 틀림없었다. 왜구들은 조용히 하라고 엄명을 내렸다. 그때 옥이가 갑자기 치마에 불을 붙여 태우면서, "왜구가 여기 있다"고 피를 토하듯 소리를 질렀다. 관군들은 어두움 속에서 몸을 불로 태우며 절규하는 여자를 알아보고 불화살을 비 오듯이 쏘아 대었다.

뜻밖에 화살벼락을 맞은 왜구들은 마른 풀이 우거진 골짜기로 내리 뛰었다. 그러자 옥이는 최후의 힘을 다하여 불에 타고 있는 마지막 육신을 골짜기로 던졌다. 그때 홀연히 거센 휘몰이 바람이 불어 골짜기를 불구덩이로 만들었고, 악행을 저지른 왜구는 하나도 살아서 돌아가지 못하였다.

옥이는 이렇게 죽었다. 그러나 그녀의 매운 혼은 불이 되고 바람이 되어 절개를 지키고 고향을 지키었다. 이런 일이 있던 후부터 금강산 골짜기에는 세찬 휘몰이바람이 몇 번씩 불어왔다. 사람들은 그 바람이야말로 꽃다운 옥이의 혼령이 금강산을 지키려는 갸륵한 충심에서 일어난 것으로 여기어 옥이를 여신으로 모시었고, 그 바람은 금강산에서 태어난 것이므로 '금강내기'라는 이름으로 불렀다.

이후 금강산에서 세차게 불어대는 금강내기를 만날 때면 사람들은 대개 눈물을 흘리는데 그것은 바람이 매워서가 아니라 그 옛날 꽃다운 청춘을 금강산에 바친 옥이라는 처녀의 의로운 넋을 생각하고 흘리는 눈물이라고 한다. [김의숙, 그리운 금강산 이야기]

(6) 연오랑 세오녀

신라 제8대 아달라왕(阿達羅王) 즉위 4년 정유(158)에 동해 바닷가에 연오랑(延烏郎)과 세오녀(細烏女)가 부부로 살고 있었다. 하루는 연오가 바닷가에서 해조를 따고 있는데, 홀연히 한 바위(혹은 一魚)가 연오를 싣고 일본으로 가버렸다. 그 나라 사람들이 연오를 비상한 사람으로 여겨 왕으로 삼았다.

세오는 남편이 돌아오지 않음을 이상히 여겨 바닷가로 나가 찾다가 남편의 신을 보고 그 바위에 오르니 바위가 또한 전처럼 세오를 싣고 갔다. 그 나라 사람들이 보고 놀라서 왕에게 아뢰니 부부가 서로 만나게 되고 세오는 귀비(貴妃)가 되었다.

이때 신라에서는 해와 달이 빛을 잃었다. 일관이 아뢰되, "우리나라에 있던 일월의 정(精)이 지금 일본으로 가버렸으므로 이런 괴변이 생긴 것입니다."고 하였다.

왕이 사자를 일본에 보내어 두 사람을 찾으니 연오가, "내가 이 나라에 온 것은 하늘이 시킨 일이니 어찌 돌아갈 수 있겠소. 그러나 나의 비(妃)가 짠 고운 명주 비단이 있으니 이것으로써 하늘에 제사를 지내면 될 것이오." 하고 비단을 주었다.

사자가 돌아와 아뢰고 그대로 행하니 과연 일월이 전과 같아졌다. 그 비단을 임금의 창고에 간직하여 국보로 삼고, 그 창고를 귀비고(貴妃庫)라 하였다. 하늘에 제사지낸 곳을 영일현(迎日縣) 또는 도기야(都祈野)라고 하였다. [삼국유사, 2기이, 연오랑세오녀(延烏郎細烏女)]

(7) 김유신

■ 김유신과 호국신

김무력(金武力)의 아들 서현(舒玄) 각간의 장자는 유신(分信)이며, 그 아우는 흠순(欽純)이다. 맏누이는 보희(寶姬)이고 아이 때 이름은 아해(阿海)이다. 손아래 누이는 문희(文姬)이고 아이 때 이름은 아지(阿之)이다.

유신 공은 26대 진평왕 17년 을묘(595)에 태어났다. 칠요(七曜: 日月과 五星)의 정기를 타고 태어났으므로 등에 칠성의 무늬가 있고 신이한 일이 많았다. 나이 18세 때인 임신년에 검술을 닦아 국선(國仙-화랑)이 되었다.

이때 백석(白石)이란 자가 있었는데 신원이 불명하나 몇 해 동안 화랑의 무리 속에 있었다. 낭(유신)이 고구려와 백제를 치려고 밤낮으로 모의하는 것을 알고 백석이 낭에게 "저와 함께 적국을 정탐한 후에 도모하는 것이 어떠냐?"고 하였다. 낭이 기뻐하여 친히 백석을 데리고 밤에 떠났다.

고개 위에서 막 쉬고 있을 때 두 여자가 나타나 낭을 따라왔다. 골화천(骨火川-永川)에 이르러 유숙하니 또 한 여자가 문득 이르렀다. 낭이 세 여자와 즐거이 이야기할 때 낭자들이 그에게 미과(美菓)를 주므로 낭이 받고 마음이 통하여 사정을 이야기하였다. 낭자들은 "공의 말하는 바는 이미 알고 있습니다. 원컨대 잠시 백석을 떼어두고 우리와 함께 숲으로 가면 실정을 말하겠습니다."고 하였다.

함께 숲 속에 이르니 낭자들이 문득 신이 되어 이르되, "우리는 내림(奈林), 혈례(穴禮), 골화(骨火) 등 세 곳의 호국신으로서 지금 적국의 사람이 낭을 유인하는 데도 그것을 알지 못하므로 말리려고 여기에 온 것입니다."고 하더니 이내 자취를 감추었다. 이 말을 들은 낭이 놀라 쓰러졌다가 일어나 두 번 절하고 숲에서 나왔다.

낭이 골화관에 유숙하면서 백석에게 "지금 타국에 가면서 요긴한

문서를 잊고 왔으니 함께 돌아가 가지고 오자."고 하였다. 마침내 집에 돌아와 백석을 결박하고 실정을 물으니 실토하였다.

"나는 본래 고구려 사람이오. 일찍이 고구려의 뭇 신하들이 말하기를 신라의 김유신은 우리나라의 점쟁이 추남(楸南)이었는데, 국경에 거꾸로 흐르는 물이 있으므로 추남에게 점을 치게 하였소. 추남이 『대왕의 부인이 음양의 도를 역행하므로 나타난 표징입니다.』고 풀이하니 왕이 놀라고 괴이히 여기었고, 왕비도 요망하다고 크게 노하여 다른 일로 시험하여 틀리면 중형에 처하자고 왕에게 고하였소. 이에 쥐 하나를 함 속에 감추고 무엇이 들어 있는가하고 물으니 추남이 『그것은 틀림없이 쥐이고, 여덟 마리입니다.』고 대답하였소. 이에 말이 틀린다 하여 추남을 죽이려는데, 그가 『내가 죽은 후에 대장이 되어 반드시 고구려를 멸망시킬 것이다.』고 맹세하였소. 곧 그를 베어 죽이고 쥐의 배를 갈라보니 새끼가 일곱이 있는 것을 보고 말이 맞는 것을 알았소. 추남이 맹세하고 죽더니 과연 그 일이 맞으므로 나를 보내어 이런 계획을 꾸미게 하였던 것이오."

낭은 이내 백석을 죽이고 온갖 제물을 갖추어 세 신에게 제사를 드리니 모두 나타나 흠향하였다. 경명왕(54대) 때에 이르러 유신 공을 추봉하여 흥무대왕(興武大王)이라고 하였다. 공의 능은 서천 모지사(毛只寺) 북쪽에 동으로 뻗은 봉우리에 있다. [삼국유사, 2기이, 김유신(金庾信)]

■ 호국령 김유신

신라 37대 혜공왕 14년 기미(779) 4월에 문득 회오리바람이 유신 공의 무덤에서 일어났다. 그 속에서 준마를 탄 한 사람이 나타났는데, 그 모습이 장군과 같았다. 장군은 40여 명의 갑옷 입은 무사들과 함께 미추왕릉인 죽현릉(竹現陵)으로 들어갔다. 얼마 후에 능속에서 마치 진동하며 우는 듯 호소하는 듯한 소리가 들리었다. 그 말은 이러하다.

"신은 평생에 난국을 구제하고 삼국을 통일한 공이 있고, 지금은 혼백이 되어 나라를 진호하여 재앙을 제거하고 환란을 구제하는 마음이 잠시도 변함이 없습니다. 지나간 경술년에 신의 자손이 아무런 죄도 없이 죽음을 당했으니 이는 군신들이 저의 공렬(功烈)을 생각하여 주지 않은 것입니다.* 그러므로 신은 다른 곳으로 멀리 옮겨가 다시는 애쓰지 않겠사오니 임금께서는 허락하시기 바랍니다."

미추왕은 "나와 공이 이 나라를 지키지 않는다면 백성들은 어떻게 되겠습니까? 공은 전처럼 힘써 주시오." 하고 3번이나 청했다. 그러나 3번 다 허락하지 않고 회오리바람은 그만 돌아갔다.

혜공왕이 이 소식을 듣고 두려워서 대신 김경신을 김 공의 능에 보내어 사과하고 공을 위해 공덕보전(功德寶田) 30결(結)을 추선사에 내리어 명복을 위로토록 하였다. 추선사(鷲仙寺)는 공이 평양을 토벌한 공덕을 치하하기 위해 세운 사찰이다. [삼국유사, 2기이, 미추왕 죽엽군(未鄒王竹葉軍)]

❖ 이는 혜공왕 6년(경술년)에 대아찬 김융(金融)의 반역복주(叛逆伏誅) 사건을 말한 것인 듯하다. 김융이 유신의 후손인지에 대해서는 기록이 없고 또 삼국사기의 김유신 열전에도 회오리바람에 대한 기사는 있으나 김융에 대한 것은 없지만 사건의 추이로 보아 맞을 것이다.

한편, 여기서 의문이 드는 것은 왜 유신 공이 유독 미추왕에게만 호소를 하였는가 하는 점이다. 미추왕은 경주 김 씨로서는 처음 군주가 된 왕이다. 그런데 29대 무열왕의 어머니가 김해 김 씨인 유신 공의 누이이므로 유신과 경주 김 씨와는 사돈 간이다. 따라서 군주로서의 미추왕은 경주 김 씨인 신라 왕실의 시조이므로 특별히 왕에게 호소한 것으로 보인다.

(8) 처용랑과 처용가

신라 제49대 헌강왕 때에 왕이 개운포(울진)에 나가 놀다가 바야흐로 돌아가고자 하였다. 낮에 물가에서 쉬는데 문득 구름과 안개가 자욱해서 사방을 분간하기 어려웠다. 왕이 괴이히 여겨 측근에게 물으니 일관이 아뢰었다.

"이것은 동해용의 조화이오니 마땅히 좋은 일을 해주어 풀어야 하겠습니다."

이에 수하에게 명하여 용을 위해 근처에 절을 세워주도록 했다. 왕의 명령이 내려지자 구름과 안개가 걷히었다, 이 일로 인해 지명을 개운포(開雲浦)라 한다.

동해용이 기뻐하여 아들 일곱을 데리고 임금 앞으로 나와 왕의 덕을 치하하며 춤을 추고 음악을 연주하였다. 그 중 처용(處容)이라는 한 아들이 왕을 따라 서울로 가서 정사를 잘 도왔다.

왕은 처용의 마음을 잡아두고자 미녀를 주어 아내로 삼게 했고, 급간이라는 벼슬을 내렸다. 그의 아내는 심히 아름다웠다. 그래서 역신(疫神)이 흠모하여 사람의 모습으로 바꿔 몰래 그녀와 동침하였다.

처용이 밖에서 늦게까지 놀다가 집으로 돌아와 보니 두 사람이 누워있는지라 이에 노래를 지어 부르고 춤을 추며 물러나왔다. 그 노래는 이렇다.

『서울 밝은 달밤에
밤늦도록 노닐다가
들어와 자리를 보니
가랑이가 넷이어라
둘은 내 것인데
둘은 뉘 것이뇨?
본디는 내 것이로되

빼앗는 것을 어찌하리.』

그때에 역신이 모습을 나타내어 처용 앞에 꿇어앉으며 말했다.

"제가 공의 아내를 사모하여 지금 그녀와 관계했는데 공께서 노여움을 나타내지 않으시니 감동하여 칭송하는 바입니다. 맹세코 이후로는 공의 형상을 그린 것만 보아도 그 문에 들어가지 않겠습니다.

이 일로 말미암아 나라사람들이 처용의 형상을 문에 붙여서 재앙을 물리치고 경사를 맞이하였다.

왕이 용을 위해 지으라는 절은 영축산에 세워졌으며 망해사(望海寺) 또는 신방사(新房寺)라고 하였다. [삼국유사, 권2, 처용랑망해사]

(9) 백제의 망조(亡兆)

기미년(659), 백제의 오회사(烏會寺-烏合寺)에 큰 적마(赤馬)가 나타나 주야로 여섯 번이나 절을 돌아다녔고, 2월에는 여우들이 의자왕의 궁에 들어왔으며, 그 중 하나는 좌평의 상 위에 올라앉았다. 4월에는 태자궁의 암탉이 참새와 교접하고, 오월에는 길이가 30자나 되는 큰 고기가 사비수 언덕으로 나와 죽었는데, 그 고기를 먹은 사람이 다 죽었다. 9월에는 궁중의 홰나무가 사람이 우는 것처럼 울었고, 밤에는 귀신이 대궐의 남쪽 길에서 울었다.

다음해인 경신년(660) 2월에는 우물물이 핏빛이 되었고, 서해에서는 백성들이 다 먹을 수 없을 정도로 작은 물고기가 수없이 죽었으며, 사비수의 물이 핏빛이 되었다. 4월에는 수만 마리의 개구리가 나무 위에 모이고, 서울의 시민들이 까닭 없이 놀라 엎어져서 죽은 자가 백여 명에 이르고, 재물을 잃은 자도 수없이 많았다. 6월에는 왕흥사 스님들의 눈에 배가 절 문으로 들어오는 것과 같은 광경을 보았고, 큰 개가 사비수 언덕까지 와 왕궁을 향해 짖더니 홀연히 자취를 감추었다. 또 성중의 개들이 강에 모여서 짖고 울다가 흩어졌다.

한 귀신이 궁중에 들어와, "백제는 망한다 백제는 망한다."고 크게 부르짖고는 곧 땅속으로 들어갔다. 왕이 괴이히 여겨 땅을 파 보게 하니 거기에 거북이 있었다. 거북의 등에는 『백제는 만월이고 신라는 초승달과 같다(百濟圓月輪 新羅如新月)』라고 씌어 있었다. 무당에게 뜻을 물으니 "둥근달이란 꽉 찬 것이니 차면 이지러지는 법이고, 초승달은 차지 않은 것이니 점점 차게 되는 것입니다."고 하였다. 왕이 노하여 무당을 죽였다.

어떤 사람이 "둥근달은 꽉 찬 것이고 초승달은 미약한 것이므로 생각컨대 우리나라는 성하고 신라는 점점 미약해진다는 뜻입니다"고 바꾸어 말하니 왕이 기뻐하였다. 이리하여 의자왕이 즉위한지 20년이 되는 경신년(660)에 백제는 676년간의 사직을 닫았다. [삼국유사, 2기이, 태종춘추공(太宗春秋公)]

(10) 태백산신 단종

한성부윤을 지낸 추익한(秋益漢)이라는 분이 영월 고을로 유배와 계신 단종에게 올리고자 산속에서 채집한 산머루를 가지고 고을로 향했다.

그런데 고을에 이르는 언덕길에 이르렀을 때 백마를 타고 오시는 단종의 모습이 들어왔다. 추익한은 이상하게 생각하면서 예를 올리었다. 그리고 머루를 단종께 드렸다. 그리고 '어디로 행차하시느냐' 고 물었다. 그랬더니 "태백산으로 간다. 그간 참으로 고마웠다. 이제부터는 수고하지 말라"고 하면서 태백산 쪽으로 가시는 거였다.

추익환은 의아히 여기고 부중에 들어와 단종의 거소인 관풍헌으로 발길을 재촉했다. 그랬더니 단종께서 이미 변을 당한 뒤였다. 그는 슬픔을 이기지 못하여 단종을 만났던 계사동까지 와서는 단종을 따라 세상을 버렸다.

단종이 노산군으로 강등되고 이어서 영월로 귀양 가서 사약을 받고 승하하시니 그때가 서기로 1457년 10월24일, 단종의 나이는 16세였다.

사람들은 영월읍 영흥 1리 을지산 기슭 위에 단종과 추익한을 추모하는 영모전(永慕殿)을 세우고 지금도 제사를 지낸다. 제당에는 태백산 산신이 되어 백마를 타고 가는 단종의 화상과 충신 추익한의 위패를 모셨다. 위패에는 「忠臣愚川秋益漢先生」이라고 써 있다.

(11) 심화요탑(心火遶塔)

지귀(志鬼)는 신라의 활리역 사람이다. 선덕여왕의 미모를 사모하여 근심하며 울고 지내다가 모양이 파리해졌다. 여왕이 그 소식을 듣고 불공을 드리려고 절로 행차할 때 만날 것을 기약하였다.

그 날이 오자 지귀는 일찍이 절로 가서 왕이 오기를 기다리다가 깜박 잠이 들었다, 왕이 불공이 끝나 탑에 와보니 지귀가 탑을 의지한 채 곱게 자고 있었다. 왕이 잠자는 지귀의 모습을 보다가 팔찌를 빼내어 지귀에게 쥐어주고 떠났다.

이윽고 잠이 깬 지귀는 팔찌로 여왕이 다녀간 것을 알았다. 지귀가 여왕을 보지 못한 것을 심히 번민하더니 갑자기 마음의 불이 일어나 그 탑을 뱅뱅 돌다가 불귀신으로 변하여 집집을 태웠다.

왕이 소식을 듣고 술사(術士)에게 명하여 주문(呪文)을 짓게 하였다.

지귀의 마음속의 불이
몸을 태워 불귀신이 되었구나.
창해(滄海) 밖으로 띄워 보내어
보지도 않고 친하지도 않으리라.

그러므로 그때 풍속에 이 주문을 문 위 벽에 붙여 화재를 막았다.

[대동운부군옥(大東韻府群玉)]

❖ 〈심화요탑〉은 선덕여왕을 사모하다가 죽어 불귀신[火鬼]이 된 지귀의 상사(相思)를 담은 문헌설화로서 일서(逸書)가 된 《수이전(殊異傳)》에 처음 수록되었다. 이 설화의 원전은 「이성적 판단을 못하고 감정에 휘말려 음심에 빠진 왕녀가 술파가와 만나려 할 때 천신이 술파가를 잠들게 한다」는 불전(佛典)에 있는 〈술피가(術波伽)〉 설화로 본다.

(12) 턱이 없는 이매탈

고려 때, 안동의 하회마을에 '허 도령'이 살았다. 언젠가 역병이 심하게 돌아 마을이 폐허가 될 지경에 이르렀다. 그때 허 도령의 꿈에 산신령이 나타나서 "12개의 탈을 만들어 쓰고 굿을 하면 역병이 물러갈 것이라"고 하였다. 그리고 그 탈을 만들 때는 어느 누구도 제작과정을 보아서는 안 된다고 단단히 일렀다.

꿈을 깬 허 도령은 신령님의 계시가 너무도 생생함에 놀라고, 더구나 자기에게 계시가 내린 것에 대해 마음이 무거웠다. 드디어 허 도령은 역병만 사라진다면 무슨 일인들 못하겠는가 하고 탈을 제작하기로 결심하였다.

허 도령은 아무도 들여다보지 못하도록 장막을 철저히 쳤다. 특히 사랑하는 여인에게도 자기가 나올 때까지는 절대로 찾지 말라고 신신당부하였다. 그리고 목욕재계한 후 탈 제작에 들어갔다. 일주일이 가고 보름이 지나도 장막의 문은 굳게 닫혀있었다. 한 달이 다 되어 갈 때 허 도령은 마지막으로 12번째의 이매탈을 제작하고 있었다. 그것도 턱만 만들면 다 완성되는 것이다.

그런데, 그때 허 도령을 사랑하는 여인이 허 도령이 그립고 궁금해서 참지 못하고 살며시 장막에 구멍을 뚫고 안을 들여다보았다. 금단의 계율이 깨졌다. 그 순간 입신의 경지에서 작업을 하던 허 도령은 부정을 타서 피를 토하고 숨을 거두었다. 그래서 이매탈은 턱이 없는 탈이 되었다.

마을사람들은 허 도령의 넋을 위로하기 위해 서낭당 근처에 제당을 만들어 세우고 제사를 드렸다. 그리고 허 도령이 만들어놓은 탈을 쓰고 하회별신굿놀이를 벌였더니 역병이 물러갔다고 한다.

❖ 허 령이 생명을 바쳐 제작하였다는 '하회탈'은 오늘날 국보 제121호이고, '하회별신굿탈놀이'는 국가중요무형문화재 제69호이다.

(13) 측신(厠神)

측간 곧 변소간의 수호신인 측신은 삼단 같은 검은 머리카락이 치렁치렁 늘어진 여신이다. 측신은 성주, 조왕, 터주, 마구영신 등과 같은 가신(家神)으로서 하루 종일 어두컴컴한 측간에서 자랑스러운 검은 머리카락의 숫자를 한 올 한 올 세면서 측간을 지킨다.

이러한 측신이 제일 꺼리는 것은 머리카락의 숫자를 한참 세는 데 누가 방해해 처음부터 다시 세야 하는 것이다. 따라서 인기척이 없이 갑자기 측간으로 뛰어들어 셈을 세는 것을 방해한 자에게 동티를 내린다. 동티를 주기 전에 미리 물건이나 신발 등을 측간에 빠뜨리는 징조를 보인다.

그런 징조가 있을 때는 얼른 용서를 비는 뜻으로 상을 차려 올리고 비손을 한다. 그리고 다음부터 측간을 이용할 때는 미리 인기척을 내어 측신이 놀라지 않도록 조심하겠다고 다짐하고, 또 매사에 근신하고 신중해야 한다.

❖ 〈문전본풀이〉에는 측신의 '본풀이'가 있다. 노일제대귀일의 딸은 남선비의 장사 돈을 다 빼돌려 망하게 하고 본부인인 여산부인까지 죽여 수

장한다. 그러나 그 죄상이 여산부인의 아들들에게 발각되자 뒷간으로 도망쳐 달아나 쉰다섯 자 머리털로 목을 매어 죽었다. 그래서 그녀는 뒷간신인 측도부인(厠道婦人)이 되었다고 한다.

참고문헌

《삼국사기》, 김부식.

《삼국유사》, 일연.

《동명왕편 · 제왕운기》, 을유문고(160).

《제주도무속자료사전》, 현용준, 신구문화사, 1980.

《조선신가유편》, 손진태, 향토연구사, 동경, 1930.

《한국무가집》(1～4집), 김태곤, 집문당, 1979 .

《한국무속도록》, 김태곤, 집문당, 1982.

《한국무속연구》, 김태곤, 집문당, 1981.

《한국구비문학사연구》, 박이정, 1998.

《한국구비문학선집》, 한국구비문학회편, 일조각, 1977.

《한국민속대관》(6), 〈무가〉, 고려대 민족문화연구소.

《한국민속종합조사보고서》, 문화공보부, 1977.

《그리스 로마신화 사전》, 피에르그리말(최애리 역), 열린책들, 2003.

고대경, 《신들의 고향》, 도서출판 중명, 1997.

김사엽, 《정송강연구》, 계몽사, 1950.

김선풍, 《한국시가의 민속학적 연구》, 형설출판사, 1981.

김선풍 외, 《민속문학이란 무엇인가》, 집문당, 1993.

김열규, 《한국의 신화》, 일조각, 1976.

김열규, 《한국신화와 무속연구》, 일조각, 1977.

김열규 외, 《민담학개론》, 일조각, 1982.

김영진, 《충청도무가》, 형설출판사, 1996.

김의숙, 《한국민속제의와 음양오행》, 집문당, 1993.
김의숙, 《그리운 금강산 이야기》, 북스힐, 1998.
김의숙, 《우리 불교 설화》, 북스힐, 2003.
김의숙 외, 《구비문학이란 무엇인가》, 푸른사상, 2004.
김의숙 외, 《민속학이란 무엇인가》, 북스힐, 2004.
김인회, 《한국무속사상연구》, 집문당, 1980.
김태곤, 《한국의 무속신화》, 집문당, 1985.
김태곤 외, 《한국의 신화》, 시인사, 1988.
김현선, 《한국의 창세신화》, 길벗, 1994.
손진태, 《조선신가유편, 향토문화사》, 1930.
손진태, 《한국민족설화의 연구》, 을유문화사, 1947.
서대석, 《한국의 신화》, 집문당, 1997.
서대석, 《한국무가의 연구》, 문학사상사, 1980.
서정오, 《우리 신화》, 현암사, 2003.
성기설, 《한일민담의 비교연구, 일조각, 1979.
윤용식 외, 《구비문학개론》, 한국방송통신대학, 1992.
이어령, 《한국인의 신화》, 서문문고, 1972.
이윤기, 《그리스 로마신화》, 웅진닷컴, 2001.
이창식, 《문학콘텐츠와 스토리텔링》, 역락, 2005.
이창식, 《민속문화의 정체성 연구》, 집문당, 2001.
장덕순, 《한국설화문학연구》, 서울대출판부, 1970.
장덕순 외, 《구비문학개설》, 일조각, 1983.
조동일, 《한국 설화의 분류체계와 잘 되고 못 되는 사연》, 구비문학 6, 한국정신문화연구원 어문학연구실, 1981.
조동일, 《인물전설의 의미와 기능》, 영남대 민족문화연구원, 1980.
조동일, 《삼국시대 설화의 뜻풀이》, 집문당, 1991.
조현설, 《동아시아 건국신화의 역사와 논리》, 문학과 지성사, 2003.

조희웅, 《한국설화의 유형적 연구》, 한국연구원, 1983.
진성기, 《남국의 신화》, 아림, 1964.
진성기, 《남국의 무가》, 제주민속연구소, 1968.
최래옥, 《설화와 그 소설화 과정에 대한 구조적 분석》, 서울대학교, 석론, 1968.
한상수, 《한국인의 신화》, 문음사, 1980.
현용준, 《제주도무속연구》, 집문당, 1986.
현용준, 《무속신화와 문헌신화》, 집문당, 1992.
현용준, 《제주도 신화》, 서문당, 1976.
홍기뮤, 《조선신화연구》, 사회과학도서출판사, 1964.
황패강 외, 《세계의 신화》, 대종.
更科源藏, 《아이누신화》, 이경애 역, 역락, 2000.
赤松智城 외, 《조선무속의 연구》, 조선인쇄, 1937.
David Hume, The Natural History of Religion, ed. by H. E. Root, Stanford University Press, 1957.

찾아보기

[ㅂ]

[ㅅ]

[ㅇ]

[ㅊ]

[ㅋ]

[ㅌ]

[ㅍ]

[ㅎ]

[기타]

저 자 약 력

✦ 김의숙 金義淑 (靑岩)

- 연세대학교 국어국문학과 졸업
- 동국대학교 대학원 국어국문학과 졸업 (문학박사)
- 강원대학교 대학원장 역임
- 강원대학교 인문과학연구소장 역임
- 강원대학교 문화예술대학 스토리텔링학과 명예교수
- 저서 : 강원도 민속문화론, 한국민속제의와 음양오행, 김삿갓 구비설화,
  그리운 금강산 이야기 등등

✦ 이창식 李昌植 (退江)

- 동국대학교 대학원 국어국문학과 졸업 (문학박사)
- 세명대학교 지역문화연구소장 역임
- 세명대학교 입학처장 역임
- 현재 세명대학교 미디어문학부 한국어문학과 교수, 문화재위원(충북)
- 저서 : 한국의 유희민요, 민속문화의 정체성 연구, 단양팔경 가는 길,
  전통문화와 문화콘텐츠 등등

한국신화와 스토리텔링

지은이 · 김의숙, 이창식
펴낸이 · 조승식
펴낸곳 · (주)도서출판 북스힐
등록 · 제22-457호
주소 · 142-877 서울시 강북구 수유2동 258-20
www.bookshill.com
E-mail · bookswin@unitel.co.kr
전화 · 02-994-0071(代)
팩스 · 02-994-0073

2008년 3월 10일 1판 1쇄 발행
2008년 8월 15일 1판 2쇄 발행
2009년 11월 5일 수정판 1쇄 발행

값 18,000원

ISBN 978-89-5526-463-0